Tourism Management

관광경영관리론

김성혁·황수영 공저

(주)백산출판사

머리말

세상은 참으로 변화무쌍하다. 2010년대 초반부터는 경제 활성기로 접어들면서 관광의 세계화로 많은 관광객이 전 세계로 이동하며 활발한 글로벌 관광사업이 전개되었다. 그간에 몇 차례 세계적인 전염병으로 관광시장이 요동을 치더니 2019년 말부터 COVID-19로 인해 세계적인 관광 이동은 급격히 줄어들었고 각국은 전염병 차단을 위해 국경을 굳게 닫기에 이르렀다. 그와 더불어 인적 교류가 왕성하던 시대를 뒤로하고 폐쇄적이고 암울한 관광 절벽의 시대를 맞이하게 되었다. 이제 위드 코로나로 세계관광시장은 차츰 개방될 것이다.

그러는 동안 관광산업을 비롯해 모든 산업에서는 사물 인터넷, 인공지능, 빅데이터 등의 다양한 정보통신기술(ICT)을 접목한 소위 디지털 전환(DT 또는 DX) 시대를 맞이하여 기존 서비스를 혁신하고 경쟁력을 확보하기 위한 새로운 도전에 직면하게 되었다. 관광산업에서도 4차 산업혁명의 핵심기술을 응용해 시대적인 변화에 대응하면서 살아남아야 하는 엄청난 생존 경쟁의 시대가 도래한 것이다. 이러한 시대적 변화에 부응하여 본서를 출간하게 되었다.

본서는 관광경영학에 관한 입문적 지식과 학문적 틀의 유용성을 시도한 이론서이다. 특히 관광 경영 이론을 관리론적 측면에서 고찰하고 미래 경영자의 경영관리적 사고를 강조하고자 하였다. 동시에 대학 전문서적으로 평이하고 기본적인 내용으로 알기 쉽게 서술하고자 노력하였다.

본서의 흐름을 압축하면 다음과 같다. 제1장부터 4장까지는 관광경영에 관한 총론에 해당한다. 경영의 이해, 경영자의 이해, 관광사업과 관광경영학의 이해 등을 통해 관광경영에 관한 사항을 이해하는 것에서부터 출발하였다.

제5장부터 9장까지는 관광경영론의 각론에 해당한다. 관광서비스관리, 관광마케팅관리, 관광운영관리, 관광인적자원관리, 관광품질관리까지 각 분야를 관리론적 관점에서

다루었는데, 여기의 각 장(챕터)은 한 과목의 입문적 내용을 기술하였다.

그 가운데 특히 (생산)운영관리는 호텔관광업체에서 주로 수행하는 관리기능이지만 학과 커리큘럼에서 독립적인 과목으로 정해져 있지 않은 새로운 주제이다.

제10장부터 13장까지는 조금 더 깊이 있게 기업경영관리의 주요 주제를 다루었다. 관광기업의 리더십과 변화과정 관리, 핵심역량관리, 관광전략계획, 관광전략의 실행과 통합은 변화가 무쌍한 경영환경에서 변화에 대응해 미래를 이끌어갈 리더십과 관리기술을 강조하고자 하였다.

그다음 제14장 관광산업에서 디지털 기술의 적용에서는 4차 산업혁명과 디지털 전환 그리고 디지털 마케팅과 디지털 관광객의 등장에 대해 언급하였고, 또 디지털 전환이 관광업계에 적용되는 최근의 사례들을 소개하였다. 마지막으로 세계화 시대에 국제적인 윤리경영기준을 익히고 최고 수준으로 관광기업의 윤리경영을 이끌어갈 필요에 따라 제15장에 관광기업의 윤리경영관리로 마무리를 하였다.

이번에도 탈고 후 일독하니 구성이나 내용 측면에서 부족한 점이 보인다. 이는 차후에 수정 보완하고자 한다.

본서가 후학들에게 관광경영을 습득하기 좋은 지침서가 되기를 바라는 마음이 가득하다. 특히 미래 경영자가 되는 젊은 학도들이 높은 이상을 갖고 변화의 주도자가 되기를 기원한다.

끝으로 한국 관광의 학문적 발전을 위해 노력하시며 본서의 출간을 흔쾌히 승낙해 주신 백산출판사 진욱상 사장님과 본서의 편집과 제작에 노고가 많으신 편집부 여러분께 감사의 말씀을 드린다. 마지막으로 함께 고생한 공저자께도 감사의 말씀을 드린다.

2023년 1월 공저자 씀

차 례

제3장 관광사업의 이해

제4장 관광경영학의 이해

제5장 관광서비스관리

제6장 관광마케팅관리

제7장 관광운영관리

제8장 관광인적자원관리

제9장 관광품질관리

제10장 관광기업의 리더십과 변화과정 관리

제11장 관광기업의 핵심역량관리

제12장 관광전략계획

제13장 관광전략의 실행과 통합

제15장 관광기업의 윤리경영관리

CHAPTER 01

경영의 이해

01 경영의 이해

Chapter

제1절 경영이란 무엇인가?

① 경영의 개념

현대사회에서 경영이란 무엇인가? 경영이란 개인이나 사회 전체의 안락과 복리를 위하여 필요한 상품 및 서비스를 생산하고 분배 또는 관리하는 사람들의 제반 활동을 일컫는 말이다. 즉 경영은 개인으로서 달성할 수 없는 조직목표를 달성하기 위해 집단 속에서 함께 일하는 환경을 조성하고 유지·발전해 나가는 과정으로서 이해할 수 있다.

경영은 영어로 management[1)] 또는 business라고 한다. 이 영어에서는 사회적 존재로

1) management란 말은 '손'을 뜻하는 라틴어 'manus'에서 비롯되었다고 한다. 이것에서부터 '말(馬)을 훈련시킨다'는 이탈리아어의 'managgiare'가 파생되었으며 영어로 바뀌면서 경영한다, 관리한다는 뜻을 갖게 되었다. 경영이라는 management를 풀어보면 man-age-ment가 된다고 한다. 이는 사람이 나이가 들어서 지혜로워지면 내리는 의사결정 내지는 활동으로 해석할 수 있다. 또한 경영을 business라고도 하는데 이것의 어원은 busy라는 말이다. 이는 사람이 사회적 존재로서 생존하고 발전하기 위해 몹시 바쁘게 뛰는 것을 의미한다.

서 생존하고 발전하기 위해 그 조직의 목적을 달성하려고 내리게 되는 최적의 의사결정 과정을 의미하고 있다. 즉 모든 경제주체가 각각 사회적 존재로서 생존하고 발전하기 위해 인적자원, 물적 자원, 자본 등을 계획 · 조직 · 지휘 · 통제하는 연속적인 과정을 뜻한다고 할 수 있다. 이러한 경영의 개념은 좁은 의미로는 영리조직인 기업의 경영만을 의미하지만 넓은 의미로는 기업을 포함하여 가정이나 국가, 학교, 종교단체 등 비영리조직의 경영까지도 포함한다. 과거에는 국가행정, 도시행정, 학교운영, 병원운영, 마을운영이라고 하던 것이 최근에는 국가경영, 도시경영, 학교경영, 병원경영, 마을경영이라고 하고 있다. 따라서 현대 경영은 영리조직뿐만 아니라 비영리조직을 포함한 모든 조직을 운영하는 기본원리라고 할 수 있다. 즉 경영은 모든 조직에 적용된다.

경영은 기본적인 개념을 중심으로 다음과 같이 요약할 수 있을 것이다.

① 경영관리는 어느 조직에나 적용된다.

② 경영관리의 수행은 생산성과 연관된다. 생산성은 효율성(efficiency)과 효과성(effectiveness)을 내포하고 있다.

③ 경영관리는 모든 조직계층의 경영관리자에게 적용된다.

④ 경영관리자는 계획화, 조직화, 지휘화, 통제화 등 관리기능을 수행한다.

⑤ 모든 관리자의 목표는 동일하다. 그것은 부가가치의 창출이다.

2 경영을 보는 관점

경영을 어떻게 보는가는 그것을 보는 관점에 따라 나누어진다.

1) 업무 측면에서 보는 관점

기업은 먼저 조직체계가 성립되고 정보를 전달하는 정보시스템이 확립된 기반 위에서 실제적인 경영활동을 수행한다. 일반적으로 기업에서 부서를 만드는 경우 업무의 성격별로 구분하는 경우가 많은데, 이것도 경영활동을 업무의 성격별로 구분하는 관점이다.

① **인사활동** : 기업활동에 필요한 인력을 채용, 관리, 운영하는 활동

② **마케팅활동** : 기업이 생산할 혹은 생산한 제품과 서비스의 구성, 가격, 유통, 촉진 등에 관련된 활동

③ **생산 · 제조활동** : 상품이나 서비스를 만들어내는 과정으로서 자원을 조달하고 결합, 변형시키는 활동

④ **재무활동** : 생산, 인사, 판매 등에 필요한 자본을 조달하고 관리 · 운영하는 활동

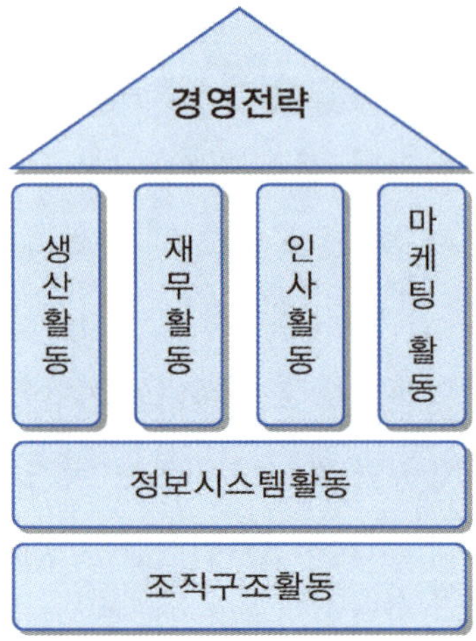

그림 1.1 기업경영의 4가지 기둥과 2가지 기반

2) 과정 측면에서 보는 관점

일반적으로 경영은 조직과 밀접한 관련성을 가지고 있으며 이 관점은 조직의 목표를 달성하기 위해 요구되는 프로세스별로 경영활동을 나누는 것이다. 이러한 관점은 기업의 규모가 확대되고 업무가 복합해질수록 더욱더 강조된다. 경영은 계획(P) → 조직화(O) → 지휘(L) → 통제(C)의 과정이다. 이러한 4가지 요소가 원활하게 수행되어야만 조직은 많은 성과를 거둘 수 있다.

① **계획활동**(planning) : 조직의 비전과 목표를 세우고 그것을 어떻게 달성할 것인가 가장 좋은 방안을 찾는 활동

② **조직화활동**(organizing) : 수립된 계획을 성공적으로 달성하기 위해 조직과 업무를 체계적으로 수행하도록 업무의 담당, 보고, 협조 등을 결정하는 활동

③ **지휘활동**(leading) : 기업의 목표를 달성하기 위하여 요구되는 업무를 잘 수행하도록 상충하는 이해관계를 조정하고 협조하는 분위기를 조성하는 활동

④ **통제활동**(controlling) : 일의 수행 결과 얻은 실적을 확인, 분석, 예측해 가며 직원이 수행하는 업무가 제대로 추진되고 있는가를 확인하고 문제가 있을 때 수정하는 활동

3) 흐름 측면에서 보는 관점

전통적인 경영의 개념은 관리 '과정'의 관점에서 이해되었다. 앞에서 언급한 과정 측면에서 보는 관점은 '흐름' 측면과 유사한 것이지만, 여기서는 POLC로 보는 것이 아니고, 흐름 측면에서는 이를 PDS순환으로 부르기도 한다. 경영은 계획(P) → 실행(D) → 평가(S)의 과정이다. 즉 경영자가 경영목표를 설정하고 경영자원을 조달·배분하여 경영활동을 수행하고 이러한 것들을 평가하는 일련의 '흐름'으로 이해되고 있다.

① **계획**(plan) : 목표설정과 목표에 이르는 경로를 설계하는 단계

② **실행**(do) : 설정된 목표와 경로에 따라 자원을 조달하고 배분하며 경영활동을 수행하는 단계

③ **평가**(see) : 수행된 활동을 감독하고 교정하는 단계

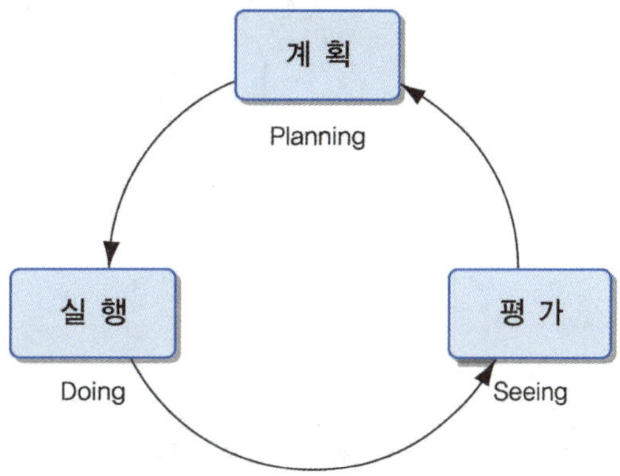

그림 1.2 경영관리과정

4) 의사결정 측면에서 보는 관점

기업의 다양한 경영활동을 의사결정이 이루어지는 측면에서 다음과 같이 바라볼 수 있다.

① **전략적 의사결정** : 기업의 장기목표 및 자원 배분과 관련되어 기업 전체에 영향을 미치는 활동(최고경영층에서 이루어지는 활동)

② **관리적 의사결정** : 기업의 목표를 달성하기 위한 자원의 획득 및 효율적인 사용과 관련된 활동(중간관리층에서 이루어지는 활동)

③ **기능적 의사결정** : 특정 업무의 효율적이고 효과적인 수행과 관련된 활동(현장매니저 급에서 이루어지는 활동)

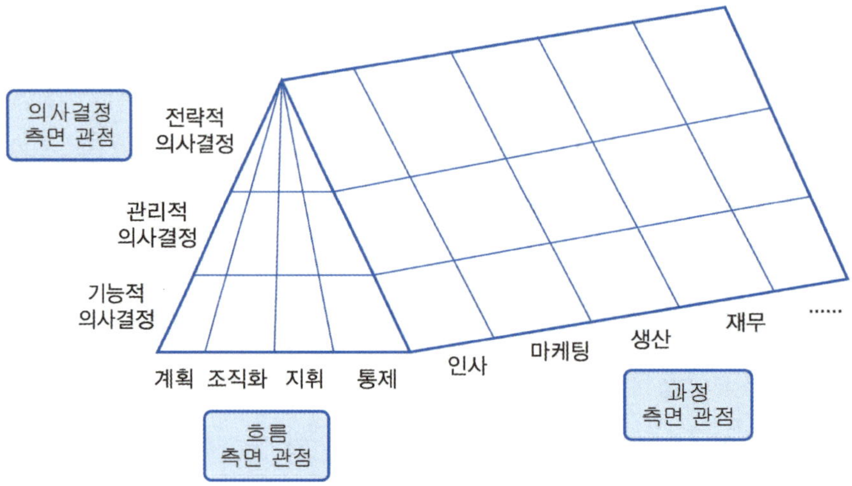

그림 1.3 경영을 보는 관점

제2절 경영에는 무엇이 필요한가?

1 경영에 필요한 자원

경영에는 무엇이 필요한가? 산업사회나 제조업 중심적 사회에서는 토지, 노동, 자본이 경영활동에 필요한 자원이었으나, 세계화와 정보화가 진전되면서 경쟁이 격화된 현대사회에서는 사람, 자본, 정보, 전략이 중요한 경영자원으로 떠오르게 되었다.

1) 사람

경영에는 사람이 가장 중요하다. 세상사 모든 일은 사람에 의해 이루어지며 국가의 존망이나 기업의 성패는 사람을 어떻게 다루느냐에 따라 달라진다. 여기서 사람은 인적자원(human resources)을 의미하며 우리 사회에서 좋은 인재를 채용하려는 기업들의 노력은 확실한 투자인 것이다. 그러므로 기업경영을 사람경영이라고 부르기까지 한다.

2) 자본

경영에는 자본이 필요하다. 자본(capital)은 돈을 의미하며 자금이라고도 한다. 자본은 기업을 창업하고 운영하는데 필요한 자금이며 자체적으로 조달하거나 주식이나 채권 등을 발행하여 조달할 수 있다. 자본은 설비나 건물, 사무실, 직원 채용 등에 사용되며, 경영자는 이러한 자본을 확보해야 이윤 창출 활동이 가능하게 된다.

3) 정보

경영에는 정보가 필요하다. 현대사회에서는 정보(information)의 중요성에 대해 아무리 강조해도 지나침이 없을 것이다. 기업의 경쟁을 정보전이라고도 하며 국가 간에 정보 확보 노력을 정보전쟁이라고 부르기도 한다. 경영에는 외부환경에 관한 정보를 신속·정확하게 파악하고 이를 전략적으로 사용할 수 있어야 치열한 경쟁환경에서 유리한 위치를 차지할 수 있고 생존할 수가 있다.

4) 전략

경영에는 전략이 필요하다. 전략(strategy)이란 기업이 목표를 달성하기 위해 미래에 수행하여야 할 방향을 정하는 것이다. 즉 기업이 어떤 방향으로 나아가야 할지 또는 그것을 실현하는 방법이 무엇인지 결정하는 것을 전략이라고 한다. 한편, 전략을 최고경영자의 의지가 담긴 포괄적인 계획 내지는 비전이라고 이해할 수도 있다. 전략이나 비전 없는 기업은 미래가 없다는 것은 나침반이 없이 항해하는 배와 같다는 의미이다.

결국, 경영활동은 경영목표를 달성하기 위해 기업에서 사람, 자본, 정보 등의 이용 가능한 모든 자원을 어떻게 활용하는 것이 살아남는 방법인가에 대한 전략을 세워 이를 실행에 옮기는 연속적인 작업이라고도 볼 수 있다.

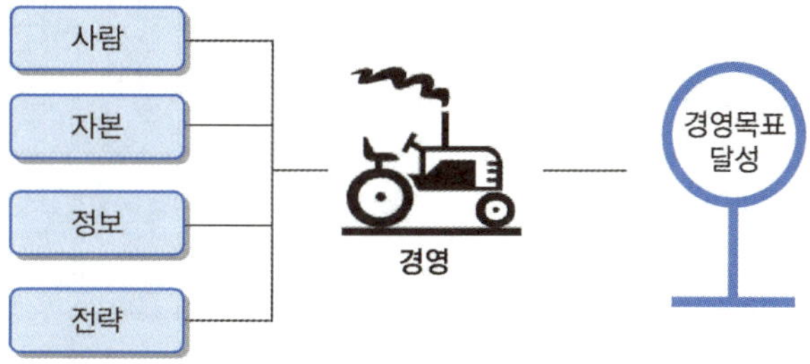

그림 1.4 경영의 구성요소

2 경영의 구성요소

1) 경영대상으로서의 조직

사람들은 무인도에 혼자 남겨진 경우가 아니면 무엇인가 얻기 위해 조직에 참여하게 된다. 우리가 관심이 있는 기업도 이러한 조직의 하나이다. 조직이란 특정한 목적을 달성하기 위해 함께 일하는 사람들의 모임이다. 만일 하나씩의 힘을 가진 사람 열 명이 모여서 조직체를 만들었을 때, 그 힘의 합계는 열이 아니라 백 명이나 천명 이상의 힘을 발휘할 수 있어야 조직으로서의 가치를 지니게 된다.

(1) 조직의 형태

경제활동을 수행하는 조직으로는 정부, 기업, 가계가 있다. 정부는 중앙정부와 지방정부로 나눌 수 있고, 기업은 정부가 경영권을 가지고 있는 공기업과, 민간인이 경영권을 가지고 있는 사기업으로 나눌 수 있으며, 사기업은 다시 영리기업과 비영리기업으로 나누어진다.

(2) 조직의 목적

조직은 부여받은 역할에 따라 제각기 다른 목적을 추구하게 된다. 따라서 여러 가지 조직의 대표적인 목적이 있는데, 영리기업이 추구하는 목적에는 수익성, 안정성, 성장성이 대표적이지만 그 외에도 여러 가지가 있을 수 있다.

그림 1.5 기업경영의 구성요소

어떤 형태의 조직이더라도 그 조직을 이끄는 사람은 그 조직의 목적을 달성하기 위하여 능력을 발휘해야 하는데, 그런 사람을 경영자라고 한다.

2) 경영내용으로서의 전략, 관리, 운영

경영의 내용으로는 전략(strategy), 관리(management), 운영(operation) 등 세 가지 활동이 있다. 전략은 조직체의 사회적 역할에 따라 목적을 설정하고 그 목적을 달성하기 위하여 외부환경으로부터 주어진 기회를 포착하는 의사결정 활동을 말한다. 관리란 결정된 전략을 실행하는데 투입되는 자원을 최소화하거나 주어진 자원을 이용하여 추구하는 목표의 달성도를 최대화하는 활동 또는 이 두 가지를 동시에 추구하는 활동을 말한다. 운영이란 관리 활동을 사전적으로 정해진 방식과 체계에 따라 수행하는 것을 말한다.

예를 들어 최고경영자가 호텔산업에 진출할 것인지 아닌지를 결정하는 것은 전략적 차원의 문제이며, 호텔을 건설하는데 어떻게 하면 원가를 줄일 수 있을까 하는 것은 관리 차원의 문제이다. 그리고 운영적 차원은 미리 정해진 방식으로 객실 서비스를 제공하는 것을 말한다.

제3절 기업의 목표와 비전

① 이윤 극대화

조직이나 집단에서 경영적 사고, 즉 경영마인드가 필요하지 않은 곳은 없다. 기업(enterprise)은 경영활동이 가장 두드러진 경제주체로서 현대 자본주의국가 경제의 근간이 되고 있다. 이러한 기업은 인간의 욕구를 만족시켜주는 제품이나 서비스를 생산하고 판매하여 이윤을 추구하는 경제주체를 말한다. 이러한 기업은 가계 및 정부와의 상호활동을 통하여 긴밀히 연결되어 있다.

기업은 흔히 매출, 이익, 소비자 만족, 사회에 대한 기여 등을 목표로 한다고 말한다. 그러나 경제학적 관점에서 볼 때 기업의 목표는 이윤 극대화(profit maximization, 利潤極大化)라는 단어 하나로 집약된다. 그 이유는 원래 기업이란 주주(shareholder, 株主)가 자본금을 내어 기업을 설립하고, 직원을 고용하고 원료를 구매하여 고객에게 제품을 팔거나 서비스를 창출함으로써 얻는 이익을 취하는 목적으로 설립된 조직이기 때문이다.

직원 또는 원료공급자는 미리 정한 임금 또는 보수를 지불받으면서 거래 관계가 종료된다. 그러나 주주는 최종제품과 서비스를 판매한 금액에서 직원의 임금과 원료공급에 대한 비용을 지급하고 나머지를 취하게 된다. 이렇게 주주에게 귀속되는 대가는 때로는 손해 또는 이익이 될 수 있는 불확실한 대가이다. 그러므로 이러한 불확실성을 상쇄하고 회사의 영속성을 유지하기 위해서는 이익을 극대화하여 주주에게 투자에 대한 확실한 보장을 해주어야 한다. 이러한 기업의 이윤 극대화는 기업 가치창조(value creation)의 극대화를 의미한다.

기업은 외형적으로 보이는 기업 그 자체로는 아무런 의미가 없다. 단순하게 건물이나 기자재를 갖추고 직원을 채용한다고 해서 기업이 유지 · 발전되는 것이 아니다. 일정한 계획에서 이러한 자원을 전략적으로 활용해야만 기업이 원활히 굴러갈 수 있다. 이처럼 기업이 정상적으로 운영될 수 있도록 여러 자원을 효과적으로 활용하여 계획 · 조직화 · 지휘 · 통제하는 활동이 바로 경영인 것이다.

② 이해당사자의 만족

기업의 본질적인 목적이 주주만을 위한 이윤 극대화가 아니라, 기업에 참가하는 여러 이해당사자(stakeholders)를 만족시켜야 한다는 주장도 있다. 즉 기업은 내부적으로 이윤이 목적인 주주뿐만 아니라, 월급, 권력, 위신 등이 주목적인 최고경영자와 임금, 노동조건, 고용안정 등이 목표인 직원 등으로 구성된 이익집단의 결합체이며 한편 기업 외적으로도 고객, 협력업체, 정부까지도 이해당사자에 속한다는 견해이다. 일부 국가에서는 노동자 대표가 기업의 장기경영전략과 주요 정책을 결정하는 최고의사결정 기구에 참여하기도 한다. 정부도 실업을 방지하기 위하여 또는 중소협력업체의 도산을 막기 위하여 기업경영에 개입할 수 있다고도 주장하고 있다. 그렇다면 기업 최고경영자의 주요 목표는 이러한 이해당사자들 간의 목표를 조화있게 만드는 데 있다고 볼 수 있다.

3 기업의 사회적 책임

기업의 사회적 책임(social responsibility)이란 기업의 의사결정이 특정 개인이나 사회 전반에 미칠 수 있는 영향을 고려해야 하는 의무를 말한다. 기업은 정부, 주주, 직원, 공급자, 고객, 경쟁자, 지역사회 등 다양한 이해자 집단과의 공공이익을 도모할 수 있는 경영을 지속해 나가야만 사회적 책임을 다하는 것이 된다.

1) 기업을 유지 · 발전시키는 책임

기업을 전체사회를 구성하는 하나하나의 공동체라고 볼 때, 경영자에게는 적정이윤을 확보함으로써 계속해서 기업을 유지하고 발전시켜야 할 책임이 있다. 기업이 도산하게 되면 주주나 채권자에게 개인적 손해를 입힐 뿐 아니라 귀중한 자원을 낭비해 사회적 손실을 초래하게 된다.

2) 공정한 경쟁의 책임

적정이윤의 확보를 통해 기업을 유지 · 발전시킨다는 책임 속에는 다른 기업과의 공정한 경쟁을 통해서 적정한 이윤을 획득해야 하는 것도 포함된다. 대기업 위주의 특혜를 누리거나 우월한 지위를 이용하여 중소기업에게 비효율적인 경영활동을 요구한다거나 대기업의 문어발식 확장은 이제 용납되어서는 안 될 것이다.

3) 이윤의 공평한 분배 책임

기업은 적정한 이윤을 유지하면서 직원이나 기업관계자들에게 공평한 분배를 통해 삶의 질을 높일 책임이 있다. 근로자에게 적정임금을 지급하고 출자자에게는 적정배당을 하고 국가에는 합당한 세금을 내며 협력업체나 거래처에 대해서는 거래에 관한 확실한 대가를 지급해야 한다.

4) 환경에 대한 책임

급격한 산업화에 따른 각종 오염으로 인하여 생활환경이 날로 악화하고 있다. 기업은 환경오염의 주요한 원인 제공자이기 때문에 많은 비난을 받고 있다. 따라서 기업은 오염을 방지하고 생활환경을 보호하고 개선해야 할 의무를 저버려서는 안 될 것이다.

5) 지역사회에 대한 책임

기업이 영리추구를 목적으로 하여 이윤을 확보하였다면 그 이윤은 기업만의 노력으로 달성된 것은 아니다. 주변 사람들과 단체 및 기관이 직·간접으로 지원하였기 때문에 성장·발전할 수 있는 것이다. 그러므로 기업은 소재지에 대한 이윤 환원 활동을 하고 아울러 사회 전체적인 문제에도 적극적으로 지원을 할 수 있어야 한다.

4 기업의 가치관과 비전

앞에서 우리는 기업의 목적이 이윤 극대화에 있다고 보았다. 그러나 메리어트나 스타틀러, 힐튼 등 기업가나 경영자들이 단순히 이윤 극대화를 위해 열심히 일했다고는 볼 수 없다. 돈보다는 자기 성취 또는 호텔산업의 지배와 같은 목적에 더욱 심취하였을 것이다. 일부 기업은 기독교 정신의 구현이 목적이며 기업의 전략도 이러한 가치관을 잘 반영하기도 한다.

그러나 이러한 기업의 가치관도 역시 궁극적으로 장기적 이윤 극대화와 깊은 관계가 있다. 예를 들어 기독교 정신에 근거해 근검절약 정신을 강조하는 것도 값싸고 질 좋은 제품을 공급한다는 이미지를 줌으로써 가격경쟁력을 강화하는 효과가 있다. 그리고 일부 호텔들은 환경보호나 동물 애호를 주요 가치관으로 삼고 그 가치를 실천하고 표방하기도 한다. 이렇게 기업이 표방하는 가치관은 기업 내의 여러 이해당사자에게 기업이 추구하는 전략적 방향을 제시하고 각 이해당사자 간의 목표를 수렴하는 역할을 한다. 이러한 가치의 표방은 다른 기업보다 경쟁우위의 창출과 유지에 도움을 줄 수 있다. 이와 같은 기업의 비전 또는 목표를 전략적 의도(strategic intent)라고도 한다.

CHAPTER

02 경영자의 이해

02 Chapter 경영자의 이해

제1절 경영자의 의의와 유형

① 경영자의 의의

기업가(enterpriser)란 기능자본가 또는 소유경영자(owner)라고도 하며, 기업에 출자자와 동시에 스스로 경영을 담당하는 사람을 의미한다. 여기서 기업가는 자본을 투자하고 기업의 위험을 부담하는 동시에 기업 내에서 경영관리를 직접 수행하는 관리자를 뜻한다. 그러나 기업 제도의 발전과 함께 기업이 대규모화하고 전문적인 경영자에게 기본적인 경영기능을 위임하게 되면서 기업가로서의 신분은 점차 약하게 되고, 경영관리 기능을 전문적으로 담당하는 경영자(manager, executive)라는 개념이 등장하게 되었다.

투자자인 기업가는 소유기업에 대한 경영지배 내지는 영향력 행사를 최소화하게 되었으며, 고용경영자(employed manager) 또는 전문경영자(professional manager)가 기업의 주역으로 자리를 잡게 되었다. 전문경영자는 관리기능을 수행하는데 출자자나 소유자로부터 경영권을 위임받아 종합적이고 장기적인 기업활동을 담당하는 의사결정권자로서 역할을 하게 되었다.

표 2.1 기업가와 전문경영자의 특성(개인적 속성 및 특성)

성공적인 기업가	비성공적인 기업가	전문경영자
• 헌신적인 태도 • 지구력이 강함 • 강한 개성 • 독립적 • 위험 감수 • 현실적인 목표 • 논리 • 스스로의 가치와 표준 • 일에 열중 • 희생정신 • 기업제일주의 • 기업에 대한 풍부한 지식 • 팀 구축자 • 장시간 근무 • 기업을 이루는데 5~10년 소요 • 혁신과 창의	• 자기중심적 • 타인에 귀 기울이지 않음 • 크고 작은 위험부담 • 불분명한 목표 • 기업구축보다 돈을 더욱 중시 • 성공적인 기업가가 지닌 점을 거의 갖추고 있지 못함	• 기능과 전문성을 지님 • 목표를 설정할 수 있음 • 지휘와 동기부여 능력 • 자신감 • 결단력 • 경쟁심이 있음 • 미래를 유념 • 신중한 위험 감수 • 조직의 가치 • 지위의 보장에 관심 보다 상례적인 일에 관심 • 직업보장 중시 • 위험 회피 • 관리기술 중시 • 현상유지 및 능률향상적

2 경영자의 유형

경영자의 유형은 기업조직의 발전과정에 따른 유형, 직무 활동 범위에 따른 유형, 조직의 경영관리계층에 따라 구분할 수 있다.

1) 기업조직의 발전과정에 따른 유형

기업조직의 발전과 함께 경영자들이 갖추어야 할 지식은 전문화되고 고도화되었다. 기업환경이 다변화되면서 경영자는 더욱 전문성이 요구되었다.

(1) 소유경영자

소유경영자는 자신의 이익이나 목적을 추구하고자 기업을 창설하기 위하여 자본을 투자하고 직접 기업을 경영하는 한편, 기업의 손익에 대한 모든 책임과 의무를 지는 경영자를 의미한다. 소유경영자는 기업의 규모가 작고 생산방법이 단순하므로 개인이 자본출자와 동시에 기업경영까지도 수행하는 소유형태로서 기업을 완전히 소유 및 지배하게 된다.

이러한 형태의 기업은 자본주의 초기에서 출발하여 현대의 중소기업과 같은 비교적 규모가 작은 기업에서 찾아볼 수 있으며, 또한 일부 대규모의 기업에서도 대주주 내지는 소유주가 직접 기업경영을 담당하기도 한다.

(2) 고용경영자

기업의 규모가 점차 확대되고 경영활동의 내용이 복잡해짐에 따라 소유경영자 1인 경영체제에서는 기업가 스스로 모든 경영기능을 감당할 수 없게 되는 한계를 극복하고자, 일부 경영기능에 대해 경영자를 고용하여 위임하게 되는데 이를 고용경영자 또는 유급경영자(salaried manager)라 한다.

즉 고용경영자는 출자자의 대리인으로서 일부의 경영기능을 위임받아 기업을 경영하는 사람을 뜻한다. 이들은 출자자인 기업가의 이익과 경영방침을 대변하는 고용된 중역(이사)이며 기업가의 대리인으로서 경영업무를 담당하고 성격상 출자자의 이익을 대표하므로 실질적인 소유경영자와 다름이 없는 형태이다.

고용경영자는 전문적인 능력보다는 출자자인 기업가와의 관련성이 있는 학연·지연·충성심 등에 기초하여 고용되는 경향이 많다.

(3) 전문경영자

기업의 경영 규모가 대규모화되고 경영활동이 고도로 복잡해지면서 지금까지의 경영자와는 달리 각 분야에 과학적이고 전문적인 경영지식과 능력이 있는 경영자가 필요하게 되었다.

전문경영자는 기업경영 전반에 걸쳐 전문적 식견과 기업관리능력 및 전문가적 자질을 보유하고 있는 경영자로서 소유권자(주주)로부터 경영권을 위탁받아 실질적으로 기업을 경영하게 된다. 전문경영자의 등장으로 소유와 경영의 분리가 가능해지고 주주라는 이해집단의 소유권에 구애됨이 없이, 전문경영자에 의해 기업의 사회적 책임과 공익성이 실현되는 산업사회의 경영활동을 할 수 있게 되었다.

2) 직무 활동 범위에 따른 유형

경영조직도 상에서 나타나는 경영자는 직무의 범위, 권한과 책임 한계, 과업수행의 직능별 차이, 그리고 조직업무 수행의 성격 등에 따라 몇 가지 유형이 나타난다.

(1) 라인경영자(line manager)

경영활동의 목표를 달성하기 위하여 주요 제품이나 서비스를 직접 취급하는 중요 경영활동에 종사하고 책임을 지는 경영자이다. 일반적으로 사장을 비롯하여 인사업무나 판매업무 및 재무업무 등을 담당하는 중역과 부서장 그리고 이들에게 보고하는 모든 매니저가 포함된다.

(2) 스탭경영자(staff manager)

스탭경영자는 라인경영자들이 경영활동이나 기능을 보다 능률적으로 수행하고 촉진할 수 있도록 전문적 기술과 지식을 제공하거나 지원함으로써 라인활동에 간접적으로 영향을 주는 매니저이다. 스탭경영자의 역할은 기획, 총무, 경리, 인사, 기술, 법률 및 연구개발 등의 경영활동 전반에 걸쳐 조언, 추천, 기술적 전문성을 제공하는 것이다.

(3) 직능경영자(functional manager)

이들은 경영활동이 실질적으로 수행하는 과업영역에 따라 생산, 마케팅, 인사, 회계 등과 같이 어느 한 부분 활동에 책임지는 중간관리자 및 하위관리자를 말하고 부분경영자라고도 한다. 이들은 특정 부문의 직능 활동을 수행하는 계층이다.

(4) 전반경영자(general manager)

경영활동이나 직능부문의 책임을 총체적인 차원에서 총괄하는 경영자로서 총괄경영자라고도 한다. 총괄경영자는 조직 전체의 경영활동이나 부서의 직능부문 또는 특수 사업 부문의 전략, 계획, 방침 등의 전반적인 경영활동의 책임을 담당한다. 회장, 사장, 이사회의 임원 등 최고경영자들을 의미하며 기업의 최고책임과 동시에 전략계획이나 경영정책을 수립한다.

3) 경영관리계층에 따른 유형

경영관리기능은 최고경영자를 중심으로 관리 폭 또는 감독 폭에 따라 몇 개의 계층적 집단이 형성되는 데 이를 경영관리계층(hierarchy of management)이라고 한다.

(1) 최고경영층(top management)

기업 전반에 걸쳐 장기적이고 거시적이며, 전략적인 의사결정을 내리는 가장 핵심적인 경영층으로서 수탁 기능, 전반경영기능, 대 환경기능, 최고 인사기능, 조직기능 등을 수행하는 계층이다. 최고경영층(top manager)은 회장이나 사장(CEO: chief executive officer), 대표이사, 사업본부장, 전무이사, 상무이사, 이사 등을 가리킨다.

(2) 중간경영층(middle management)

최고경영층이 설정한 경영방침이나 경영계획에 따라 담당부문에 관한 감독, 관리의 책임을 맡는 경영자계층이다. 중간관리자로서 상하 간 의사소통의 중계기능과 부문 간의 상호조정기능, 자기 부서의 종합조정자 역할을 하며, 하위관리층을 감독, 지휘 및 교육하는 기능을 수행한다. 부문별 부장이나 차장, 실장, 국장, 과장급 등이 여기에 속하며 경영보다는 관리기능을 수행하는 것이 강하기 때문에 중간관리층, 또는 부문관리층이라고 한다.

(3) 하위감독층(lower supervisory management), 현장관리자, 일선경영자

하위경영층은 하위감독층이라고도 하는데 중간경영층의 지시를 받고 업무를 직접 수행하고 상부 경영층에 보고할 의무를 지고 있는 계층이다. 일상적이고 단기적인 업무에 대해 현장의 작업자나 일반 사무원들을 지휘 · 감독하는 계층이며, 중간관리층과의 원만한 조정역할을 위해 문제 해결을 위한 상황판단력과 대인 관계기능이 필요하게 된다. 현장에서 직접 감독 책임을 지고 있는 현장 매니저, 식음료 매니저, 계장, 대리, 반장, 조장, 캡틴 등이 여기에 속한다.

경영활동을 하는데 각 경영자계층에 필요한 경영능력의 상대적 중요성은 다르다. 미국의 경우에 상대적으로 최고경영자의 경우에는 계획 활동에, 중간경영자는 조직화 활동에, 일선경영자(현장경영자)는 통제 활동에 비중을 많이 두는 것으로 나타났다([그림 2.1] 참조).

그림 2.1 계층별 경영자 역할

제2절 경영자의 역할과 관리기능

1 경영자의 역할

경영자의 역할이란 조직의 직무 또는 직위로 인하여 경영자 본인이 수행하여야 할 일련의 행위를 뜻한다. 민츠버그(H. Mintzberg)는 경영자들이 실제로 수행하고 있는 업무(job)를 기초로 하여 경영자의 역할을 세 가지 범주로 보고 있다.

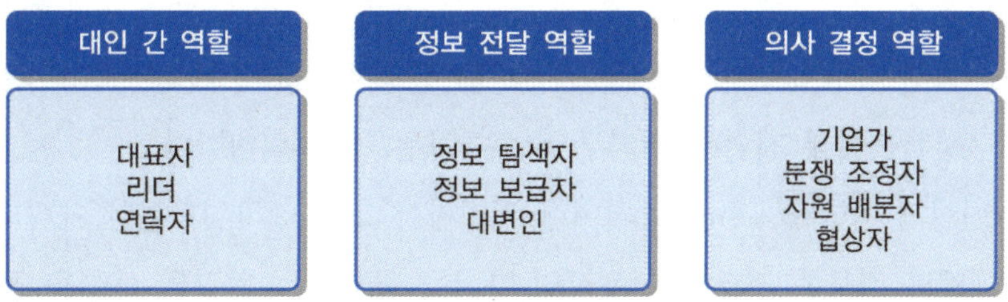

그림 2.2 경영자의 역할

1) 대인 간 역할

경영자는 많은 시간을 들여 부하들과 동료, 상급자, 고객, 언론인 등 다양한 사람들을 만난다. 이런 만남을 통해 대인 간 역할(interpersonal role)로 대표자, 리더, 섭외자(연락자)의 역할을 하며 이런 역할들은 경영자에게 부여된 공식 권한을 통해 행사하게 된다.

첫째, 대표자 역할(figurehead role)은 경영자의 가장 기본적인 역할로, 법적, 사회적 성격을 지닌 상징적인 직무를 수행하는 역할이다.

둘째, 리더의 역할(leader role)은 조직 활동의 목표를 달성하기 위해 작업과 관련하여 부하를 독려하고 지도하며, 동기를 부여하고 비전을 제시함으로써 리더십을 발휘하는 역할이다.

셋째, 섭외자 역할(liaison role)은 경영자가 조직 외부의 사람이나 집단과 여러 가지 관계를 맺고 유지하는 행동을 말한다. 이는 기업의 성공에 영향을 미칠 수 있는 사람이나 단체의 지원을 모색하는 것이라 할 수 있다.

2) 정보전달 역할

경영자는 대인 접촉을 통해 많은 네트워크를 형성함으로써 중요한 정보의 경로를 만들어간다. 이러한 활동으로 조직의 신경 중추로서 정보 탐색자, 정보보급자, 대변인 등의 정보전달 역할(informational role)을 한다.

첫째, 정보 탐색자(정보 검색자 : monitor role)의 역할은 조직 활동에 영향을 주는 각종 정보와 기회, 문제점 등을 찾기 위해 다양한 경로를 통해 수시로 수집하고 검색하는 것을 의미한다.

둘째, 정보보급자의 역할(disseminator role)이란 경영자는 조직 내외부로부터 수집된 정보를 조직구성원들에게 전달하는 직무를 수행하는 것을 의미한다.

셋째, 대변인의 역할(spokesman role)이란 경영자는 조직의 하위자뿐만 아니라 조직 외부의 사람에게도 정보를 전달하고 조직의 가치를 반영하는 일련의 사항을 공식적으로 발표하는 업무를 수행해야 한다.

3) 의사결정 역할

경영자는 조직 활동에서 새로운 목표의 설정과 조직 활동을 효율적이고 효과적으로 달성하기 위해 의사결정을 내리고 있다. 경영자의 역할 가운데 의사결정 역할(dicisional role)만큼 중요한 것은 없을 것이다.

첫째, 기업가(enterpreneur)로서의 역할은 조직의 새로운 프로젝트나 사업의 설계 및 착수를 말한다. 환경변화에 대응하여 위험부담을 안고서 새로운 문제에 해결해야 하므로 그때마다 기업가로서의 모험을 감수해야 한다.

둘째, 분쟁조정자(disturbance handler)의 역할은 조직의 활동을 원만히 하기 위해 조직 활동에 지장을 주는 노사분규, 공급자의 도산이나 계약위반사항 등 각종 위기상황이 발생하면, 경영자는 적극적으로 대처하여 이들 문제를 해결해야 하는 것을 말한다.

셋째, 자원 배분자의 역할(resource allocator)은 조직의 자원과 설비, 인적자원, 시간 등 부족한 자원을 효과적으로 활용하기 위해 적절하게 배분하는 역할을 말한다. 경영자는 기업의 최대이윤 획득을 위해 이들 자원을 적절하게 배분함으로써 하위자들의 활동을 조정하고 통합하는 일을 한다.

넷째, 협상자(negotiator)의 역할이란, 경영자의 협상 대상은 대 정부, 고객, 공급자, 노조, 경쟁 관계 등에서 발생한다. 경영자는 발생 가능한 모든 종류의 갈등에서 상호 간의 차이점을 토의하여 합의에 도달할 수 있도록 하는 역할을 해야 한다.

2 경영자의 책임

경영자가 수행해야 할 책임은 기업 내부의 활동에 국한되는 책임과 기업의 대외적 문제에 대한 책임으로 나누어 생각할 수 있다. 대내적 책임은 기업활동의 유지 및 발전에 대한 책임, 기업구성원의 성장에 대한 책임, 후계자 양성에 대한 책임 등이 있으며, 대외적 책임은 이해관계 집단의 조정에 대한 책임, 지역사회의 공헌에 대한 책임으로 나눌 수 있다.

1) 기업의 유지 · 발전에 대한 책임

조직은 하나의 생명체로서 계속 성장 · 발전해야 한다. 조직이 경쟁력을 갖추고 환경에 적응하면서 성장 · 발전하는데 가장 중요한 것이 경영자의 활동이다. 즉 영속성을 지닌 계속기업으로서의 건전성을 유지 · 존속하는 것이 무엇보다도 중요한 경영자의 '본원적 · 사회적 책임'이라고 할 수 있다.

2) 직원의 성장 · 복지증진에 대한 책임

구성원의 창의력과 능력, 기술은 기업의 경쟁력을 높이고 결정적인 작용을 하며, 구성원은 자신들의 활동에 의한 성과에 따라서 성취감을 얻고 또한 성장 · 발전하게 된다. 직원들에게 인간적이고 사회적인 성취감을 높여주고 복지증진을 통해 경영 안정화를 도모하며 직원들이 경영에 참여할 기회를 넓혀주는 것이 경영자의 책임이다.

3) 후계자 양성에 대한 책임

기업이 성장 · 발전하기 위해서는 급변하는 환경에 적응하면서 경쟁력을 높일 수 있어야 한다. 기업은 영속성을 지니지만 이러한 과정에서 경영자는 자주 교체된다. 따라서 급변하는 환경에 나타나는 많은 도전의 기회에 대처할 수 있도록 체계적으로 젊은 경영자를 육성하는 것이 경영자의 책임이다.

4) 이해집단의 조정에 대한 책임

기업은 주주와 고객, 공급자, 정부 기관, 경쟁자, 노조, 소비자단체, 환경단체 등 많은 이해집단의 관심을 받게 된다. 예컨대 노동조합과 경영협의회와의 갈등, 기업지배를 위한 주식의 대량 인수, 지역사회단체와 기업과의 갈등 등은 기업 존립에 위협을 주는 요인들이다. 이해집단 사이에 발생하는 갈등에 대한 조정책임은 기업의 관계가 복잡해지면서 그 중요성이 강조되고 있다. 경영자는 이러한 이해집단과 이해관계를 조정해야 하는 책임이 있다.

5) 지역사회의 공헌에 대한 책임

기업활동은 해당 지역과 시장을 기반으로 이루어지므로 지역사회와 기업은 물과 고기의 관계와 같다. 그러므로 기업은 사회성, 공공성, 공익성을 발전시키도록 노력해야 한다. 특히 경영자는 대기오염이나 수질오염과 같은 환경문제, 그 지역의 미풍양속을 해치는 행위, 국민건강을 해치는 행위 등과 같은 문제에 관심을 가지고 이를 개선하는 역할을 해야 한다. 그리고 기업이윤의 사회 환원과 지역발전에 책임을 져야 한다.

3 경영자의 관리기술

경영자는 조직 활동을 성공적으로 달성하는데 필요한 구체적인 능력이 필요한데 이것을 관리기술(management skills)이라고 한다. 이 관리기술은 선천적이라기보다는 교육·훈련을 통해서 후천적으로 습득할 수 있다.

관리기술은 계층에 따라 상대적 중요성이 다르다. 개념적 기술은 상위계층으로 올라갈수록 중시된다. 계층이 높을수록 조직 활동 전체에 영향을 미치는 포괄적이고 장기적인 의사결정을 해야 하기 때문이다. 반면에 전문적 기술은 주로 조직의 하위 계층에서 많이 사용되며 상위계층으로 올라갈수록 그 중요성이 감소한다. 대인적 기술, 분석적 사고력, 커뮤니케이션기술 등은 모든 관리자에게 필수적이고 기본적인 기술이기 때문에 모든 계층에 중요하게 요구된다.

그림 2.3 계층에 따른 관리기술

1) 개념적 기술

개념적 기술(conceptual skills)은 모든 문제나 관심 사항을 조직 전체의 관점에서 파악하는 능력이다. 미래에 발생 가능한 다양한 문제를 진단하고 평가하는 개념적 기술은 개인적 패러다임에 따라 영향을 받기 때문에 기술향상을 위한 훈련이 어려우며 어떤 기준을 마련하기보다 상대적 우선순위나 기회의 가능성, 전체상황을 한눈에 보는 사고를 통해 향상된다. 그러한 의미에서 상황판단능력이라고도 부른다. 이 기술이 뛰어난 경영자는 조직 활동의 여러 부서와 다양한 기술이 어떻게 상호 연결되어 있으며 한 부서의 작용이 다른 부서에 어떤 영향을 미치는지를 간파한다.

2) 분석적 사고력

분석적 사고력(critical thinking skills)은 당면한 상황을 분석하고 종합하는 인간사고의 폭을 증폭시키는 능력이다. 미리 정해진 절차에 따라 관리하는 것이 아니라, 특히 환경의 변화가 복잡한 양상을 띠고 어렵게 얽힌 문제를 돌파하는 힘을 창출하는 기술을 말한다.

3) 대인적 기술

대인적 기술(human skills)은 다른 사람을 통솔하고 동기부여, 갈등 해소 등 구성원 간에 이루어지는 기술이다. 실무적 기술이 물질적 대상에 작용하는 기술이라면 대인적 기술은 사람과 더불어 일하는데 필요한 기술이다. 탁월한 매니저는 의사결정과정에 부하를 참여시키고 존중하며 애정을 갖고 통솔하는 것으로 알려져 있다.

4) 커뮤니케이션 기술

커뮤니케이션 기술(communication skills)은 생각이나 느낌, 태도에 대한 정보를 전달하고 수신하는 능력을 말한다. 이러한 능력은 언어로 표현되거나 서류 또는 몸짓(body language)으로 이루어진다. 커뮤니케이션기술은 매니저에게 아주 중요한 능력이다. 특히 글로벌 경영이 전개되는 과정에서 다른 문화권의 다양한 인종과의 커뮤니케이션은 점점 더 중요해져 가고 있다.

5) 실무적 기술

실무적 기술(technical skills)은 특정한 작업을 수행하는데 필요한 구체적인 작업방법이나 과정을 말한다. 구성원이 매일 자신의 업무수행에 직접 활용하는 능력으로, 계획기술과 회계업무, 서비스제공 기술, 컴퓨터 프로그래밍 등을 말한다. 이러한 기술은 전문대학, 직업훈련원, 학원, on-the-job 훈련을 거쳐 습득된다.

4 경영자의 관리기능

기업활동을 성공적으로 달성하기 위해서는 생산성을 높이고 경쟁력을 갖추어 성장·발전할 수 있어야 한다. 이러한 궁극적인 목적을 추구하는 수단으로서 경영자들은 관리기능(managerial function)이라는 과정을 통해 활동한다. 다음 4가지 기능은 순환되는 기능이다. 각 기능이 독립적이 아니라 상호 밀접하게 관계성을 갖고 연결된다.

1) 계획기능

계획기능(planning)은 목표를 설정하고 설정된 목표를 달성해 가는 세부 활동을 정하는 과정이다. 계획은 목표설정뿐 아니라 목표달성을 위한 수단이다. 이 과정은 목표를 달성하기 위한 모든 자원의 획득과 투입을 정하고 직원이 목표를 향해 일관성 있는 활동을 하도록 한다. 이를 위해 기준을 정하고 그 기준에 따라 행동하도록 하는 것이다. 이러한 일련의 과정을 계획과정이라 한다.

2) 조직화 기능

조직화 기능(organizing)은 목표가 설정되고 목표달성을 위한 계획이 만들어지면 이를 성공적으로 수행하기 위한 조직체계를 수립한다. 경영자는 목표달성을 위해 요구되는 활동 및 과업을 분류한다. 분류된 과업을 관리 가능한 활동단위로 나누고 나누어진 직무를 다시 상호 관련성 있게 통합한다. 그다음에 활동단위와 직무를 수행할 직원을 선발 및 배치하여 직무에 알맞은 책임과 권한을 부여한다. 이러한 과정을 조직화라 한다.

3) 지휘기능

지휘기능(leading)은 경영자와 직원 간의 상호작용으로, 직원이 수립된 계획에 따라 기업의 목표를 달성할 수 있도록 동기를 부여하여 의욕을 가지고 적극적인 기업활동을 하도록 장려하는 기능이다. 이를 위해 기업의 모든 활동과정에 직원을 참여시키고 성과에 알맞은 보상을 하는 등 직원을 독려한다.

4) 통제기능

통제기능(controlling)은 설정된 목표를 위해 활동한 성과를 측정하는 기준을 확립하고 그 기준에 따라 기업활동이 이루어지도록 측정하고 평가하는 기능이다. 따라서 통제는 계획과 밀접한 관계에 있다. 경영자는 평가된 결과를 계획과정에 수립한 수준과 비교함으로써 필요한 경우 조치를 하고 목표를 수정하기도 한다.

CHAPTER 03

관광사업의 이해

03 관광사업의 이해

Chapter

제1절 기업의 개념변화

1 기업환경의 중요성

기업은 외부에서 원료, 자금, 정보 등의 경영자원을 조달한다. 그리고 기업 내부에서 그들의 경영자원을 사용하여 제품이나 서비스를 생산하고 시장에 판매한다. 여기서 외부환경의 변화는 직접, 간접으로 기업에 영향을 미치게 된다. 기업환경이 중요한 이유는 다음과 같다.

첫째, 기업경쟁이 치열해짐에 따라 환경조건이 여러 가지로 복잡해졌고 아울러 환경 자체가 급변하는 추세에 대해 의사결정을 위한 환경예측과 대응, 적응이 매우 곤란해졌다.

둘째, 기업활동이 인간 생활 전반에 미치는 영향력이 증대하고 결과적으로 소비자의 비판이 증가함에 따라 기업 자체가 사회적 영향력을 고려할 수밖에 없게 되었다.

② 기업의 개념

기업이란 무엇인가? 일반인들이 기업에 대해 생각하는 견해를 정리한 것이 [그림 3.1]이다.

그림은 기업 내부가 어떻게 생겼는가를 현미경을 통해 들여다본다면 좌측의 내용이 나오는데, 기업이란 돈 버는 곳, 이윤을 극대화하는 기관, 최소자원으로 최대효과를 추구하는 곳, 여러 자원을 조합해 상품을 생산하는 곳 등 미시적인 견해이고, 그와 동시에 자신의 자아를 실현하는 수단, 스트레스 또는 보람을 주는 곳, 사람들이 공동목적을 추구하는 곳, 구성원의 능력을 개발시키는 곳 등으로 인식되고 있다.

- 돈 버는 곳
- 이윤을 극대화하는 기관
- 최소자원으로 최대효과를 추구
- 여러 자원을 조합해 상품을 생산

- 사회가 필요로 하는 것을 제공
- 국력의 기본, 세금을 내는 기관
- 고용기회를 창출하는 곳
- 새로운 기술의 산실
- 인간 생활을 윤택하게 해주는 곳

- 자신의 자아를 실현하는 수단
- 스트레스 또는 보람을 주는 곳
- 사람들이 공동목적을 추구하는 곳
- 구성원의 능력을 개발시키는 곳

그림 3.1 기업이란 무엇인가?

기업이 사회에서 어떤 위치를 차지하고 있는가를 망원경을 통해서 내려다보면 우측의 내용이 나올 수 있는데, 사회가 필요로 하는 것을 제공하는 곳, 국력의 기본, 세금을 내는 기관, 고용기회를 창출하는 곳, 새로운 기술의 산실, 인간 생활을 윤택하게 해주는 곳 등 거시적 견해가 된다.

3 미시적 기업 관점

1) 생산중심적 개념

프리드만(M. Friedman)의 주장에서 볼 수 있는 것으로, 조직구성원은 노동, 자본, 물자, 기술, 에너지 등의 투입물을 블랙박스인 기업에 넣어서 물리적, 화학적으로 가공하여, 투입물과는 모습이나 성질, 가치가 전혀 다른 제품 또는 서비스라는 산출물로 바꾸는 역할을 한다. 이때 산출물과 투입자원의 가치를 화폐로 환산한 것을 수익과 비용이라고 하고, 기업은 바로 수익을 극대화하고 비용을 극소화함으로써 이윤을 극대화하기 위해 만들어진 조직이라고 할 수 있다. 즉 "기업의 사회적 책임은 이윤을 극대화하는 것"이다.

그러나 근래에 들어 이러한 전통적 견해에 대해 문제가 생기게 되었다. 기업이 아무리 투입물을 효율적으로 활용해서 좋은 제품과 서비스를 생산하더라도 이것이 제대로 팔리지 않으면 재고품은 창고에 쌓이고 서비스가 팔리지 않으면 기업에서는 돈이 들어오지 않아 임금도 못 주고 채무도 갚을 길이 없어 결국 문을 닫을 수밖에 없다는 것이다.

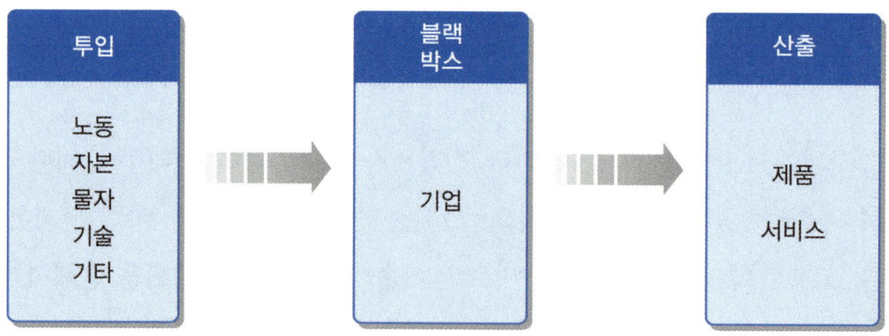

그림 3.2 기업에 대한 생산중심적 견해

2) 마케팅 중심적 개념

기업이 아무리 커다란 가치를 지닌 산출물을 생산하더라도 소비자가 이를 찾고 구매하고 소비해 주지 않는다면 기업은 원활하게 돌아갈 수 없고 영속적인 실체(going concern)

로서 기능할 수 없게 된다. 이러한 견해를 피터 드러커(Peter Drucker)는 "기업의 역할은 고객을 창출하는 것"이라고 표현하고 있다. 이는 제2차 세계대전이 종식되면서 대부분의 전쟁당사자인 독일, 이탈리아, 일본, 영국, 프랑스 등은 생산시설이 파괴되었지만, 미국은 군수물자 조달을 위해 생산시설이 늘어났게 되면서 그 당시 미국의 국민소득은 세계 최고가 되었다. 그런데 이 막대한 생산시설에서는 대량생산이 이루어지지만 미국 국민들은 전쟁 중에 익혔던 절약과 내핍생활방식을 그대로 유지하여 소비를 억제해서, 그 결과 기업은 생산해낸 제품을 판매할 수가 없어서 결국 망할 지경에 이르렀다. 이러한 상황을 타개하고자 기업은 시장조사를 하고 그에 맞는 신제품을 개발하고, 광고를 통해 자사상품을 알리고 유통시스템을 개발하여 소비자로부터 구매 의욕을 불러일으키도록 마케팅 활동을 적극적으로 전개하였다.

그림 3.3 기업에 대한 마케팅 중심적 견해

3) 인간중심의 개념

앨빈 토플러(Alvin Toffler)에 의해 주장된 것으로, 그에 의하면 고대의 농경사회가 19세기 후반 산업혁명을 거쳐 산업사회로 넘어갔고, 1970년대 이후에 정보화 사회로 변화하는 과정에서 기업을 둘러싼 사회환경이 변화함에 따라 기업의 운명도 크게 바뀐다고 주장하였다.

그는 정보화 사회에서는 사람들이 창조적인 두뇌활동을 벌여 새로운 아이디어를 내놓아 이를 기초로 가치가 창출될 것이기 때문에 사람이야말로 건물과 공장을 대신해서 이윤 창조 활동에 가장 중요한 자산이어야 한다고 주장한다. 즉 미래사회에서 "기업의 사명은 사람의 능력을 계발하는 것"이어야 한다.

4 거시적 기업 관점

기업은 거시적 관점에서 사회에 어떠한 역할을 해야 하는가? "기업이란 사회에 존재하는 제한된 자원을 가장 효율적으로 배분하여 그 가치를 극대화함으로써 사회의 경제수준 향상에 이바지하는 조직"이라 할 수 있다. 사회의 어떤 조직도 기업만큼 제한된 자원을 효율적으로 이용하지 못하므로 이러한 점에서 기업의 고유한 가치가 사회에서 긍정적으로 평가될 수가 있다. 그러나 반면에 기업은 사회로부터 부여받은 역할인 가치 극대화를 추구하는 과정에서 창출하는 이윤을 사회에 내놓지 않고 그대로 기업 안에 축적하면서 거대한 힘을 형성하여 부정적인 영향을 행사하기도 한다. 이것은 실제 19세기 말부터 20세기 초에 걸쳐 미국을 비롯한 많은 선진국에서 현실적인 문제로 나타났고, 우리나라의 경우는 오늘날 재벌의 기형적 비대화라는 현상으로 나타나 사회문제의 초점이 되고 있다.

5 기업의 형태

기업의 형태는 보는 관점에 따라 다른 의견이 제시되고 있는데, 출자자의 수와 범위, 경영의 원리, 주요 기관의 구조 등에 따른 기업의 종류를 의미한다.

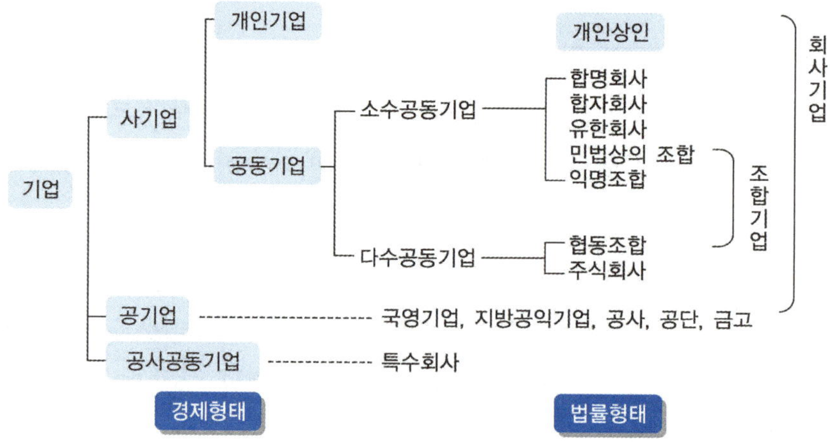

그림 3.4 기업형태의 분류

이와 같은 기업의 형태는 출자, 경영, 지배의 3가지 요소에 의해 결정된다.[1)]

1) 규모에 의한 분류

기업은 규모의 크기에 따라 대기업, 중기업 및 소기업으로 구분되고 규모의 크기는 매출액, 직원 수, 자본금에 따라서 기준을 정한다.

2) 업종에 의한 분류

기업은 종사하는 업종에 따라 광업, 공업, 상업, 금융업, 통신업 등으로 구분될 수 있다.

3) 출자자 성격에 의한 분류

기업의 출자자가 누구인가에 따라 공기업, 사기업, 또는 공사 공동기업으로 구분한다. 공기업은 출자자가 정부나 공공단체, 사기업은 개인, 공사 공동기업은 개인과 정부 또는 공공단체가 공동으로 출자한 기업의 형태를 말한다.

4) 법률 규정상에 의한 분류

기업은 법률의 규정에 따라 합명회사, 합자회사, 유한회사, 주식회사 등으로 구분된다.

5) 소유방식에 의한 분류

기업은 소유와 지배를 중심으로 개인기업, 인적 공동기업, 자본적 공공기업 등으로 구분된다.

1) 한편, 우리나라의 기업형태는 상법상의 합명회사, 합자회사, 유한회사, 주식회사, 그리고 민법 및 특별법에 의한 조합, 특별법에 의한 회사 및 공사 등이 있다.

제2절 관광사업의 의의

1 관광사업의 개념과 범위

1) 관광사업의 개념

관광사업이란 관광왕래를 대상으로 하는 서비스산업을 총칭하는데 이는 관광객에게 각종의 서비스를 제공하는 여러 기업체의 총체이다.

관광사업의 내용은 다양한 관광 활동으로 말미암아 매우 복잡하고 광범위한 영역에 걸쳐 있어서 그 실상을 정확하게 파악하여 정의를 내린다는 것은 대단히 어렵다. 그러나 관광사업의 개념을 종합해 보면 관광사업은 관광 현상에 대처하여 관광의 효용성과 관광사업이 안겨줄 사회적 · 문화적 · 경제적 효과를 합목적적으로 촉진하기 위한 인간 활동을 의미한다고 정의할 수 있을 것이다.

2) 관광사업의 범위

관광사업은 현대인의 관광왕래에 능동적으로 대처하여야 하고, 그 수용 자세에도 적극성을 보이는 한편, 왕래를 촉진하는 일체의 인간 활동이라는 점에서 복합적인 사업이다. 그 범위는 ① 관광객의 유치 및 홍보와 관련하는 관광사업, ② 관광객의 알선 및 접대와 관련하는 관광사업, ③ 관광시설의 정비와 이용증대에 관한 사업, ④ 관광자원의 보호 및 개발에 관한 관광사업 등 실로 광범위하다.

2 관광사업의 발전단계

관광사업은 관광여행에 관련된 사업으로서 기능을 해왔지만 시대적 변천에 따라 커다란 변화를 거쳐 왔다. 즉 교통기관, 숙박 시설, 관광조직과 같은 관광사업 등은 여러 가지 관광 현상에 근거하여 발전하였는데 그 단계는 자연발생적 단계, 매개서비스 단계,

개발 · 조직적 단계, 레저 정착화 단계 등으로 나눌 수 있다.

1) 자연발생적 단계

관광객을 유치하려는 사업 활동이 이익을 창출한다는 것을 일부 관광사업자가 인식하여 사업을 영위하였으나, 관광객의 증가에 따라 자연적으로 생겨난 것이 대부분이었다.

2) 매개서비스 단계

교통업, 여행업, 숙박업 등이 관광사업의 핵심적인 위치를 차지하게 되었고 이들 관광사업이 적극적인 서비스의 제공에 노력하고 동시에 관광왕래의 촉진을 도모하였다. 또 제1차 세계대전 이후에는 각국이 관광 기관의 육성을 적극적으로 추진하여 국제관광의 진흥을 도모하였다.

표 3.1 관광사업의 발전단계

발전 단계	시 대	경영유형	주체	주요기업(조직)	관광계층
자연 발생적 단계	고대~19세기 중엽	자생형 관광사업	기업	우마차, 노새, 당나귀, 목조선, 주막	귀족, 무사, 고관 등의 특권계층과 서민계층의 종교관광객
매개 서비스 단계	19세기 중엽~제2차 세계대전(1945)	매개형 관광사업	기업, 국가	철도, 증기선, 호텔, 여관, 여행사	특권계층과 서민계층의 일부 여행자
개발 · 조직적 단계	제2차 세계대전 후~1990년대	개발형 관광사업	기업, 국가, 공공단체	철도, 선박, 항공기, 자동차, 호텔, 여관, 여행사, 관광 관련 업체, 관광개발 추진 기관	일반 대중(국민관광)의 관광객
레저 정착화 단계	1990년대~현재	휴가형 / 정보형 관광사업	기업, 국가, 공공단체	철도, 선박, 항공기, 자동차, 호텔, 리조트, 여행사, 컨벤션센터, 카지노업체, 국가, 지자체 등	일반 대중

3) 개발 · 조직적 단계

국가적 · 민간적 차원에서 괄목할 만한 변화를 보이기 시작하였다. 즉 관광왕래의 촉진을 위해서 종래의 수동적 입장을 버리고 적극적인 수요개발에 나서는 한편, 관광객의 조직화와 관광지의 개발에 비중을 둠으로써 관광사업을 국민복지라는 입장에서 국가적 시책으로 추진하려는 인식이 높아졌으며 관광의 대중화가 정착되기에 이르렀다.

4) 레저정착화 단계

1990년대 이후 현재까지를 요약하면, 지역적 그리고 세계적으로 대규모 관광 개발이 이루어졌으며 기차 · 항공 · 선박 등 교통시설도 이용이 더욱 편리하도록 세계화 네트워크가 잘 구축되었다. 국제여행객의 급격한 증가와 더불어 정보통신기술의 발달로 관광 조직들은 고객들에게 여행 정보 및 시설이용에 대한 편리성을 제공하게 되었고, 일부 목적지에서 정주하는 휴가형 관광객이 급격히 증가하였다.

3 관광사업의 기본적 특성

관광사업은 여러 가지 업종으로 구성되는 복합적인 사업이란 특징을 가지고 있고, 그 효과도 단순히 경제적인 측면에 국한하는 것이 아니라 경제 외적인 효과를 촉진하는 것을 목적으로 하므로 공익성과 기업성을 동시에 달성해야 한다. 따라서 관광사업은 다음과 같은 여러 가지 기본적인 특성이 있다.

1) 복합성

관광객이 여행을 출발할 때부터 도착할 때까지 그들의 여행 일정이 수행되는 과정에 여러 관련 업종의 관광사업이 복합적으로 관여하는 것을 알 수 있다. 사업 주체로 보더라도 정부와 지방자치단체 등의 공적 기관과 민간기업이 역할을 분담하여 추진하는 복합성을 이루고 있다. 이 복합성을 다르게 설명하면 관광상품의 이질성이 되는 것으로, 관광상품은 이와 같은 여러 개의 이질적 구성요소들이 모여서 만들어진 하나의 통합된 사업 활동으로서 관광사업을 영위하고 있다.

이처럼 관광사업은 관광객에게 직접 서비스를 제공하는 사업 이외에 간접적으로 대처하는 여러 업종과 기관에 의해 구성되는 복합성을 기본적 특성으로 하고 있다.

2) 입지 의존성

관광사업은 관광자원에 의존하고 있는 점으로 보아 입지 의존성이 강한 사업이며, 사업경영에서 여러 가지 특성을 가지고 있다.

첫째, 관광사업은 계절의 변동에 따라 영향을 받는 사업이다. 관광사업은 관광객의 내방에 의하여 경제활동이 시작되지만, 관광객의 내방은 계절별, 월별, 주별 등에 따라 변동이 크기 때문에 사업의 연속성이 불투명한 특성을 갖는다.

둘째, 관광사업은 상품의 저장이 불가능한 사업이다. 관광사업은 생산과 소비의 동시성을 기본적 특징으로 하고 있으며, 그 때문에 예를 들어 호텔 객실과 같은 관광상품은 저장이 불가하여 경영상의 탄력성이 적은 사업이다.

셋째, 관광사업 가운데 호텔 및 항공사와 같은 장치산업은 고정자산의 투자비율이 높고 많은 인력을 소요하는 사업이다. 그리고 투자자본의 회수 기간이 길며 많은 직원을 필요로 하므로 경영상 어려운 특징을 가지고 있다.

이상의 세 가지 특성은 관광사업의 경영에 있어 상호 간에 관련되는 성질의 것이지만 어느 것이나 경영상 불안정 요소가 되는 것뿐이다. 그래서 사업경영의 합리화를 위해서는 이들의 불안정 요소를 해소하기 위한 노력이 있어야 하겠지만, 기본적으로는 많은 관광객이 평균적으로 방문하는 관광지를 최우선으로 택하는 입지 의존성을 중요시해야 할 것이다.

3) 공익성과 기업성

관광사업은 공익성과 기업성을 내포하며 사적 관광기업을 통해서 공익목적을 달성하려는 특성이 있다. 관광사업에 있어서 공익적인 측면은 관광 효과와 관광경제효과 및 경제 외적효과의 측면에서 지적할 수 있다.

관광사업은 공(公)과 사(私)의 여러 관련 산업으로 이루어진 복합체라는 점에서 기업의 이윤추구만을 목적으로 하는 사업경영은 허용되지 않는다. 관광의 목적은 관광객의 위락이라는 가치추구와 함께 정신적 문화성에 두고 있으므로 관광사업의 목적도 관광 소비에 따른 이윤 이상의 가치를 추구하는 데 두어야 하며 관광 소비에 의한 사업이윤만을 목적으로 할 수 없다. 그러므로 관광사업은 개별 기업활동의 특징을 살려 가면서 공익적 효과를 높여 가도록 조화로운 발전을 도모해야 한다.

그런데 이들 효과는 모두 공익적인 측면에서 인식되어 관광사업 발전의 기조가 되어 있는 것이지만, 이들 효과를 실질적으로 나타나게 할 사적(私的) 관광기업은 경쟁적인 개별 기업활동을 기본적으로 하고 있으며, 반드시 공익적 성과에 적합하게 적용한다고는 할 수 없다. 따라서 관광사업은 개별 기업활동의 특징을 살리면서도 공익적인 효과를 높이기 위해 관광기업을 유도하는 일이 큰 과제가 되므로 공익성과 기업성의 조화로운 발전을 도모하는 일이 무엇보다 중요하다고 할 수 있다.

4) 변동성

일반인의 관광에 대한 충족 욕구는 필수적인 것이 아니고 임의적인 성격을 띠고 있으므로 관광 활동은 외부사정의 변동에 매우 민감하게 영향을 받는다. 변동성의 요인으로는 경제적 요인, 사회적 요인 및 자연적 요인 등을 들 수 있다.

경제적 요인에는 경제불황, 소득 상황, 환율의 변동, 운임의 변동, 외화사용제한 등의 조치가 영향을 주고, 사회적 요인에는 사회정세의 변화, 국제정세의 긴박함, 정치 불안, 폭동, 질병 발생, 기타 인간의 안전에 불안을 주는 것 등이 있다. 그리고 자연적 요인으로는 기후, 지진, 태풍, 폭풍우, 홍수 등과 같은 자연의 변동 현상을 들 수 있다.

5) 서비스성

관광사업은 서비스업이다. 즉 관광객에 대해 서비스를 제공하는 영업을 중심으로 구성되어 있다. 서비스는 관광객의 심리에 지대한 영향을 미치고 있으므로 서비스의 질적 수준 여하에 따라 관광사업은 물론이고 관광지 전체 또는 국가 전체의 관광사업의 성패에 결정적 요인이 된다. 따라서 서비스의 제공은 관광사업 종사자뿐만 아니라 지역주민, 국민의 친절한 서비스의 제공도 필요하므로 관광에 대한 인식을 적극적으로 계몽해야 한다.

4 관광사업의 경제효과

1) 소득효과

관광사업의 발달에 의한 경제적 효과는 우선 해당 지역에 미치는 소득증대를 들 수 있다. 소득효과는 관광사업에 필요한 투자에 의한 경우와 관광객의 소비에 의한 경우가 있다.

(1) 투자소득 효과

관광사업에 대한 투자에는 일반적으로 관광자원의 개발 및 보호, 도로나 공원 등의 공공시설에 대한 공공투자, 장비산업 관광시설에 대한 설비투자로서의 기업투자가 있다. 이와 같은 투자액은 거액인 경우가 많고 경제환경에 따라 이 지역에 떨어지는 소득수입이 되고 있다. 개발 시의 일시적 투자에 이어 관광 투자는 계속된다. 이러한 투자자본은 대부분 외부로부터 오는 경우가 많아 국가나 지방공공단체로부터의 재정자금이라든가 폭넓은 민간자금 등의 자본조달이 이루어진다.

(2) 소비소득 효과

관광행위는 일련의 소비 활동으로 성립되어 있다. 관광 소비의 구조는 교통비, 숙박비, 음식비, 오락비, 토산품 구매비, 입장료, 주차료 등으로 되어 있어서 일부 교통비를 제외하고는 관광객이 소비하는 돈이 그 지역의 관광 수입이 된다. 더욱이 관광사업은 복합적으로 구성되어 있어서 소득 분배 효과가 미치는 범위가 넓다. 그 효과를 최대화하기 위해서는 관광객 수의 증가와 체재의 장기화가 기본정책이 된다.

(3) 외화획득 효과

외국인의 관광 소비는 관광객 수용국으로 볼 때 외화 수입이 되어 모든 경제적 효과를 유발해서 그 나라의 국민경제에 크게 공헌한다.

국제관광 수입은 수출무역 수입과 비교된다. 말하자면 무역외 수지의 일부가 된다. 외화를 획득하는 것은 무형적 무역이라 할 수 있는 운임, 보험료, 이자 배당, 이민 또는 해외근무자의 송금, 관광에 의한 외화 수입으로 가능하다. 경상수지 가운데 관광수지가 차지하는 비율이 매우 높아서 영국, 스페인, 이탈리아, 멕시코 등 많은 국가에서는 관광이 최대의 수출품목으로서 중시되고 있다.

2) 산업효과

산업효과는 소득효과와 관련되어 있어 관광사업의 사회경제적 중요성을 높여준다. 이 산업효과는 다양하게 직접적인 산업진흥으로부터 고용문제의 해결, 또한 산업자본의 하나로서 사회자본의 고도이용 효과 등도 고려되고 있다.

(1) 산업진흥

관광수요는 관광산업을 발생시키므로, 관광산업의 진흥은 관광 관련 산업의 활동에 영향을 준다. 말하자면 관광산업의 수요는 타 산업의 활동을 촉진해 지역 전체의 경제활동을 활성화한다.

관광산업의 생산활동은 관광 소비에 의한 것이고 관광 지출은 서비스 구매에 한하지만, 유형재 지출이 많은 여행상품, 토산품 등의 구매는 관광산업 이외의 산업생산을 유발하며 유형재 생산에도 경제 파급효과가 크다. 지역경제를 고려할 때 토산품의 생산은 현지산업의 육성과 유지 · 발전에 도움이 된다. 지역적 특수생산품이 되는 토산품은 곧바로 일반상품화하여 생산 규모를 한층 증대시키는 경우가 많다. 외국인 관광객이 토산품을 구매할 경우 지역의 토산품 판매는 곧 상품 수출이 되는 것이다.

(2) 고용증대

관광 소비는 각종 산업활동을 활발하게 하며 고용증대를 가져다준다. 관광산업은 일반적으로 밀도 높은 노동력이 필요하고 기계화가 어려우나, 고용효과는 크다. 제1차 산업 및 제2차 산업에는 점차 산업기술의 발달이라든가 생산시스템의 개량으로 노동력이 남아도는 현상이 일어나고 있다. 그러한 산업의 잉여 노동력을 관광산업이 흡수하여 많은 취업기회를 줄 뿐 아니라 국민 생활 안정에도 공헌한다. 관광산업에서의 노동은 신체적 노동 외에 지적 노동, 기술노동, 상품요소가 되는 노동 등 폭넓은 노동이 필요하다.

노동할 기회의 증가는 소득 분배 효과를 가져오고 지역의 소비생활을 증대시키며 경제생활을 풍요롭게 하는 효과가 있다. 그리고 소비에 따른 생산 및 유통 활동도 촉진한다.

(3) 사회자본의 고도이용

철도, 선박, 자동차, 항공기 등에 관계하는 교통시설에 대한 투자는 언제나 거액이지만 이러한 교통 관계 시설은 교통 이외에는 거의 이용이 불가능한 시설이다. 이런 점을 고려할 때 그 거액의 자본이 필요한 교통 관계 시설을 충분히 활용하지 못하면 국민경제에 커다란 손실이 된다. 그리고 산업 및 경제에도 대단히 중대한 영향을 미친다.

교통기관의 이용률이 낮은 경우 사업경영의 유지를 곤란하게 할 뿐 아니라 공적 사업이 되는 까닭에 국민의 경제생활에 영향을 주는 사회생활의 질서유지를 보장할 수가 없다. 관광왕래에서도 교통기관은 불가결한 것이며 관광왕래와 교통기관은 서로 자극을 주어 관광왕래의 증대와 교통기관의 발전이 동시에 이루어질 수 있다. 철도, 자동차 및 도로망의 정비, 항공기의 발달과 국내외 여행의 활성화 등은 좋은 예이다.

관광왕래의 촉진과 증가는 교통기관의 집약적 이용을 비롯하여 교통업무의 단가를 낮추고 교통업무의 내용을 개선하는데 힘쓰는 한편, 각종 교통기관의 발전을 상호 촉진하여 산업 경제활동이나 사회 일반의 모든 활동에서도 균형효과를 주게 된다.

3) 지역경제의 개발 효과

관광사업에 의한 지역의 소득효과 및 산업효과는 지역경제에 대한 개발 효과를 가져온다. 관광객에 의한 관광 소비는 관광 수입을 직접 형성하고 또한 관광객 증가에 의한 새로운 관광 개발도 활발히 행해지며 여기에 필요한 토지이용, 노동력, 자본의 유입으로 지역 관련 사업이 번영하고 지역주민에게 취업기회를 주게 된다.

이처럼 관광사업의 발전은 지역주민의 소득을 높이고 주민의 과소화 현상을 막아주며 교통을 편리하게 하여 생산성을 높이는 지역경제 개발 효과를 가져온다.

제3절 관광사업의 주체와 분류

1 관광사업의 주체

관광사업을 추진하는 사업 주체는 정부와 지방단체 등의 공적 기관이 담당하는 공적 사업과 민간기업이 참여하여 담당하는 사적 사업으로 분류된다. 각 사업 주체가 동일 관광객을 상대로 사업을 전개하면서도 그 목적과 행동 원리는 서로 다른데, 공적 사업은 공익을 목적으로 하고, 사적 사업은 영리를 목적으로 하는 기업활동이다.

1) 공적 관광사업

공적 관광사업은 대내적으로는 국민경제의 발전과 국민복지의 증진 및 향상을 위하고 대외적으로는 국위 선양과 국민경제의 발전을 위하여 정책적으로 추진하는 관광사업을 말한다. 이 같은 공적 관광사업의 주요 내용을 열거해 보면 다음과 같다.

① 관광이념의 보급

② 관광자원의 보호 · 육성 및 적절한 이용의 추진

③ 관광시설의 정비 · 개선

④ 관광지 개발 · 운영의 지도

⑤ 관광 광고 매체의 향상과 홍보 활동의 촉진

⑥ 관광종사원의 교육 훈련 및 질적 향상

⑦ 관광통계의 정비

⑧ 조사 · 연구 활동의 추진

⑨ 국내외 관광 관련 기관과의 유대강화

⑩ 관광 정보의 수집제공

⑪ 입 · 출국 수속절차의 개선

⑫ 국제관광 경제협력 및 기술교류

⑬ 국제회의 및 국제행사의 유치
⑭ 기타 관광 촉진에 필요한 사항

2) 사적 관광사업

사적 관광사업은 관광객의 관광 행동에 직접 대처하는 영업 목적의 활동이며 교통, 레저, 숙박, 여행 알선, 레크리에이션, 관광객 이용시설, 각종 인적·물적 서비스 등의 영리 목적이 중추적 사업내용이다. 각 업종은 기본적으로는 개별 영업활동을 통해 관광객을 상대로 하고 있지만, 관광왕래의 촉진과 관광객유치 및 판촉 활동은 결국에는 각 업종에 공통이익을 가져다주기 때문에 관광사업의 공공성을 갖게 되고 따라서 공익에 이바지할 사명이 있다.

2 관광사업의 내용

관광사업을 거시적 사업과 미시적 사업으로 나눈다면, 우선 전체적인 파악을 주로 하는 거시적 사업은 국가나 공공단체 등에 의하여 지역의 관광정책에 기초가 되고 전체적 파악 및 통제·관리를 위해 실시하는 종합적 사업을 가리킨다. 관광사업을 미시적으로 파악하는 경우에는 이와 같은 사업에 관계하는 관광 기관이나 기업의 경영사업을 말한다.

그리고 거시적 관광사업을 사업내용에 의해 분류한다면 국내 관광사업과 국제관광사업으로 분류한다. 이러한 분류는 그 사업의 대상, 유동 범위 및 그 목적에 따라 다르나 일반적으로는 연구나 사업에 관해서 별개로 취급하고 있다.

이처럼 관광사업의 내용을 여러 측면에서 설명할 수 있으나 기능적인 면에서 보면 다음과 같다.

1) 관광 개발에 관한 사업

관광자원의 보호 및 개발에 관한 사업은 관광사업의 기본적 사업 활동이다. 이러한 사업에는 교통시설, 숙박 시설을 기본으로 한 관광 개발 계획이 포함된다. 지역경제개발과 관련성도 있고 국가나 공공단체에도 관련된다.

2) 관광시설 경영에 관한 사업

관광객을 받아들이는 시설을 경영 · 사업화하는 것으로 그것을 집합적으로 보면 관광산업이다. 교통업, 숙박업은 관광왕래를 목적으로 하는 기능을 가진 관광사업의 핵심적 사업이다. 영리적 사업이 대부분이고 관광서비스를 공급하는 사업으로서 관광수요에 대처한다. 그리고 토산품 판매, 오락, 스포츠 및 레저관계시설을 운영하는 사업도 포함된다.

3) 유치홍보에 관한 사업

관광 정보를 제공하여 관광시장을 개척하고 나아가서는 관광객에 대한 효과적인 행동을 지원하기 위하여 실시하는 홍보사업이다. 각 기업에 의해 실시하는 것도 있지만 주로 한국관광공사, 지방공공단체의 관광 기관이나 관광협회 등의 공익법인에 의해 실시되고 있다. 국제관광사업에서는 대부분 국가에서 국가사업으로서 재정예산을 가지고 이 사업 활동을 영위하고 있다.

4) 여행업무에 관한 사업

여행업무를 중심으로 한 사업으로서 관광지에서 관광객의 영접 · 안내업무를 포함한다. 여행에 관한 정보의 제공에서부터 여행 알선 및 여행상품의 개발 · 판매에 이르는 업무를 수행하는 것으로서 관광 유통사업이라고 할 수 있다.

3 사업 주체에 의한 분류

관광사업은 사업 주체로 공적 관광 기관과 사적 관광기업으로 나눌 수 있다. 공적 관광 기관은 정부나 지방자치단체 등의 관광행정기관과 관광협회나 업종별 협회 등 관광공익단체로 나누어지며, 영리 목적인 사적 관광기업은 직접 관련 관광기업과 간접 관련 관광기업으로 나누어 볼 수 있다.

1) 관광행정기관

공적 관광사업으로 관광정책 관련 기관을 의미하는데, 국가 · 정부 · 지방자치단체 등 관광행정기관을 가리킨다. 이는 관광객 · 관광기업 · 관광 관련 기업들과 직 · 간접적으로 영향을 주고받으며 관광 개발업무와 관광 진흥업무를 담당한다.

2) 관광공익단체

공적 관광 기관으로 관광공사 · 관광협회 등의 공익법인과 관광 인력을 양성하는 교육기관 및 관광연구소 등이 있다. 대표적인 공익단체로는 관광 진흥, 관광자원개발, 관광사업의 연구, 관광 요원의 양성 및 훈련을 목적으로 설립된 한국관광공사(KNTO), 정부의 관광정책 대안 제시와 효율적 지원정책과 관련한 조사 · 연구를 수행하기 위하여 설립된 한국문화관광연구원, 그리고 우리나라 관광업계를 대표하는 한국관광협회중앙회와 업종별 · 지역별 관광협회 등이 있다.

3) 관광기업

관광객과 직접 관계되어 영리를 목적으로 하는 기업들 즉 관광객의 소비 활동을 주된 수입원으로 하는 기업들을 말한다. 여기에는 여행업, 숙박업, 교통업, 쇼핑업, 관광 정보 제공업, 관광개발업 등 대부분 관광사업이 포함되며, 「관광진흥법」에 의한 자영업들도 여기에 포함된다.

4) 관광 관련 기업

관광객과 직접 대면하지는 않으나 관광기업과의 직접적인 관계가 있고 관광객과는 간접적(2차적)으로 관련 있는 간접관광사업 또는 2차 관광사업이라 지칭되는 기업을 말한다.

호텔에서 외주를 받은 세탁업자, 청소업자, 경비업자와 식품납품업자 등이 여기에 포함되며, 일반적인 소매상점, 요식업체, 숙박업체, 오락업체 등도 관광객이 이용할 때에는 여기에 해당한다.

CHAPTER 04

관광경영학의 이해

04 Chapter 관광경영학의 이해

제1절 관광학의 학문적 성격

1 관광학의 발전

1) 20세기 초반

관광학은 20세기 이후의 학문으로 다른 학문영역에 비해 후발 학문이지만 그간 상당한 지식을 축적하기에 이르렀다. 관광에 관한 최초의 저술은 1899년 이탈리아의 보디오(L. Bodio)의 「이탈리아에 있어서 외국인의 이동과 소비액에 대하여」라는 논문이다. 이를 시발점으로 이탈리아, 스위스, 독일 등 유럽에서 융성하게 되었다.

유럽 각국은 제1차 세계대전 이후 국가 경제 재건을 목적으로 외국인 관광객을 정책적으로 끌어들이기 위해 관광 분야를 육성하였다. 따라서 관광학의 연구대상도 경제적인 측면에 집중하게 되었다.

이 시대의 연구는 관광통계로부터 발전하였다. 앞의 보디오의 연구에 뒤이어 니체포로(A. Niceforo)의 「이탈리아에 있어서 외국인의 이동」(1923)과 베니니(R. Benini)의 「관광객 이동의 계산방법의 개량에 대해」(1926) 등의 논문이 발표되었는데, 이들은 통계적 실증에 관한 것이었지만 현상 나열적인 단편적 연구에 지나지 않았다.

관광학이 독립적이고 체계적인 연구대상 영역으로 자리하기 시작한 것은 이탈리아의 마리오티(A. Mariotti)의 『관광경제학 강의』(1928)의 경제학적 분석연구이다. 관광경제학적 연구는 그 후 30년대, 40년대의 전환기에 관광경영학적, 관광사회학적인 연구로 개화의 싹을 피운다.

이 시대의 대표적인 연구로는 독일 보르만(A. Bormann)의 『관광론』(1931), 영국 오길비(F. W. Ogilvie)의 『관광객이동론』(1933), 독일 그뤽스만(R. Glücksmann)의 『일반관광론』(1935), 그리고 스위스 훈지커(W. Hunziker)와 그랍프(K. Krapf)의 『일반관광론』(1942) 등이 있다.

미국에서도 경영적인 연구로서 호텔 분야에서 붐머(L. W. Bommer)의 『호텔경영론』(Hotel Management, 1931)이 나타나기 시작하였다.

2) 20세기 중반

제2차 세계대전 이후부터 1960년대 말까지의 연구는 유럽 중심에서 점차로 미국 중심으로 관광경영학, 관광사회학, 관광심리학 분야의 관광연구가 활발히 이루어졌다.

스위스 훈지커(W. Hunziker)는 『소셜 투어리즘—그 성격과 문제』(1951)와 『관광경영학』(1959)을 발표하여 환경과 관광경영 연구에 몰두하였고, 오스트리아의 베르네커(P. Bernecker)가 쓴 『관광원론』(1962)은 관광의 주체 및 객체를 구분하여 관광학을 체계화하려고 노력하였다.

그 밖의 대표적인 연구로 관광경제학에는 스위스의 크랍프의 저서 『관광소비』(1954), 관광사회학에는 독일의 크네벨(H. J. Knebel)의 「근대관광에 있어서 사회학적 구조변화」(1960), 관광정책론에서는 독일의 펫슐(A. E. Pöschl)이 발표한 『관광과 관광정책』(1962), 관광입지론 분야에서는 프랑스 드페르(P. Defert)의 『관광입지론』(1966)과 독일 토르트(H.Tort)의 「여행목적지의 공간적 질서에 대해」(1965) 등이 있다.

미국에서는 자국민의 여가활동 및 여행을 촉진하기 위해서 야외 레크리에이션 활동과 여가시설에 커다란 관심을 쏟고 공공부문의 효율적 운영에 연구가 집중된 한편으로, 국내 관광지 및 관광시설의 경영적인 측면에도 커다란 관심을 쏟게 되었다.

3) 20세기 후반

1970년 이후 20세기 후반의 연구 조류는 이전까지의 단일적인 학문체계로부터 학제적인 연구로 이행하고 있었다. 이는 제트기의 이용증대로 인하여 급격하게 늘어난 국제관광에 관한 연구에 관심이 증대됨과 동시에, 기존의 경영적 · 경제적 연구보다는 여행인구의 이동으로 인해 생기는 사회적 · 문화적 · 환경적인 영향에 연구의 초점을 맞추게 되었다.

이에 따라 관광연구자들은 단일학문 연구영역에서 다루던 종래의 접근방법에 한계를 느끼게 되어 학제적인 접근방법이 등장하였고 관광학은 개별과학의 응용학으로 연구하려는 시도에 더욱 박차를 가하였다. 관광경제학, 관광경영학, 관광사회학, 관광심리학, 관광문화론, 관광정책론, 관광지리학, 관광환경론 등은 학제적인 접근방법에서 독자적인 영역을 구축하려고 시도된 영역들의 예이다.

한편으로 관광학은 경제학, 경영학, 사회학, 심리학, 문화인류학, 정치학, 생태학, 환경론 등의 학문이 복합적으로 연구되기 시작하면서 여러 학문 분야를 다학제적 관점에서 연구하는 종합과학 학문적 흐름이 나타나게 되었다.

4) 21세기

21세기에 들어서 관광을 둘러싼 환경은 급격히 변화하게 되었다. 국제관광객의 꾸준한 증가로 인해 세계화가 가속화되고 그로 인해 기업 간 경쟁이 격화하기 시작하였고 관광경제 및 경영, 마케팅 측면에서 세계화와 관광의 영향 및 관계에 관한 연구가 증가하였다. 그리고 테러, 전쟁, 지진, 해일, 전염병 등의 빈발로 인해 세계적인 이동 및 관광을 저해하는 요인에 관한 연구에 관심이 쏠리기도 하였다. 이러한 결과 학제 간 연구, 다학제적 연구 등 종합과학의 학문적 연구가 이어지면서 관광학의 정체성을 확립하려는 노력이 이루어지고 있다.

특히 사스, 메르스, 신종플루 등이 세계여행을 위축시켰고 특히 코로나19로 인해 인적 접촉을 멀리하게 되어 인적 서비스가 후퇴되고 그 대신에 비대면 서비스, 배달서비스, 인터넷서비스, 플랫폼 서비스 등 정보서비스로 대체되는 변혁기를 거치게 되었다.

한편으로 IT 기술을 비롯해 급격한 정보기술의 발달은 증강현실 및 사전(事前)관광 체험의 욕구, 웹사이트 만족도, 인터넷을 통한 고객관계관리 등을 연구하려는 일련의 새로운 e-Tourism 분야를 탄생시켰다. 이른바 소셜미디어를 활용한 관광행태연구, eSERVQUAL 관련 e서비스품질연구, CRM(customer relationship management)을 발전시킨 eCRM 등 다수의 새로운 관련 연구들을 탄생시켰으며, 코로나 19시대의 비대면 정보화 관련 연구가 나오기 시작하는 등 관광마케팅 분야에서도 새로운 연구영역이 등장하였다.

2 관광학의 연구 개념틀

1) 관광구조론

관광구조에 대한 가장 일반적인 주장은 관광주체, 관광매체, 관광객체 등 3가지 요소가 결합 및 상호작용을 한다고 보는 견해이다. 이는 상술한 오스트리아 베르네커(P. Bernecker)의 『관광원론』(1962)에서 본 관광의 주체 및 객체를 구분하여 관광학을 체계화하려는 노력에서 한 걸음 더 나아가 관광 경영의 입장에서 관광 매체를 분리하여 삼각도를 체계화하였다.

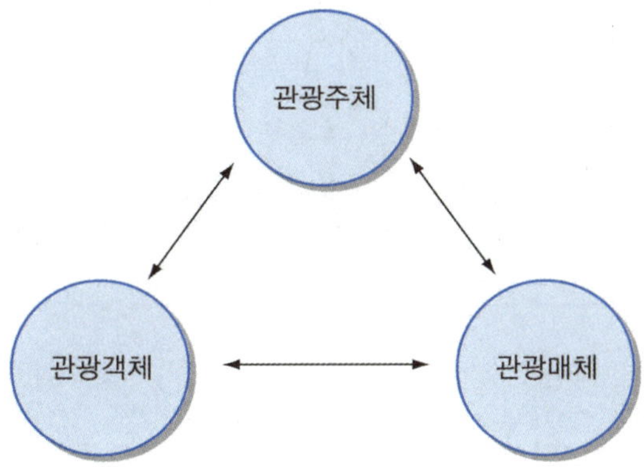

그림 4.1 관광의 구조

관광주체, 관광객체, 관광매체에 대해서 보기로 하자.

첫째의 요소로 관광주체는 관광을 실제로 하는 주체, 즉 관광객이다. 관광객은 일상생활의 근거지에서 떠나 다시 돌아올 목적으로 이동하고 목적지에서 체재하다가 다시 일상생활의 근거지로 돌아온다. 이들은 정신적 또는 육체적 휴식을 얻으려는 소비자이다. 그러는 과정에서 관광객은 목적지에 경제적, 사회적, 환경적인 영향을 미치고 또한 영향을 받기도 한다.

둘째의 요소로 관광객체는 관광대상을 말한다. 관광대상은 관광객의 관광 욕구를 충족시켜 주는 모든 것이다. 관광객체에는 보통 자연자원(기후 · 풍토 · 지형 · 지질 · 천상 · 기상 · 생물 등)과 인문자원(생활 · 민속 · 분위기 · 행사 · 예능 · 사적 · 도시 · 전원 · 문화재 · 향토음식 · 정원 · 산업 등) 이외에도 양자를 바탕으로 하여 행하게 되는 활동(위락, 스포츠 등) 자체도 포함된다.

셋째 요소로 관광매체는 관광주체(시장)와 관광객체(관광대상)를 연결하는 기능을 한다. 관광매체의 기본은 이동수단과 정보에 있다. 이동수단을 담당하는 것은 항공, 육상, 해상 등의 교통운송업이고 정보를 담당하는 것은 여행사를 비롯한 중개기업이다. 특히 매체에서 빼놓을 수 없는 것이 숙박 시설, 식음료시설, 유흥시설 등이다.

교통운송업, 여행업, 숙박업, 위락시설의 기업들을 관광 매체, 즉 관광사업이라고 부른다.

2) 개방적 관광시스템

개방적 관광시스템은 관광의 정의 및 연구방법에 있어서 그 기본구조를 관광객, 관광배출지, 경유지, 관광목적지, 관광사업 등 5가지로 설정하고 관광의 연구틀을 개방적인 시스템으로 보고 있는 견해이다. 이 5가지 요소들은 공간적, 기능적으로 상호작용 및 서로 연결되어 있다. 그중 관광의 지리적 요소는 관광의 시작과 종착점인 배출지, 관광객이 잠정적으로 체류하는 곳인 목적지, 관광객이 통과하는 경유지가 있다.

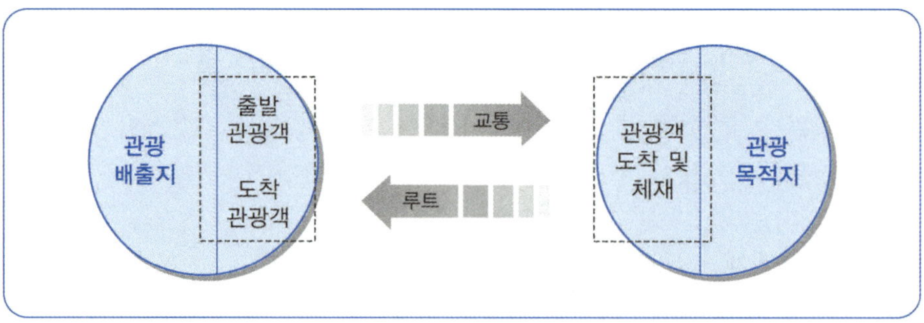

* 광역환경: 물리적, 사회적, 경제적, 정치적, 기술적
□는 광역산업을 의미

그림 4.2 개방적 관광시스템1)

3) 기능적 관광시스템

기능적 관광시스템은 관광 현상을 기능적 시스템으로 인식하고 그 기본구조로 관광객, 교통기관, 매력물(관광자원), 서비스 및 시설, 정보 및 지도 등 5가지를 제시하고 있는 견해이다.

이 관광시스템의 기능을 각 내용을 보면 ① 관광객은 다양한 동기를 갖는 행동 주체이다. ② 교통기관은 관광객을 나른다. ③ 매력물(관광자원)은 관광객을 끌어들이는 관광 대상이고 ④ 서비스 및 시설은 숙박 · 식음료 · 기념품 · 오락 등을 제공한다. ⑤ 정보 및 지도는 관광객에게 관광 정보를 제공하고 관광상품의 구매를 유도한다.

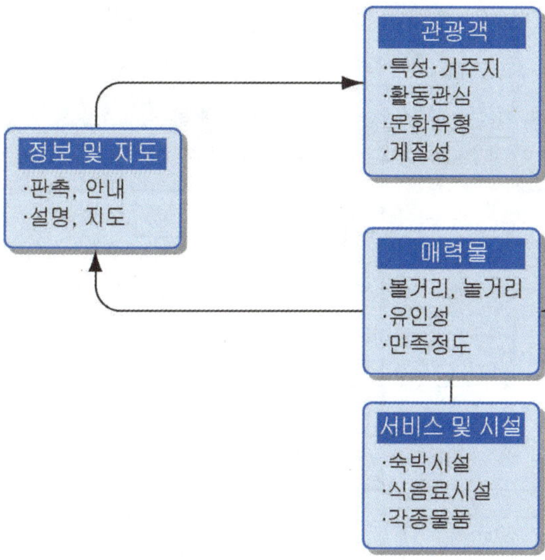

그림 4.3 기능적 관광시스템[2)]

4) 요소별 단계적 개념틀

이 연구는 관광은 세 가지 기본적인 요소, 즉 동태적 요소(dynamic element), 정태적 요소(static element), 결과적 요소(consequential element)가 단계적으로 구성되어 있다고 보고 있는 견해이다.

---

1) Leiper, N., "The Framework of Tourism", Annals of Tourism Research, Vol 6, No 4, 1979, p.404.

2) Clare A. Gunn, *Tourism Planning*, NY: Crame Russak, 1979, p.36.

동태적 요소는 관광객의 수요 즉 동기와 욕구를 말한다. 정태적 요소는 목적지에 체류하는 관광객의 특성 및 목적지의 특성이 상호작용하는 것을 말한다.

결과적 요소는 관광의 결과적 영향을 말한다. 결과적 요소에는 하위시스템 즉 관광객이 직·간접적으로 접촉하는 경제적·물리적·사회적 영향이 존재한다.

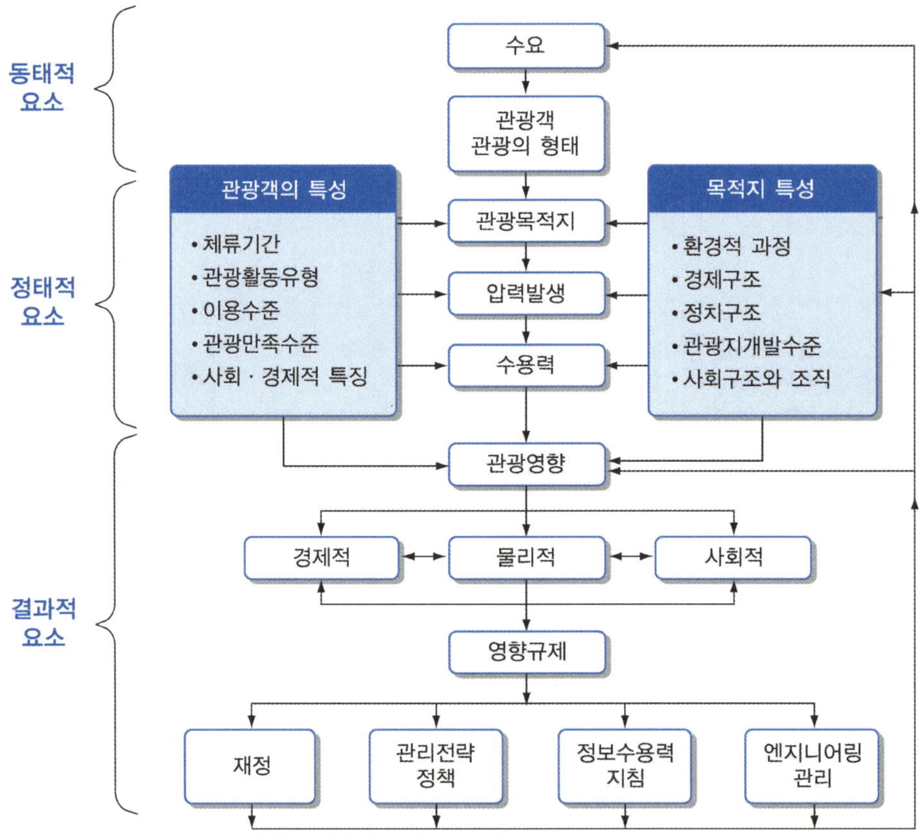

그림 4.4 요소별 단계적 개념틀[3)]

5) 연계관광시스템

이 연구는 관광을 하나의 시스템으로 보고, 관광은 상호 긴밀한 관계를 유지하고 있는 많은 부분으로 구성된다고 주장한다. 특히 관광 현상은 관광시장, 여행, 관광목적지,

3) Mathieson, A. and G. Wall, "Conceptualization of Tourism", *Tourism: Economic, Physical and Social Impact*. London: Longman, 1982. p.15.

마케팅 등 4가지 요소로 구성되며 관광은 한 부분을 건드리면 반응이 전체적으로 연쇄되어 일어나는 거미줄과 같다고 보는 견해이다.

관광시장의 세분화를 활용하면 관광기업은 기존 관광시장의 움직임과 미래의 변화추세로부터 어떤 편익을 추구할 수 있는가를 예견할 수 있다. 과거의 여행에서 자신의 욕구가 채워졌다는 것을 확인하거나 미래의 여행을 통해 자신의 욕구가 충족되겠다는 확신에서 여행 의사결정이 행해진다. 그러므로 관광목적지는 목적지에 대한 기여도를 최대로 할 수 있는 서비스와 매력성을 특화할 수 있어야 한다. 따라서 관광마케팅 부서는 목표시장에 최적으로 도달할 수 있는 마케팅계획의 개발과 실행을 위한 수단과 방법을 제안해야 한다.

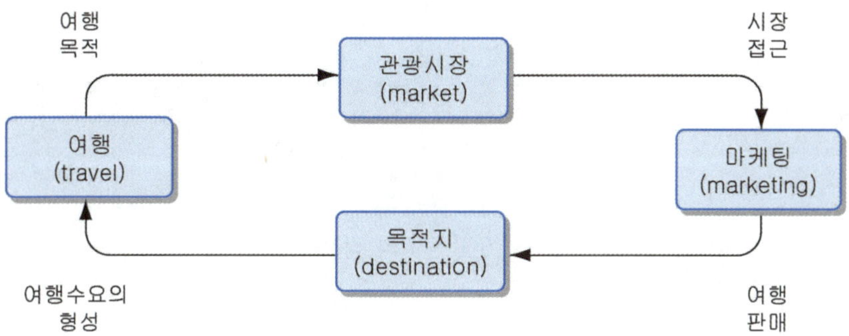

*밀과 모리슨은 관광시스템을 주장하였는데, 본 저자는 다른 시스템 연구와 대비하기 위해 '연계'라는 용어를 사용하였다.

그림 4.5 연계관광시스템[4]

③ 관광학의 연구방법

관광학의 연구방법에는 두 가지 방향이 있다. 하나는 종합학문체제, 즉 종합사회과학으로서의 관광학을 추구하려는 것이고, 다른 하나는 단일학문체제, 즉 개별과학으로서의 관광학을 추구하려는 움직임이다.

이러한 관광학 연구방법의 두 가지 성격을 나타낸 것이 아래 그림이다.

4) Mill, R. C & A. M. Morrison(1994), *The Tourism System*, Prentice Hall, 2nd ed. Preface.

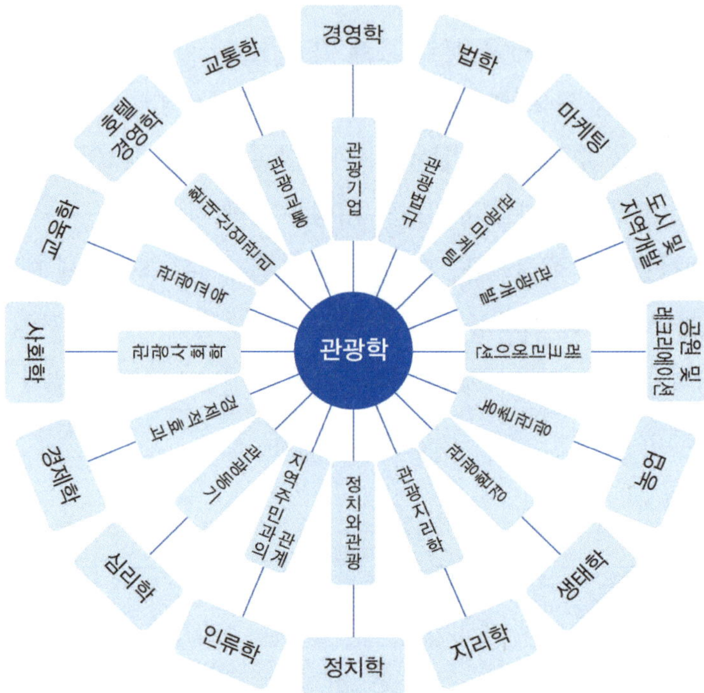

그림 4.6 관광학의 접근방법

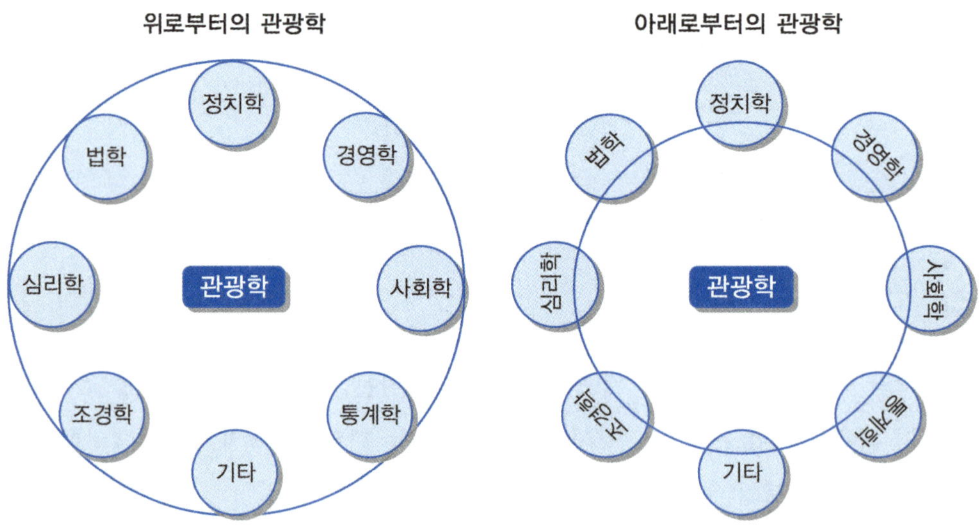

그림 4.7 관광학 체계

1) 단일학문 체제

개별과학의 응용학으로서 관광학연구는 관광학의 발전에서 보았듯이 이미 상당한 수준에 도달하여 전문화되고 연구분석 방법에서도 매우 세련미를 보인다. 이러한 단일학문체제 연구는 문제의식과 인식대상 및 방법론에서는 기존학문의 틀을 그대로 도입·응용하고 있다. 경영학, 경제학, 사회학, 심리학, 법학, 조경학 등 여러 학문 분야에서 발달한 방법론이 응용되고 있다([그림 4.6]의 경우는 맨 바깥쪽, [그림 4.7]의 경우에는 아래로부터의 관광학 참조).

이러한 방법론은 관광학연구에 있어서 일개 학문영역의 통일된 연구체계를 기반으로 어느 정도 개별적인 성과를 이룩할 수 있으나 자칫하면 연구자 나름대로 단일학문만을 주장하여, 결국 나무만 보고 숲 전체를 보지 못하는 과오를 범하기 쉽다는 단점이 있다.

2) 종합학문체제

관광학의 연구는 20세기 초에 경제학적 접근방법에서부터 시작하여 경영학적 접근방법, 사회학적 접근방법, 인류학적 접근방법, 환경론적 접근방법으로 발전되어왔다고 볼 수 있다. 이러한 접근방법에 대해 최근에 많은 연구자가 종합적인 측면에서 하나의 체제를 구축하려고 노력하고 있다([그림 4.6]의 경우는 맨 안쪽, [그림 4.7]의 경우에는 위로부터의 관광학 참조).

그러나 종합사회과학으로서의 관광학은 개별학문 모두를 한꺼번에 묶어서 지식을 축적한다는 데는 커다란 의의를 찾을 수 있지만, 안타깝게도 중심적, 학문적인 중심축이 결여되어 일정한 법칙을 정립하기가 어렵다는 모순점을 안고 있다. 이는 모든 분야의 여러 법칙을 동일차원에서 정립한다는 것은 거의 불가능에 가깝기 때문이다.

3) 다학제적인 연구체제

단일학문체제와 종합학문체제는 양자 모두 장단점을 갖고 있다. 그러므로 우리가 현재 나아가야 할 방향은, 단일학문체제의 장점을 살리고 일개 분야에 국한된다는 단점을 보완하는 측면에서, 그리고 종합적인 학문체제의 완성을 위한 노력의 일환으로서, 두서너 개의 단일학문 간에 동일 주제에 대한 다학제적 연구를 시도하는 일이다.

이러한 움직임은 관광문화인류학(관광학 + 문화론 + 인류학), 관광행동론(관광학 + 사회학 + 심리학 + 소비자행동론), 관광경제사회학(관광학 + 경제학 + 사회학) 등에서 이미 진행되고 있다.

다학제적인 연구가 활발히 진행되고 그 장단점과 유사한 결론이 표출되면 그것을 바탕으로 하여 종합학문의 접근방법에 가까운 일정한 사회과학의 법칙을 발견하거나 통합적 연구틀(framework)을 찾을 수 있고 더 나아가서 관광학의 독자적인 범학문적 연구방법(Trans-disciplinary studies)을 발견할 수 있을 것이다.

4 관광학과 관광경영학의 관계

미국의 경우, 관광분야 연구는 두 계통에서 별도로 발전하였다. 그중 하나의 흐름은 농업자원분야, 체육학분야, 사회학분야 등에서 산만하게 연구되어 오던 여가와 위락(leisure, park and recreation)연구가 1960년대부터 공원 및 위락관리학(park & recreation science)으로 통합되었고, 1990년대에는 국제관광과 상업적 위락시설에 관심을 보이면서 관광에 관한 연구가 본격화되었다.

또 하나의 흐름은 1920년대부터 호텔산업의 성장과 함께 시작된 호텔경영(hotel management, hospitality management) 분야이다. 호텔경영연구는 산업계의 전문인력 양성 요구에 따라서 대학교육의 한 분야로 등장하였으며 100년 이상의 역사를 지니고 있다. 미국의 호텔경영학은 경영학의 방계분야로 볼 수 있는데, 지나치게 기능중심적이라는 비판을 받고 있다. 그러나 이 분야는 환대산업(hospitality industry)으로 확대되면서 최근에 가장 관심을 받는 학문영역으로 자리하고 있다.

우리나라의 경우에는 이 두 가지 조류의 연구를 초창기부터 통합하여 받아들였으며, 학과명칭으로는 '관광경영학과'를, 학문명칭으로는 '관광학'이라는 용어를 주로 사용하였다. 그 후 호텔경영학과, 외식경영학과 등이 생겨났다.

관광학과 관광경영학을 구분한다면 관광경영학은 대표적인 특수경영학으로서 정체성을 확보할 수 있다. 관광경영학은 서비스경영론의 이론을 기반으로 해서 독자적인 연구방법을 구축해야 할 것이다. 그러한 시도의 하나로 서비스경영론을 기반으로 하고 경영학의 실천적 측면과 관광기업론이나 관광사업론의 이론을 접목하는 형태로 새로운

영역을 구축하여야 할 것이다. 즉 이것은 다학제적인 연구접근방법의 하나로 이른바 관광기업경영론 또는 관광경영론(서비스경영론 + 경영학 + 관광기업론), 관광경영관리론에 관한 연구들을 구축하는 것이다. [그림 4.8]은 관광학을 밑바탕으로 해서 일반경영학, 심리학, 사회학, 서비스과학 등의 연구를 접목해서 하나의 개념틀을 제시하고자 한다.

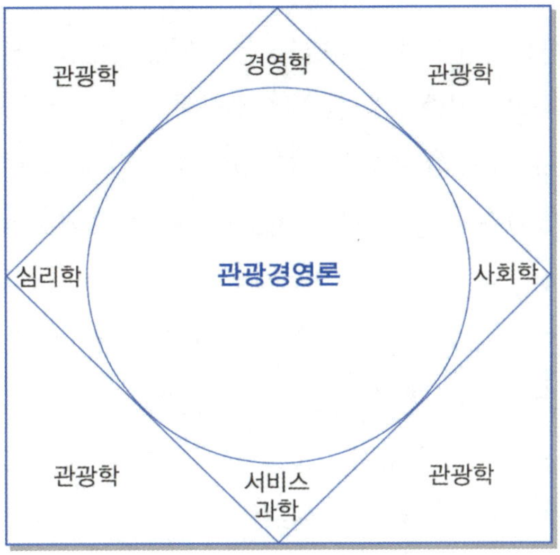

그림 4.8 관광경영론 개념틀

제2절 관광경영학의 연구방향과 대상

1 관광경영학의 연구방향

관광경영학은 직업훈련적(vocation training) 성격에서 기인하는 연구의 질적 저하와 경영학과 차별되는 정체성 확보라는 두 가지 난제를 해결해야 한다. 향후 관광경영학 연구의 방향을 제시한다면 다음과 같다.

첫째, 서비스산업의 발전과 맥을 같이 하여 서비스 경영연구들을 이론적 근간으로 하고 이에 실무적 차이를 부가함으로써 경영학과 차별화를 도모해야 한다. 전통적인 경영학의 보편성 한계는 제조업 중심으로 연구되어왔다는 점이다. 기존의 경영학이 잘 설명하지 못하는 서비스산업이라는 경영학의 사각지대가 관광경영학의 성립과 존립 가치의 근거가 될 수 있으며, 서비스경영연구에서 개발된 이론들의 수용은 관광경영 연구의 고질적인 병폐인 이론적 깊이 문제를 해결하는 데 도움이 될 것이다. 특히 서비스경영연구는 서비스산업 가운데 준제조업의 성격을 갖는 업종(금융업, 통신판매, 연구소)이 아닌 고객과의 접촉도와 인적자원 의존도가 높은 순수서비스업을 주된 연구대상으로 하여 발전할 가능성이 있으므로 연구한 결과를 관광경영학 연구에 활용할 수 있을 것이다. 한편, 디지털 전환과 ICT기술 응용에 관한 정보서비스 분야에도 관심을 기울여야 한다. 비대면, 비접촉 시대에 관광산업이 환경에 적응해 살아남기 위해서 관광경영이론의 학문적 뒷받침에도 유연함을 보여야 할 것이다. 독자적인 지식체계 구축에는 전공별로 관광산업이 갖는 고유한 특성에 관심을 집중해야 한다.

둘째, 관광경영학 연구의 이론 유용성을 중시해야 한다. 관광경영 연구는 실천적 유용성이 중요하므로 사례연구가 필요하고, 또한 현상기술에 근거한 귀납적 연구가 연역적 이론 검증의 연구만큼 중요하다는 사실을 인식해야 한다. 즉 인터뷰나 관찰 등 자료수집방법을 다양화해야 하며, 사례연구와 현장연구는 한국적 특수성을 반영하는 고유요인을 추출하는 데도 도움이 될 것이다.

셋째, 연구대상 범위를 넓혀야 한다. 이를테면 항공사 경영, 종합휴양업(리조트)으로 연구영역을 확대하여 이 분야를 본격적으로 연구하여야 한다. 호텔 및 외식산업 중심의 미국과 달리 여행사경영 분야도 오래전부터 관광경영학 내에 포함되어 있으므로, 항공사경영이나 테마파크 등 레저산업경영을 연구범위에 편입시키는 것은 자연스러운 일이다.

넷째, 경영학과의 차별성을 추구하는데 창의적인 개념 개발이 필요하다. 즉 기존연구가 거의 없는 탐색적 연구(exploratory research)를 권장하고 비록 완성도가 낮더라도 가설검증보다도 창의적인 개념들이나 아이디어를 더욱 중시할 필요가 있다.

2 관광경영의 학문영역과 정보출처

〈표 4.1〉은 관광경영자들이 의사결정과정에서 사용할 수 있는 지식과 관련된 학문영역의 예들을 보여주고 있다. 오늘날 관광경영자가 이러한 분야의 새로운 지식 개발과정에 똑같이 보조를 맞춘다는 것은 거의 불가능하다. 그러므로 경영자는 반드시 산업 내에 존재하는 정보와 연구자들의 연구결과에 의존해야 한다.

표 4.1 관광경영의 지식체계를 구성하는 학문영역

• 경제학 • 회계학 • 경영학 • 경영전략 • 생태학 • 통계학 • 재무학 • 마케팅 • 인사관리 • 조직행동 • 조직이론	• 정치학 • 경영정보시스템 • 사회학 • 심리학 • 운영관리 • 경영과학 • 공학 • 언어학 • 인류학 • 식품영양학 • 기타

정보출처를 선택할 때 경영자의 주요 관심사는 타당성과 신뢰성이다. 타당성은 제공된 정보가 다양한 상황에서 일관성을 유지하고 있는가를 검증하는 것이고 신뢰성은 시간의 경과에 따라 정보의 정확도와 일관성의 여부를 뜻한다. 〈표 4.2〉는 관광경영자가 이용할 수 있는 정보출처를 요약하고 있다.

표 4.2 관광경영자가 이용할 수 있는 정보출처

• 연구논문 • 신문 • 뉴스 잡지 • 정부통계 • 정보보고서 • 뉴스레터 • 세미나 • 학술대회 • 비즈니스 잡지 • 동업조합	• 공급자 • 내부 인사 • 내부 연구 • 데이터베이스 • 인터넷 온라인 서비스 • 뉴스 서비스 • 외부 비즈니스 협회 • 친구와 가족 • 컨설턴트 • 기타

3 관광경영학의 대상인 관광산업

1) 관광산업이란

하나의 산업은 사업체 또는 법인 그리고 그들을 위해 일하는 사람들의 집단이다. 자동차산업, 보험산업 그리고 컴퓨터산업은 이미 잘 알려진 산업의 본보기이다. 산업(industry)이란 제품 및 서비스, 또는 그것을 혼합한 것을 생산하고 있다. 제품이란 개발되고 제조되고 성장하고 만들어진 물건이다. 그것은 구매자에 의해서 소비 또는 사용된다. 자동차, 트랙터, 철광석 등은 제품의 예이다. 반면에 서비스는 누군가에게 혜택을 주는 행위 또는 실행이다. 소득세를 계산하기 위해 공인회계사를 고용한다거나 가슴이 답답하여 의사에게 진찰을 받는다면 서비스를 구매하는 것이 된다. 관광산업의 주요 핵심 부분은 고객에게 제공되는 서비스이다.

관광산업(Travel Industry, Tourism Industry, Tourist Industry)은 글자 그대로 관광을 이루고 있는 산업을 지칭하며 협의의 제3차산업을 말할 때 주로 관광산업을 가리킨다. 특히 관광산업은 국제관광에 한정해서 사용되는 경우가 적지 않고 때때로 관광사업과 동의어로 사용되고 있다.

2) 관광산업의 구성요소

관광산업은 관광객들에게 상품과 서비스를 제공하는 수많은 기업으로 구성된다. 이러한 기업은 중소기업에서 다국적기업에 이르기까지 매우 다양하다. 길가의 조그만 여행사 대리점에서부터 세계적인 항공사에 이르기까지 관광산업은 매우 방대하다. 기업의 기능에 따라 관광기업들은 7가지로 분류할 수 있다.

관광산업 가운데 세 가지 요소가 가장 기초적인 서비스를 제공하는 교통 운송 분야이다. 항공, 육상, 해상교통서비스는 관광객을 가고자 하는 장소로 운반해 준다. 숙박 및 컨벤션 서비스는 관광객들에게 위락, 휴식, 위안을 제공한다. 관광마케팅, 광고 및 정보서비스, 관광 유통서비스 등은 관광객에게 위의 다섯 가지(항공, 육상, 해상, 숙박, 여가시설) 구성요소들의 상품과 서비스를 유통, 전달, 소구하는 역할을 담당한다.

그림 4.9 관광산업의 구성요소

이상에 대해서 열거하면 아래와 같다.

① 항공교통 서비스

② 육상교통 서비스

③ 해상교통 서비스

④ 숙박 및 회의참가 서비스

⑤ 여가 관련 서비스

⑥ 관광마케팅, 광고, 정보서비스

⑦ 관광 유통서비스

⑧ 기타 서비스

CHAPTER 05

관광서비스관리

05 관광서비스관리

Chapter

제1절 서비스 개관

1 서비스의 개념

서비스업이나 제조업, 소매업의 고객서비스 부문 등 어느 것이나 자신들의 일을 서비스제공이라고 생각하는 경우에 일어나는 난점이 무엇인가 하면 그 옛날 전(前)산업 시대의 발상법이 머리에 고정관념으로 남아 있는 것이다.

서비스라는 말을 들으면 그것의 정체를 알 수 없어 머리 한쪽 끝에서 개인적인 봉사나 봉공(奉公)이라는 퇴색된 이미지가 떠오르게 된다. 서비스란 어느 개인이 타인을 위하여 봉사하는 행위라고 일반인들은 생각하고 있다. 역사적으로 보아도 자애나 인협(기사도), 자기희생 또는 복종, 종속, 억압이라는 의미가 머리에 와 닿는다. 이것을 해석하는 측에서 보면 사람은 자신이 원해서 서비스를 하든가(목사, 정치가와 같이), 또는 강제(노예)나 생활이나 직업상의 여건으로 어쩔 수 없이 서빙 하는 경우(웨이터, 메이드, 벨보이, 청소부 등)가 있다.

교회나 군대와 같이 더욱 고급인 직업에서는 마치 틀에 박힌 듯이 매일 똑같은 의례적인 행동을 취하기 때문에 합리성이 부정된다. 한편, 지위가 낮게 여겨지는 서비스직업의 경우에는 복종 일변도이다. 어느 쪽이건 직업을 잃지 않게 하는 요체는 독자적인 생각을 하지 않는 것이다. 거기에서 서비스의 질을 높이기 위하여 가장 중요한 것은 더 많은 땀을 흘려서 노력하는 것이다. 지금까지의 방법을 한층 좋게 하기 위해서는 더욱 더 노력을 거듭하는 방법밖에 없었다.

예전에는 정말 그러하였다. 그런데 오늘날에도 또한 그러하다. 단지 하나 다른 점은 옛날 주인은 노동에 박차를 가하기 위해 신의 뜻이라 하여 밑에 사람을 부렸고 현장 감독의 채찍을 날리기도 하였지만, 현대의 기업은 훈련계획이나 동기부여를 위해 회의를 이용한다는 점이다. 그간 긴 세월이 흘렀으나, 그 방법과 성과에서는 그다지 변화를 보여왔다고 말하기는 어렵다.

그러나 인간노동을 기계화하여 생산성을 높이려는 노력이 미국에서 본격적으로 일어났다. 제조업에서 도입된 '공업화 발상'이 그것이다. 여기서는 인간은 게으르고 일을 스스로 하려고 하지 않고, 또한 사람에 따라 그 성과가 다르므로, 가능한 인간이 하는 일을 철저히 감독하고 균일한 일을 시켜서 생산성을 높이자는 경영이념이다. 인간 경시적인 측면이 있지만, 서비스품질의 균일화를 꾀하려는 발상이다. 그 시초의 사례가 매뉴얼을 작성해 거기에 철저하게 따르게 하는 패스트푸드 외식 체인 맥도널드다.

이에 반하여 유럽 및 일본에서 주장하는 생산성 향상 및 직원의 사기 진작은 사용자와 제공자 간의 관계가 양호할수록 서비스의 품질 및 수준, 그리고 고객 만족의 극대화가 가능하다는 것을 그 기본원리로 삼고 있다. 이렇게 보면 서비스가 원래 인간을 빼어놓고는 생각할 수 없다는 점에서 결국 서비스란 어느 개인이 타인에게 제공하는 인간적 행위라고 정의할 수 있다. 이러한 정의가 서비스의 핵심이고 이것에 부가해서 많은 현대적 서비스가 파생되고 있다고 할 수 있다.

② 서비스의 본질

오늘날의 관광경영자들은 경쟁사들이 모방하기 어렵고 끊임없이 고객들을 감탄케 할 수 있는 가치를 창출하는 경쟁수단들을 개발해야 한다. 품질 좋은 서비스도 그런 경쟁수단의 하나이다. 서비스의 품질은 적절한 교육, 실행, 품질관리는 물론이고 서비스 리더십을 수립하고 유지하는 데에 충분한 자원을 배분함으로써 달성될 수 있다.

경영자들은 서비스가 효과적으로 계획되고 실행되었을 때 장기적인 경쟁우위를 제공하면서 주당 현금흐름이란 형태로의 가치를 창출할 수 있는 도구임을 이해해야 한다. 서비스는 고객의 욕구를 충족해야 하는데 고객이 서비스를 구매하는 데 지급하는 비용보다 더욱 높은 가치를 제공해야 한다. 경영진들은 서비스 거래(진실의 순간)가 기업에 의해 요구되는 수익률을 충족하고 고객들의 기대가 충족되는 수준에서 실행되고 있는가를 확인해야 하는데 다음과 같은 사항을 준수해야 한다.

1. 고객들은 어떻게 서비스에서 효용을 얻고 있는지를 이해한다.
2. 기업이 어떻게 효용을 생산하고 전달할 수 있는지를 이해한다.
3. 기업이 어떻게 가치를 창출하기 위해 관리되어야 하고 요구되는 수익률을 달성할 수 있는지를 이해한다.
4. 기업은 고객과 소유주들의 목표를 모두 충족시킬 수 있어야 한다.

위의 사항을 달성하려면 지도자들은 아래와 같이 경영사고의 극적인 전환을 경험해야 한다.

1. 모든 관심을 비용통제(내부집중)에서 좋은 성과의 결과(외부집중)로 – 주당 현금흐름으로의 전환
2. 업무의 중점을 직원중심(조직관리)에서 직원과 고객중심(과정관리)으로 전환
3. 서비스의 전달에서 운영관리, 마케팅, 인사관리 등의 역할에 대한 총체적인 이해

이를 달성하기 위한 변화의 중점은 다음과 같다.

1. 상품 위주에서 종합적인 고객의 경험으로 전환
2. 고객, 직원, 공급자 간의 관계가 단기적 관계에서 장기적 관계로 전환
3. 핵심적인 최종 상품의 품질에서 고객과 직원 간의 전반적인 관계에 대한 품질

3 가시적 서비스와 비가시적 서비스

서비스에 대해서는 두 개의 다른 형태, 즉 보이는 서비스와 보이지 않은 서비스로 나누어 생각해 볼 수가 있다. 예를 들면, 레스토랑과 같이 서비스가 잘 보이는 형태를 취할 때에는 잘 보이지 않는 경우와 비교해 고객에 대한 영향력이 다르다. 또 곰곰이 생각해 볼 마음이 일어나지 않는 서비스도 있다. 가스회사나 전력회사가 제공하는 서비스는 보이지 않는 서비스의 예이다. 그런 서비스는 사람들이 스위치를 누를 때마다 전기가 오거나 오지 않거나 하는 이유를 생각하거나 놀라거나 하는 일이 거의 없는 서비스이다.

서비스조직으로서 공익기업에 대한 사람들의 이미지가 좋지 않은 것은 언론매체, 특히 신문이나 TV에서 빈번히 화제로 삼고 있기 때문이다. 어느 나라에서도 공익기업이 요금을 인상하고자 하면 적어도 신문에서 여러 번 걸쳐 기사에 오르내린다. 첫 번째는 요금인상이 정식으로 공익사업위원회에 신청될 경우이고, 두 번째는 요금인상 공청회를 열었을 때, 세 번째는 위원회가 요금인상을 인가하였을 때, 그리고 네 번째는 요금인상이 시작되었을 때이다.

그러나 우리나라가 선진국의 경우와 다른 점은 결정되기 이전에 신문에는 실리지 않는 경우가 많다는 것과 요금인상에 관해 소비자 측은 속수무책이라는 것이 다를 뿐이다.

전력의 공급이 차질이 없으면 '보이지 않은' 서비스에 대해서는 고객은 거의 고려하지 않지만, 한편으로는 반드시 생각하지 않으면 안 되는 서비스도 있다. 예를 들면, 치과의사에게 가는 경우나 비행기를 이용하는 경우를 생각하여 보자. 고객은 늘 이것에 대하여 생각하고 돈을 지급할 가치가 있는가를 판단하려고 한다.

치과의사에게 가는 것은 거의 모든 사람에게 있어서 무서운 느낌을 주는 전형적인 예로서 의사나 의원의 치료행위를 의심쩍게 눈으로 바라보는 사람이 많다. 반면에 항공여행은 업무를 해결하려고 뛰어다니는 비즈니스맨이 아니라면 기분이 고양되고 흥분되게 만드는 것이다. 해외 항공여행은 꽤 비용이 드는 것이고 사람들은 충분한 서비스를 원한다. 이러한 기대가 충족되지 않으면 고객은 실망감을 품게 된다.

4 서비스의 약점 보강을 위한 유형화 노력

하버드 비즈니스 스쿨의 레빗(T. Levitt) 교수는 무형의 것(서비스)을 파는 기업일수록 서비스의 유형화(tangibility)를 중시해야 한다고 말하고 있다. 서비스는 그것이 보이지 않는 만큼, 그리고 손에 입수하여 사전에 시험할 수 없는 것인 만큼 고객이 판단하기가 어렵다. 새로운 서비스업에서는 이러한 점이 두드러지게 나타난다. 따라서 좀처럼 소비자들이 이용하려 들지 않는다.

그러나 이것을 서비스사업의 숙명이라고 단정하여 단념할 필요까지는 없다. 우선 서비스에 포함되는 유형 부분의 질을 높이면 된다. 무형 부분의 프로세스인 경우는 이것을 유형화할 수 있도록 확대하여야 한다. 이렇게 하면 고객의 이해 및 평가가 쉬워지고 이용이 증가하게 된다.

사회교육원의 호텔학교를 예로 들어 보자. 이러한 곳에서는 우선 우수한 교사와 훌륭히 잘 짜인 교과목이 결정적으로 중요하고 이것이 확실하다면 사업의 질은 향상된다. 교실이 오래되고 설비가 불충분하더라도 그것은 나중의 일이라고 생각할 수 있다.

그러나 적어도 비즈니스로서 교육사업을 한다면, 교실이나 실습실의 설비라고 하는 눈에 보이는 부분이 중요하다. 학생 고객은 대학에 입학하기 전에는 좋고 나쁨을 알 수 없으므로 입학 여부를 검토할 때에 단서가 될 만한 것을 찾으려고 노력한다. 눈에 보이는 부분을 단서로 보이지 않은 부분까지 추정하려고 하는 것이다. 손질하지 않은 낡은 교실을 보고 고객은 그 속의 내용도 혼란스럽고 텅 빈 것으로 생각하기 쉽다.

그 밖에 교과서의 제본도 단지 읽을 수 있다면 좋은 것이 아니고, 디자인 및 색상, 하드커버 또는 소프트 커버가 문제가 될 것이고, 기타 요소(이를테면 교수의 복장이 단정해야 함)

또한 중요할 것이다. 결국에 서비스기업은 그 제공하는 내용물을 잘 알 수가 없는 만큼 포장 부분이 중요한 것이다.

물론 포장만 훌륭하면 좋다는 의미는 아니고, 그와 동시에 서비스의 내용도 좋지 않으면 안 된다. 이상적으로는 건물도 훌륭하고 교수도 일류이고 선배나 동료 학생도 훌륭하지만, 교육적인 내용물은 더욱 좋다고 생각되는 것이 바람직하다.

내용물만이라도 좋다면 유형 부분은 어떻든 괜찮다는 발상은 틀린 것이며, 우선 현재의 유형 부분을 재점검하여 품질을 높이고 순차적으로 무형 부분 가운데 유형적인 부분을 늘리는 것에 의해 품질을 전체적으로 높일 여지를 검토할 필요가 있다.

5 이미지관리

이미지라는 단어를 들었을 때 어떠한 것이 마음속에 연상되는가? 아마도 신뢰감, 성실함, 도덕성, 명성, 신용, 영속성, 일관성, 품질, 그리고 완벽함 등이 떠오를 것이다. 이것들은 기업이 지닐 수 있는 이미지이다. 그러나 이미지란 무엇일까?

사업전략이라는 관점에서 본 이미지의 실천적 정의는 '그 기업의 사업방법에 대해서 고객에게 주는 관리된 인식'이다. 어떻게 하여 고객에게 회사를 인식시킬 것인가? 업무방법을 통하여 어떠한 이미지를 심어 주려고 하고 있는가?

기업의 이미지가 어떻게 만들어지는가를 이해하는 것은 이미지를 쌓는 과정에서 매우 중요하다. 회사의 이미지는 회사와 거래할 때 고객이 느끼는 경험의 종합적인 결과로써 순간순간에 좋아지다가 나빠지곤 한다. 기업은 결정적인 순간을 관리하는 것에 의하여 회사에 대한 고객의 이미지를 관리하는 것이다.

6 서비스에 대한 이용체험과 구전의 중요성

서비스기업은 고객이 기업의 제공물에 대해 좋은 이용체험을 경험하도록 하는 것이 최대의 판매 활동이다. 즉 최강의 판매 활동은 바로 좋은 서비스를 제공하는 것이다.

서비스기업에서는 한 사람의 고객에 대해 여러 담당자가 대처하게 되는데, 그 하나하나의 활동이 고객이 다시 방문할 것인가 아닌가를 결정짓는 성격을 갖고 있다.

또 고객이 아직 그 기업의 서비스를 이용한 적이 없는 경우에는 타인의 이야기나 평판이 결정적으로 중요하다고 하는 것이다. 물론 광고나 선전 및 스토리텔링도 서비스를 처음 이용하려는 고객에게 영향력을 발휘한다. 또 극히 소액의 지출로 끝나는 서비스의 경우에는 그러한 것들이 효과를 가져올지도 모른다.

그러나 일반적으로는 그렇지 않다. 사전에 시험해 보지 못한 고객, 더욱이 틀림없는 서비스를 기대하는 신규고객은 지금까지 그 서비스를 이용한 적이 있는 사람을 찾아 확인하는 절차를 거치게 마련이다.

즉 서비스기업의 경영활동 가운데 그 근본은 고객 한 사람 한 사람에 대하여 각각의 서비스를 철저하게 행하고 그 결과로 만족한 이용체험자를 늘리는 데 있다. 그것은 만족한 이용체험자는 반복 구매자가 되는 것뿐만 아니라 아직 이용한 적이 없는 사람에게 강력한 구전 영향력을 행하고 신규고객을 개척해 주기 때문이다. 만족한 고객 한 사람은 그 몇 배의 고객을 계속 증가시켜 준다.

이러한 것은 유형재(재화, 제품)산업에서도 같을 수 있다고 생각할 수도 있겠지만 그렇지 않다. 제조업 상품의 경우에는 이것을 만져보거나 사용하거나 시험해 볼 수 있는데 서비스는 보통 이러한 행위를 하기가 어렵다. 그리하여 "서비스제공이 잘못됐구나"하고 생각할 때에 서비스거래가 끝나버리고 그 결과 기업은 고객을 잃게 된다는 특징이 제조업의 경우와 크게 다른 경영원리를 형성하고 있다고 할 수 있다.

이러한 특성으로부터 서비스기업에서는 광고나 선전 및 스토리텔링의 가치는 제조업의 경우만큼 높지가 않다. 병원이나 학교 등이 광고나 선전을 그다지 적극적으로 활용하지 않던 것은 이와 같은 사정에 의해서이다. 또 이것을 적극적으로 실행한다면 품질이 나쁘고 사람들이 모여들지 않기 때문에 광고나 선전을 하고 있구나 하고 역으로 생각할 가능성조차 생기게 된다.

실질적으로 서비스가 나쁜 곳은 결국 도태되게 되는데, 지금의 고객은 매우 영리하여 언제나 형편없는 서비스에 만족할 리가 만무하기 때문이다.

제2절 서비스기업의 상품

1 서비스에 대한 기대와 욕구

서비스는 특정의 분야에서 경쟁력을 발휘하는 힘이 된다. 사람들은 제품을 구매할 때 기대도 함께 산다. 기대의 내용 중 하나는 그것을 구매하면 약속한 대로 득이 있을 것이고, 또 하나는 그러한 득이 없다면 판매자가 반드시 약속을 이행해 줄 것이라는 기대이다.

기업은 기대에 대한 고객의 구매 논리를 이해하는 것이 중요하다. 그렇기 위해서는 고객이 무엇을 원하고, 무엇을 사고 싶어 하고, 무엇을 사고 싶어 하지 않은가를 알아둘 필요가 있다.

서비스 수요의 구성요소를 나타내기 위하여 소비심리학의 두 가지 특징인 기대와 욕구에 대하여 보기로 하자. 이 두 가지 요소를 구별하는 이유는 소비자가 서비스를 받고 만족감에 대해 최종적인 판단을 내리는 데 두 가지 요소가 결정적으로 중요하기 때문이다. 조직이 제공하는 서비스는 소비자가 필요로 하는 것만이 아니라 제공된 서비스를 즐기는 때의 기대도 포함하지 않으면 안 된다.

고객의 욕구는 만족감이 오래가지 못하는 불안정한 것이다. 유행은 나타났다가 없어지고 시대의 풍조는 높아졌다가 사그라지기도 하며, 새로운 생활양식이나 비즈니스방식이 차례로 나타난다. 세월이 지남에 따라 인구분포도 크게 변하므로 제품 및 서비스, 그리고 시장 전체에 대한 대책에 수정이 필요하게 된다.

이전에는 새롭게 보이던 것도 점차로 익숙하게 된다. 이는 소비자의 경험 법칙인데, 다시 말하면 제품이나 서비스에 대해 소비자의 경험이 증가하면 증가할수록 자신의 욕구와 그 욕구를 만족시키기 위해 이용 가능한 방법을 명확히 알게 된다는 것이다. 또 소비자는 모두 똑같지 않고 제품이나 서비스에 대한 경험이 증가함에 따라서 욕구와 동기가 변한다.

예를 들어 보자. 우선 경험이 적은 사람은 제품이나 서비스에 대하여 결함 및 그 수준에 대하여 클레임을 그다지 늘어놓지 않겠지만 경험이 풍부한 전문가는 제품이나 서비스에 대하여 숙지하고 있으므로 그 평가 정도가 한층 예민해진다. 경험을 쌓고 경험이 풍부한 전문가로 변화함에 따라 그 사람의 욕구는 변화하기 시작하고 기대는 점차로 강화되며 한층 평가가 엄격해지는 것은 당연하다. 따라서 제품이나 서비스의 성질에도 기인하겠지만 제공하는 서비스를 여러 가지 경험수준에 맞추어 상품화시키는 노력이 필요하다.

2 서비스상품의 본질

흔히 일반적으로 불리는 제품이라는 단어는 재고할 가치가 있는 용어이다. "당신이 하는 일은 무엇인가?"하고 질문을 받았을 때 그 유명한 레브론 화장품 회사의 사장은 "공장에서는 화장품을 만들고 있지만, 화장품 가게에서는 희망을 팔고 있다"고 대답하였다. 이는 제조업체가 무엇을 제조하는지가 문제가 아니고 고객이 무엇을 필요로 하는가를 중심으로 제품을 정의한 것이다. 맥도널드도 이러한 이치를 실행에 옮겼다. 햄버거만을 팔고 있는 것이 아니고 속도, 청결함, 안심감, 즐거움, 품질의 균일함 등을 판매하고 있다.

자사에서 팔고 있는 것에 대한 정의를 올바르게 하지 못함으로써 현재 대단히 많은 잘못을 범하고 있는 서비스업도 있다. 세간에 서비스산업이라고 불리는 회사는 일반적으로 말하면 제품을 제조하는 것이 아니고 서비스를 제공하고 있다고 자인하고 있다. 그 때문에 서비스업은, 제조업과 같이 고객을 만족시키는 제품을 효율적이고 저비용으로 만들고 싶다는 노력을 폭넓은 시야에서 생각하거나 행동할 수가 없는 것이다. 이는 서비스업이니까 대강 서비스를 제공하면 된다는 안일한 발상으로 인한 것이다.

한편, 제조업의 경우 일반적으로 고객서비스가 자사 제품의 중심부분이라고 생각하지 않는다. 흔히들 고객서비스는 제조 후에 마케팅부나 영업부 또는 A/S(애프터서비스) 부서가 담당해야 한다고 생각한다.

그렇게 되면 마케팅부서는 자신들의 일은 "서비스를 제공하는 것이다"라고 생각하게 될 것이다. 표면에는 드러내지 않지만 그런 생각의 밑바탕에는 '할 수 없이 공짜로 무엇인가 제공한다'는 의미가 포함된다. 이러한 분위기가 자신이 일하는 기업에 암암리에 전달되면 결과는 누구나 예상할 수 있듯이 가볍게 마음이 내킬 때 하면 된다는 태도, 세세한 것까지 배려하지 않아도 좋다는 마음가짐, 그리고 인간의 순수한 노력에 대비해 시스템과 사전계획을 세우는 가능성을 무시하는 자세가 될 것이다. 이러한 자세로는 서비스상품의 설치나 수리 및 변경을 쉽사리 할 수 없는 제품이 설계되는 것이다.

3 서비스상품의 유형부분과 무형부분

서비스상품을 자세히 보면 무형의 부분과 유형의 부분으로 구성되어 있음을 알 수 있다. 병원에서는 병을 고친다는 무형의 것을 얻으려고 입원하지만 동시에 약이라고 하는 유형의 부분이 있고 대학에서도 지식을 얻으려고 한다는 무형 부분에 대비해 교과서라고 하는 유형 부분이 포함된다. 레스토랑에서 구하려고 하는 것은 맛과 즐거운 분위기 등 무형의 것이 주(主)가 되지만, 거기에는 요리라고 하는 유형 부분이 있고 그 것을 제조하는 조리과정이 있다. 컨설팅 서비스도 보고서라고 하는 유형 부분이 존재한다.

제품을 파는 소매업과 도매업이 어떻게 서비스산업인가? 예를 들어 슈퍼마켓 등의 소매점을 생각하여 보자. 식품 및 의료, 잡화 등 그 총매출에 차지하는 물품의 금액 부분은 확실히 크지만 여기서는 중요한 무형서비스 부분이 존재하고 있다.

우선 고객이 구매할 것으로 예상하는 물건을 가게 측에서 선택하여 매입 · 진열하는 것은 눈에 보이지 않는 중요한 서비스이다. 이 경우 고객이 원하는 가격에 맞추기 위해 생산업자나 납품업자인 거래처에 가격 인하를 요구하거나 때로는 특별주문하여 상품과 가격을 고객의 구미에 맞게 한다. 진열을 멋있게 하여 고객이 발견하기 쉽게 하고 예상되는 1회의 구매량을 생각하여 식품 등을 패키지 한다.

일반적으로 소매점에는 배달 및 주문 서비스가 있고 또는 설명 관련 서비스, 이를테면 디지털카메라를 구매했을 경우 점원에게 그 사용방법 및 주의사항을 듣는 것 등은 중요한 서비스이다. 전문점이 제품인 경우일수록 그 제품에 관련하는 소프트 부분이 중요하게 된다.

이러한 측면에서 보면 그 명칭이 무엇이든 제품이나 서비스를 포함하여, 대부분 상품은 유형재와 무형재 두 부분 모두를 포함하고 있고 무형 부분의 비율이 큰 것에서부터 작은 것까지 여러 가지 상품이 있다는 것을 알 수 있다.

4 서비스기업의 상품구성

서비스에 관한 현저한 업적을 발표했던 하버드대학의 레빗 교수는 서비스에 대한 사람들의 이해가 깊어감에 따라 서비스와 비(非)서비스의 구별은 점점 의미가 없어지고 있다고 주장하고 있다. "본래 서비스산업이란 존재하지 않는다. 타 산업과 비교하여 서비스의 존재가 큰 산업 또는 작은 산업이 존재할 뿐이다. 모든 직원은 서비스와 관련되어 있다"고 말하고 있다. 시티은행에서는 직원 가운데 약 과반수가 은행의 뒤쪽 사무실에서 일하고 있고, 밖에서는 그 모습조차 볼 수 없으며 목소리도 들을 수 없다. 그들은 신용장을 개설한다든지 금고 관리를 하거나 거래전표를 처리하거나 외근자가 행한 일의 내용을 조사하면서 근무시간을 보내고 있다. 이 시티은행 산하의 시티코프보다도 IBM이 서비스업에 가깝다고 말할 수 없을 것이다. 반면에 IBM쪽이 서비스제공의 비율이 적다고도 말할 수 없을 것이다. 이제는 어느 사람의 일이건 모두 서비스인 것이다.

한편, 이론적인 연구를 보면 goods에 대해서는 재화, 재, 제품, 유형재, 물질재, 물재, 물건 등의 용어가 사용되고, services에 대해서는 용역, 서비스, 서비스재 등의 용어가 사용되고 있다. 그것들은 거의 동의어로서의 의미를 지니고 있다고 말할 수 있는 데 여기서는 전자에 대해 제품을, 그리고 후자에 대해서는 서비스를 사용하기로 한다.

그런데 제조업에서 판매되는 상품도 제품과 서비스가 어떠한 특정 비율로 결합한다. 물론 제품이 주요한 판매물이고 거기에 서비스가 부수된다. 반면 서비스업에서는 판매되는 상품으로서 서비스상품은 모종의 비율로 제품과 서비스가 결합한 것이다. 여기에서는 서비스가 주요한 판매물이고 제품이 부수되는 셈이다. 그것을 정리한 것이 〈표 5.1〉이다.

표 5.1 상품의 구성

업종	종류	구성	크기
제조업	상품	제품 + 서비스	제품 > 서비스
서비스업	서비스상품	제품 + 서비스	제품 < 서비스

주) 여기서 +는 결합을 나타냄
> 및 <는 상대적 중요성 및 비율을 나타냄

5 서비스의 특징

제품과 서비스를 비교하여 서비스의 구체적인 특징을 살펴보면 다음과 같다.

① 서비스는 무형적이다.

② 생산과 소비가 동시에 이루어진다. 즉 서비스는 생산과 소비가 직결되어 있어서 분리가 곤란한 경우가 대부분이다.

③ 노동집약적이다. 즉 서비스는 사람에 의존하는 부분이 많고 단품 생산적 요소가 강하며, 인건비의 비율이 높다. 또 하이터치 부분이 중요한 의미가 있다.

④ 서비스의 공급과 재고를 조절하기가 곤란하다. 즉 서비스의 생산에는 재고와 저장이 어려우므로 재고 조절이 곤란하다.

⑤ 서비스의 수급(需給)에는 시간적 · 공간적 조절이 중요한 요소가 된다. 교통기관 이용 시 출퇴근 시간, 휴일이나 연휴에 유원지의 혼잡 등은 흔한 예이다. 시차출근이나 예약제도는 그 대응책이다.

⑥ 서비스의 공급에는 소비자의 참가가 불가결한 경우가 많다. 이것은 생산과 소비의 동시성에 의한 것으로, 예를 들어 이발은 타인이 대신해 이발 서비스를 받을 수가 없고, 호텔 숙박이나 비행기 탑승도 타인이 대신할 수가 없다.

⑦ 서비스의 수요는 궁극적으로 소비자의 만족을 목적으로 한다. 제품의 가격은 수요와 관계는 있으나 기본적으로는 생산비에 의해 결정된다.
이에 반해서 서비스의 가격은 구매자의 만족과 효용에 영향받는 것이 다반사이다. 그 만족을 얻기 위해서는 기꺼이 이 정도는 지급해야 한다고 하는 생각이 전제되는 경우가 많다.

⑧ 제공되는 서비스의 개성화가 뚜렷하다. 그 효용은 수요자의 주관으로 평가되는 경우가 많다. 또 서비스는 제공된 후에야 서비스의 질을 판정할 수 있으며 서비스품질의 균일화가 어렵다.

⑨ 소득의 증감에 따라 서비스 수요에 대한 증감의 진폭이 심하다. 서비스는 경기 동향에 크게 좌우되기 쉬운 측면을 갖고 있다. 일반적으로 말하면 소득의 증대에 따라 가계의 서비스지출은 증가하는 경향이 있고, 불경기나 소득의 감소에 따라 서비스지출이 감소하는 경향이 있다.

6 서비스의 종류

서비스산업을 구성하는 서비스에는 어떠한 것이 있는가? 그 종류를 보기로 한다.

1) 생산자와 수요자 간의 공간적 거리 단축 서비스

① 상업 및 운송업의 생산기능은 생산자와 소비자 간의 거리를 단축하는 데 있다.

② 도시가스나 수도의 생산기능 중 하나는 생산자와 소비자 간의 거리를 단축하는 것이다.

③ 동물원 및 미술관 등은 도시가스나 수도업과 마찬가지로 공동소비가 주요한 기능이지만 거리의 단축기능도 매우 크다.

2) 공급자와 수요자 간의 중개기능 서비스

여행사, 홈쇼핑, 금융기관, 부동산업, 인재파견업

3) 임대 · 대여 서비스

결혼식장, 호텔 · 모텔 등 숙박, 의상대여, 비디오점, 세탁소 등

4) 전문적 서비스

의사, 변호사, 교수, 음악가, 예술가, 소설가, 배우, 탤런트, 스포츠 선수 등

5) 레저산업의 오락 · 레크리에이션 등 광의의 서비스

노래방, 골프장, 스키장, 카지노, 영화관, 게임센터, 오락실, 테마파크 등

6) 정보서비스

정보통신산업, 소프트웨어산업, 영상만화산업 등

7 서비스의 4계통

일반적으로 흔히 말하는 서비스를 구분한다면 다음과 같이 4계통으로 나눌 수 있다. 현실적으로는 한 종류의 서비스(예를 들면, 백화점의 배달서비스 또는 내구재 생산업체의 애프터서비스)가 다른 몇 계통의 서비스를 포함하여 하나의 세트로 제공되는 경우가 많으므로 그러한 의미에서 구체적인 서비스는 몇 개 요소의 혼합체나 집합체라 말할 수 있다.

1) 정신적 서비스

서비스를 생각하면 우선 봉사나 봉공(奉公)을 머리에 떠올리게 된다. 이것은 육체적 노역, 전문적 기술의 제공, 지식 및 지혜의 활용을 뜻하나, 그 배후에는 타인에게 유용함(국가에 보답하는, 사회에 봉사하는, 타인에게 유익한)을 뜻하는 공헌(contribution)의식이 깔려 있다.

자기 이익을 생각하기 이전에 타인에게 공헌한다는 것을 중시하는 정신이야말로 서비스의 본질이라고 말할 수 있다. 타인에게 공헌의 결과 그 보수로서 이익이 발생한다는 것이 서비스 정신의 기본이다.

물론 보수는 생각하지 않고 공헌 그 자체의 만족을 추구하는 사회봉사 활동이 있으며, 그 자체 숭고한 정신은 존경받을 만하지만 여기서 무보수 공헌만을 정신적 서비스로 한정하기는 곤란하다. 그렇게 한정한다면 이익이나 급여를 전제로 한 행동에는 서비스 정신이 전혀 존재하지 않는다고 봐야 하므로 이는 논리에 맞지 않는다. 따라서 서비

스는 타인에게 어떠한 공헌을 한 결과로서 반대급부, 즉 이익이 발생한다고 보아야 할 것이다.

한편, 이러한 정신적 서비스의 문제점으로는 첫째, 겉으로는 봉사의 정신을 제창하면서 실제로는 돈벌이에 급급한 경우를 종종 볼 수 있다는 것, 둘째, 봉사 정신의 표방이 실제 상의 지식 · 경험 · 기술을 동반하지 못함으로써 서비스 내용이 충실하지 못하다는 점이 있다.

전자는 이른바 정신적 서비스의 악용으로 비유된다. 예를 들면, 백화점 및 대형마트의 광고에서 요란스럽게 떠드는 광경을 볼 수 있는데 평소의 애용에 보답하기 위한 '출혈 사은 대(大) 서비스판매'가 이에 속할 것이다. 간혹 사기 세일의 시비를 일으켜 사회적인 물의를 빚은 경우가 있는데, 이는 소비자에게 배신감을 안겨 주는 결과가 되고 만다. 봉사나 사은이라는 언어는 그렇게 가볍게 말할 성질의 것이 아니다.

후자는 서비스 정신에 대한 빈 성냥갑과 같은 공허한 메아리가 이에 비유된다. 예를 들면, 소매업이나 서비스업에서 직원에게 빈번히 서비스 정신교육을 하는 것은 좋으나 상품 지식 및 제공기술에 대한 교육 훈련이 충분하지 못하여 고객들에게는 쓸모없는 판매원이 되는 경우가 있다.

이렇듯 정신적 서비스는 성립이 어려우며, 태도적 서비스, 그리고 업무적 · 기능적 서비스와 합치게 된다.

2) 태도적 서비스

태도적 서비스는 판매 및 접객에 종사하는 담당자의 표정(미소짓는 얼굴, 온화함, 밝음), 표현(언어사용, 목소리의 고저), 화장, 머리 상태, 옷맵시, 동작(신체의 움직임, 걸음걸이, 자세)의 적합함 등 그 여하에 따라 동일 제품 및 서비스를 구매할지라도 고객이 얻는 만족도가 크게 좌우되는 성질의 서비스이다. 물건의 구매자나 시설의 이용자와 접촉하는 판매원은 구매 및 이용환경조건의 하나로 생각되기 때문이다.

레스토랑을 소비자가 이용하는 것은 즐거운 식사를 하리라는 기대감에서이다. 고객을 둘러싼 구매환경조건의 분위기로는 첫째로 점포설비, 진열장식, 조명, 냉방시설, 배경음악 등 시설환경요소이고, 또 하나는 종사원, 즉 인적 환경요소가 제공하는 태도적 서비스가 된다.

이러한 태도적 서비스를 제공하는 주체는 소매업 및 레스토랑의 종사원이나 판매원을 비롯해 항공사의 승무원, 금융기관의 창구 요원, 전화 · 전신 · 우편 기관의 창구 요원, 그리고 관공서의 민원실 등 광범위한 분야에 걸쳐 있다.

태도적 서비스는 물론 정신적 서비스의 존재를 뒷받침하는 실제적인 서비스가 되어야 하고 그 자체는 기술(art)인 것이다. 그것은 훈련, 경험, 본인의 노력 및 연구심에 의해 갈고 닦아야 하며 그대로 놔두면 쓸모없게 되는 특성이 있다.

3) 업무적(기능적) 서비스

업무적(기능적) 서비스는 그 자체가 하나의 비즈니스로서 성립하는 서비스이다. 예를 들면, 항공서비스는 그 자체로 하나의 업무를 형성하고 있고 그것은 하나의 경제적 가치로서 교환의 대상이 된다. 이 경우 여행객은 항공사에 일정한 조건으로 이동을 의뢰하고 그에 대해 일정한 사례금, 즉 요금을 지급한다.

이러한 요금의 지급행위는 의복이나 전기제품, 즉 유형재의 가치에 대한 지급이 아니라 수송이라는 행위에 대한 지급으로서, 그 행위가 종료하면 물적으로는 하나도 남지 않게 되는데 그렇듯 고객은 무형재의 가치에 돈을 지급하는 것이다. 이와 같은 무형재를 업무적 서비스로 이해할 수 있다. 또 업무적 서비스는 유형재의 제조 및 판매와 동등하게 분업을 기초로 한 전문화가 가능한 서비스이다.

업무적 서비스와 비교해서, 전술한 태도적 서비스는 그 자체만으로는 하나의 비즈니스로 성립하지 못한다. 동시에 태도적 서비스는 특정의 업종, 특정의 직종에서만 존재하는 것도 아니다. 소매업과 도매업, 제조업의 판매부문, 음식점 및 호텔 · 여관, 이 · 미용실, 오락실 등 이른바 서비스업, 그리고 교통 · 통신 기관, 금융기관, 관공서, 병원이나 복지시설 등 모든 기관에서 가능하고 또한 필요하다.

이와 같은 의미에서 한마디로 서비스라고 부르면서도 업무적 서비스는 타 서비스(정신적 · 태도적 서비스, 후술하는 희생적 서비스)와 비교해 더 기본적이고 기능적이다. 따라서 업무적 서비스를 일명 기능적 서비스라고 부르기도 한다.

기능적 서비스의 종류는 대단히 많으며 유형재와 함께 막대한 양이 사회에 공급되고,

그것에 대하여 매년 막대한 지출이 개인, 기업, 기관(비영리조직), 관공서에서 지출되어 그것이 국민경제를 밑받침하고 있다. 이제는 서비스가 사회의 중요한 순환재 역할을 하고 있다고 말할 수 있을 것이다. 이 서비스에는 운송 서비스, 기술 서비스, 정보서비스, 의료 서비스, 공공 서비스 등이 있다.

4) 희생적 서비스

많은 소비자가 서비스는 가격을 싸게 하는 것, 무료로 하는 것 등으로 생각하는 경향이 있다. 이는 소비자뿐만 아니라 제품이나 서비스를 제공하는 기업에서도 서비스란 값 싸게 하는 것으로 생각하기도 한다. 값을 싸게 한다거나 무료로 하는 것은 말할 것도 없이 구매자에게 판매자가 양보하는 희생적인 행위이다. 그 지역에서 경쟁이 심하여 시장점유율의 획득 및 유지를 위하여, 또는 경기침체로 인한 기업 존속을 위하여, 그리고 재고 과잉상태로 인한 자금압박 회피수단으로 기업이 채택하는 행위가 그것이다. 그러나 이러한 행위를 진실로 서비스라고 부를 수 있겠는가? 그것은 기업의 이익을 위한 상품전략의 한 부분으로 보아야 한다.

그러면 왜 싸게 하거나 무료로 하는가? 무리하게 매상을 올리려고 하기 때문이 아닌가? 타 기업의 고객을 빼앗으려는 의도에서 그러한 행위를 감행하는 것은 아닌가? 또는 산적한 재고를 처분하기 위해서가 아닌가? 그러므로 영업정책의 일환에 포함되는 정책을 서비스로 불러서는 안 될 것이다.

이러한 희생적 서비스는 당연히 서비스의 고려대상에서 제외되어야 할 것이다. 즉 출혈 서비스, 무료서비스 명목의 서비스가격은 서비스의 대상에 포함하지 말아야 한다.

제3절 서비스 경영관리

1 서비스 경영관리의 등장

수많은 기업이 훌륭한 서비스와 고객에의 대응이라는 점에서 좋은 평가를 얻고 있다. 특히 이러한 점에서는 IBM의 이름이 떠오르게 된다. IBM의 모든 부서에 있는 관리자들은 고객과 친밀히 지내라는 말을 각 방면에서 듣고 있다. 또 메리어트호텔 체인은 서비스가 좋다고 하는 이미지를 확립하기 위하여 거액의 투자를 하고 그러한 이미지를 거의 획득하고 있다. 그리고 외식 체인 맥도널드는 외식산업 전체에서 비교의 기준이 되는 품질(quality), 서비스(service: speed), 청결(cleanness), 가치(value)라는 QSCV를 구체화한 서비스를 실현하고 있다. 월트 디즈니는 테마파크를 만들었는데, 이상한 마법이 숨겨져 있는 것은 아닌가 하고 전문가가 디즈니의 직원 및 경영자훈련을 상세히 조사해 볼 정도로 매우 자연스레 보이는 고객서비스를 제공하는 조직을 만들어 냈다.

이러한 기업은 어느 것이고 적어도 하나의 공통점, 즉 서비스에 대한 명확한 모델을 지니고 있다. 어떠한 경우라도 그 지도자들은 탁월성이라고 하는 것에 대하여 누구라도 명확히 이해할 수 있는 정의에 도달하고 있다. 이것은 필요한 것이고 기본적으로 중요한 첫 번째 단계이다. 또 어떠한 경우라도 각각의 조직은 그 서비스전략을 현실화하는 독자적이고 특별한 방법으로 착수해 왔는데 그 모든 것이 원동력이 될 만한 명확한 전략을 갖고 있었다.

2 역피라미드 구조

스웨덴, 덴마크, 노르웨이 3국 정부를 포함하여 소유주 여섯이 운영하는 만신창이가 된 스칸디나비아 항공(SAS)의 사장에 얀 칼슨이 취임하였다. 칼슨이 동사의 계열회사 사장으로 두 개의 회사 재건에 성공해, 그 적자 해소 수완을 인정받고 스칸디나비아 항공사의 최악의 사태를 재건하도록 사장에 취임한 것은 1981년 6월이었다. 이 시기에 동사는 제2차 세계대전 후 순조롭게 성장하여 오다가 제1차 석유파동 후의 불황에 의하여 연간 2,000만 달러의 적자회사로 전락하고 있었다. 그는 취임한 지 겨우 1년여 만에 이 회사를 비즈니스 여행객이 가장 선호하는 항공회사로 만들었고 흑자경영의 항공회사로 변모시켰다. 취임 1년째의 매상 목표는 2,500만 달러였으나 실제의 실적은 8,000만 달러였다. 칼슨의 성공 포인트는 조직의 상하를 거꾸로 바꾸고 의사결정의 권한을 결정적인 진실의 순간(고객과의 접촉의 순간)을 책임지고 있는 제일선의 현장직원에게 이양했다는 것, 즉 조직의 피라미드구조를 뒤집어 놓은 것에 의한 것이다([그림 5.1] 참조).

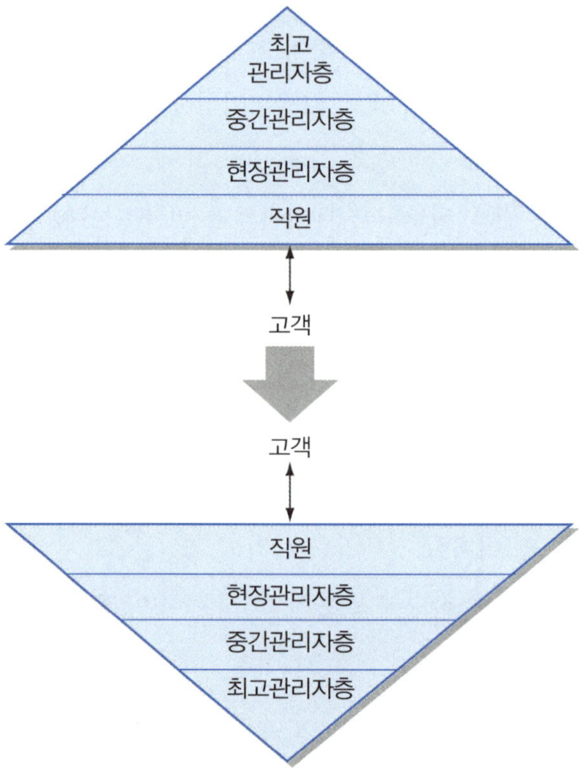

그림 5.1 역피라미드 구조

이 원칙은 이해하기 쉬운 것으로 고객이 어떠한 종류의 서비스를 원하는가 하는 것을 매일 고객과 접촉하고 있는 현장직원에게 들어보고자 하는 것이다. 그러나 실제로 조직도를 정반대로 만들고 고객에게 서비스를 제공하고 있는 현장직원에게 의사결정의 권한을 이양한다는 것은 실행이 매우 어려운 일로서 용기 있고 대담한 경영자만이 할 수 있는 일이다.

어떠한 조직에서도 서비스를 제공하는 역(逆)피라미드방식은 돈이 드는 시장조사나 고객조사를 보완하는 방법이 될 수 있다. 그 방법이란 고객을 만족시키는 활동을 선택하는 권한을 현장에서 서비스를 직접 제공하는 사람들의 손에 이양하는 것이다. 고객과의 접촉에서 발생할 수 있는 상황에 대응하기 위하여 사전에 모든 순서를 상정하고 그것을 서비스제공 직원에게 주입하는 데 돈을 쓰는 것보다, 직원 자신이 기업의 서비스 전략 내에서 생각하거나 판단하도록 직원을 격려하는 편이 훨씬 바람직하다.

업무감사 전담반의 생각과는 정반대로 SAS사를 비롯하여 많은 회사의 경험을 보면 그러한 자유가 주어진 직원은 “회사를 버리지 않는다”는 것이 명백해졌다. 그뿐만 아니라 그들은 자신들이 신뢰를 받고 있다고 자각하고, 회사의 이익에 관해 책임을 느낀 것이다.

스칸디나비아항공(SAS)에서는 이렇게 말하고 있다. “우리는 조직의 피라미드를 뒤집어 놓을 때가 왔다고 생각한다. 경영진은 지원 역할을 담당하기 위해 피라미드의 최하위에 위치하지 않으면 안 된다. 이처럼 조직을 바꾼다면 지원이나 간편함, 균형 등을 생각하게 될 것이다. 이것은 관리자에게 전혀 새로운 방법으로 자신의 책임에 대해 생각하게 만드는 것이다.”

3 진실의 순간 관리(MOT : Moment Of Truth)

진실의 순간이라는 비유는 서비스업에 종사하는 사람들이 시점을 바꾸어 고객관리에 대하여 생각할 때에 매우 강력한 기본적 사고가 된다. 한 번의 항공여행에서 고객 한 사람이 현장직원을 비롯해 대략 직원 5명을 만나고, 이 만나는 순간에 처음 15초가 매우 중요한 진실의 순간이다. 바로 15초가 기업의 생존에 열쇠이다. 당시 SAS사의 고객은 하루 평균 1만 명이었다. 매일 탑승객 약 1만 명이 직원 5명과 만나는 순간이 바로 진실의 순간인 것이다. 여기에서는 “매일 5만 회의 진실의 순간이 있다”고 하는 스칸디나비아항공(SAS) 얀 칼슨사장의 주특기 문구는 실로 정통으로 표적을 꿰뚫은 말이다.

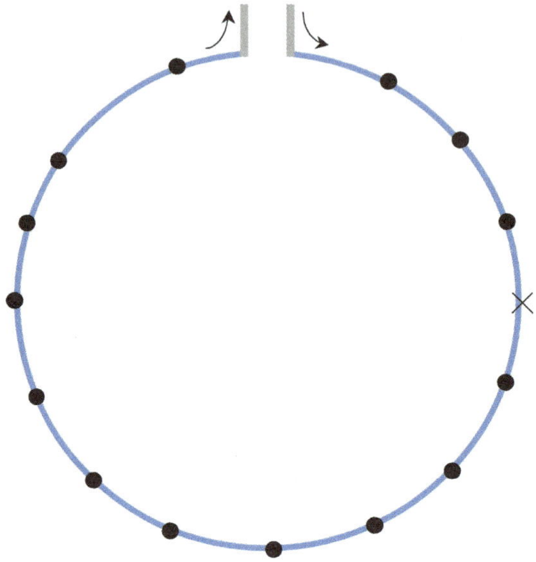

- 항공사에 예약전화
- 예약변경 또는 취소
- 예약 완료
- 공항 발권카운터에서 좌석 배정
- 수하물 체크
- 비행기에 탑승 시 인사
- 신문이나 잡지 배부
- 좌석 착석
- 음료 서비스
- 음식 서비스
- 취침 · 휴식을 위한 서빙
- 비행기에서 내릴 때 인사
- 수하물 창구까지 이동서비스 등

그림 5.2 진실의 순간 관리 모형

서비스의 관리는 가능한 수많은 진실의 순간을 좋은 결과로 종료시키는 것이다. 진실의 순간과 관리는 모든 접점 순간에 서비스가 성공해야 하고 만약 그 가운데 하나라도 실패한다면, 풍선의 구멍처럼 터지게 된다. 즉 하나의 실패로 전체 서비스가 실패하는 결과를 가져온다.

영국항공의 고객서비스 담당 중역 도널드 포터는 다음과 같이 지적한다.

"고객이 맛본 일련의 경험 가운데 하나라도 실패를 하면 고객이 그때까지 느꼈던 훌륭한 대우의 모든 것을 파산시켜 버리는 것이 된다. 그리고 하나도 실패를 하지 않는다면 고객이 그때까지 얻고 있던 나쁜 인상 모두를 소멸시킬 수가 있다. 이에 대한 결정적 순간의 열쇠를 쥐고 있는 것은 서비스담당자인 것이다."

우리는 모두 각자의 인생 경험에서 결정적 순간에 대해 어느 정도 개인적인 추억이 있을 것이다. 인간과 시스템 또는 그 양쪽이 고의로 문제를 어렵게 한다거나 자신을 무용지물로 만들고 있는 듯이 보인다면 우리는 비참한 순간을 경험하는 것이다. 만일 타인으로부터 고맙다는 얘기를 듣거나 걱정을 해주거나 가치를 인정받을 때는 밝게 빛나는 훌륭한 순간을 경험한다.

고객 또는 서비스를 받는 사람의 관점에서 보면 진실의 순간이라는 것은 대단히 개인적인 것으로 체험된다. 누구나 "여기에 있는 것은 바로 나 자신이지 개성을 잃은 누군가는 아니다. 나는 한 사람의 인간이다. 나는 이 상황에 밀접하게 관련되어 있고 잘 대우받기를 원하고 있다"고 생각하고 있다. 대부분 사람이 시스템이 매우 혼란스러워도 그 가운데 누군가가 우리들의 욕구를 인정하고 어떻게든 정상으로 돌리려고 노력해 준다면 그러한 시스템이라도 관대하게 보아줄 수 있을 것이다. 이처럼 진실의 순간을 관리하고자 하는 생각이 서비스경영관리의 본질인 것이다.

제4절 서비스 플라워

1 서비스 플라워 개념과 핵심상품

서비스 제공물의 개발은 핵심상품(core product)과 보조서비스(supplementary service)의 조합, 즉 서비스 컨셉(service concept)을 개발하는 것이다. 이것이 서비스 플라워(service flower) 개념이다. 서비스 플라워는 이렇게 두 가지로 구성되는데 핵심상품은 고객에게 제공하는 핵심적인 편익과 솔루션에 기초한다. 핵심상품은 서비스기업이 시장에 존재하는 이유를 말한다. 호텔은 숙박서비스를 제공하는 것이며 항공사는 운송 서비스를 제공한다. 서비스기업은 복수의 핵심서비스를 제공할 수 있다. 이를테면 항공사는 장거리 운송과 근거리 운송 서비스를 제공할 수 있다. 체인 호텔은 여러 브랜드로 다양한 욕구를 가진 고객들을 만족시킬 수 있다.

고객들은 핵심상품(핵심서비스)뿐만 아니라 다양한 보조적 서비스들도 추가로 이용하는데 핵심상품 주변에는 보조서비스라는 다양한 형태의 서비스 관련 프로그램이 둘러싸고 있다.

서비스 마케터는 핵심서비스(호텔의 숙박)의 이용을 원활하게 만드는 요소(호텔의 리셉션 데스크)인 촉진 보조서비스(facilitating supplementary service)와, 핵심서비스의 가치를 강화해주는(호텔과 공항을 오가는 셔틀버스) 가치증대 보조서비스(enhancing supplementary service)로 구분해 관리할 필요가 있다.

[그림 5.3]은 꽃의 중심부에 핵심서비스가 있고 그 핵심서비스를 에워싸는 8개의 꽃잎이 묘사되어 있다. 꽃 모양의 서비스 제공물(flower of service)은 고객이 서비스를 접하는 순서에 따라 시계 방향으로 정리되어 있다. 그러나 이와 같은 서비스 순서가 항상 일정한 것은 아니다.

잘 설계되고 관리되는 관광기업의 경우, 꽃의 중심과 꽃잎이 싱싱하고 보기 좋게 형성되어 있다. 그러나 잘못 설계되거나 품질이 열악한 서비스의 경우에는 꽃잎이 빠지거나 꽃이 시들거나 색깔이 변한 것과도 같다. 심지어 핵심상품이 완벽하다고 할지라도 꽃이 매력적이지 않게 보일 수도 있다.

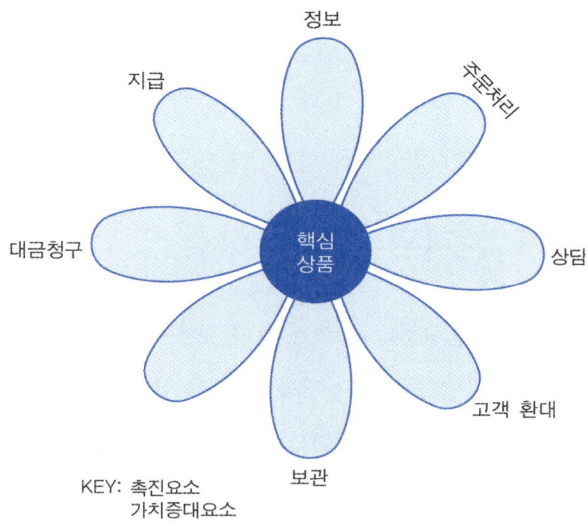

그림 5.3 서비스 플라워 : 보조서비스에 둘러싸여 있는 핵심상품[1)]

1) Wirtz, J., P. Chew, & C. Lovelock(2013), Essential of Services Marketing, 2nd ed. 김재욱 외 역(2014), 서비스 마케팅, 시그마프레스, p.98.

표 5.2 촉진 보조서비스와 가치증대 보조서비스

촉진 보조서비스	가치증대 보조서비스
• 정보(information) • 주문처리(order-taking) • 대금청구(billing) • 지급(payment)	• 상담(consultation) • 고객 환대(hospitality) • 보관(safekeeping) • 예외적 서비스(exception)

2 촉진 보조서비스

매니저는 고객들이 핵심서비스를 원활하게 이용할 수 있도록 종종 추가적인 서비스를 제공해야 할 필요가 있다. 호텔에서는 리셉션 서비스를 제공하고 항공사는 체크인 서비스를 제공하는 것이 그 예이다. 이들은 고객들이 핵심서비스를 원활하게 이용하는데 도움을 주는 보조서비스, 즉 촉진 보조서비스를 말한다. 이 촉진 보조서비스 요소들이 적절히 제공되지 못하면 고객은 핵심서비스를 소비할 수 없다. 촉진 보조서비스는 정보, 주문처리, 대금청구, 지급 등 4개의 차원으로 재분류될 수 있다.

1) 정보

어떤 상품이나 서비스로부터 완전한 가치를 얻으려는 소비자는 관련 정보가 필요하다. 그 정보는 다음을 포함한다.

• 서비스 장소에 대한 안내	• 판매/서비스 조건
• 일정/서비스 시간	• 변경안내
• 가격	• 예약확인
• 주의사항	• 거래내역서
• 경고 사항	• 영수증과 티켓

2) 주문처리

고객이 구매할 준비가 되면, 주요 보조 요소인 주문처리가 역할을 하게 된다. 주문처리는 다음과 같은 것을 포함한다.

신청	• 클럽이나 프로그램의 회원가입 • 편의시설 이용 계약 • 금융거래, 대학 입학 등의 자격 취득
주문접수	• 현장 주문 • 우편, 전화, 이메일, 온라인 주문
예약과 체크인	• 좌석, 테이블, 룸 • 장비 임대 • 전문가 이용(사회자, 예능인 등)

3) 대금청구

부정확하고, 법에 저촉되며, 완전하지 못한 대금청구는 그동안의 서비스경험에 상당히 만족한 고객들을 실망하게 만들 수 있다. 만약 서비스경험에 이미 불만족한 고객의 경우에는 대금청구 서비스의 실패는 고객의 분노를 증폭시킬 수 있다. 대금청구는 적시에 이루어져야 신속한 대금 지급을 유도할 수 있다.

대금청구	• 정기적 계좌 상태 확인 • 개인 거래 청구서 • 지급액 구두 전달 • 정산가에 지급액 표시

4) 지급

대부분 고객은 대금청구서에 따라 대금을 지급해야 한다. 은행의 거래내역서는 그 예외인데, 이는 고객의 계좌에서 이미 차감된 대금의 명세를 보여준다. 고객이 지급하는 방법은 여러 가지가 있지만 모든 고객은 지급과정이 더 쉽고 편리해지길 기대한다. 지급은 다음과 같은 것을 포함한다.

셀프서비스	• 기계에 카드, 현금, 토큰 주입 • 전자 금융거래 • 전신환 거래 • 온라인으로 신용카드 번호 입력
수취인 또는 중개인에게 직접 지급	• 현금 결제 • 수표 결제 • 신용카드/직불카드 결제 • 쿠폰, 선불 티켓
결제계좌에서 자동이체	• 자동화 시스템(예, 하이패스) • 후불시스템(계좌에서 사용량만큼 자동으로 차감)

③ 가치증대 보조서비스

매니저는 가치증대 보조서비스 요소도 개발해야 하는데, 이것은 핵심서비스의 소비·이용을 활성화하는 역할을 하는 것 대신에, 핵심서비스의 가치를 증대시키거나 경쟁사의 서비스로부터 자사의 서비스를 차별화시키기 위해 제공되는 보조적 서비스를 말한다. 항공사가 항공운송 서비스 이외에 호텔, 레스토랑, 공항 라운지, 기내서비스 등을 제공하는 것은 가치증대 서비스의 예이다. 가치증대 보조서비스는 상담, 고객 환대, 보관, 예외적 서비스 등 4개의 차원으로 재분류될 수 있다.

1) 상담

가장 기초적인 수준의 상담은 고객이 욕구에 대한 해결책을 물어볼 때 서비스 제공자가 제시하는 즉각적인 조언이다. 상담은 앞에서 언급한 촉진 보조서비스의 정보제공과 비교되는데, 정보제공은 고객의 질문에 단순히 응답하는 것(혹은 예상되는 고객 욕구에 맞추어 제공되는 인쇄된 정보)인 반면에, 상담(consultation)은 대화를 통해 고객이 요구하는 것을 파악하고 이에 맞는 해결책을 제안하는 것이다.

상 담	• 맞춤형 조언 • 개인적인 카운슬링 • 제품이용에 대한 실습교육 • 경영·기술 컨설팅

2) 고객 환대

고객 환대 서비스는 신규고객을 만나는 과정(encounter)에서, 그리고 재방문한 고객을 맞이하는 과정에서 즐거움을 제공하는 것이다. 잘 관리된 서비스기업은 어떤 경우에도 직원들이 고객을 초대손님처럼 대우하도록 한다. 예의 바름과 고객 욕구의 배려는 대면 접점과 통화상의 상호작용에 적용되지만, 이러한 고객 환대(hospitality)는 대면 접점에서 가장 극명하게 표현된다.

고객 환대	• 인사 • 음식과 음료 • 화장실과 세면실 • 대기실과 편의시설 - 라운지, 대기실, 의자 - 날씨 관련 장비 - 잡지, 오락, 신문 • 교통

3) 보관

서비스를 제공받는 동안, 고객은 소지품이 안전하게 보관되기를 원한다. 실제로 안전하고 편리한 주차서비스와 같은 보관서비스를 제공하지 않는 업체는 방문하지 않는 고객도 있다. 서비스 장소에서 제공되는 보관서비스는 다음과 같은 품목을 대상으로 한다.

보관	• 유아, 애완동물의 보호 • 주차장 제공, 주차 대행 • 외투 보관 • 여행가방 운반 • 여행가방 보관 • 안전금고 • 보안요원

4) 예외적 서비스

예외적 서비스는 정상적인 서비스 전달의 범위를 벗어난 보조서비스를 말한다. 좋은 서비스기업은 예외적인 상황을 예상하고 긴급계획과 지침을 사전에 개발한다. 그래서 고객의 특별한 지원요청에 직원들이 당황하지 않도록 한다. 예외적 서비스에는 다음과 같은 것들이 포함된다.

서비스 제공 사전 특별요청	• 어린이 보호 • 식이요법 관련 요청 • 의료적 도움 • 종교적 의무사항 준수

특별한 커뮤니케이션 처리	• 불평 • 칭찬 • 제안
문제 해결	• 보증 • 상품 사용에 따른 어려움 해결 • 사고나 잘못된 서비스 전달에 따른 어려움 해결 • 사고나 응급 치료가 필요한 고객 구호 • 지체
보상	• 하자 상품의 무료 수선 • 법적 처리 • 환불 • 무료서비스의 제공

4 서비스 플라워의 관리적 시사점

서비스 플라워를 구성하는 8가지 보조서비스는 핵심상품의 품질을 높일 수 있는 다수의 좋은 대안을 제공하고 있다. 어떤 보조서비스(정보와 예약)는 고객이 핵심상품을 잘 사용할 수 있도록 촉진한다. 어떤 보조서비스는 핵심상품의 가치를 증대시키거나 비금전적 비용을 줄이는 역할(예를 들어 식사, 잡지, 오락 등은 시간 보내기에 도움이 되는 환대 요소)을 한다. 서비스 제공자에 의해 부과되는 대금청구나 지급과 같은 보조서비스는 소비자가 직접 원하는 것들은 아니겠지만, 전체적인 서비스경험에서 일부분을 차지하므로, 잘 처리되지 못하는 보조서비스는 고객의 서비스품질 지각에 부정적인 영향을 미칠 것이다.

한편, 정보통신 기술의 급격한 발달로 서비스 전달에 대한 새로운 방법들이 계속 등장하고 있다. Swissôtel Hotel & Resorts는 주요한 사업출장 고객을 대상으로 온라인 예약을 장려하는 프로모션을 진행했는데, 그 후 개선된 웹사이트를 통해 7개월 동안 예약 건수가 종전의 두 배에 이르렀다.

서비스 플라워의 8개 꽃잎 중에서 5개의 보조서비스는 정보기반이다. 정보, 주문처리, 상담, 대금청구, 지급(신용카드 이용 등) 등의 보조서비스는 모바일이나 인터넷으로 가능하다. 사실상 많은 기업이 고객들 대부분을 인터넷 채널로 인도하고 있다. 그리고 이제 인터넷 사용은 보조가 아니라 주요 서비스가 되었다.

호텔, 항공사, 렌터카 같은 글로벌 서비스산업의 정보, 상담, 주문(혹은 예약이나 예매) 서비스는 매우 정교한 수준에 이르렀다. 예를 들어 St. Regis, W Hotel, Western, Le Méridian, Sheraton을 포함해 1,000여 개의 호텔을 운영하는 Starwood Hotel & Resort Worldwide는 전 세계에 기업 출장 전문 여행사, 도매상, 미팅 플래너, 그리고 주요 여행사 등의 고객에게 원스톱 솔루션을 제공하는 고객 관계 관리 업무를 담당하도록 30개 이상의 해외영업소(GSO: global sales office)를 두고 있다. Starwood는 또한 모든 시간대와 주요 언어를 커버하도록 전략적으로 배치된 12개의 고객서비스센터(CSCs: customer servicing centers)를 통해 전 세계 호텔예약, 스타우드 멤버십 프로그램관리, 일반적인 고객서비스 등의 원스톱 고객서비스를 제공하고 있다. 스타우드의 어떤 호텔이라도 고객은 단지 무료 전화번호로 예약하거나 인터넷으로 예약하면 된다.

CHAPTER

06

관광마케팅관리

관광경영관리론

06 관광마케팅관리

Chapter

제1절 관광마케팅 환경요인

관광기업이 매우 성실하게 마케팅 과정을 계획하고 통제하려고 하더라도 어쩔 수 없는 환경요인으로 인하여 업무의 진행에 영향을 받거나 방해를 받기도 한다. 이러한 일이 발생하면 관광기업은 그 상황에 대처해 나갈 만큼 충분히 유연성을 발휘해야 한다. 관광기업은 시장조사를 통해 이러한 상황을 예상하고 대처할 수 있도록 해야 한다.

마케팅환경은 내적 환경요인과 외적 환경요인으로 구분되며 후자는 업무환경과 비업무환경으로 구분된다.

1 내적 환경요인

기업의 내적 환경요인이란 마케팅기능 이외의 관리기능이나 부서로 생산, 인사, 재무, 회계, 구매, 연구개발 등을 의미한다.

관광기업의 최고경영층은 사업부의 전반관리자, 집행위원회, 사장, 회장, 이사회 등으로 구성된다. 이러한 상위부문 경영층은 기업의 사명, 목표, 전사적 전략 및 방침 등을 수립한다. 마케팅부문 관리자는 반드시 최고경영층이 설정한 계획 범위 내에서 의사결정을 해야 할 뿐만 아니라 그들의 마케팅계획을 실행하기 전에 최고경영자의 승인을 받아야 한다.

마케팅관리자는 또한 타 기능부문과 긴밀하게 협조해야 한다. 관광기업의 재무부문 관리자는 마케팅계획 수립을 위한 자금의 조달 가능성 및 운영에 관심이 높을 것이며, 연구개발부문 관리자들은 안전하고 매력적인 리조트를 설계하는 문제에 관심을 집중한다. 구매부서에서는 예측한 고객 수만큼의 식사나 서비스를 제공하는데 필요한 원료 및 소재를 충분히 확보하는 데 관심이 있으며, 고객서비스 부문은 충분한 고객서비스 능력과 노동력을 확보하고 상품제공목표를 달성하는 데 책임을 진다. 회계부서는 주기적으로 이익 및 비용을 측정하여 기업의 목표가 잘 성취되고 있는가를 마케팅부서가 알 수 있도록 정보를 제공하는데 책임이 있다. 이렇게 모든 부서는 마케팅부서의 계획과 활동에 직접 · 간접으로 영향을 미친다.

2 외적 업무환경요인

고객, 여행업자, 광고대행사, 공급업자, 노동조합 그리고 주주 등은 외적 업무환경요인 중에서도 마케팅 활동을 직접 제약하거나 돕는 요인들이다. 시장 중심적인 경영에서 특별히 중요한 요인은 두말할 필요도 없이 고객, 즉 관광객이다. 이러한 요인들에 대해서는 다음 여러 장에서 상세하게 언급하기로 하고 여기서는 설명을 생략한다.

3 외적 비업무환경요인

많은 외부요인이 마케팅에 영향을 미치고 있다. 외적 비업무환경요인으로는 사회 · 문화, 정치 · 법률, 생태, 경제, 기술, 경쟁 등이 있다.

외국의 정치적 불안은 그 나라로 여행하려는 사람들의 마음을 가로막을 것이다. 법률적 제약은 외국으로 여행하려는 국민의 의욕을 저하하기도 한다. 인플레이션, 환율, 비용 등과 같은 경제적 조건은 관광객의 소비액에 커다란 영향을 미칠 것이다. 항공승객의 권리와 기타 개혁에 대한 요구를 명확히 주장하고 있는 소비자운동의 신장은 마케팅 전략에 커다란 영향을 미치고 있다. 사실상 기술적 · 사회적 변화는 여행 그 자체의 본질과 관광상품이 거래되고 판매되는 모든 방법에 대해 영향을 미치고 있다.

비업무 환경요인은 가장 변두리에 위치하여 마케팅에 간접적으로 영향을 미치긴 하지만 이들은 업무환경으로서의 고객과 함께 직접 경영에 위협과 기회를 제공하는 장본인이라는 점에서 이들이 지니는 전략적 중요성을 간과해서는 안 된다.

제2절 관광마케팅 믹스

관광마케팅을 위한 또 하나의 중요한 요소는 마케팅믹스이다. 마케팅믹스(marketing mixes)는 마케팅전략을 계획 · 실시하고 마케팅 목표를 이행하는 데 기업이 통제 가능한 모든 변수를 말한다. 처방전에서의 재료와 같이 마케팅 변수는 성공하기 위해서 적정량을 사용해야 한다. 소비재 마케팅에서 전통적인 4개의 변수(4P's)는 제품, 유통, 가격, 판매촉진이다.

최근 들어 일부 관광마케팅 전문가들은 3개의 마케팅믹스를 추가하였다. 즉 물리적 환경, 구매과정, 참가자 등이다. 그들은 이러한 부가적인 믹스 요소가 관광마케팅에 포함되는 과정을 표현하는 데 필요하다고 한다. 이러한 부가적인 변수들을 합쳐서 7P's라고 부른다(<표 6.1> 참조). 마케팅믹스는 액셀러레이터, 브레이크, 핸들 등 자동차의 통제장치에 비유된다. 그것들은 도로의 조건(시장)과 타 운전사(경쟁)의 행동을 고려하여 사용되어야 한다. 자동차의 통제장치와 같이 마케팅믹스는 목적지나 목표에 도달하기 위해서 끊임없이 조정되어야 한다.

표 6.1 관광마케팅 믹스(8P's)

마케팅 믹스	믹스 요소의 정의	예
상품	기업이 고객에서 제공하는 것	유람선
유통	유통의 채널	여행사
가격	판매자가 어떤 요소를 기준으로 상품에 책정하는 돈의 양	99만원 왕복여행
촉진	상품에 흥미를 자극하는 활동	광고, PR 등
물리적 환경	판매가 발생하는 환경 또는 상품이 생산되고 소비되는 환경	여행사 또는 호텔 객실 등
구매과정	마케팅 & 정보탐색	상품 및 정보 선택
참가자	관광상품의 거래 또는 경험에 참가한 사람	구매자와 판매자

① 상품

상품(product)은 고객의 욕구를 만족시키기 위해 기업이 판매하고 제공하는 모든 것을 말한다. 상품 특성에 대한 의사결정은 유형적 · 무형적 측면의 확인과 잠재고객에의 소구를 기초하여 결정된다. 여기에는 서비스가 제품에 동반될 것이다. 물론 많은 사례와 같이 관광산업이 주로 판매하는 것은 서비스이다. 예를 들면 어떠한 목적지에서 타 목적지까지 승객을 운송하는 것으로 운송회사는 본질적인 서비스를 판매하고 있다. 제품 또는 서비스에 대한 이미지를 개발하고 상품명을 선택하는 것은 대중에게 상품을 제시하는 데 있어서 매우 중요한 일이다.

이 상품의 또 하나의 역할은 제품과 서비스의 정확한 수와 범위를 선택하고 개발하는 데 있다. 대부분 기업에서는 하나 이상의 제품을 판매한다. 여행사에서는 폭넓은 범위의 제품을 제공할 것인가, 또는 휴가여행과 같은 여행의 어떤 유형을 위한 전문화한 상품을 제공할 것인가를 결정해야 한다.

운송회사에서는 이용 가능한 노선 및 서비스의 수준(일등석, 이등석 사용)을 결정해야 하며, 투어 오퍼레이터는 유용한 투어의 수와 각 투어의 일정표를 결정해야 한다.

2 유통

유통(입지 또는 전달과정: place, location, process of delivery)은 고객에게로 서비스 또는 제품을 전달하는 과정에 수반되는 모든 활동을 말한다. 여기에는 유통장소와 유통채널 모두가 포함된다. 판매자는 제품이나 서비스를 판매할 방법과 장소를 결정해야 한다. 예를 들어 거대한 체인에 속해 있는 리조트는 몇 가지의 방법으로 고객에게 접근할 수 있다. 리조트의 마케팅부서가 설립한 유통채널을 통하여 여행객은 여러 방법으로 예약을 할 수 있다. 그 방법으로는 인터넷 예약, 여행사나 투어 오퍼레이터를 이용하는 것, 리조트의 예약 데스크나 그룹 내의 다른 리조트에 전화 예약을 하는 것, 항공예약시스템을 이용하는 것 등이 있다.

판매자는 고객을 유인할 가능성이 가장 큰 곳에 유통지점을 설치하려고 한다. 예를 들면 휴가관광을 전문적으로 담당하고 있는 여행사는 도심의 상용지역보다는 교외의 쇼핑센터에 지점을 위치시키면 좋다는 것을 깨달을 것이다. 물론 관광기업이 직접 운영 가능한 유통지점의 수는 제한될 수도 있다. 예를 들면 항공사에서 자사의 항공권판매소를 이용하기보다는 여행대리점을 통해서 제품을 유통하는 것이 더욱 비용이 줄어든다고 판단한다면 자사대리점을 줄이고 거래여행사의 수를 증가시킬 것이다.

3 가격

가격(price)은 제품이나 서비스를 받기 위해 고객이 지급해야 하는 돈의 총액이다. 가격을 설정하는 데 기업은 많은 요인을 고려한다. 제품이나 서비스의 생산과 유통을 위한 실제적 비용, 기업의 이익률, 제품에 대한 현재의 수요, 경쟁자가 제공하는 유사제품 및 서비스의 가격 등을 고려해야 한다. 그와 동시에 가격전략은 제품 또는 서비스가 의도하고 있는 각각의 세분시장에 소구해야 할 것이다. 이는 관광객이 지급할 금액에 상당하는 가치를 제공하는 제품이라고 인지해야만 하기 때문이다.

타 산업의 제품처럼 관광상품은 통상적으로 표준적인 가격 범위가 있다. 그러나 필요할 때 판매를 자극하기 위해서 할인가격이나 선전가격을 제시하는 수가 있다. 할인가격은 위락여행을 위하여 비수기 계절에 빈번히 제시된다. 예를 들어 9월부터 5월까지 암트랙(미국 철도회사)은 'All Aboard America' 요금계획을 실행하여 정규승차가격에 대한 실질적인 할인가격을 제공한 바 있다.

4 촉진

고객에게 촉진(promotion)은 아마도 마케팅믹스에서 가장 가시적인 요소일 것이다. 촉진 활동은 제품과 서비스에 관해 관심을 자극하고 사람들에게 정보를 제공하며 인센티브를 제공해 제품 및 서비스를 구매하도록 소비자를 설득하기도 한다.

기업이 서비스상품 및 자사를 촉진하는 방법은 무수히 많다. 촉진에는 잡지, 신문, TV, 라디오, 광고판 등이 주로 사용된다. 신문에서의 시사평론, 고객인터뷰, 독자의 평, 신문발표를 통한 자유로운 홍보 등도 있다. 판매원이 고객을 다루는 데 사용하는 몇 가지의 테크닉은 판매촉진의 한 유형이다. 즉 특별한 선물과 기념품, 모형비행기, 브로슈어, 할인 쿠폰, 인쇄문구(편지), 사업카드, 회보, 다이렉트 메일, 기타의 판매촉진상품은 관광제품과 서비스를 소비자에게 인식시키는 데 커다란 도움을 준다.

관광산업의 역사상 흥미로운 선전용 프로그램은 1981년 아메리칸 항공사에서 고안해 낸 다빈도 탑승객 프로그램(frequent-flier program)이다. 그 이후로 다른 항공사, 호텔, 렌터카 대리점 등에서는 다빈도 사용고객의 유치를 위한 프로그램을 개발하였고 상표충성심(brand loyalty)을 심어나갔다. 그리고 관광기업은 명확한 기업 이미지를 심어줄 수 있도록 광고 슬로건을 사용하고 있다.

유나이티드 항공사(UA)의 "fly the friendly skies", 렌터카 회사 에이비스의 "We try harder", 유람선회사 카니발 크루즈의 "The fun ships", 그리고 투어리즘 캐나다의 "The world next door" 등의 광고 캠페인은 잘 알려진 것들이다.

5 물리적 환경

물리적 환경(physical environment)은 관광산업에 있어 매우 중요하다. 물리적 환경 믹스는 특히 두 가지 측면에서 중요하다. 첫째는 판매가 발생하는 환경으로서 중요하고, 둘째는 서비스가 생산되고 소비되는 환경으로서 중요하다.

고객들은 즐겁고 안락한 환경하에서 구매할 가능성이 더욱 크기 때문에 마케팅전략은 제품과 서비스를 판매하는 물리적 환경을 고려하는 데 주안점을 두어야 한다. TV나 안락의자와 같은 제품을 구매하는 데는 제품이 어떻게 보이고, 어떻게 느껴지고, 어떻게 작동하는가에 사람들은 많은 관심을 보인다. 그들의 주의력은 주위환경보다 제품에 더 비중을 두게 된다. 그러나 관광상품을 구매할 때 고객들은 여행이 끝날 때까지 결과가 좋으리라고 확신할 수는 없다. 한편, 고객의 기대와 감정은 객실의 구조, 가구, 방음 상태, 기온 그리고 심지어는 냄새와 같은 요인에 의해서도 영향을 받는다.

관광산업에 있어 물리적 환경은 사업의 반복적 안전성을 위해서 특히 중요하다. 한 예로서 별로 매력 없고 안락하지 않은 디자인과 장식으로 꾸며진 객실에서 지낸 고객은 다시는 그곳에 숙박 예약을 하지 않을 것이다. 리조트의 너저분한 해안이나 풀장, 형편없이 어질러진 스키 자국, 호텔 발코니에서 보는 전망이 형편없다면, 이러한 물리적 환경은 여행을 망치는 또 하나의 예이다. 결론적으로 관광기업은 모든 가능한 방법을 동원하여 그들 제품의 물리적 환경을 좋게 만드는 데 심혈을 기울여야 한다.

6 구매과정

구매과정(purchasing process)에는 관광상품 구매에 대한 사람들의 심리적 동기와 의사결정 방법이 고려되어야 한다. 사람들이 보트, 별장, 가구 대신에 왜 관광상품에 그들의 돈을 소비하려고 하는가? 또 수백 가지나 되는 관광상품 중에서 특정 상품을 왜 선택하는지? 사람들은 위신을 높이기 위해서, 모험하기 위해서, 다른 지역의 문화를 배우기 위해서 여행을 한다. 일부 사람들은 자신의 건강을 증진하기 위해서, 조상의 뿌리를 찾기 위해서, 단순히 가족과 친구와 즐기기 위해 여행을 한다. 고객들의 욕구와 욕망, 개인적 특성, 사회적 · 경제적 지위는 그들의 동기를 형성하는 데 도움을 준다. 그러므로 구매자의 동기를 파악할 수 있는 기업은 그 동기에 알맞은 제품과 판매촉진을 조직화할 수가 있다.

잠재고객에게 적절한 정보를 제공하는 것은 구매과정에 있어 결정적으로 중요하다. 고객은 구매하기 전에 관광상품에 대한 정보의 근원, 그 정보에 접근하는 방법, 구매를 실행하는 방법 등을 알려고 한다. 관광마케터는 구매과정을 촉진하는 방법으로서 이러한 정보를 고객에게 제공하도록 노력해야 한다.

구매과정에서 제품에 대한 정보는 기업이 의도한 대로 항상 지각되고 해석되는 것이 아니다. 그러므로 때때로 제품에 대한 오보라든가 부정적인 관념을 극복하는 것이 필요하다. 예를 들어 1980년대에 유람선산업은 유람선이 돈 많은 백만장자나 졸부를 위한 것이 아니라는 것을 대중에게 확신시켜 줌으로써 그 이후에 유람선 판매가 급격히 증가하였다.

결국, 마케터는 구매과정에서 고객이 구매하는 각각의 관광상품에 대해 유사하게 생각하지 않는다는 것을 인식하였다. 렌터카나 호텔과 같은 관광상품은 편의점에서 물건을 구매하는 것처럼 그다지 깊이 생각하지 않고 쉽사리 선택되기도 한다. 그러나 해외휴양지나 크루즈와 같은 관광상품을 선택하는 데는 많은 생각이 필요할 것이다. 이 구매과정 요소는 제품을 어떻게 시장에 내놓는가에 영향을 미친다.

⑦ 참가자

참가자(participants)는 판매거래에 수반되는 업무에 직간접으로 관여하는 모든 사람을 말한다. 참가자에는 판매자, 구매자, 기타 고객들이 있다. 판매자와 구매자의 밀접한 상호작용과 구매자의 참가가 관광경험의 형성에 도움을 주므로 이 '참가자' 요소는 관광산업에 있어서 매우 중요하다. 관광경험의 질(quality)은 여행하는 동안에 구매자의 행동과 행위에 따라 달라진다. 그리고 판매거래에 대한 구매자의 인식은 때때로 제품과 서비스를 다시 구매할 것인가의 여부를 결정한다. 특히 관광사업에서는 반복적 구매가 이루어지기 때문에 참가는 마케팅믹스에 지극히 중요한 부분이라 할 수 있다.

판매거래에 있어서 참가자의 태도와 행동은 고객의 경험을 높일 수도 있고 파괴할 수도 있다. 승무원에게 무례한 대우를 받거나 냉담한 서비스를 받는 승객은 탑승이 즐겁지 못할 것이고, 아마도 그 항공사에 두 번 다시 예약하지 않을 것이다. 한편, 병이 나거나 낙심한 상태의 승객은 아무리 서비스가 우수하다 하더라도 그 여행은 즐겁지 못할 것이다.

그리고 비록 참가자는 통제하기 어려운 변수이지만 기업은 직원의 행동을 잘 관리하도록 노력해야 한다. 훈련프로그램을 완전히 수료하게 하는 것과 직원에게 제복을 착용하도록 하는 것은 직원을 관리하는 두 가지의 방법이다. 디즈니 대학으로 알려진 월트 디즈니의 훈련프로그램은 직원들을 공손하고 말쑥하고 행복하게 변화시킨 것으로 유명하다. 많은 기업에서는 그들의 업무를 잘 수행한 대가로 자유여행이나 상여금 등을 직원에게 제공한다. 이것은 내부마케팅(internal marketing)의 실제이다. 인센티브를 제공하는 목적은 직원이 그 기업에 대하여 좋은 감정을 갖고서 업무를 더욱 잘 수행하는 데 있다.

한편 기업은 고객의 행동을 잘 관리하도록 노력해야 한다. 관광에서는 매우 강렬하게 관광객의 선호, 기대, 행동 등이 그들의 관광경험을 형성한다. 여행경험의 질에 영향을 미치는 요인 가운데는 여행객이 어디를 가기를 원하는가, 그들이 무엇을 하기를 원하는가, 어떠한 관광지를 좋아하는가 등이 있다. 따라서 구매자가 추구하려는 관광지 프로젝트의 이미지와 혜택이 이러한 과정에서 중요한 역할을 한다.

관광산업에서 마케팅 및 판매에 종사하는 사람은 특히 고객과 제품 사이의 이러한 참가자의 상호작용을 인식하고 그것을 조화시킬 필요가 있다. 고객이 여행을 계획하고 여러 대안 사이에서 선택하는 것을 도와야 하는 여행업자는 고객의 기대감을 충족시키기 위해 전문화된 기술들을 개발해야 한다.

제3절 관광시장세분화의 이점과 특징

1 시장세분화의 정의

관광시장은 전체 국민 가운데 관광 욕구를 가진 사람들이 이동하는 것을 전체시장으로 삼는다. 예를 들어 사업가가 판매자 회의에 참석하기 위해 서울에서 부산으로 항공여행을 하는 것, 신혼부부가 제주도 서귀포에서 허니문을 보내는 것, 할머니가 손자를 만나기 위해 두 시간 동안 기차여행을 하는 것 등으로 이루어진다. 남성, 여성, 아이들, 10대, 대학생, 독신, 신혼부부, 그리고 장년, 노년 등이 모여서 거대하고 다양한 관광시장을 구성한다.

이처럼 관광시장은 효율적으로 접근하기에 규모가 너무 크고 어떠한 한 가지 방법으로 기업의 판매 의사를 전달하기에는 너무 다양하다. 그래서 마케팅 전문가는 그것을 더 작고 관리가 더욱 쉬운 부분시장으로 나누려 한다. 즉 그들은 이 거대한 시장을 어떤 공통적 특징으로 구분하는 더 작은 그룹으로 세분화하게 된다. 또 그들은 공통적인 요소를 지니는 특정 그룹의 사람들을 위해 관광상품을 개발하려고 한다.

전체시장을 공통적 특징을 지닌 잠재고객 그룹으로 나누는 과정을 시장세분화(market segmentation)라 하고, 전체시장의 한 부분을 세분시장(market segment) 또는 부분시장(部分市場)이라 부른다.

마케터는 전체시장을 세분화함으로써 몇 개 유형의 구매자에게 그 노력을 집중할 수가 있다. 마케터가 그러한 그룹의 하나 혹은 몇 개에 대해 촉진(promotion) 메시지를 전달하려고 할 때 그 과정을 표적마케팅(target marketing)이라고 한다. 그리고 그들이 초점을 두고 있는 세분시장을 표적시장(target market) 또는 목표시장이라고 부른다.

엄밀히 말하면 각 개인은 독특한 특성과 특별한 욕구를 지닌 개별적 표적시장이 될 수 있다. 그러나 수많은 독특한 개인들을 전부 관광시장으로 생각하는 것은 실용적이거나 경제적이지 못하다.

시장세분화는 공통된 특성을 공유하고 유사한 욕구와 욕망을 소유하는 사람들을 하나의 집단으로 분류한다. 일단 마케팅 전문가가 특정의 부분시장을 표적으로 한다면 그 세분시장의 사람들에게 소구하는 촉진 방법으로 제품과 서비스를 개발하고 판매한다.

예를 들어 캘리포니아로 여행하려고 하는 두 쌍의 부부를 생각해 보자. 한 쌍은 삼십 대로 남편과 아내 모두 높은 보수를 받는 전문직 직업인이다. 남편은 제약회사의 영업 과장이고 아내는 컴퓨터 프로그래머이다. 그들에게는 자식이 없다.

둘째 부부의 경우, 남편은 인쇄업에서 은퇴하였고 아내는 가정주부로 남편의 은퇴연금이라는 고정수입 내에서 검소하게 살고 있다.

만약 당신의 회사에서 호화스럽고 고가의 여행용 차량을 렌터카로 임대한다면 어느 쪽이 훨씬 구매할 가능성이 있겠는가? 당신은 젊은 부부가 은퇴한 부부보다 값비싼 여행용 차량을 대여할 가능성이 크다는 것을 알 수 있을 것이다. 따라서 은퇴하여 고정수입으로 살아가고 있는 노부부보다, 더 높은 수입을 가진 젊은 부부에게 접근하기 위해 마케팅 노력을 집중하려고 할 것이다.

2 시장세분화의 이점

시장세분화는 다음과 같은 이점이 있다.

첫째, 시장기회를 더 쉽게 발견할 수 있다. 각 세분시장의 욕구와 이들을 표적으로 하는 기존상품을 대응시켜 보면 세분시장의 욕구는 존재하지만 적절한 상품이 없는 경우를 발견할 수도 있다. 이것이 바로 시장기회(market opportunity)이다. 이때 그 세분시장의 욕구에 맞는 상품을 개발하면 비교적 손쉽게 시장을 장악할 수 있다.

둘째, 마케팅믹스를 보다 효과적으로 조합할 수 있다. 예를 들어 세분시장의 욕구에 초점을 두고서 제품과 광고의 내용을 일관성 있게 조화시킬 수 있다. 이로써 고객이 상품을 분명하게 인식하게 하여 관광기업은 경쟁사의 상품과 시장을 장악할 수 있다.

셋째, 시장수요의 변화에 더 신속하게 대처할 수 있다. 고객의 욕구가 다양하게 섞여 있는 전체시장 대신에 욕구가 비교적 동질적인 부분시장에 주목함으로써 수요의 변화를 쉽게 파악하고 신속하게 대처할 수 있다.

3 시장세분화를 위한 요건

시장세분화의 목적은 마케팅믹스를 효과적으로 활용하는 데 있는 것인 만큼 이 목적을 달성하기 위해서는 가장 적절한 세분화 방법이 실시되어야 한다. 시장세분화는 다음의 요건을 갖추어 실시되어야 한다.

1) 측정가능성

측정가능성(measurability)은 세분시장의 규모와 구매력을 측정할 수 있는 정도를 말한다. 관광기업은 우선 세분시장의 인구와 구매력 등의 세분화 변수를 측정할 수 있어야 한다. 그리고 구매자들의 특성에 관해 제2차 자료를 구해서라도 측정 가능해야 한다.

2) 접근성

접근성(accessibility)은 세분시장에 접근할 수 있고 그 시장에서 활동할 수 있는 정도를 말한다. 관광기업은 세분시장에 접근할 수 있는 적절한 수단이 존재해야 한다. 만일 충분한 규모의 세분시장이 존재한다 해도 그 세분시장을 연결해 줄 매개체가 없으면 시장세분화가 성공할 수 없다. 예를 들어 도시와 도시 사이에 위락시설 및 대규모 호텔이 들어서 있고 두 도시 간의 위락관광객을 끌어들이려고 노력하여도 교통시설의 편리성 및 접근의 용이성, 광고나 여행사의 적극성 등이 부족하면 이 관광시장은 충분한 수요를 개발할 수 없게 된다.

3) 실질성

실질성(substantiality)은 세분시장의 규모가 충분히 크고 이익이 발생할 가능성이 큰 정도를 말한다. 하나의 부분시장은 이익을 낼 수 있을 만큼 규모가 있어야 한다. 어떤 세분시장을 표적시장으로 삼아도 이에 알맞은 마케팅믹스를 제공하는 데에는 상당한 비용이 들게 된다. 따라서 표적시장은 개별적인 마케팅 노력에 따른 비용을 보상하고서도 기업에 이윤을 제공할 수 있는 규모를 갖추어야 한다.

4 관광시장세분화의 특징

시장세분화의 요건을 관광시장에 적용하여 관광시장세분화의 특징을 알아보기로 하자. 만약에 세분시장이 너무 작거나 전체시장이 세분화하기에 너무 크다면 의미 있는 시장세분화가 되었다고 생각할 수 있겠는가? 시장세분화가 유용한가의 여부를 알아내기 위해 관광마케터는 다음과 같은 4가지 질문을 던진다.

첫째, 세분시장이나 그룹은 마케팅 메시지에 유사하게 반응할 것인가? 또는 그 세분시장은 하나의 작은 시장으로서 적당히 좁게 정의되고 있는가?

어떤 오락공원이 50km 이내에 사는 30세 이하의 사람들을 그들의 세분시장으로 정의할 수가 있다. 그러나 13세의 소년과 25세의 청년은 똑같은 마케팅 메시지와 똑같은 소구방법에 반응하지 않을 가능성이 크다. 그러므로 그 세분화는 의미가 있다고 보기에는 너무 넓다.

둘째, 그 세분시장은 다른 부분시장과 현저하게 다르다고 볼 수 있는가? 즉 한 그룹처럼 행동하는 모든 사람은 그 세분시장에 포함하여 정의되었는가?

만약 오락공원이 메시지를 단지 모든 10세 아동에게만 겨냥하여 발신한다면 그 세분화는 너무 작을 것이다. 아마도 6세부터 11세까지의 아이들도 유사한 세분시장에 포함될 것이다. 그들은 그 마케팅 메시지에 유사하게 응답할 것이기 때문이다.

셋째, 세분시장은 신문, 잡지, TV, 라디오, 인터넷과 같은 통신매체로 전달할 수 있는가? 세분시장의 하나의 중요한 측면은 마케팅 메시지를 특정한 성격을 지닌 그룹에 전달하는 것이다. 궁술에서 표적을 맞추는 데 활과 화살이 없이는 불가능한 것처럼 마케팅 커뮤니케이션을 통해 그 표적시장에 효율적으로 도달할 수단이 없다면 그 시장은 무의미한 것이다.

넷째, 그 그룹의 시장잠재력은 그 세분시장에 도달하는 데 필요한 재정적 마케팅 자원을 투자할 가치가 충분히 있는가? 즉 그것은 재정적 환원이 충분한 상품이 될 것인가?

예를 들어 텐트 야영객들은 식량을 가져오기 때문에 유용한 세분시장이 될 수 없다. 즉 그들은 상업적 야영장에 충분한 이익을 창출할 수 있는 돈을 소비하지 않는다. 시장세분화는 특별한 제품 및 서비스를 구매하는 데 현저한 잠재력을 지닌 그룹에 마케터가 촉진 메시지를 효율적으로 전달할 수 있도록 정해져야 한다. 만약 예상판매에 관련하여 너무 많은 돈이 소요된다면 그 세분시장은 추구할 가치가 그다지 없을 것이다.

제4절 관광시장세분화의 기준

마케팅 전문가들은 다양한 시장세분화 기준을 가지고 있다. 어떠한 단일적인 방법이 옳다거나 그른 것은 아니며 흔히 다양한 기술들이 혼합되어 사용되고 있다. 일반적으로 시장세분화에서는 지리적 변수, 인구통계적 변수, 심리분석적 변수, 행동분석적 변수 등 4가지로 구분된다.

1 지리적 변수

지리학(Geograpics)은 시장세분화를 위한 중요한 도구이다. 사람들이 어디에 사는가 하는 것은 그들의 구매형태, 특히 한 장소에서 다른 장소로 이동하는 여행에 커다란 영향을 미친다. 사람들이 산 또는 해변, 뉴욕 또는 옐로스톤 국립공원 등 그들 주거지의 위치가 어디인가 하는 것은 그들의 관광에 대한 의사결정에서 중요한 역할을 한다. 따라서 마케팅 전문가는 그 나라의 특정 지역, 기후, 환경의 유형(도시인가, 시골인가)에 따라 주거하는 사람들의 집단을 마케팅의 표적으로 삼는다.

관광마케터는 지리적 변수(geograpic variables)를 다양한 방법으로 활용한다. 시골의 리조트는 근처 도시인구를 표적으로 지역적 세분화를 사용할 것이며, 따뜻한 기후의 관광지는 겨울에 몹시 추운 지역에서 따뜻한 지방으로 떠나는 잠재관광객을 표적으로 삼을 것이다. 항공사는 새로운 노선을 개발할 때 그 나라의 특정 지역에 초점을 둘 것이다. 애틀랜타시, 뉴저지, 그리고 라스베이거스, 네바다 등에 있는 유사한 카지노호텔을 예로 들어보자. 그 호텔들은 관광객들에게 비록 도박, 유흥, 그리고 오락과 같은 쾌락적 행위를 제공해 주지만, 그 호텔들의 위치가 다른 도시에 비하여 이질적이라는 특성으로 인하여 다른 지역의 관광객을 흡인하는 것이다.

애틀랜타시는 대서양 해안에 있고 온화한 기후이며 보스턴에서 워싱턴 사이의 도시 내에 사는 수백만의 사람이 쉽게 여행할 수 있는 거리에 있다.

한편, 라스베이거스는 덥고 태양이 비치는 내륙에 위치하고 네바다사막은 다른 주요 도시지역과 멀리 떨어져 있다. 라스베이거스의 카지노는 주로 도박을 위해 하루나 이틀 정도 체재하는 미국 서부 주요 도시의 잠재관광객에게 우선 초점을 두는 것에 지리적인 표적시장을 설정할 수 있다. 그리고 라스베이거스의 카지노는 서부지역을 방문하려는 휴가 일정에 라스베이거스를 포함하려는 전국적인 시장에 초점을 둘 수 있다.

반면에 애틀랜타시 카지노는 전국적 시장을 목표로 하는 대신에 반경 400km 이내에 있는 주요 도시에 마케팅 노력을 집중적으로 기울일 수 있다. 그러한 근접도시에는 자동차나 버스로 쉽게 애틀랜타시로 이동할 수 있는 거대한 잠재고객 시장이 있다. 그 지리적 표적시장에 광고를 발신할 때 카지노는 여름의 더위와 습기를 피하기를 원하는 도시주민에게 해변과 해안산책길의 매력을 강조하는 소구 행위를 펼쳐야 한다.

이상의 두 가지 경우에서 지리는 카지노가 잠재여행객의 주거지역과 관련하여 목적지의 위치를 바탕으로 해서 표적시장을 결정하는 데 중요한 역할을 한다. 두 도시의 지리적 차이는 두 카지노가 지리적 시장세분화 기술을 이용해 시장을 명확하게 구분하는 데 사용하도록 하는 기본적인 요인인 것이다.

② 인구통계적 변수

인구통계학(Demographics)은 그 지역에 사는 사람들의 통계학적 연구이다. 인구통계적 세분화는 목표 기준이나 측정 가능한 특성에 근거하여 사람들을 분류하는 방법이다. 일반적으로 가장 빈번히 쓰이는 인구통계적 변수(demographic variables)로는 나이, 소득, 직업, 가족 수, 생활주기 그리고 교육을 들 수 있다.

1) 나이

마케팅 전문가들은 각기 다른 나이의 사람들은 안락감, 경제력, 흥분, 안전 등에 대해 각기 다른 욕구를 가진다는 것을 알고 있다. 나이는 구매 행동에 영향을 중요하게 미친다. 마케팅 전문가들은 비슷한 구매행위를 하는 연령집단을 찾아내려고 한다.

나이에 따라 그들의 관광 선택에 대한 우선순위가 변한다. 예를 들어 젊은이들이 여름에 유럽을 목적지로 배낭여행을 하는 것은 편리함이나 사치보다는 여행경비 등 경제적인 측면에 중점을 두기 때문이다. 반면에 장년·노년층의 유럽여행은 낮은 비용보다는 편안함과 편리함을 추구할 것이다.

나이 범주는 다음과 같이 구분할 수 있다.

① 6세 이하(미취학 아동) ② 6세~11세(초등학생)
③ 12~19세(10대) ④ 20~34세(청년)
⑤ 35~49세(중년) ⑥ 50~64세(장년)
⑦ 65~79세(노년) ⑧ 80세 이상(만년)

2) 소득

사람들이 여행에서 얼마나 많은 돈을 소비하는가 하는 것은 일반적으로 그들의 소득(income)과 깊은 관련이 있다. 집세나 음식과 같이 필수품에 대한 지출에도 빠듯한 젊은 부부들은 특별한 이유가 없는 한 크루즈여행에 수백만 원을 소비하려고 하지 않을 것이다. 일반적으로 가족 수입이 많을수록 여행에서 더 많은 돈을 소비하는 경향이 있다.

더욱 많은 돈을 버는 사람이 여행할 여유가 있으므로, 상위소득의 세분시장은 수많은 관광마케터, 특히 값비싼 상품판매를 촉진하는 직원들의 표적시장이 된다. 그러나 저소득층의 부분시장 역시 관광마케터의 표적시장이 된다. 미국의 염가모텔들은 저소득층 관광시장에 특별히 호소하기 위해 고안된 관광상품의 좋은 예이다. 그들의 촉진적인 메시지는 대개 경제적인 저렴한 요금을 강조하는데, 그러한 장소에 숙박하기를 원하는 개인이나 가족에게 그 초점을 두고 있다.

연간소득은 예를 들면 다음과 같은 범위로 분류된다.

① 1,000만원 이하 ② 1,001~3,000만원
③ 3,001~5,000만원 ④ 5,001~1억원 미만
⑤ 1억 ~3억원 미만 ⑥ 3억원 이상

3) 직업

비록 소득과 관련되기는 하지만 직업(occupation)은 하나의 별개의 세분화 변수이다. 전형적인 직업적 범주에는 전문가, 경영관리자, 기업소유주, 사원, 판매원, 학생, 주부, 은퇴자 등이 있다. 때때로 마케팅 목적을 위해서 더 작은 직업적 세분화도 있다. 예를 들어 의사, 변호사, 대학교수 등은 더 큰 전문가 부분시장의 수많은 작은 하위범주가 될 것이다.

직업적 세분화는 마케터들에게 소득, 생활 스타일, 교육 등에 대한 통찰력을 준다. 그것은 역시 특정한 직업집단을 위한 전문화된 관광상품을 맞추는 데 사용된다. 예를 들어 투어 오퍼레이터는 고등학교 영어교사들을 표적시장으로 하여 세익스피어문학여행이나 그레이트 브리튼(Great Britain)의 문학여행을 패키지 상품화할 수 있다.

4) 가족 수 · 생활주기

가족 수 · 생활주기(family size/life cycle)에 따른 시장세분화 방법은 나이 및 결혼 여부와 자녀의 수 및 자녀의 나이를 합쳐서 시장을 세분하는 방법이다. 예를 들어 다음과 같은 세분화를 고려해 보자. 젊은 독신자, 젊고 자녀 없는 기혼자, 젊고 취학 전의 아동을 가진 기혼자, 중년이고 십 대의 자녀를 둔 기혼자, 중년이고 십 대의 자녀를 둔 이혼자 등으로 나눌 수 있다.

가족의 규모와 생활주기에 따라 특정한 관광 욕구를 지닌 수많은 부분시장이 있을 수 있다. 어린아이가 있는 가족이 여행할 때 그들은 호텔 객실에서 어린이 침대나 간이침대(extra bed)가 필요할 것이다. 그들은 어린이들에게 적합한 메뉴가 있는 식당에서 저녁을 들기를 원할 것이다. 이러한 욕구는 자녀 없이 여행하는 사람이나 신혼여행을 온 부부의 욕구와는 매우 다르다.

5) 교육

일반적으로 교육(education)을 더 많이 받은 사람은 여행을 더 많이 할 가능성이 있다. 그들은 많은 것을 학습하고 또한 스스로 알려고 하는 노력을 많이 하기 때문이다. 그러므로 교육은 또한 시장세분화 요인으로서 유용하다.

교육수준도 역시 관광의 형태와 관계가 있다. 예를 들어 중요한 문화적 매력을 지닌 관광지는 비교적 잘 교육된 시장세분화 표적집단에 의해 선택될 수 있다. 교육의 범주는 일반적으로 최종교육의 가장 높은 수준에 의해 나누어진다.

① 초등학교 졸업 ② 중학교 졸업
③ 고등학교 졸업 ④ 전문대학 졸업
⑤ 대학교 졸업 ⑥ 대학원 졸업

6) 기타 인구통계적 변수

모든 시장과 마찬가지로 관광시장은 앞에서 언급한 방법 이외의 인구통계적인 방법으로 세분화할 수 있다. 마케터는 사람들의 집단을 분리하기 위해 인구통계적 요인 중에 성별(性別), 종교, 종족, 인종적 배경, 국적 그리고 사회적 등급 등을 사용한다. 그 각각은 잠재관광객의 그룹을 확인하고 그것을 유용하게 적용하기 위해 사용된다. 예를 들어 여성 상용여행객의 특별한 욕구는 때로는 관광마케터의 관심의 초점이 된다. 인종적 배경과 국적은 관광기업이 출생한 '고국'으로의 여행을 촉진하고 패키지 투어를 만들어 판매할 수 있는 시장세분화의 변수이다.

한편, 시장조사자들은 어떻게 인구통계적 변수를 사용하는가? 관광시장을 인구통계적 집단으로 나누는 것에 의해 관광마케터는 그 시장에 접근하는 데 한결 쉽다. 예를 들어 대략 비슷한 연령층은 어떤 공통적인 측면을 지니고 있다. 유사한 직업이나 교육적 배경을 가진 사람들과 대략 엇비슷한 수입을 가진 사람들도 그러하다.

이러한 집단의 어느 하나에도 거기에는 물론 다양함이 있다. 예를 들어 같은 연령대의 두 사람일지라도 누구도 정확히 같지는 않다.

그러나 마케팅 관점에서 보아 중요한 것은 이러한 집단의 사람들이 전체 인구의 사람들보다 더욱 공통점을 가졌다는 것이고 결과적으로 그들의 여행 선호도와 구매성향에 어떤 동질성이 있을 가능성이 있다.

관광마케터는 흔히 그들의 표적시장을 명확히 구별하고 더욱 선명하게 초점을 맞추기 위해 하나 이상의 인구통계적 요인을 사용하여 시장을 세분화한다. 예를 들어 유람선회사는 오직 60세 이상의 세분시장 또는 중류층의 세분시장만을 목표로 하는 것이 아니며 대신에 중류 층에서도 60세 이상의 잠재고객에게 초점을 맞추는 것이 더욱 유리하다. 그리고 그 유람선회사는 계획적으로 이 특정 세분시장에 자사상품을 소구하도록 노력할 것이다. 그것은 두 개의 분리된 인구통계적 변수에 의해 한정되기 때문이다.

이론적으로 표적시장을 정의하는 것에 의해 결합할 수 있는 시장세분화 변수의 수는 한정되어 있지는 않다. 그러나 실제로 말하면 만약 한 시장세분화를 위해 너무 많은 요인이 사용된다면 그 세분화는 궁극적으로 너무 좁게 정의되어 의미가 없어진다. 세분화의 목적은 충분히 추구할 가치가 있을 만큼 그 규모가 큰 특정 표적시장을 명확히 한정하기 위해서 그에 알맞은 변수를 사용하는 것이다.

그러나 다른 세분화 변수를 동시에 사용하는 데에도 그 사용변수가 인구통계적인 변수에만 한정되는 것은 아니다. 관광마케터는 또한 지리적 · 심리분석적 그리고 행동분석적 변수 등 세 가지 다른 중요한 방법과 배합하여 인구통계적 변수를 사용하고 있다.

③ 심리분석적 변수

심리분석적 변수(psychoanalysis variables)에 근거한 시장세분화는 비교적 최근에 응용된 마케팅 기술이다. 심리분석적 세분화는 개인의 가치, 태도, 라이프 스타일(생활양식), 관심, 활동 그리고 성격 등 심리적 변수를 사용하여 사람들을 집단화한다. 시장세분화를 위한 계층의 하나나는 심리적으로 잠재적인 고객을 그룹화하는 방법으로서 라이프 스타일을 이용한다.

1) 가치측정으로서의 라이프 스타일

라이프 스타일의 두 가지 중요한 요소는 사람들이 어떻게 그들의 시간을 소비하는가와 그들이 어떤 것에 가치(value)와 관심(interest)을 두고 있는지 이다. 라이프 스타일에 관한 논의에서는 '보수적인', '자유주의적', '모험적인', '가정적인', 그리고 '건강 지향적인'

등의 용어가 때때로 사용되고 있다.

비록 표준적인 용어라고 단언할 수 없지만 SRI 인터내셔널(formerly Stanford Research Institute)의 조사자들은 다음과 같이 9가지 가치 및 라이프 스타일의 범주를 결정하고 분류하였다.

① 생존자: 늙은, 매우 가난한
② 유지자: 가난한
③ 소속자: 조금 나이든, 전통적인, 안정된
④ 경쟁자: 젊은, 과시하는, 크게 만들려고 하는
⑤ 성취자: 중년의, 부유한, 자신만만한, 물질적인
⑥ 자아 주장자(I–Am–Me): 젊은, 추진력 있는, 개인적인, 독신인, 과도기인
⑦ 경험자: 젊은, 예술적인, 내부지향적인
⑧ 사회의식자: 성숙한, 성공한, 환경과 관계된
⑨ 통합자: 심적으로 성숙한, 이해심 있는, 세상을 보는 안목이 있는

이러한 집단 가운데 생존자들과 유지자들은 거의 관광에 관심이 없는데, 왜냐하면 그들은 돈이 없으며 관광을 할 여유가 없기 때문이다. 성취자와 사회의식자 집단은 수많은 마케터들에 의해 상용과 쾌락을 위한 다빈도 관광객 세분시장으로 인식되고 있다.

2) 효과적인 심리분석적 세분화

여러분들은 왜 마케터들이 시장세분화를 위해 심리분석적 요소를 이용하려고 하는지 이해할 수 있을 것이다. 사람의 개성 및 신념은 구매동기와 행위에 커다란 영향을 미친다. 그러나 개성은 나이와 같은 요인보다 다루기가 더욱 어렵다. 그러한 특성을 보는 방법의 수에는 제한은 없다.

그러나 심리분석적 세분화는 효과적으로 사용될 수 있다. 그것은 관광마케터가 관광상품을 특정의 성격유형에 소구하는 방법을 이해하고 특정한 심리학적 형태에 합당하게 소구할 수 있도록 메시지를 바꾸도록 하면 된다. 전체 관광시장을 더 작은 심리학적 표적시장으로 쪼개는 것은 상품과 서비스를 잠재고객의 요구에 잘 맞추도록 하는 데

매우 유용하게 이용할 수 있다.

스키는 특정한 성격유형에 호소할 수 있는 관광 활동의 좋은 예이다. 어떤 사람들은 스키는 비싸고 추운 데서 하는 스포츠로 위험하다고 생각한다. 반면에 어떤 사람들은 스키는 유쾌하고 모험적이고 보람 있는 스포츠라고 생각한다.

가치 및 라이프 스타일(VALS: Value+Life Style) 범주를 사용하여 내셔널 데모그라픽사는 스키 타는 사람의 30%가 성취자의 범주에 속한다는 것을 알아내었다. 스키리조트는 특히 이러한 특정의 심리학적 집단에 소구하는 촉진 메시지를 만들어 내는데 이러한 세분화 방법을 사용하고 있다.

4 행동분석적 변수

마케팅 전문가들은 특정 상품이나 그 유형에 관련하여 전략을 수립하는 데 실재 고객과 잠재고객의 행동을 분석하여 시장세분화를 실시한다. 행동분석적 세분화는 시장을 특정한 구매습관, 선호도, 또는 목적이 있는 집단으로 나누는 것을 말한다. 주말 여행객, 재구매 고객 그리고 일등석 승객 등은 그들의 행동에 따라 정의된 표적집단의 한 예이다.

구매행위에 의한 세분화는 그들이 누구이며 어디에 살며 그들의 라이프 스타일이 어떠한가 등에 관심을 두기보다는 사람들이 어떻게 행동하는가에 초점을 두기 때문에 대단히 강렬한 세분화 방법이다. 한 달에 다섯 차례 이상 호텔에 숙박하는 상용여행객의 표적집단은 인구통계학적으로 정의된 모든 상용고객을 대상으로 하는 표적집단보다 더 가망이 큰 시장이라는 것을 암시해 준다.

마케터가 특정집단에 초점을 맞추는 데 행동분석적 변수(behavior-analysis variables)를 이용하는 것은 대단히 의미가 있지만, 그러한 집단에 접근하는 것은 인구통계학적이나 지리적 세분시장보다 접근이 더 어렵다.

예를 들어 매년 여름에 설악산으로 여행하는 사람들에 대한 자택 주소의 리스트를 구하는 것은 어려운 일이다. 그 반면에 남해안의 리조트업자가 고객을 최초로 끌어들이는 메시지를 만들고 고객의 재방문을 촉진하기 위한 메커니즘을 개발해서 매년 그 방문객에게 초점을 맞추는 데 주소지를 활용해 판매를 촉진할 수는 있을 것이다.

관광시장은 다음과 같이 관광습관과 선호도, 관광의 목적, 추구하는 편익 등 몇 가지 행동에 근거하여 세분화할 수 있다.

1) 관광습관과 선호도

모든 사람은 그들이 의식하든 안 하든 간에 나름대로 어떠한 관광습관(travel habits)과 선호도(preferences)를 갖고 있다. 예를 들어 어떤 가족은 매년 여름휴가에 한 주일간을 같은 리조트에서 보낸다. 반면에 어떤 가족들은 한 해는 산으로, 다음 해는 해변으로 가는 등 매년 다른 장소로 여행을 떠난다.

관광마케터는 시장을 세분화하고 특정의 관광습관 및 선호도를 공유하는 집단을 표적시장으로 삼기 위해 관광행동의 패턴을 사용하기도 한다. 하나의 집단은 특정의 호텔 체인을 선호하는 사람들, 국가 공휴일에 습관적으로 여행을 떠나는 사람들, 항상 비행기의 일등석을 이용하는 사람들로 구성된다. 특정의 관광습관과 선호도는 전망이 있을 것 같은 곳에 초점을 맞추기 위하여 하나 이상의 도구를 관광마케터에게 제공한다.

관광습관과 선호도는 관광마케터에게는 친구이자 적이 된다. 만약 한 부부가 캘리포니아에서 겨울 휴가를 보낸다면 호텔, 식당, 렌터카, 기타 시설들은 그들 부부의 습관으로부터 이익을 얻을 것이다. 동시에 캘리포니아에서 휴가를 보내는 그들의 습관은 그들의 패턴을 변화시켜서 애리조나나 플로리다로 그들을 가도록 할 가능성은 거의 없다.

이와 유사하게 어떤 특정한 항공사에 선호도를 지닌 사람에 대해서 다른 항공사가 그 고객을 끌어들이는 데는 매우 어려움을 겪게 될 것이다.

관광마케터는 시장을 세분화하기 위하여 관광습관과 선호도의 수를 관찰한다. 그것에는 관광시즌(성수기, 비수기), 지급방법(현금, 선불, 후불), 여행등급(1등급, 2등급, 3등급) 그리고 단체여행 또는 개인여행의 여부 등이 있다.

관광산업에서 많은 회사는 그들 상품의 다빈도이용자를 주요 표적시장의 하나로 설정한다. 예를 들어 다빈도 승객 프로그램(frequent flier programs)은 항공사가 정규적인 승객을 확인하고 그들 항공사를 선택하는 사람들에게 보답함으로써 상표충성심(brand royalty)을 구축하는 한 가지 방법이다.

2) 관광의 목적

관광시장의 세분화 방법 중 행동분석적 변수로 가장 널리 사용되는 것은 친구나 친족을 방문하기 위한 여행, 크루즈여행, 상용 및 컨벤션, 기타 등이 있다. 가장 중요한 것은 관광마케터가 상용여행객과 위락여행객을 구별하는 일이다.

상용여행객은 위락여행객과는 다른 욕구를 지니고 있다. 예를 들어 상용여행객은 비용보다는 편리함에 더 많은 관심이 있다. 관광마케터는 관광의 목적에 따라 그들 시장을 세분화할 때 이러한 차이점을 이용한다. 예를 들어 그들이 상용여행객을 목표로 할 때 그들은 편리함을 강조하여 상품과 서비스를 개발하고 광고를 한다.

항공사, 렌터카 회사, 호텔은 상용여행객이 더욱 편리하도록 특별한 서비스를 제공한다. 공항에 있는 항공사 회원전용 라운지는 회원들이 사무를 보거나 전화 용무, 커피 또는 휴식을 위한 장소로 제공되고 있다. 상용여행객들은 시간을 중시하기 때문에 렌터카 회사들은 업무처리에 속도를 내기 위하여 특별 고속의 체크인과 체크아웃제도를 개발하였다. 그리고 상용여행객을 표적시장으로 하고 있는 일부 호텔들은 사전 주문 룸서비스, 팩스서비스, 그리고 즉시 체크아웃 시스템을 등을 제공하고 있다.

상용여행과 비교해서 위락 및 레저여행은 한 가지 이상의 목적을 가진다. 예를 들어 휴양과 유람은 레저여행의 두 가지 하위목적으로 이것들은 특별한 목적을 위해 여행하는 사람들의 관광 욕구가 매우 다르다는 것을 말하여 준다. 관광마케터는 휴양관광을 하려는 사람들과 유람 관광을 하려는 사람들이 서로 다른 행동 패턴과 기대가 있다는 것을 알고 있다.

원거리 지방에 있는 리조트는 이를테면 휴식을 원하는 관광객을 그 표적시장으로 삼을 것이다. 이러한 사람들은 일상적인 생활의 복잡함으로부터 멀리 떠나 잠시 머리를 식히기 위해서 머물 장소를 원한다. 한편, 버스관광 여행업자는 그 국가의 역사적 지역을 통과하면서 때때로 주요 문화적 · 역사적인 곳에서 잠시 머무는 안내 여행을 제공하는 유람시장에 목표를 두기도 한다.

그것이 새로운 사람을 만나게 하는 것이든 혹은 새로운 유적지를 둘러보는 것이든 간에 아무튼 모든 휴양관광의 목적은 관광마케터에게 관광시장 세분화의 의미를 제공해 준다. 이처럼 많은 사람의 행동을 기준으로 한 생산적 · 기초적인 시장세분화의 방법으로는 주로 관광목적이 이용되고 있다.

3) 추구하는 편익

제품이나 서비스를 구매하는 사람은 누구나 어떠한 측면에서 돈을 소비함으로써 편익(benefits)을 추구하고 있다. 편익 또는 혜택이란 욕구를 채우거나 사람을 더욱 행복하게 만드는 것이다. 여행함으로써 사람들이 만족하는 욕구와 추구하는 편익을 기준으로 해서 잠재관광객을 구분하면 마케터는 관광행동의 다른 형태를 발견할 수 있다. 하나의 예를 들면 일등석은 인격적 서비스이다. 어떤 관광객들은 그 인격적 서비스에 신경을 많이 쓰고 기꺼이 그것에 대해 요금을 지급하려고 한다. 다른 사람들은 그 비용의 가치를 모르고 그것에 대해 어떤 중요한 혜택을 인식하지 못하거나 심지어 불편함을 느낀다.

서비스를 중심으로 하여 세분화하여 보면 관광마케터들은 비행기에 여분의 샴페인을 준비하는 것부터 호텔의 리무진 서비스를 제공하기도 한다. 비용(cost)은 이러한 시장에서는 그다지 중요한 요소가 아니다.

그러한 인격적 서비스로부터 혜택을 추구하지 않는 별도의 세분시장에서 관광마케터들은 경쟁적인 저가격으로 기본적인 상품과 서비스를 제공하려고 한다. 그들은 역시 경쟁 상의 우위를 위한 방법으로 다른 표적집단에 개별적 편익을 제공하려고 할 것이다.

관광마케터들은 관광이 제공하는 다양한 혜택과 욕구에 대하여 예리하게 관찰해야 한다. 관광객들이 오락과 흥분을 추구하거나 여흥과 휴식을 추구하는 것에 의해 그들이 만족시키려는 욕구는 그 행동에 따라 유용한 세분시장으로 나누어진다. 이상과 같이 설명한 시장세분화 기준을 요약한 것이 〈표 6.2〉이다.

표 6.2 시장세분화 기준

분류	세분화 기준	변수
1	지리적 변수	지역, 인구밀도, 도시의 규모, 기후
2	인구통계적 변수	나이, 성별, 가족 규모, 가족수명주기, 소득, 직업, 교육수준, 종교, 국적
3	심리분석적 변수	개인의 가치, 태도, 관심, 활동, 사회적 계층, 라이프 스타일, 개성(성격)
4	행동분석적 변수	관광습관과 선호도, 관광목적, 추구하는 편익, 구매준비단계, 사용량, 상표충성도, 중시하는 마케팅변수

제5절 관광마케팅 사이클

마케팅과정(Marketing Process)에 있는 각 단계가 모여 하나의 원(Circle)을 형성한다. 각 단계는 [그림 6.1]과 같이 하나씩 꼬리를 물고 이어져 원을 그리는 것과 같다. 마케팅과정은 신제품의 개발이나 기존제품의 개량단계, 시장조사의 실시단계, 마케팅 목적의 수립단계, 마케팅전략의 수행단계, 평가 및 조정계획단계로 순환되며, 이것은 또한 처음의 단계로 피드백(Feedback)된다. 그러나 마케팅과정은 시장조사부터 시작하기도 한다.

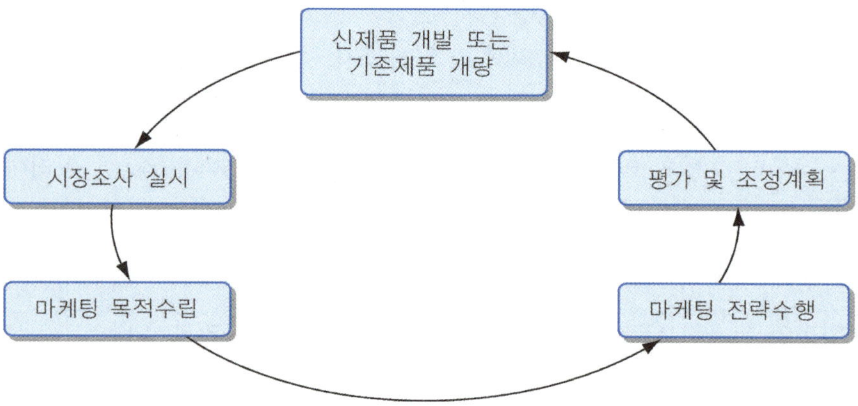

그림 6.1 마케팅과정의 순환

1 신제품 개발과 기존제품 개량

마케팅 사이클은 기업이 제품이나 서비스에 대한 아이디어를 창출할 때, 또는 기존제품을 개량하는 방법을 결정할 때 시작된다. 그다음 시장조사는 제품에 대한 수요가 존재하는가, 제품개량이 판매를 증가시킬 것인가를 알아내기 위해 실시된다. 이런 절차는 순서가 뒤바뀌어 실시될 수도 있다.

기업은 시장조사로 고객의 불만족한 욕구를 확인하고 신제품 및 서비스에 대한 아이디어나 기존제품의 개량을 위한 방법을 찾을 수 있다. 경쟁적인 체질 강화와 판매를 증대시키기 위해 기업은 끊임없이 연구하여 신제품을 개발하고 있다. 신제품은 기업의 성장에 있어 필수적인 요소이다. 예를 들면, 미국의 렌터카 회사들은 상용여행객 시장이 충분히 개발된 시점에서, 곧이어 후속 단계로서 위락용 렌터카 수요를 확대하기 위해 노력하였다. 한편, 단거리 위락여행객의 수요급증에 대응하기 위해 호텔은 다양한 주말 휴가 패키지를 개발하고 있다.

2 관광시장조사의 실시

1986년 미국의 이스트 코스트(East Coast)에 있는 한 여행사가 시장조사를 통해 새로운 여행상품을 만들었다. 그랜드여행(Grandtour)이라 불리는 이 여행상품은 현대시장의 새로운 수요를 인식하여 만든 것이다.[1)]

오늘날 직장이 있는 많은 부모는 자녀를 긴 방학 동안 돌볼 시간이 없다. 한편, 많은 할아버지나 할머니들은 여행할 수 있는 시간, 에너지, 경제력, 욕구 등을 갖고 있다. 이러한 경향에 편승하여 그랜드여행은 조부모와 손자 · 손녀가 함께 휴가를 즐길 수 있도록 특별히 기획해서 만든 것이다. 그랜드여행은 폭발적으로 성공하였다.

기업은 시장조사를 통해 잠재고객이 누구이며 그들이 무엇을 원하는가를 발견한다. 설문지, 개인 면담, 고객기록 등은 이러한 정보를 수집하기 위해 사용되는 도구이다. 인구통계국의 연구보고서나 경제 · 사회에 관한 최신 논문들은 잠재시장을 파악하는 데 도움이 된다.

일단 정보가 수집되면 그것은 조심스럽게 분석되고 해석된다. 기업은 항상 최근에 시장에서 무슨 일이 일어나고 있는가를 알기 위해 효율적인 정보수집 체계가 필요하다. 기업은 모든 여행객의 욕구를 충족시키려는 것보다는 일반적으로 시장의 한 세그먼트, 즉 하나의 표적시장에 제품과 서비스를 직접 제공하려고 한다. 표적시장(target market)은 같은 제품 및 서비스를 구매하리라고 예상되는 일련의 사람들로서 어느 정도 규모가 있어야 하고 또한 통제 가능해야 한다. 표적시장은 여행목적(사업, 휴가, 친구나 친지의 방문), 나이 및

1) 그랜드여행은 할아버지 할머니를 뜻하는 용어에서 그랜드(grandfather & mother)를 따서 만들었다고 한다. 중세 영국이 귀족 자재들을 유럽으로 유학시킨 그랜드투어와는 다른 투어이지만, 이름을 그렇게 만든 그럴듯한 마케팅 사례이다.

혼인 여부(독신, 노년층, 자녀가 있는 부부), 경제적 상태(부유층, 중간층, 서민층), 흥미(모험, 예술, 음악, 건강) 등과 같은 여러 가지 요인을 기초로 하여 나누어진다. 표적마케팅은 [그림 6-2]에 표시된 것처럼 특정 표적시장에 소구하기 위하여 제품개발 및 촉진전략 등을 실시한다.

그림 6.2 관광시장에서 표적시장 선정

3 관광마케팅 목적 수립

모든 마케팅계획의 기초가 되는 것이 마케팅 목적이다. 마케팅 목적은 기업이 일정 기간 내에 달성하기를 원하는 목표이다. 마케팅의 목적을 수립해 두면 기업의 노력 및 성공을 측정하기가 쉽다. 그 목표달성 기간은 장기(5년이나 10년) 또는 중기(1년이나 2년), 단기(3개월이나 6개월)가 될 것이다.

여행사의 장기간 목적은 예를 들면, 다음 연도에 연간 총판매량의 3%에서 10%까지 렌터카 판매량을 증가시키는 것 등이 될 것이며, 단기간 목적은 예를 들면, 9월 1일과 12월 31일 사이에 유람선을 단체운임으로 5,000석 판매한다는 것이 될 것이다.

4 관광마케팅 전략 수행

마케팅에 있어서 중요한 개념의 하나로 상품 포지셔닝이 있다. 상품포지셔닝(Product Positioning)의 기초는 상품포지션(Product Position)이다. 상품포지션이란 고객이 일정한 속성을 기준으로 해서 여러 경쟁상품을 비교하는데, 각 상품이 어떠한 위치를 차지하고 있는가를 나타내는 것을 말한다. 상품포지션은 때때로 제품포지션으로 부르기도 한다.

상품포지션은 고객의 인상이나 경험, 정보를 통해서 형성되며 이것은 기업에서 보면 바람직할 수도 있고 그렇지 않을 수도 있는데, 고객의 마음속에 자사의 상품을 원하는 위치로 부각하려는 노력을 상품포지셔닝이라고 한다.

관광시장에서 성공을 위한 기회를 증대시키기 위해서 기업은 고객의 마음속에 타 상품보다 유리한 위치를 차지하도록 자사상품을 확실히 전달하여야 한다. 예를 들면, 몇 개의 휴양지에서는 부유층을 위한 고급호텔로써, 또는 어떤 호텔은 가족휴가 휴양지로써 자사상품을 포지셔닝 하려고 할 것이다.

시장포지션과 표적시장을 확립한 후에 그다음으로 기업은 현존시장에서 더욱 많은 점유율을 차지하기 위한 전략을 개발하거나 미개척시장을 침투하기 위한 전략을 개발해야 한다. 그러한 전략에는 제품디자인, 이미지, 유통, 가격 등에 대한 의사결정이 필요하다. 그리고 상품을 어떻게 촉진(Promotion)할 것인가에 대해서도 의사결정이 내려져야 한다. 이러한 의사결정은 기업의 모든 자원을 고려하여 결정되어야 한다.

5 관광마케팅 평가와 조정계획

마케팅 과정은 일단 판매가 형성되었다고 해서 끝나는 것은 아니다. 그 대신에 성공한 기업들은 그들의 마케팅 목적이 어느 정도 효과적으로 작용하였는가를 평가한다. 그들은 이러한 점에서 시장조사를 실행하여 제품이나 서비스에 대한 소비자의 인식을 조사한다. 예를 들면, 호텔은 빈번히 고객에게 설문지를 내보이고 호텔운영에 대한 고객들의 느낌을 기록하도록 부탁한다. 고객과 기업의 평가와 시장의 변화를 기초로 하여 기업은 그들의 제품 및 서비스를 평가 · 조정하는 것으로 마케팅 사이클은 한 바퀴 순환하게 되는 것이다. 그러나 여기서 끝난 것은 아니다. 이제까지의 사이클에서 획득한 정보를 이용하여 신제품 개발 및 기존제품의 개량작업이 추진되면서 마케팅 사이클은 재차 시작된다.

한편, 마케팅 사이클에 있어서 또 다른 측면은 현존고객과 양호한 관계를 유지하는 것이다. 모든 기업의 공통적인 잘못은 새로운 고객을 창조하는 데 모든 노력을 바쳐 버리고, 판매 후의 마케팅, 즉 이미 확보한 고객을 유지하는 데는 거의 주의를 쏟고 있지 못하다. 그 결과로서 많은 기업이 고객을 놓치고 있다. 사업을 계속 유지하기 위해서 성공한 관광업체들은 현존고객에게 가격할인이나 특별 클럽의 회원권 등을 제공하고 있다. 많은 기업이 개인의 희망에 맞추어 판매하거나 적절한 제품과 서비스가 쓸 만한 가치가 있을 때 고객에게 알려주기 위해서 단골고객의 프로필을 만들어 보관하고 있다. 이러한 유형의 마케팅은 때때로 관계마케팅(Relationship Marketing)으로 불리고 있다.

CHAPTER

07 관광운영관리

07 관광운영관리

Chapter

제1절 운영관리의 범주와 전략목표

1 운영관리의 의의

운영관리는 투입물을 산출물로 바꾸는 변환과정이라고 정의되는데, 인적자원, 원자재, 기술 등을 결합해 사용 가능한 서비스와 제품으로 만드는 것이다. 그러나 실제적인 정의는 기업에서 어떤 사람이 운영관리 기능에 속하는가는 그가 실제로 제품을 만들거나 서비스를 창출해 내는가에 있다. 이는 일종의 서비스 생산관리라 할 수 있다. [그림 7.1]은 투입-변형-산출 관계를 나타낸 것이다.

운영관리 기능은 어떠한 다른 기능적 분야보다 더 많은 인원을 고용한다. 관광기업에서는 마케팅부서 50명과 재무부서 5명이 필요하지만, 서비스제공을 위해 운영관리에는 1천 명의 인원이 필요할 수도 있다.

그림 7.1 투입-변형-산출 관계

기업에서 운영관리 직책의 예를 들면, 항공사의 승무원이나 조종사들, 호텔의 캡틴이나 매니저 등 실제로 서비스를 수행하는 직책을 포함한다. 따라서 관광기업의 운영을 연구하는 매우 기초적인 첫 번째 이유는 그 규모 때문이다. 만약 서비스기업의 최고경영자가 되려면 그 기업의 직원 가운데 가장 큰 집단을 어떻게 관리하고 무엇을 기대할 것인지 아는 게 필수이다.

운영관리를 연구하는 두 번째 이유는 변환과정으로서 전통적인 정의와 관련이 있다. 즉 운영관리는 일을 완수하는 것으로, 제품을 만들고 서비스를 수행하는 변환과정을 의미한다. 자기가 속한 기능적 분야와 관계없이 각 직원은 작업수행의 과정에 개입해야 한다. 마케터는 기업 전체에 걸쳐 인원과 자원을 조직하고 광고 캠페인을 수행한다. 재무담당은 자금의 조달을 수행해야 한다. 회계담당은 매 월말에 장부를 정리하기 위해 며칠씩 걸리는 작업을 수행하기도 한다. 이러한 것들이 운영관리와 연관이 있다.

2 운영관리의 범주

서비스 운영관리는 고객에게 제공할 서비스를 창출할 서비스 프로세스의 설계와 운영에 관한 의사결정 영역이라 할 수 있다. 예를 들면 커피체인점을 운영한다면 수요예측, 구매관리, 재고관리, 품질관리, 창고관리, 고객서비스관리 등과 같은 매일매일의 문제에서부터 매장의 규모와 입지 결정, 이를 위한 상권분석, 레이아웃의 결정, 협력업체의 선정 등 서비스 시설의 인프라를 결정짓는 중요 의사결정 문제에 참여하는 경영층도 모두 운영관리를 담당하고 있다고 볼 수 있다.

그러나 관광기업의 조직을 살펴보면 영업부서나 마케팅부서는 있어도 서비스운영관리 또는 운영관리라는 이름이 붙어 있는 부서는 찾아보기 힘들다. 그렇지만 운영관리에 속하는 의사결정 문제들을 고려한다면 현장을 비롯해 마케팅이나 영업은 물론 기획·정보처리 부서 소속자들도 서비스 운영관리에 종사하고 있다고 볼 수 있다. 다만, 영업이나 마케팅은 익숙하지만, 운영관리는 다소 생소한 느낌을 줄 뿐이다.

서비스운영부문에서의 전략적 의사결정 문제는 서비스 프로세스의 디자인에 관한 것으로 다음과 같은 문제들을 포함한다.

이들 의사결정 문제들은 기업의 원가, 품질, 신속함, 신축성과 같은 주요 목표에 상당히 큰 영향을 미친다.

① 서비스의 디자인
② 서비스 시설, 기술의 선택과 자동화
③ 서비스 시설의 규모 결정
④ 상권분석과 입지 결정
⑤ 서비스 창출 프로세스의 분석과 레이아웃의 결정

한편, 운영에 관한 일상적 의사결정 문제들은 다음과 같다.

① 서비스품질의 통계적 관리
② 고객 대기시간 관리 및 고객 수요의 단기적 수용능력 관리
③ 서비스 패키지에 포함되는 상품의 주문 및 재고관리
④ 서비스 수요예측
⑤ 고객과의 접점관리

3 핵심기능의 관리

조직의 3대 기능인 마케팅, 생산·운영,[1] 재무부문 가운데 생산·운영 부문에는 가장 많은 인원이 투입되고 자본투자가 많다. 그리고 운영부문은 조직의 중심적 기능을 수행

1) 본서에서는 전반에 걸쳐 생산·운영 시스템은 '운영시스템', 또한 생산·운영관리는 '운영관리'와 같은 뜻으로 혼용한다.

하며 제품과 서비스 생산을 위해 존재하지만 다른 부문은 운영부문을 지원하는 역할을 한다. 이를테면 운영부문은 마케팅부서와 상호작용하여 고객 수요를 예측하고 문제에 대한 고객 피드백을 받는다. 재무부서와는 자본투자, 예산할당 등에 대한 공조가 필요하고, 인사부서는 운영부문의 직원훈련, 고용 및 해고를 담당하고, 구매부서는 생산에 필요한 원·부자재를 발주 및 수취한다. 이러한 이 운영부문은 외부의 환경이나 고객으로부터 분리되어 안정적 환경에서 효율성을 추구할 수 있는 완충장치를 가진다.

운영부문과 마케팅부문 간의 갈등유형을 나타낸 것이 〈표 7.1〉이다. 생산성, 원자재 구매나 시설 보수, 표준화, 서비스 제공시설의 레이아웃, 가동률, 서비스품질 등에서 운영부문과 마케팅부문 간에 갈등이 나타난다. 이러한 갈등을 해소하기 위해서 서비스전략 구축과정에서 다양한 목표에 대한 우선순위 설정과 이에 대응하는 서비스 운영전략의 구축에 많은 관심을 가져야 한다.

표 7.1 서비스 운영부문과 마케팅부문 간의 갈등 유형[2)]

관심분야	운영부문	마케팅부문
생산성	직원 수 축소, 서비스 가짓수 축소 등을 통한 추진	대기시간이 길어지고 서비스품질이 저하될 가능성에 대한 우려
원자재 구매나 시설 보수	아웃소싱을 통한 효율화	자체적으로 해결하기를 원함
표준화	서비스 표준화를 통한 원가절감, 품질 개선 도모	다양한 고객의 니즈 충족, 고객층의 다변화를 위한 품목 추가
서비스 제공 시설의 레이아웃	효율성 제고에 초점	고객들의 동선, 분위기에 우선순위
가동률	서비스 제공시설의 가동률 극대화 전략 구축에 초점	서비스 시설의 신축성을 극대화하여 고객들에 대한 대응성 제고에 노력
서비스품질	미리 설정된 품질 수준과 표준에 맞는 서비스제공	고객들의 어떤 요구도 다 들어줄 태세를 갖추길 원함

2) 김태웅(2010), 서비스운영관리, p.49.

운영부문과 다른 부분의 상호작용하는 관계를 나타낸 것이 [그림 7.2]이다. 그림에서 보듯이 생산·운영부문은 중추적 역할을 하므로 조직 내에 영향력이 매우 크다. 즉 운영부문 없이는 제품이나 서비스 생산이 불가능하고 판매도 불가능하다. 따라서 기업의 원활한 활동을 위해서 주요 기능부서는 반드시 조직 내 핵심기능인 운영부문을 이해해야 하고 운영관리의 핵심개념, 정책, 관행, 기법을 숙지하는 게 필요하다. 서비스 상황에서는 서비스제공 현장에 고객이 존재하므로 각 부문이 밀접하게 상호작용 및 의존해야 한다.

관광산업에서 현장직원 관리는 운영부서가 그 책임과 권한을 가지며 인사, 기술, 설비를 통합해 서비스제공 시 고객과의 관계를 유지하는 역할을 담당한다. 그리고 운영관리자는 생산설비나 절차만을 관리하는 것이 아니라 소매업과 같이 고객이 이용하는 시설도 직접 관리한다. 특히 인력 집약적인 관광산업에서는 운영관리자가 현장직원을 비롯한 인력을 관리하고 유통시스템을 운영하며 마케팅 역할을 하기도 한다. 그 결과 관광기업의 마케팅부서는 운영부서에서 관리하는 절차, 인력, 시설 등과 관계가 밀접하며 운영부서에 크게 의존하는 경향이 있다. 다음은 운영부서와 타 부서와의 공조 필요성을 구체적으로 보여주고 있다.

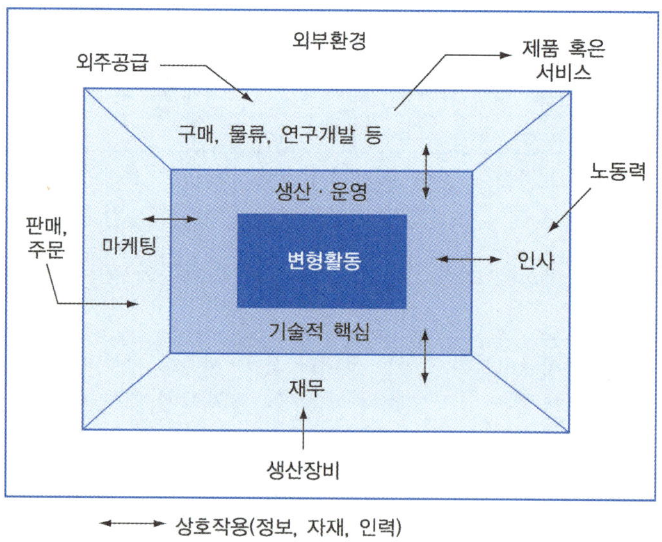

그림 7.2 생산 · 운영 · 기타 기능, 환경 간의 관계[3]

3) Chase, R. & N. Aquilano(1992). *Production and Operations Management: A Life Cycle Approach*. 6th ed., Irwin. p.7.

① 운영부서와 가장 밀접한 마케팅부서는 고객 납기이행, 상품 고객화, 신상품 출시 등의 문제에서 운영부문과 협력해야 한다. 공조가 원활하지 않은 기업에서 종종 양자 간 관계가 적대적으로 인식되기도 한다. 서비스 생산에서 마케팅과 운영 활동이 동시에 일어나므로 특히 중요하다.

② 인사부서는 직무설계와 인센티브 계획수립을 위해 직접 노동의 수준, 업무기능, 작업기준 등을 이해해야 한다. 결국에 운영부서도 인간에 의해 운영되므로 직원의 자질과 역량이 중요하다. 직원의 기술훈련과 교육이 필수적이며 조직목표가 전체 직원에 의해 인지되어야 한다.

③ 재무부서는 재무분석에 재고와 생산능력 개념의 이해가 필요하다. 자본투자와 현금흐름을 예측 · 판단하고 구매 혹은 생산 여부 결정이나 공장증설 투자에 생산정보가 반드시 투입되어야 한다.

④ 회계부서에서는 재고관리, 생산능력 이용률, 작업기준 등을 알아야 원가산정, 회계감사, 실적보고서 작성이 가능하다.

⑤ 경영정보(MIS)부서에서는 생산정보시스템 설계 및 생산현장 통제에 생산정보가 필요하다.

4 운영관리의 변수

서비스 운영관리는 제조업의 생산관리와는 다른 환경을 가진다. 운영관리에 변수가 되는 것은 고객의 존재, 생산과 소비의 동시성, 인적자원 비중이 매우 크다는 것이다.

1) 고객의 존재

관광산업에서는 고객이 서비스 생산에 참여하고 동시에 수혜자가 되므로 서비스 과정이 시스템 내 고객의 존재를 고려해 설계되고 관리되어야 한다. 또 업무도 직원과 고객의 상호작용을 염두에 두고 설계되어야 하며 시설도 고객의 접근과 편리를 위해 고객 근처에 있어야 한다. 고객을 서비스 과정에 생산적 투입요소로 유도하는 동시에 양질의 산출을 제공하여 그들을 만족시켜야 한다. 이렇게 고객의 존재는 서비스제공에 있어 불확실성과 변동성을 증대시킨다. 고객의 과정 참여가 운영관리에 주는 시사점은 다음과 같다.

① 시스템 내 투입부문에서는 고객이 투입요소가 되므로 고객 요구사항과 특성, 직원의 특성 등이 불확실성을 증대시킨다.
② 수요와 공급의 불일치 문제는 저접촉 서비스의 경우 자원 중심의 스케줄로 해결이 가능하다. 그러나 고접촉 서비스의 경우는 서비스 제공능력의 조정이 문제가 된다.
③ 서비스 인력의 역할은 대인관계에서 중요하고 서비스제공 직원이 서비스 상품의 일부분이 되어 고객의 서비스 인지에 영향을 준다. 직원 태도, 서비스제공시스템의 분위기, 고객 태도 등이 서비스의 질을 결정하는 것이다.
④ 서비스에는 투입요소가 고객인 개인 서비스가 많으며 이 경우 지나친 시간 지연은 용납되지 않는다.

2) 생산과 소비의 동시성

운영부문과 마케팅부문이 동시에 서비스 생산 및 제공을 수행하고 고객이 서비스 과정에 참여하는 특성은 조직 내 각 부문 간의 연계를 중요하게 한다. 그러므로 서비스 운영관리에서는 부문 간의 통합이 긴요해진다. 즉 고객접촉 직원은 운영과 마케팅 기능을 동시에 수행하는데, 마케팅은 인적자원의 질에 달려 있으며 고객의 서비스품질 인지에 직원이 직접 영향을 준다. 따라서 운영관리, 마케팅 관리 및 인적자원관리의 삼각연대가 필수적이다. 관광기업의 운영기능이 제조업 공장같이 집중되지 않고 조직 전체에 분산된 이유는 해당 활동이 운영부문이 아닌 다른 부서에서 더욱 효과적으로 수행될 수 있기 때문이다.

3) 큰 인적자원 비중

서비스 작업을 정서적 노동이라고 하듯이 직원의 정서적 노동이 많은 곳은 직원의 감정이 업무상 하나의 요소가 되므로 인간으로서 심리적 · 감정적 반응이 업무 결과에 반영된다. 단순한 물리적 노동을 반복하는 제조 활동과는 달리 인간접촉은 물리적 그리고 정서적 노동을 동시에 수행하므로 노동강도가 생각보다 훨씬 더하다. 더욱이 고객접촉이 불규칙하게 수시로 이루어지는 관계로 직원의 직무 태도 유지가 매우 중요해진다. 따라서 인간관계 기술의 교육과 훈련, 또 이에 못지않게 직원의 동기유발이나 보상 등을 통한 사기진작이 필요하다.

5 운영전략의 목표

서비스 운영관리를 담당하는 부서의 중장기 목표는 대개 품질(quality), 시간(lead time), 원가(cost), 유연성(flexibility)의 네 가지로 요약해 볼 수 있다.

1) 품질

기본적으로 품질은 고객의 기대를 서비스에 반영한 정도를 의미한다. 고품질을 목표로 삼고자 하는 경우 그 수준은 경쟁기업의 서비스보다 현격히 높거나 판매가격을 상대적으로 높게 유지하더라도 충분히 팔릴 수 있을 정도가 되어야 한다. 즉 유사한 서비스에 비해서 상대적으로 월등한 품질의 서비스를 제공함으로써 경쟁에서 이겨나가는 경우를 말한다. 이때 운영부서의 최대 현안은 고객이 받게 되는 서비스의 내용을 고급화하고 서비스 프로세스가 이러한 디자인에 맞추어 서비스를 창출해 낼 수 있도록 운영 및 통제하는 데 있다.

2) 시간

운영부문의 목표의 하나로는 시간 단축 또는 속도이다. 이것은 서비스공급에 소용되는 시간의 단축과 새로운 서비스 개발시간의 단축이라는 두 가지 측면이 있다. 전자의 경우 서비스제공 프로세스의 단순화, 병목 공정의 제거, 낭비의 제거 등을 통해 전체적인 서비스의 창출 속도를 높임으로써 가능하다. 새로운 서비스의 개발에 걸리는 시간을 단축하기 위해서는 디자인, 개발, 구매, 마케팅, 기술 분야 등 여러 부문의 전문가들이 한 팀을 이루어 병렬식으로 서비스개발에 참여해야 한다.

3) 원가

원가에는 기본적으로 서비스 생산시설에 투입되는 설비투자비용과 이 시설을 운영하는데 필요한 물적·인적 자본의 비용이 포함된다. 원가의 최소화가 목표인 경우는 가능한 고객이 선택할 수 있는 서비스의 종류를 제한하고 자동화시킬 수 있는 여지를 극대화함으로써 서비스 지원시설의 회전율을 높여 시간당 서비스 창출량을 극대화하는 것이다.

4) 유연성

유연성을 운영부문의 목표로 삼을 경우, 제공하는 서비스의 다양성과 신축성, 그리고 서비스 제공능력의 유연성을 들 수 있다. 서비스의 다양성은 고객이 선택할 수 있는 서비스의 종류를 의미한다. 마케팅 입장에서는 다양한 서비스를 통해 고객을 끌어들이고자 노력할 것이지만, 운영의 품질, 속도, 원가목표에서 보면 다양성은 대개 이들 세 가지 목표와는 잘 어울리지 않는다. 어느 정도까지 타협할 것인가는 조직 전체의 전략적 측면에서 고려해야 한다. 서비스 제공능력의 유연성은 시간대에 따라 변화할 수 있는 서비스 수용에 맞춰 수용 능력을 조정할 수 있는 정도로 평가된다.

제2절 수요 및 공급관리

1 수요관리 전략

1) 수요관리의 본질

수요관리란 수요의 시간대와 수량에 영향을 주고 수요패턴의 바람직하지 않은 효과에 대응하는 과정이라고 정의된다. 수요관리는 장기적, 중기적, 단기적 목적으로 나눌 수 있다. 단기수요관리는 대상 기간이 수개월 이내로서 상품믹스의 변화를 판단한다. 인력을 포함한 서비스 능력의 효율적 이용을 위해서도 단기적으로 수요가 관리될 필요가 있다. 중기수요관리는 서비스 능력관리와 관계되며 인력, 장비, 재고 결정이 주로 대상이 된다. 대개 1년 이내를 말하지만, 일부는 더욱 짧은 것이 보통이다. 장기수요관리는 빌딩이나 장비 등의 대규모 투자 그리고 신상품개발, 상품교체 및 신기술 도입 등 거시적 의사결정을 포함한다. 보통 중 · 장기적 수요관리 의사결정은 드물게 일어나지만, 단기적 서비스제공 관련 의사결정 활동은 매우 자주 일어난다. 일상의 주문처리와 주문수령 등이 바로 그 예이다.

2) 수요관리 전략

수요가 과도하게 변동하는 것을 불가피한 것으로 받아들일 필요는 없다. 서비스 시스템은 능동적인 혹은 수동적인 방법들을 사용하여 수요를 고르게 할 수 있다. 수요를 고르게 하면 주기적인 수요변동이 감소하게 된다. 고객의 도착 간격이 무작위적인 성격을 가진다고 하더라도 시간의 흐름에 따른 평균적인 도착률은 대개 안정적인 특징이 있다. [그림 7.3]은 서비스 능력을 관리하기 위해 일반적으로 사용되는 전략들을 나타내고 있다.

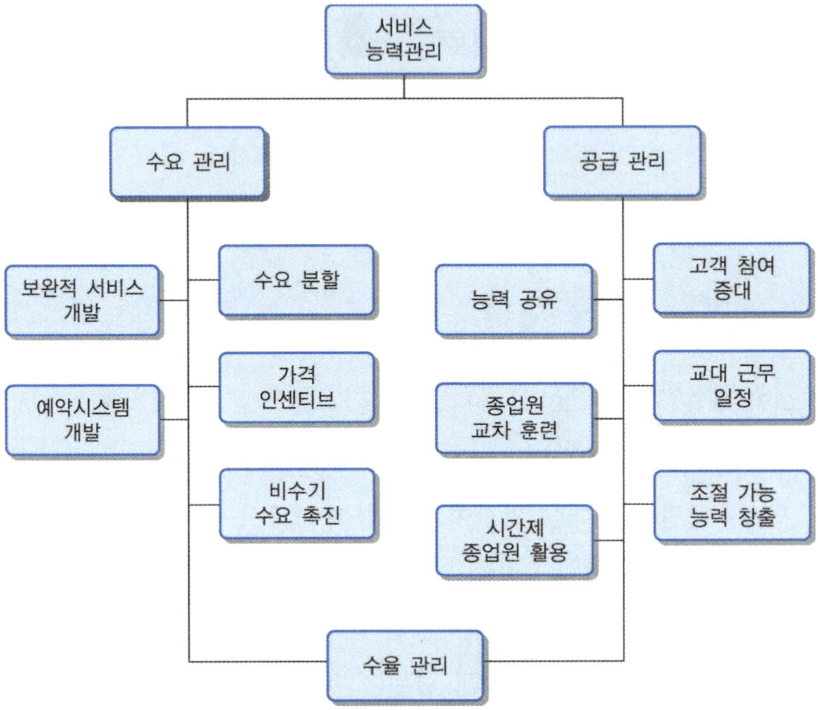

그림 7.3 서비스 수요와 공급의 일치화 전략

(1) 수요분할(demand partitioning)

고객 수요는 각각 다른 범주로 나눌 수 있는 경우가 많다. 서비스의 성격과 서비스 소요시간은 고객에 따라 크게 달라지기 때문이다. 수요분할이란 이렇게 수요의 다양한 범주를 이해하고 전략적으로 분리하여 서비스 수요가 보다 바람직하게 관리되도록 하는 것을 말한다. 세분화된 수요분할은 고객 니즈에 따른 서비스제공과 아울러 서비스 능력의 효과적 이용을 가능하게 한다. 그런데 수요를 자세히 분석하면 일정한 유형이 존재하는 범주로 나눌 수 있는 것이다. 예를 들면 비즈니스고객은 월요일부터 목요일까지 호텔에 투숙하며 주말 이용률은 떨어지는데, 반면에 휴가객들은 주말 호텔 이용률은 높아진다.

수요분할의 기준으로는 주기의 존재, 주기적 변동의 요인, 그리고 무작위 변동의 요인을 들 수 있다.

표 7.2 수요분할의 기준

주기의 존재	주기의 성격은 무엇인가? 시간, 하루, 주, 월, 계절, 연중으로 변하는가? 여러 형태의 주기가 동시에 작용하는가?
주기적 변동의 요인	직원 스케줄, 대금청구/세금 지급 주기, 임금/월급 지급일, 학교 수업시간과 방학, 기후의 계절적 변화, 공식적/종교적 휴일
무작위 변동의 요인	기후변화, 돌발사태, 범죄사고 등의 요인은 무작위적 요소이며 예측 불가 변수이다. 그러나 이것도 부분적으로 분석하면 예측 가능한 수요패턴이 감추어진 경우가 많다.

(2) 보완적 서비스 개발

보완적 서비스를 개발하는 것은 자연스러운 시장확대의 방법이다. 새로운 서비스가 기존의 수요와 상반되는 수요 주기를 가지고 있어서 보다 균일한 총괄수요를 창출하게 되면(새로운 수요가 높을 때 기존 서비스 수요가 낮아진다면) 더욱 바람직할 것이다. 음식점에서는 바(bar)를 설치하는 보완적 서비스의 이점을 발견한 바 있다. 혼잡한 시간대에는 대기 중인 고객을 라운지로 안내함으로써 레스토랑의 수익성을 도모함과 동시에 아울러 시간에 쫓겨서 초조해하는 고객의 비위를 맞춰주는 효과도 거둘 수 있다.

(3) 가격 인센티브

가격 차별화의 예는 많다. 항공운송이나 KTX의 주말과 주중 요금의 차이, 리조트 지역의 비수기 요금, 영화관의 조조할인 등은 대표적인 예이다. 희소한 자원을 보다 유용하게 쓰도록 유도하기 위해 캐나다의 국립 캠핑장의 경우에도 가격 차별화 정책이 도입되기도 하였다. 이는 차별화된 가격정책이 성수기의 수요를 평준화시키기보다는 비수기의 수요를 메꾸어 주는 역할을 하고 있다. 그러나 사기업의 경우 고비용지급 고객을 저가격 서비스 일정 시기로 옮기게 하는 것을 원치는 않을 것이다. 항공사의 경우 승객이 요금할인을 받으려면 주말에 목적지에 머물러야 한다는 단서조항을 둠으로써 비즈니스 승객이 할인된 요금 혜택을 받지 못하도록 하고 있다.

(4) 예약시스템 개발

예약은 잠재적인 서비스를 미리 파는 행위이다. 예약이 이루어지면 추가 수요는 동일

설비의 다른 시간대로 옮겨지거나 동일 조직 내의 다른 설비로 옮기게 된다. 전국적 예약시스템을 가진 호텔 체인에서는 통상 고객이 처음 원했던 호텔의 예약이 어려우면 체인이 소유하고 있는 근처 호텔에서 고객의 예약을 처리해 준다.

고객도 예약하면 대기하는 일이 줄어들고 서비스제공을 약속받을 수 있는 이점이 있다. 그러나 고객이 예약을 지키지 않고 나타나지 않는 노쇼(no show)의 문제가 발생한다. 보통 고객은 예약을 지키지 않더라도 재정적인 부담을 지지 않는다. 이러한 관행은 승객이 비행기를 예약할 때 만약을 대비하여 여러 개를 예약하는 등의 바람직하지 않은 행동을 유발할 수 있다. 이는 언제라도 떠날 채비가 되어 있어야 할 비즈니스 승객이 취하는 통상적인 관행이었다. 그러나 사전에 예약 취소를 하지 않은 한 지켜지지 않은 예약 좌석은 모두 빈 채로 남게 된다. 할인요금 승객의 노쇼를 방지하기 위해 항공사에서는 요즘 환불이 안되는 티켓을 발행하고 있고 호텔에서는 손님의 신용카드 번호를 기록해 두고 있다.

노쇼 때문에 발생하는 빈 좌석 운항이나 객실에 대비해 항공사 및 호텔은 초과예약(overbooking) 전략을 채택하고 있다. 실제로 제공 가능한 좌석이나 객실보다 많은 예약을 받음으로써 상당수의 노쇼에 대비하고 있다. 그러나 너무 많은 좌석을 초과 예약할 경우 예약한 승객을 거절해야 하는 위험이 있다. 초과예약의 남용을 막기 위해서 미국 연방 항공국에서는 초과 예약된 승객에 대해 요금 변제와 더불어 다음번 비행편에 좌석을 배정해 주도록 요구하는 규정을 시행하고 있다. 호텔에서도 초과 예약된 승객에 대해 무료로 근처에 있는 동급호텔에 방을 마련해 주고 있다. 바람직한 초과 예약전략은 유휴 서비스 능력의 기회비용과 예약초과에 따른 비용을 최소화하는 것이다. 이 전략을 채택하려면 프런트 데스크 직원이나 접점직원을 대상으로 예약한 서비스를 받지 못한 고객들을 정중하게 모시도록 훈련한다. 최소한 의전 차량이라도 사용해서 고객을 비슷한 수준의 경쟁호텔에 객실을 마련해 안내해 주는 예의는 갖춰야 한다.

(5) 비수기 수요촉진

비수기의 서비스 능력을 새롭게 사용한다는 것은 다른 수요의 원천을 찾아보는 것을 뜻한다. 비수기에 산악의 스키리조트 지역을 여름 등산을 위한 집결지로 사용하는 것일 수 있고, 또는 리조트 호텔을 사업가나 전문가 그룹을 위한 연수지로 사용하는 예를 들 수 있다.

비수기의 수요촉진 전략은 다른 시기에 발생하는 초과 부하를 억제하기 위해서도 사용되기도 한다. 백화점에서 일찍 쇼핑하면 크리스마스의 혼잡을 피하실 수 있다고 호소하거나, 슈퍼마켓에서 주중에 더블 쿠폰을 제공하는 것이 바로 이러한 예이다.

2 공급관리 전략

대다수 서비스의 경우 수요를 효과적으로 고르게 할 수 없는 경우가 많다. 어떠한 유인책도 수요패턴을 실질적으로 변화시키지 못하는 경우가 있다. 그러므로 수요에 부합할 수 있도록 서비스공급을 조절하는 통제 노력이 뒤따라야 한다. 이러한 목적을 달성하기 위해 몇 가지 전략을 사용할 수 있다.

1) 하루 교대근무 일정

교대근무 일정 수립은 호텔, 병원, 은행, 경찰서 등과 같이 주기적인 수요 특성이 있는 대다수 서비스조직에서 중요한 인원 배치 문제가 된다. 일반적인 접근은 시간별 수요예측으로부터 시작한다. 예측된 수요는 시간별 서비스 인원 배치 요구량으로 전환하게 된다. 패스트푸드 음식점에서는 식사 시간대의 근무 일정을 짜기 위해서 15분 간격의 시간 간격을 사용한다. 다음에는 인원 배치 요구량을 가능한 충족시킬 수 있도록 순회 또는 교대 일정을 개발하게 된다. 마지막으로 특정한 서비스제공자를 각 순회 혹은 교대 일정에 할당하게 된다.

2) 주별 교대근무 일정

호텔, 항공사, 레스토랑과 같은 관광기업뿐만 아니라 경찰서, 소방서, 응급진료소 등과 같은 공공기관의 서비스도 하루 24시간, 1주일 내내 제공되어야 한다. 이러한 기관에서는 근무자들이 통상 주당 5일 근무하고 토요일이나 일요일이 아니더라도 2일 연속해서 쉬게 된다. 관리자로서는 휴무 조건을 고려해 근무 일정의 수립과 더불어 최소한의 근무자들만으로 주중과 주말의 다양한 근무 요구 수준을 충족시키는 것에 관심을 두게 된다.

3) 조절 가능한 서비스 능력 창출

내부 설계로 서비스 능력의 일부분을 변하게 만들 수 있다. 항공사의 경우 좌석 등급별 승객수의 비율변화에 대처해 주기적으로 일등석과 이등석 사이의 분리대를 이동시키고 있다. 일본 도쿄의 베니하나 레스토랑은 음식점 내의 공간을 각기 8명의 고객이 앉는 2개의 테이블 단위로 배열하여 요리사 한 명씩을 배치하는 방식을 사용하고 있다. 각 요리사는 맡은 테이블에서 번쩍이는 칼과 극적인 몸동작으로 음식을 준비한다. 레스토랑에서는 근무에 필요한 요리사만으로 서비스 능력을 조절할 수 있는 것이다.

4) 고객 참여 증대

고객의 참여를 증대시키는 전략의 좋은 예로는 음식을 나르고 식탁을 치우는 직원을 없애버린 패스트푸드 음식점이다. 고객은 공동생산자로서 주문하고 식사 후 식탁을 치운다. 이러한 도움의 대가는 빠른 서비스와 저렴한 가격이다. 이것은 고객만 아니라 서비스업체도 이익을 보게 된다. 감독하고 임금을 지급할 직원 수가 줄어든다. 그러나 더욱 중요한 것은 고객이 공동생산자의 역할을 함으로써 서비스제공이 필요한 시점에 바로 필요한 서비스를 제공하게 된다는 점이다. 따라서 서비스 능력이 고정되기보다는 수요에 따라 직접 변화하게 되는 것이다.

5) 서비스 능력의 공유

서비스제공 시스템은 장비와 설비에 많은 투자를 필요하게 되는 경우가 많다. 시설의 이용이 적을 때는 서비스 능력을 다른 용도로 활용하는 것이 가능할 수도 있다.

항공사들은 수년간 이러한 방식으로 서로 협력해 왔다. 소규모 공항의 경우 항공사들이 동일 승강구와 램프, 수하물 처리 장비, 육상근무자 등을 공동으로 사용한다. 비수기에는 다른 항공사에 비행기를 임대하기도 한다. 이 임대계약에는 필요한 항공사 표지를 페인팅하거나 인테리어를 바꾸는 것도 포함되어 있다.

6) 직원 교차훈련

다수의 운영작업으로 이루어진 서비스 시스템은 어느 작업은 바쁜데 다른 작업은 한가한 상태인 경우가 있다. 이때 여러 개의 운영작업 업무를 수행할 수 있도록 직원을 교차 훈련하면 부분적으로 발생하는 성수기 수요를 충족시키기 위한 신축성 있는 서비스 능력을 창출할 수 있다.

직원 교차훈련의 성과는 호텔이나 패스트푸드 음식점에서 신축성 있는 서비스 능력을 만들어 낼 수 있다. 손님이 적을 때에는 적은 수의 근무자만 업무를 수행하는 일시적 직무 확대를 하고, 바쁘면 더욱 세분화된 업무를 수행하는 분업이 이루어질 수 있다.

7) 시간제 직원의 활용

주말 극장이나 음식점에서 식사 시간대와 같이 최고조 활동이 지속적이고 예측 가능한 경우는 시간제 직원들이 정규직원을 보충해 줄 수 있다. 만일 요구되는 기술이나 훈련의 정도가 단순한 경우는 학생들이나 부업에 관심 있는 사람들을 시간제 인력으로 바로 활용할 수 있다. 다른 형태의 시간제 지원방식은 근무 대기 상태에 있는 비번 근무자들이다. 항공사나 병원에서는 약간의 명목상 수당을 주고 직원의 활동을 제한하여 두었다가 필요한 경우 바로 업무에 투입할 수 있도록 준비하기도 한다.

3 수율관리

1) 개요

수율관리(yield management) 기법의 목적은 올바른 고객에게 올바른 가격에 올바른 능력을 팔려는 것이다. 모든 기업이 이 기법을 사용하지는 않지만 많은 자본 집약적 서비스기업들은 이를 매우 크게 활용하고 있다. 현재 수율관리 기법들을 충분히 활용하고 있는 산업들은 항공사, 렌터카, 해운사 등과 같은 운송 관련 산업, 여행사, 유람선 및 휴양지와 같은 휴가 관련 산업, 호텔, 약국, 창고, 방송과 같은 능력 제약을 가진 산업들이다. 시장세분화 능력, 소멸성의 재고, 선불판매(advance sales), 변동하는 수요, 정확한 세부 정보시스템 등의 비즈니스 특성들은 수율관리가 더 효과적으로 작동한다. 수율관리는 예약시스템, 초과예약, 수요분할 등을 통합하는 종합적인 시스템이다.

그래서 수율관리 시스템은 초과예약, 고객 그룹 간 서비스 능력 배분, 서로 다른 고객 그룹별로 차별적 가격 결정 등 세 가지 기본요소로 구성되어 있다.

2) 노쇼와 초과예약

고객은 변덕스럽고 항상 모습을 나타내지는 않기 때문에 초과예약의 필요성은 분명하다. 초과예약을 하지 않는 기업보다 그것을 하는 기업이 많은 돈을 벌 수 있다. American Airlines는 초과예약 시스템이 연간 이익에서 1990년에 2억 2,500만 달러를 추가로 벌어들였다고 추정하였다.

항공사의 노쇼(no show)는 평균 15%, 레스토랑은 10%, 크리스마스 휴가 중에는 무려 40% 정도가 노쇼라 한다. 플로리다에서의 렌터카 노쇼는 예약의 70%까지 달했다는 보고도 있었다. 그만큼 노쇼는 관광기업에 골치 아픈 문제이다.

초과예약을 대체하는 방법은 단순히 고객이 나타나든지 않든지 간에 고객에게 부담시키는 것이다. 그러나 이러한 접근은 레스토랑과 렌터카 산업에서 실패하였고 다른 사업에서도 당장에 폐기하였다.

고객의 저항도 높다. 교통 때문에 비행편이나 KTX를 놓쳤는데, 환불이 안되고 티켓이 무효라는 대답을 들었다고 상상해 보라. 따라서 많은 비즈니스에서 초과예약을 할 것이냐 말 것이냐가 아니라, 오히려 얼마나 초과예약을 할 것인가가 문제일 것이다.

3) 서비스 능력 배분

관광기업을 괴롭히는 어려운 문제는 고객 그룹 간에 서비스 능력을 배분하는 것이다. 더 큰 이익을 줄 고객이 이후에 올 것이라는 희망으로 서비스 능력을 열어놓은 채 수익성 낮은 고객을 받을지 말지를 결정하는 게 문제이다. [그림 7.4]에서 보는 바와 같이 항공사나 호텔에서는 높은 수익을 주는 고객들은 이벤트에 상당히 가깝게 예약을 하는 경향이 있고, 낮은 수익을 주는 고객들은 흔히 몇 달 앞서 예약한다. 항공산업에서 가격을 의식하는 휴가객들은 몇 달 앞서 예약하는 반면에, 돈 잘 쓰는 비즈니스 여행객들은 이벤트에 가까이 예약을 할 것이다. 호텔의 경우, 가격을 의식하는 그룹 비즈니스는 1년 앞서 예약을 할 것이고, 더 고도의 수익성 있는 일과성 비즈니스는 바로 당일 현관으로 걸어 들어 올 것이다.

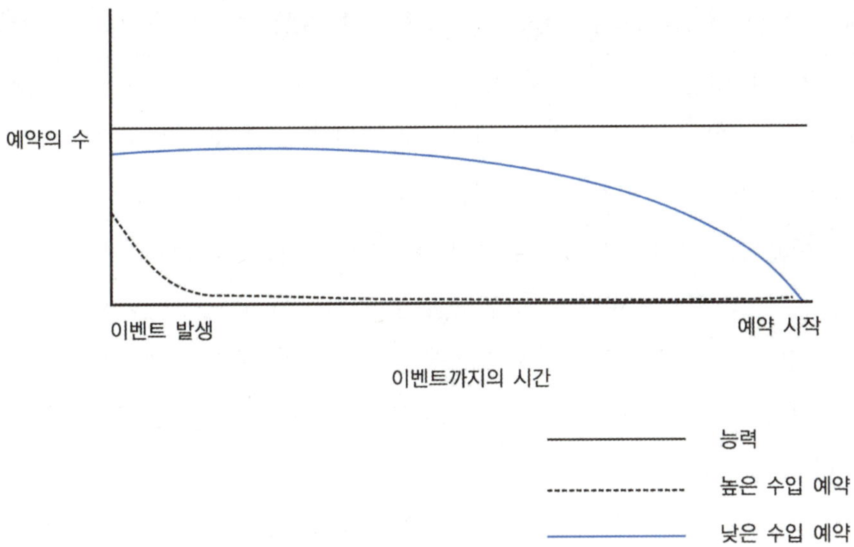

그림 7.4 누적 예약 활동

만약 그림에서처럼 모든 예약을 선입, 선서비스로 하면 상당한 부분의 가장 수익성 좋은 고객들에게 등을 돌리고, 보다 수익성 낮은 고객들로 채우게 할 수 있다. 또 대부분 기업이 자사의 서비스 능력을 모두 고수익 비즈니스로만 채울 수는 없으므로, 저수익 비즈니스에 간단히 "노"라고 말할 수 없다. 결국에 기업은 미리, 후일의 고수익 비즈니스 예약을 기대하여 어느 시점에서 낮은 수익 비즈니스를 차단할 것인가를 결정해야만 한다.

그러나 실제의 상황은 더 복잡하다. 도심 비즈니스호텔의 경우 목요일에는 고수익 고객으로 북적거리고 금요일에는 상대적으로 비게 될 것이다. 저수익 고객이 목요일과 금요일 이틀을 예약하는 경우에는 기업의 수익성은 달라질 것이다. 결과적으로 고수익 고객 클래스에 대한 목요일의 보호 수준은 저수익 고객의 투숙 기간의 길이에 따라 차이가 나게 된다.

그러한 예약을 수용할 것인가를 결정하는데 입찰가격(bid price) 전략이 사용된다. 즉 저수익 고객의 실제 가격은 제시된 투숙 기간에 걸친 기대수익과 비교된다.

4) 차별적 가격 결정

우리는 지금까지 가격을 외생변수, 혹은 우리가 통제할 수 없는 외부의 문제로 가정하였다. 그러나 이는 물론 그렇지 않다.

[그림 7.5]는 비행기 좌석을 3개의 시장으로 나타낸 것을 보여준다. 고객 클래스1(일등석 탑승객)은 프리미엄 서비스와 유연성을 원하면서 비용에 덜 신경 쓴다. 고객 클래스 2(비즈니스 클래스)는 가격보다 마지막 순간에서의 변경의 유연성에 가치를 둔다. 고객 클래스 3(흔히 휴가 가족들)은 미리 계획을 잘 만들고 가격에 고도로 민감하다. 각 그룹에서의 소비자 잉여는 시장가격(점선), 수요곡선, 그리고 점선에서 고객 클래스를 표시하는 굵은 선으로 연장되는 수직선으로 구성되는 삼각형의 면적이 된다. 여기에 두 가지 중요한 경제적 효과가 작용한다. 소비자 잉여의 상당한 부분은 공급자에게로 이동하고 통상적으로 서비스를 이용하지 않을 고객들을 끌어들임으로써 시장 자체를 확장한다.

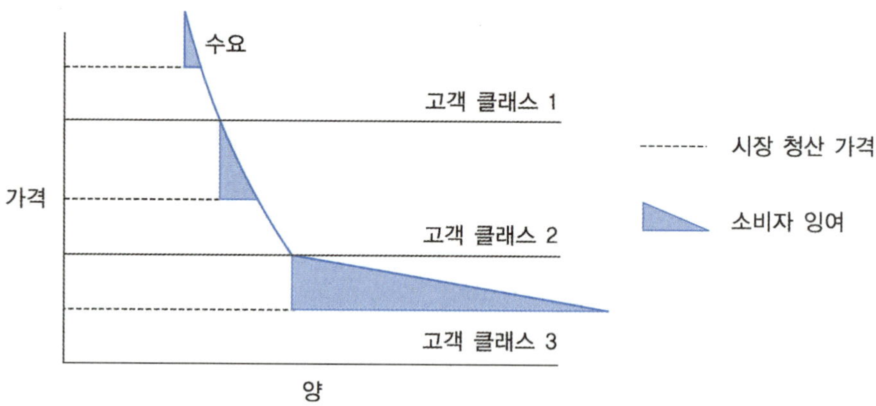

그림 7.5 수율관리에서의 수요공급 균형

시장세분화의 합법적이고 실행 가능한 방법을 결정하는 것은 마케팅부서의 상상에 달려 있다. 예를 들어 항공사들은 가격에 덜 민감한 비즈니스고객에게는 더 높은 가격을, 가격에 민감한 휴가 가족들에게는 더 낮은 가격을 매기려 한다. 그러나 이 시장들은 얼마나 일찍 예약하는가에 따라 가격을 세분화함으로써 단지 간접적인 공략만을 할 수 있다.

초과예약과 서비스 능력의 배분이라는 수율관리 이슈는 가격이 정해지면 저절로 수치 분석이 잘 이루어지지만, 가격, 서비스 능력 배분, 그리고 초과예약들의 전체적인 최적 조합을 결정하는 것은 어렵다. 실무에서는 마케팅부서가 통상적으로 기업정책과 경쟁적 반응에 맞추어 가격을 정하고 운영부서가 가격이 정해진 후의 서비스 능력 배분 숫자를 결정한다.

5) 수율관리 시스템의 현실적 문제

여러 산업에서 성공하고 있지만 수율관리 시스템은 몇 가지 현실적인 문제점을 가지고 있다.

(1) 고객 분리

고객의 관점에서 보면 특정요금 클래스에 들어가게 되는 많은 규칙은 어처구니없는 것들이다. 일반적인 대중은 비행기 좌석에 대해 어떤 사람이 다른 사람과 다른 요금을 낼 수 있다고 하는 생각을 받아들일지 모르나, 많은 사람은 실제로 그렇게 되었음을 발견하였을 때는 매우 화가 나게 될 것이다. 동일 클래스에 어떤 사람은 표준요금을 내고 어떤 사람은 많은 할인을 받는다고 할 때 사람들은 불공평하게 느낄 것이다. 그래서 많은 산업에서 이 문제에 대한 열쇠는 고객들에게 다른 고객 클래스에 주어지는 요금을 모르게 하는 것이다.

(2) 고객 클래스의 속임수

항공사 고객 클래스 규제의 복잡성은 고객 속임수(cheating)를 잘 파악하도록 주의가 필요하다. 일부 여행사들은 자신들의 고객들에게 부가적 서비스로서 항공규제를 피하기 위한 정교한 방법을 찾는다. 항공사들은 고객들이 규칙을 잘 지키도록 정보시스템에 상당한 금액을 투자한다. 예를 들어 고객들은 토요일 밤에 도중하차 할 수 있는 두 쌍의 서로 겹치는 왕복항공권을 사서 양 티켓의 한쪽씩을 버림으로써 주중의 비싼 왕복여행의 비용을 피할 수 있게 하는 데 익숙해져 있다. 그러나 지금은 많은 항공사가 이렇게 포기된 티켓을 검출해내는 능력을 갖추고 있어 고객들이 적절한 가격을 지급하거나, 아니면 해당 항공사를 이용하지 못하도록 한다.

이러한 문제에 대한 해답은 보통 직원의 경각심과 소프트웨어에의 투자가 필요하다.

(3) 직원 권한 부여

기업은 의사결정을 하는데 직원들에게 얼마나 많은 권한을 부여할 것인가에 관련된 전략적 의사결정을 해야 한다. 만일 시스템이 직원 재량을 줄이는 것으로 보이면, 직원들은 이러한 모욕을 인지하는 대가로 흔히 시스템을 사보타주함으로써 보상을 얻는다. 예를 들어, 호텔산업에서 적절한 고객 클래스와 객실 요금을 배정하는데 프런트 직원에게 상당한 정도의 책임이 있다. 만일 시스템이 구조적이지 못하면 사무직원이 자신의 기분에 따라, 고객들이 실제 클래스보다 높거나 혹은 낮은 요금을 내게 될지를, 아무렇게나 결정할 수도 있다. 그러나 지나치게 구조적인 시스템은 사무직원의 협상력을 손상하게 될 수 있어서 결과적으로 필요 없이 객실이 비게 될 수 있다.

(4) 비용과 설치 시간

기업이 수율관리 시스템을 완벽하게 설치하는 것은 쉬운 일이 아니다. 수율관리 문제를 다루기 위해 시중에서 판매되는 일반적인 소프트웨어를 그냥 구매할 수는 없다. 소프트웨어의 설치비용은 수억 원에 달할 수 있으며 설치에도 몇 개월에서 몇 년의 시간이 걸릴 수 있다. 게다가 시스템이 가동되면 그에 맞는 직원 훈련과 시스템 업데이트에도 역시 비용이 든다.

제3절 대기관리

1 대기행렬 형성의 이해

1) 대기행렬이란?

대기행렬(queue)이란 하나 혹은 그 이상의 서비스제공자(서버)에게 서비스를 받으려고 기다리는 고객의 줄이다. 대기행렬은 서비스에서 어디에나 있다. 고도의 고객접촉이 필요한 서비스에서 흔해 빠진 것이다. 그러나 면대면 접촉을 하지 않는 서비스에서도 중요한 요인이다. 대기행렬 소프트웨어의 대규모 구매자는 콜센터산업이기도 하다. 사람들이 서비스를 받으려고 줄 안에서 기다리는 대표적인 경우는 놀이공원, 식당, 소매점, 전철, 버스정류장, 은행 창구 등에서 찾아볼 수 있으나 실제 대기행렬 시스템은 여러 형태로 나타난다. 다음에서 여러 가지 대기행렬의 변형을 보기로 한다.

① 서버가 한 번에 한 고객만을 상대하도록 제한할 필요는 없다. 버스, 비행기, 승강기와 같은 운송시스템은 대량서비스(bulk service)이다.

② 고객이 언제나 서비스 설비를 찾아 돌아다닐 필요는 없다. 몇몇 시스템에서는 서버가 고객을 실제로 찾아간다. 예로서 구급차 서비스, 치안이나 소방 활동과 같은 공공 서비스가 있다.

③ 서비스는 일련의 대기행렬 단계로 구성될 수도 있고 더욱 복잡한 대기행렬의 네트워크로 구성될 수도 있다. 디즈니랜드 같은 놀이동산의 유령의 집을 생각해 보면 어떤 장소에서 기다리게 해서 방문객이 한꺼번에 몇 명씩 배치(batch)로 이동하게 하거나 기다리는 동안 즐길 수 있게 한다. 예를 들어 먼저 바깥쪽 걷기, 그다음 대기실, 마침내 놀이기구 타기의 순서로 진행하며 몇 단계로 나누어 기다리게 한다.

대기행렬의 원리는 면대면 접촉, 화면에서의 정보, 책상 위의 서류, 답장해야 할 e메일, 답해야 할 전화들, 또는 파일 안에든 처리해야 할 과제들의 대기행렬에도 적용된다.

즉 어떤 형태의 일이 들어올지라도 그에 상관없이 고객들에게 "제 기분이 좋을 때, 당신을 뵐게요"라고 말할 수 없는 사람은 대기행렬의 이면의 원리를 이해함으로써 이득을 볼 수 있다.

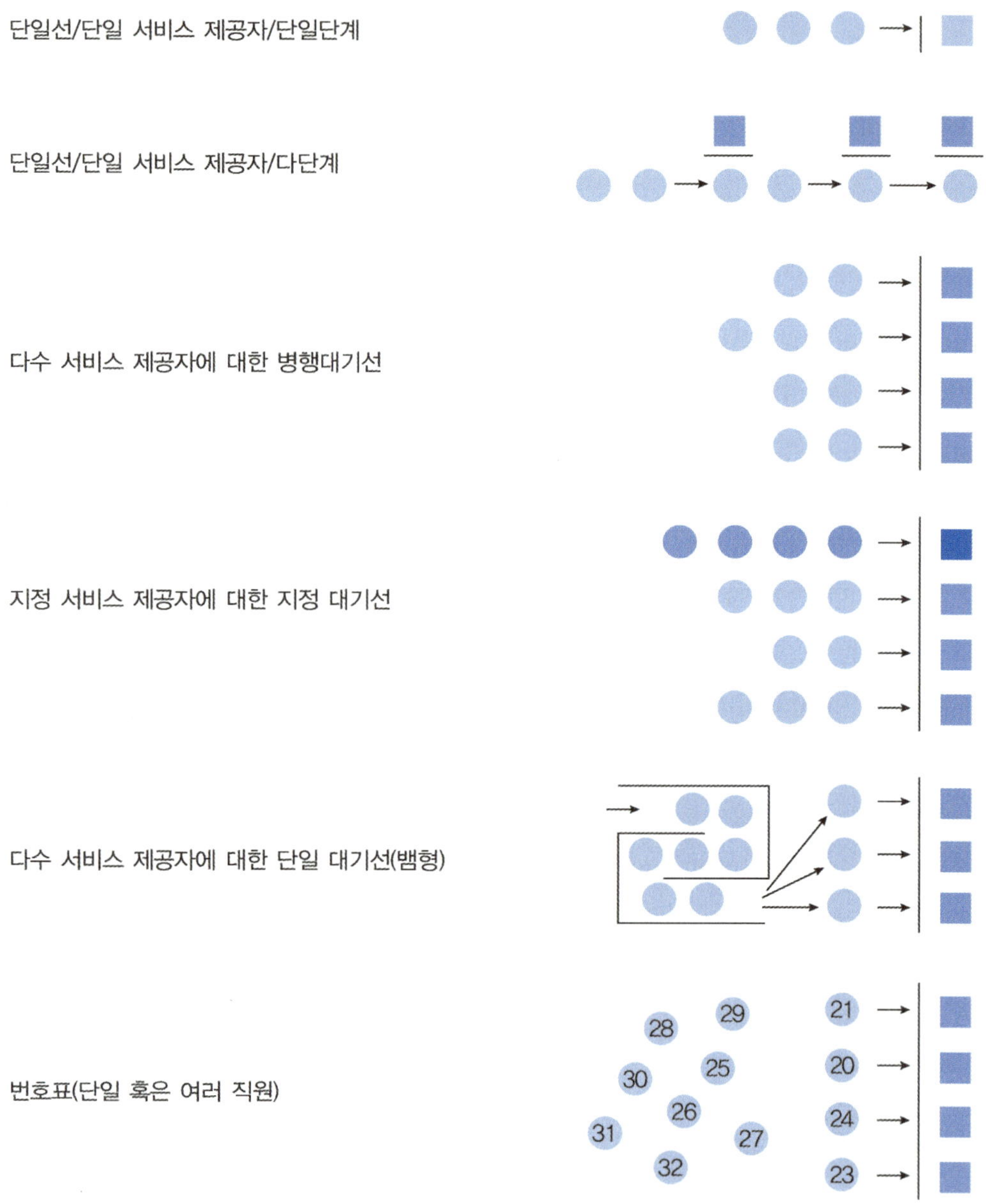

그림 7.6 대기 형태

2) 대기행렬 비용

대기시간과 유휴능력은 항상 서비스의 커다란 문제가 된다. 대기행렬의 이론은 1900년대 초반 전화국의 자동교환 시설의 대기행렬 문제를 연구하던 A. 얼랭에 의해 개발되었는데, 다음과 같이 대기행렬의 기회비용과 능력비용 간의 균형을 취하기 위한 문제에 관심이 있었다.

① 고객의 평균 대기시간은 얼마인가?
② 대기행렬에서 대기하는 평균 고객 수는 얼마인가?
③ 일정한 대기시간을 가정하면 시설 규모는 어느 정도가 되어야 할까?
④ 현재 서비스 시설의 이용률은 얼마나 될까?

2 병목과정의 이해

1) 병목과정의 본질

병목과정(bottleneck process)은 어느 과정이든 작업의 흐름을 방해하는 대상을 지칭한다. 기업의 특정 업무부서, 업무담당자, 장비 등 어느 것이나 병목이 될 수 있다. 예를 들면 호텔 프런트, 항공사의 발권 데스크나 탑승구, 정비업소나 병원에서는 특수고가 장비가 병목이 될 수 있다. 병목에서는 수요가 처리능력을 훨씬 초과한다. 그리고 아무리 작은 부분의 병목이라도 서비스 과정 전체의 효율성을 낮춘다. 병목은 이렇게 각 과정단계에 유휴능력을 발생시키고 전체 산출을 낮추는 결과를 초래한다.

2) 병목의 제거와 완화

(1) 수요의 조절

병목에서의 수요를 분석하면 고객 주문을 수익성이나 중요성, 그리고 시설이용률 기준으로 차별화가 가능하다. 이를 바탕으로 일부 주문을 지연시키거나 취소 또는 하청을 통해서 병목 수요를 분산시킬 수 있다. 근본적으로는 상품 라인에서 병목을 일으키는 비인기품목을 제거하고 저수익 상품의 주문을 받지 않거나 가격변경을 통해 수요를 조정하는 방법이 있다.

(2) 여유 능력의 확보

병목은 불가피하게 존재할 수 있다. 그러나 병목은 불필요하게 과다능력 이용률을 달성하려는 경우에 발생하기 쉬우므로 불필요한 생산량 위주의 이용률 관행을 버려야 한다. 여유 있는 생산 스케줄과 비상에 대비한 여분의 장비 혹은 대기 인력은 병목의 완화에 도움이 된다.

(3) 서비스 과정의 개선

교차훈련과 빠른 장비 준비 및 전환을 통해 능력 확대, 유연성 그리고 신속성을 얻는 것과 같이 서비스 능력의 효과적인 이용을 통해 병목의 완화가 가능하다. 서비스 과정의 비효율 때문에 발생하는 병목은 준비시간의 신속화나 작업단위를 소형화하면 풀어나갈 수 있는 것이다. 그리고 지속적인 개선 활동을 통해 설비고장, 결품, 재작업, 폐기 등으로 인한 능력손실을 방지해야 한다.

3 대기 심리학의 특성

고객을 기다리게 하는 서비스는 기다리는 시간을 즐거운 경험으로 만드는 게 좋다는 충고를 받아들일 필요가 있다. 기다림을 적어도 견딜 만하게, 좋게는 즐겁고 생산적으로 만들기 위해서 다음의 대기 심리학의 특성을 고려해야만 한다.

1) 공허한 감정 누그러뜨리기

사람들은 비어있는 시간을 싫어한다. 비어있는 시간이나 할 일이 없는 시간은 끔찍하다. 다른 생산적인 활동도 못 하고 때로는 신체적으로 불편해서 무력감을 느끼게 하고 우리에게 관심이 없는 서버의 처분을 기다리고 심지어는 영원히 기다릴 것 같이 느끼게 한다. 여기서 서비스조직의 과제는 명백하다. 즉 긍정적인 방법으로 이 시간을 채우는 것이다.

가장 널리 알려진 전략은 승강기 근처에 거울을 놓는 것이다. 호텔에서는 승강기를 한참 기다려도 거울이 있으면 불평이 별로 나오지 않는다. 거울은 옷차림을 점검하기도 하고 기다리는 다른 사람을 몰래 관찰할 수도 있다.

한편, 서비스는 대기시간을 즐거움으로 또는 생산적으로 변화시킬 수 있다. 전화 대기 중인 고객에게 모차르트나 레이디 가가의 음악을 틀어주거나 상업광고를 보낼 수도 있다. 하지만 일부 사람은 그것을 들으면 오히려 화를 내기도 하므로 그런 시도는 위험할 수도 있다.

2) 서비스의 시작을 알리기

행복한 고객은 불행한 고객보다 대개 수익성이 높다. 일부 주의분산전략은 단지 시간을 채울 뿐이어서 기다림이 그렇게 길게 보이지 않게 하며, 또 다른 전략은 서비스조직에 부수적인 이익을 제공한다.

기다림의 심리학을 쓴 D. Maister는 식사를 기다리는 고객에게 메뉴판을 주거나 기다리는 환자에게 진찰기록카드를 주는 등 서비스와 관련된 주의분산 자체가 서비스가 시작되었다는 생각이 들게 한다고 한다. 서비스가 시작되면 일부 사람은 서비스가 시작되었다고 생각해 더 편안하게 더 오래 기다릴 수 있지만, 다른 고객들은 서비스가 시작되고 나서의 기다림보다 그 이전의 기다림에 더 불만을 품게 된다고 한다.

3) 터널의 끝이 보임을 알리기

서비스가 시작 전에는 고객들은 많은 근심과 걱정을 한다. 내 순번을 잊은 건 아닐까? 주문은 잘 들어갔나? 왜 이 줄은 꼼짝 안 할까? 화장실 가면 내 자리가 없어질까? 이러한 근심거리는 기다리는 고객에게 영향을 주는 가장 큰 요소일 것이다.

경영자는 이런 걱정거리를 잘 파악하고 그에 대한 전략을 만들어야 한다. 고객의 존재를 알았다는 표시나 고객에게 얼마나 기다려야 하는가 등 기다림의 끝을 알려줘 안도감을 줘야 한다. 익숙하지 않은 곳을 찾는 사람은 표지판이 제 역할을 한다. 예약은 대기시간을 줄이는 전략이지만 예약이 언제나 의도대로 움직여주는 것은 아니다. 뜻하지 않은 사건으로 방해받거나 선약이 예상보다 많은 시간을 소비할 수도 있다. 이에 대한 대책 마련이 필요하다.

4) 자기 순서를 알려주기

불확실하며 설명이 없는 기다림은 고객에게 걱정과 분노를 준다. 이에 대해 먼저 오는 사람이 먼저 서비스 받는(FCFS) 대기행렬 정책을 무난히 수행하는 전략은 번호표를 나눠주는 것이다. 이 방식의 부수적인 이득은 고객을 줄을 세우기보다는 매장을 이리저리 돌아다니게 하여 충동구매를 부추기는 것이다. 이때 고객의 걱정이 말끔히 해소되는 것은 아니다. 고객은 신경을 쓰지 않으면 자칫 자기 차례를 잃을 위험이 있기 때문이다. 그러나 종종 이런 식으로 자신의 자리를 '보증받은' 고객은 여유를 갖고 기다리는 다른 사람들과 즐거움을 누린다. 그밖에 특별한 고객에게는 차별적인 대우를 하는 경우가 있다. 호텔이나 항공사는 일반 서비스 라인과 구분된 곳에서 특급서비스를 제공하여 차별적인 이미지를 감출 수 있다.

5) 기다리는 고객에게 신경 쓰기

서비스 패키지의 가장 중요한 부분의 하나는 기다리는 고객의 요구에 주의를 기울이는 것이다. 기다리는 동안에 불필요한 걱정 또는 분노에 사로잡힌 고객은 요구가 많거나 다루기 어려운 고객이 되기 쉽다. 아니면 그 고객은 떠나버린다.

4 기다림의 경제학

기다림의 경제적 비용은 여러 가지로 볼 수 있는데, 한편으로는 직원(내부고객)을 기다리게 하는 비용 즉 비생산적 임금으로 측정될 수 있고, 다른 한편으로는 외부고객의 대기 비용으로 그 시간에 할 수 있었던 다른 일의 가치로 계산할 수 있다. 이런 비용에 추가해서 지루함, 걱정과 다른 정신적 근심에 따른 비용이 발생한다.

1) 매출 감소나 증가

경쟁에서 지나친 기다림(또는 심지어 오래 기다릴 것 같은 느낌)은 매출을 감소시킬 수 있다. 주유소에 길게 늘어선 차를 보고 기름 넣기를 포기하기도 한다. 판매감소를 피하는 한 가지 전략은 도착하는 고객에게 대기행렬이 안 보이게 하는 것이다. 놀이동산은 안쪽의 대기 줄을 볼 수 없는 바깥쪽에서 표를 판매한다. 식당에서는 고객을 바(bar)로 분산시켜 이렇게 할 수 있고 이것은 종종 판매증가의 효과를 가져오기도 한다. 라스베이거스 카지노의 나이트클럽 입장객은 슬롯머신 지역에서 기다리게 되어 있는데 이는 줄의 실제 길이를 감춰 주기도 하고 충동적인 도박을 부추기기도 한다.

2) 내부 비용 절감

고객은 서비스 프로세스에 참여할 수 있는 잠재력을 지닌 자원이다. 예를 들면 의사를 기다리는 환자는 진찰기록카드를 쓰도록 하고 의사의 시간(즉 서비스 생산능력)을 절약할 수 있다. 기다리는 시간에 건강 관련 출판물이나 슬라이드를 사용하여 좋은 건강습관을 교육할 수도 있다. 일부 레스토랑에서는 기다리는 동안 고객이 서비스에 일부 참여하게 하여 상당한 혁신을 이루었다. 즉 웨이터에게 주문하고 나서 요리가 준비될 동안 자기가 먹을 샐러드를 가져오게 한 것이다.

3) 제한된 생산능력의 활용

고객을 기다리게 하는 것은 제한된 서비스 생산능력을 더 잘 활용하게 한다는 점에서 생산성 향상에 공헌한다고 볼 수 있다. 서비스를 받기 위해 줄 서 기다리는 고객의 상황은 제조업에서의 재고와 같은 것이다. 서비스기업은 프로세스의 전반적인 효율을 높이기 위해 고객을 재고화하고 있다. 서비스 시스템에서 높은 설비활용은 고객 대기 비용의 대가를 치른 결과이다. 긴 대기행렬로 높은 가동률을 거두는 병원이나 우체국 등과 같은 공공 서비스는 대표적인 예이다. 점심시간에 사무실 밀집 지역의 테이크아웃 식당에서의 줄을 생각해 보라. 기타 여러 서비스가 있을 것이다.

제4절 구매관리

1 구매관리의 의의

1) 전통적 구매관리

종래의 구매부서는 구매상품 단위별로 조직되었다. 각 구매업자가 한 개 이상의 상품을 담당하며 기간마다 주문신청이 처리되고 다수의 업자와 거래가 이루어진다. 업자평가에는 많은 시간이 소요되며 특히 신규업자 발견에 시간이 필요하다. 또 구매과정에서 구매품목의 품질미달, 품목오인, 납기지연, 수량 오차가 다반사로 발생하며 납기일이나 수량변경, 급송편 마련, 긴급서류작업 등 비정상적인 업무가 구매업무 시간의 대부분을 차지한다. 이러한 구매 일상업무와 긴급처리 발생은 업자 능력파악 및 개발과 같은 구매의 핵심업무에 시간을 투입할 수 없게 한다.

2) 구매관리의 외부 용역화

최근 서비스기업뿐만 아니라 제조업에서도 서비스 요소의 비중이 크게 증대함에 따라 기존의 구매 관행에서 많은 부분을 외부로 대체할 정도로 확대되고 있다. 많은 기업은 외부 전문가 풀(pool)을 용역으로 이용하여 고임을 받는 내부전문가 집단을 해체하고 있으며 반복적 업무도 외부 용역화하고 있다. 각 기업의 경리, 회계, 전산 업무, 그리고 수표처리와 전표정리 업무도 이미 외부용역으로 해결하고 있는 곳이 많다. [그림 7.7]에서 보듯이 이제 구매의 책임은 설계, 광고, 금융, 보험, 법률 그리고 교육 훈련서비스까지도 포함한다. 또 건물보수, 경비, 청소, 데이터센터 운영, 정보시스템 개발, 보급수송이 일차적인 대상이지만, 그 밖에 상품설계와 과정 설계 등을 포함하는 조직 내 모든 주요 기능이 그 대상이 되어가고 있다.

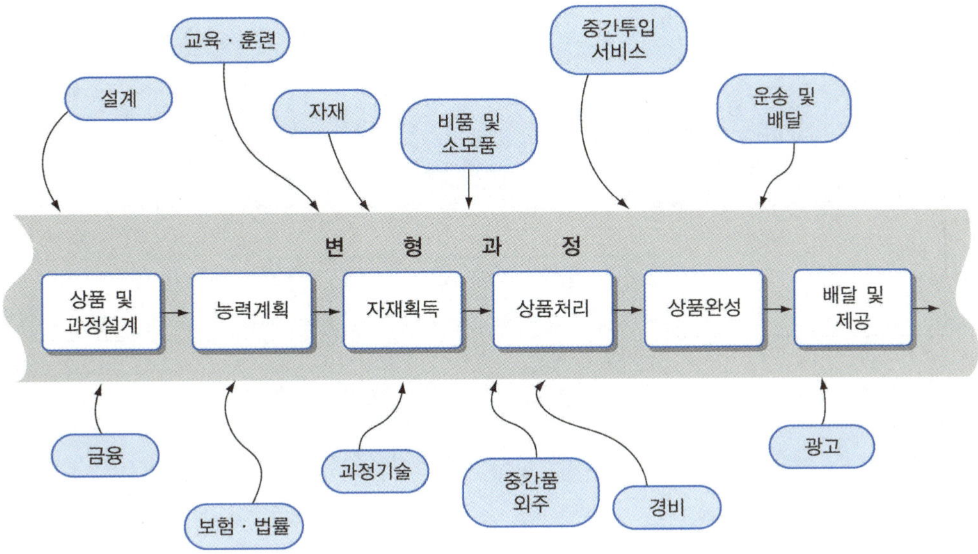

그림 7.7 구매의 영역확대[4)]

② 비즈니스 서비스 구매

전통적인 구매 프로세스 모형은 [그림 7.8]에 도식화되어 있고 니즈 파악, 정보탐색, 공급자 선정과 수행 평가의 과정으로 구성되어 있다. 그러나 서비스 구매를 재화의 구매와 비교하면 구매자에게 다른 위험이 있는 더 복잡한 프로세스임을 알게 된다. 서비스 구매 프로세스는 많은 관련 인원을 만족시킬 필요성에 의해 더욱 복잡해진다. 여행예약, 청소서비스, 음식 서비스와 같은 계약된 서비스는 모든 직원에게 개별적인 영향을 미치는 예로 들 수 있다. 이것들은 생산과정에서 사용되기 위해서 구매된 재화들에 대해 생산을 위한 별개의 관점으로 보는 것과는 다른 것이다.

비즈니스 서비스의 경우 종종 조직의 니즈를 만족시키기 위해서 고객화가 될 필요가 있는데, 특히 제조 프로세스의 지원을 위한 서비스 경우 더욱 그렇다. 기업에 대한 비즈니스 서비스 경우 조직의 니즈가 더 복잡하므로, 일반 소비자 서비스보다 더 기술적으로 되는 경향이 있다.

---

4) Schonberger, R.(2001), *Operations Management : Meeting Customer Demands*, McGraw Hill. p.198.

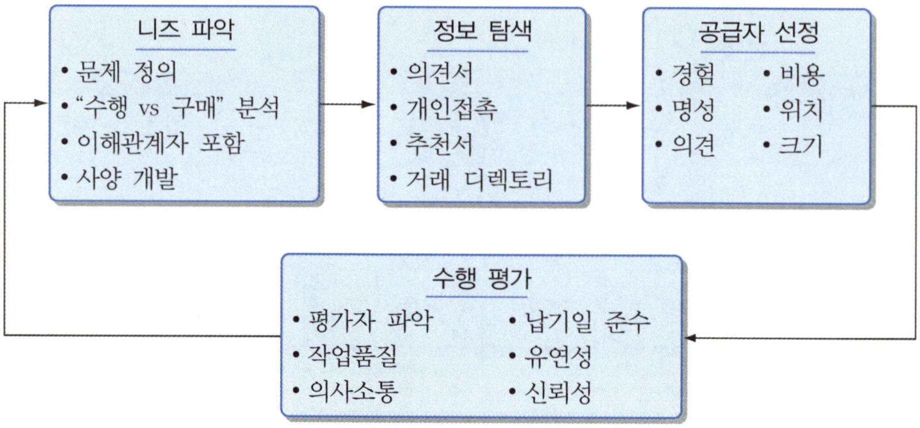

그림 7.8 구매 과정

또 구매할 서비스에 따라 의사결정과정이 다를 수 있다. 예를 들면 호텔이나 여행사의 컴퓨터 소프트웨어의 구매 경우는 최종 사용자가 적극적으로 구매과정에 참여해야 하고 사용자에 대한 친절, 편리성과 같은 계량화하기 어려운 여러 속성에 근거하여 최종선택을 하게 된다.

그러나 쓰레기 처분 서비스의 구매 경우는 비용이 가장 중요한 기준인 일상적인 방법으로 처리될 수 있다. 쓰레기 처분과 관련된 법적 책임 때문에 해당 산업의 쓰레기와 관련된 지식과 경험이 있는 책임 있는 공급자의 선정이 중요하다, 이러한 이유로 구매 프로세스를 지원하기 위한 서비스 분류작업을 개발해야 한다.

3 구매 네트워크의 구축

1) 구매 네트워크의 필요성

리엔지니어링(과정 재설계)은 기업의 활동을 공급업자, 내부처리 과정, 고객이라는 수평사슬로 재편한다. 각 내부처리 과정도 다음 가치연쇄 내 과정인 연결고리를 자신의 고객으로 보고 그 니즈를 맞춘다. 이렇게 고객–공급자라는 연쇄가 만들어지면 각 활동의 실제 비용과 부가가치 기여도를, 자의적으로 매긴 간접비가 아닌 시장가격으로 판단하여 경쟁력이 없는 사내활동을 쉽게 제거할 수 있다.

그러므로 앞으로 조직 내 각 기능이 양질의 활동을 제공하지 못한다면 이는 바로 외부 용역화의 대상이 되고, 경쟁력 있는 부서는 타 회사의 업무까지도 수주할 수 있다. 이를 가치사슬의 분할이라고 부르며, 이를 시행하는 사례로는 기업 내 광고부서에서 전문기업화한 광고회사를 들 수 있다. 한편, 단기적 거래조건보다 거래업자의 장기적 공급능력을 중시하는 변화추세를 반영하여 많은 기업이 기업 간 상호 유리되고 적대적이었던 거래 관계가 청산되면서 상호 이익을 위한 동업자 관계로써 구매 네트워크를 형성해 가고 있다.

2) 장기적 공급 네트워크

네트워크는 '느슨하고 수평적인 관계'로 정의할 수 있다. 즉 수직통합으로 계열화하는 것같이 강한 결속은 아니지만 한번 거래로만 연결되는 극히 일시적인 관계도 아니다. 네트워크는 수평적 관계이고 결속이 강하지 않아 상대적으로 네트워크 내 진입이나 퇴출이 어렵지 않다. 그러나 적당한 정도의 참여 의무가 있으므로 관계가 계속 유지된다. 공급 네트워크는 자사의 구매에 포함되는 업자관계를 말한다. 이러한 관계는 상호호혜관계로 형성되며 장기적인 신뢰와 경영능력, 품질, 납기, 가격 능력이 그 바탕이 된다. 〈표 7.3〉은 새로운 네트워크 구매의 대표적 특징을 대비시킨 것이다.

표 7.3 구매 네트워크의 특징[5)]

	종래(적대적 관계)	최근(동업자 관계)
1. 거래 기간	단기	장기
2. 계약유형	간헐적 구매주문	최소 1년 이상의 독점, 준독점계약
3. 거래업자 수	가격경쟁 유도와 비상대비로 품목당 다수업체 확보	항목 혹은 품목 계열별로 소수업자와 거래
4. 거래량	특정 업자와의 거래량 제한	거래량이 많고 업자의 능력 일부를 전용 가능
5. 가격/원가	평균적으로 높고 잦은 구매선 변경으로 업자가 불안정	보통 낮으며 거래량의 증가로 규모경제 추구와 개선에 투자가능

5) Schonberger, R.(2001), *Operations Management: Meeting Customer Demands*, McGraw Hill, p.191.

6. 품질	불안정하고 주로 검사에 의존	업자는 품질을 근본적으로 개선하고 TQC와 통계적 과정관리 채택
7. 설계	발주업체가 설계명세 개발 · 제시	업자의 전문 설계능력을 신뢰
8. 운송빈도/운송량	불규칙, 대단위 운송	필요하면 하루에도 몇 번씩, 소단위 적시운송
9. 주문수단	우편	장기 일괄계약 후 EDI, 팩스, 전화 등 전자통신을 수시 이용
10. 대금 지급	발송서류, 송장, 검사 및 수량 확인 후 지급	검사나 수량 확인이 불필요하며 기간별 일괄청구
11. 배달장소	창고나 물품 하역장	업자가 직접 사용 장소에 전달
12. 관계 개방성	폐쇄적	수시로 상호 의견교환, 방문, 업자 현장감사

* EDI: Electronic Data Interchange(전자자료교환)

3) 공급업자 개발

구매 네트워크 내의 공급업자는 경쟁우위를 차지하는 데 중요한 역할을 한다. 네트워크의 잠재력은 업자가 새로운 프로젝트, 상품, 서비스 및 조직전략 개발의 초기에 참여할 때 극대화될 수 있다. 우수한 업자는 품질에서 양, 납기, 가격, 서비스에 이르기까지 계약의 조건을 충실히 만족시킨다. 또 발주기업의 장기목표나 전략을 이해하고 조화를 이루려고 한다. 그러므로 소수의 업자와 높은 수준의 신뢰와 협력관계를 확립하는 게 필요하다. 최종적으로는 신상품 디자인, 사업계획, 장기전략을 서로 교환해야 하며 원가정보의 공유까지 가능할 정도로 신뢰를 쌓아가야 한다.

공급업자의 개발에서 가장 중요한 사항은 가격경쟁력, 품질 능력, 설계(디자인) 능력, 납기능력 등을 들 수가 있다.

4) 구매관리의 성과 측정

종래에 구매부서의 평가지표는 보유 재고의 가치와 수준, 재고 부족 횟수와 파급도, 연간 구매비용, 납기준수 주문의 빈도, 연간 운송비, 연간 창고관리비, 구매의뢰부서 불평접수 빈도 등이었으나 이제는 기준이 대폭 바뀌고 있다. 새로운 구매부문 성과 기준은 우량기업의 구매부문 평가에서 확연하게 드러나고 있다. 최근 가장 중시되는 구매의 효율성과 신속성이라는 측면에서 우량기업은 엄청난 성과 차이를 보여주고 있다. 구매부문 성과의 측정기준은 다음과 같다. 많아야 좋은 것은 거래업자의 수이지만, 적어야 좋은 것은 구매 요원의 수, 구매비용 비율, 업자평가 소요시간, 주문발령 시간, 납기(배달) 지연 비율, 불량률, 품절 빈도 등이다.

제5절 재고관리

서비스에서 재고란 말이 되는가? 많은 서비스기업의 특징은 재고가 없다는 것이다. 서비스는 생산과 소비가 동시에 이루어지므로 재고는 저장되지 않는다. 서비스 정의의 핵심은 무형성이다. 그러나 매일 전형적인 고객들이 찾아오는 많은 서비스상품에서 서비스에 이용되는 보조 재화는 재고를 가질 수 있으며 재고의 수량과 유형은 치명적인 전략적 의사결정이 된다. 많은 서비스기업은 사실 경쟁우위의 원천으로서 재고방법을 사용한다.

관광산업에서 재고는 주 비용이다. 단지 비용을 넘어서 재고는 기본적인 전략적 균형상쇄(trade-off)가 필요하다. 현장서비스는 공간이 한정되어서 이를 잘하는 것이 특별히 가치가 있다. 특정 점포 크기가 주어지면 한 항목의 재고가 많다고 하면 그것은 다른 항목들에 대한 가용 공간이 그만큼 적어진다는 것이며, 어떤 항목의 재고가 없다는 것은 제공할 수 있는 서비스상품의 판매 상실이 발생한다는 것이다. 그리하여 전략적 선택은 소수 항목의 많은 재고이거나 많은 항목의 소량 재고로 귀착된다.

1 재고의 의의와 역할

1) 재고관리(물품관리)의 의의

대부분 서비스기업은 서비스제공에 필요한 물품과 용품의 재고를 완전히 없앨 수 없다. 호텔의 객실 용품이나 레스토랑의 식자재, 피자헛의 경우는 치즈 및 그 외의 재료들을 여유 있게 갖고 있어야 한다. 이런 여유분이나 재고는 때때로 상당한 자금이 소요되기 때문에 이것들을 관리하는 효과적인 방법이 필요하다. 여러 소요 물품들의 현황을 계속 파악하여 현재 보유하고 있는 것, 주문해야 하는 것, 언제 주문해야 하는가 등을 결정하는 것은 관리자에게는 엄청난 부담이기 때문에 재고관리에 관해 이론과 지식이 필요하다.

2) 재고관리의 역할

재고는 서비스기업에서 여러 가지 기능을 제공한다. 유통 및 분배과정의 단계 간의 완충 역할을 비롯해 심한 계절적 수요의 완화, 예상되는 가격상승에 대비한 예방조치 등이다. 여기서는 유통 및 분배과정에서의 재고의 역할에 대해 간략히 보기로 한다.

(1) 단계 간의 완충작용

레스토랑에서 스파게티 수요가 발생하면 진열대나 가게 창고로부터 인출될 것이다. 수요가 계속되면 레스토랑은 보충해야 할 것이고 도매상에 주문하게 된다. 주문한 후 실제 물품이 배달될 때까지 수요는 계속 발생하고 재고는 줄어들 것이다. 주문 이후 배달될 때까지의 시간 간격을 조달 기간(replenishment lead time)이라고 한다. 여기서 재고의 완충 기능을 볼 수 있다. 유통 및 분배시스템 안에는 소매상, 유통업자, 총판매상, 그리고 공장들이 포함되며, 이 단계에서 어느 정도 재고 물량을 확보하고 있어야 하고, 각 단계에서의 품절은 다른 단계에 즉각적이고 중요한 결과를 가져올 수 있다. 그러나 재고는 이러한 단계에서의 활동을 어느 정도 각각 분리하고 품절에 의한 서비스 중단이라는 값비싼 대가를 피할 수 있게 한다. 이러한 재고를 완충재고(decoupling stock)라고 부른다.

(2) 수요의 계절성에 대한 보완

어떤 서비스는 계절에 따라 수요가 심하게 차이가 난다. 방학, 연말 휴가, 캠핑 장소 등 이러한 곳들은 그 기간은 소비자들의 수요에 부응하기 위해 상당량의 재고를 지니고 있어야 한다. 이러한 재고를 비축재고라고 부른다.

(3) 가격변동에 대비한 대비

서비스제공에 필요한 물품 중에서 지금 가격보다 나중에 필요한 시점의 가격이 오를 것이 예상될 때는 현재 가격으로 구매하여 많은 재고를 유지하는 것이 경제적일 수 있다. 이렇게 가격상승에 대비해 필요 이상의 재고를 유지하는 것을 'forwarding buying'이라고 한다.

(4) 순환적 재고

순환적 재고란 재고수준의 통상적인 변화를 의미한다. 다시 말하면 재고수준은 주문해서 물품을 받은 직후가 가장 높고, 역으로 주문하기 직전이 가장 낮다는 말이다.

(5) 주문 중인 재고

주문 중인 재고란 현재 이동 중인 물품을 의미하는데, 주문하였지만 아직 물품은 도착하지 않은 경우이다.

(6) 안전재고

서비스가 효과적으로 제공되기 위해서는 소요되는 물품을 수요에 대처할 수 있는 적정량을 보유해야 한다. 그러나 서비스는 조달 기간이 불확실하고 수요도 불확실한 동태적인 환경에서 제공된다. 이런 예상치 못한 변화, 또는 변동에 대비하기 위해 많은 경우 필요한 수준보다 과도한 재고를 유지하게 되는데, 이를 안전재고라 한다.

3) 재고의 역기능

최근의 기업환경 변화 때문에 재고를 필요악으로 파악하는 견해가 설득력을 얻고 있다. 가능한 재고를 최소화하려는 노력은 무재고(zero-inventory)라는 이상을 지향하는 많은 우량기업 사례에 비추어 알 수 있다. 그러므로 재고를 줄이려는 노력은 업종에 상관없이 모두에게 필요하다. 재고에는 대부분 많은 자본이 묶이기 때문이다.

그리고 재고는 품질, 인력문제, 업무과정 등의 조직문제를 은닉하는 역할을 한다. 공급업자의 문제나 과정 설계, 생산통제문제도 역시 재고로 덮어질 수 있다. 이렇게 재고는 공급 연쇄의 단절, 과정의 불안정, 저급 품질, 준비시간 과다 등의 중대한 문제를 은닉할 수 있는 것이다. 즉 재고는 시스템에 부정적인 영향을 줄 수 있다. 〈표 7.4〉는 재고와 대기행렬을 대비시키고 있는데, 이것은 그 기능과 효과 측면에서 유사한 점을 공유하고 있다.

표 7.4 재고와 대기행렬

특징	재고	대기행렬
비용	자본의 기회비용	고객 대기시간의 기회비용
저장공간	창고	대기 장소
품질	불량의 은닉	부정적 서비스 인지
완충효과	과정단계 분리	전문화와 분업 가능
능력이용	중간재고로 가동률 유지	대기고객으로 이용률 유지
조정기능	세부적 일정계획 불필요	수요와 공급의 불일치 허용

2 재고시스템의 특성과 비용

1) 재고시스템의 특성

재고시스템을 설계, 구축, 관리하기 위해서는 보관되는 제품의 특성과 재고시스템과 관련된 비용 등을 고려해야 한다.

(1) 고객의 수요 형태

수요 형태를 분석할 때, 우선 추세와 주기, 그리고 계절성을 따져야 한다. 수요의 다른 속성을 고려하는 것도 중요하다. 수요가 개수로 발생하기도 하고 일정 단위로 발생하기도 한다. 예를 들어 해안리조트에서 스쿠버들의 마스크는 낱개로 팔리지만, 물이나 기름 등은 일정 단위로 수요가 발생한다. 다른 경우는 한 품목의 수요가 다른 품목이나 제품의 수요와 연계된 경우다. 예를 들면 맥도널드에서의 토마토케첩 수요는 판매된 햄버거와 감자튀김의 수요에 비례할 것이다. 이런 형태의 제품을 종속수요 품목이라고 한다.

(2) 재고의 시한적 조건

관리자는 특정 물품의 재고를 계속 유지할 것인지 한시적으로 유지할 것인지를 생각해야 한다. 예를 들면 호텔에서는 항상 수건이나 리넨 종류가 필요하지만, 스포츠 매장에서는 88올림픽 티셔츠를 아직도 가지고 있을 필요는 없다.

(3) 보충에 드는 시간

주문하고부터 물품이 배달될 때까지 오랜 시간이 걸린다면 조달 기간이 짧을 때보다 많은 재고량을 갖추어 있어야 하는데, 특히 품목이 서비스 수준에 큰 영향을 주는 경우는 보충에 드는 시간이 재고수준에 확실히 영향을 준다. 만약 조달 소요기간이 확률분포를 가진다면 이런 자료를 이용하여 조달 기간 동안 재고수준을 결정하는데 활용할 수 있을 것이다.

(4) 재고 관련 원가 및 제약조건

어떤 제약사항들은 재고원가에 직접 영향을 미친다. 이를테면 사용 가능한 저장공간의 크기는 저장할 수 있는 상품의 총량을 결정하며, 상하거나 부패하기 쉬운 품목은 진열에 한정적이고 재고로도 제한될 것이다. 재고 유지비용 등과 같은 제약사항들은 더 복잡하며, 창고 및 냉장설비 등에 필요한 자본과 같이 확실하게 나타나는 비용들도 있다. 또 보관되는 제품 그 자체도 구매하는데 자금이 소요되며, 보관함에 따라 금융비용만큼의 기회비용이 발생하는 셈이다. 다른 비용들은 재고자산과 관련된 보험이나 세금은 물론이고 재고를 유지하는데 인력 및 관리비용들을 포함한다. 고려해야 하는 다른 비용은 창고나 냉장설비를 확장하는데 드는 비용처럼 현재의 제약사항을 줄이는데 필요한 비용이다.

2) 재고시스템의 관련 비용

재고관리 시스템의 효과성은 보통 연간 평균비용으로 측정한다. 성과 측정에 고려되는 관련 비용에는 유지비용, 주문비용, 품절로 인한 손실, 제품 구매비용이 포함된다. 〈표 7.5〉는 이러한 비용의 세부적인 목록을 정리한 것이다.

표 7.5 재고시스템에서 비용을 발생하는 원천

주문 비용
• 구매할 품목에 대한 명세서를 준비 • 잠재적 공급 가능업자를 찾아서 입찰에 참여하도록 유도 • 입찰가를 사정하고 공급가를 선택 • 가격 협상 • 구매주문서를 준비 • 외부 공급자에게 구매주문서를 발송 • 구매주문서를 공급자들이 받았는지를 확인
수령 및 검사 비용
• 수송, 선적 그리고 수령 • 수령증과 다른 문서작업의 기록을 준비 및 처리 • 외견상 손상이 없는지를 검사 • 물품의 포장을 해체 • 정확한 양의 물품이 배달되었는지를 확인하기 위해 품목의 개수를 확인하고 무게를 측정 • 샘플을 추출하여 검사 및 시험부서로 운송 • 구매 명세서와 맞는지 확인하기 위해 품목을 조사하고 시험 • 품목을 저장장소로 운송
유지비용
• 재고 품목의 구매에 드는 금액에 대한 금융비용 • 재고품목, 저장창고, 그리고 재고시스템의 다른 부분에 투하된 자본의 기회비용 • 세금과 보험료 • 저장창고에서 품목의 유출입, 그리고 유출입에 대한 기록의 보관 • 도난 • 재고를 보호하기 위한 보안시스템의 설치 • 파손, 손상, 그리고 변질 • 부분적 노화 그리고 유효기간이 지난 물품의 처분 • 감가상각 • 저장공간과 설비(크기는 대개 평균 재고량보다 최대용량을 기준) • 온도, 습도, 먼지 등에 대한 적절한 대책 • 관리(창고 근무자에 대한 감독, 재고 실사, 기록에 관한 검증 및 수정 등)
품절비용
• 품절에 따른 판매기회 및 이익상실 • 소비자의 불만족과 좋지 않은 이미지; 고객 상실 • 납기 지연과 납기 불이행 벌금 • 부족한 재고를 빨리 채우기 위한 촉진비용

3) 재고시스템의 설계 문제

재고관리시스템의 설계는 기본적으로 다음 세 가지 문제로 귀착된다.

① **실사 주기** : 얼마나 자주 재고량을 파악해야 할 것인가?

② **주문 시점** : 언제 주문할 것인가?

③ **주문량** : 주문량을 얼마나 할 것인가?

수요가 확정적일 경우에는 주기적으로 파악해야 하므로 그다지 걱정할 필요는 없다.

그러나 관광산업의 수요는 하루, 일주일, 월별, 계절별, 연간으로 불확실하다. 이 경우 위의 주문량, 주문 시기, 실사 주기 등 세 요소에 관한 의사결정이 상당히 복잡해진다.

첫째, 재고 실사에 시간과 비용이 전혀 소요되지 않는다면 재고를 가능한 계속 파악하는 것이 바람직하지만, 그렇지 못한 경우 재고 실사는 주기적으로 수행될 수밖에 없다. 그러나 실사 주기는 길게 잡을수록 수요에 대한 불확실성이 높아져 필요 이상으로 재고를 많이 보유하게 될 우려가 크다.

둘째, 주문 시점은 재고를 계속 실사하느냐 또는 일정 주기에 따라 실사하느냐에 따라 달라진다. 재고를 계속 실사하는 경우 주문 시점은 바로 조달 기간의 수요를 기초로 하여 결정한다. 조달기간 동안의 수요에 불확실성이 높을수록 품질에 대비해 안전재고를 많이 보유해야 한다. 한편, 재고를 주기적으로 실사하는 경우 주문 시점은 곧 실사 시점과 일치한다.

셋째, 주문량의 경우 재고 실사 주기의 길이에 따라 결정방법이 다르다. 계속 실사를 채택하는 경우 주문량은 대개 결정되어 있지만, 주기적인 실사의 경우 다음 실사 때까지의 수요와 조달 기간 안의 수요를 모두 고려하여 결정하게 되나, 주문량과 실사 주기의 상호연관성을 고려해야 하므로 이 역시 상당히 복잡해진다.

CHAPTER

08

관광인적자원관리

08 Chapter 관광인적자원관리

제1절 인적자원관리의 개념

① 인적자원관리의 의의

인적자원관리(Human Resource Management : HRM)는 구성원들이 자발적이고 적극적으로 조직의 목적달성에 전력을 바치도록 하는 철학과 이를 실현하는 제도 및 기술체계이다. 인적자원관리는 조직의 목적을 달성하기 위하여 기업의 인적자원을 활용하는 것이라 정의할 수 있다. 이는 사람과 직무를 유기적으로 결합하는 조직적 관리 활동이다. 따라서 모든 계층의 매니저들은 인적자원관리에 관심을 가져야 한다.

인적자원관리의 궁극적 목표는 기업의 이윤추구에 있으나, 현실적 목적은 아름다운 기업을 이루는 데 있다. 이를 구현하기 위한 인적자원관리의 목표는 기업의 생산성과 직원의 생활성(인간성), 나아가 역량성을 함께 달성하는 데 있다. 인적자원관리에서는 이러한 요소가 조화와 균형을 이룰 때 아름다운 기업이 이루어질 수 있다. 이와 같은 철학적 아름다움과 인적자원관리 목표와의 체계를 나타낸 것이 [그림 8.1]이다.

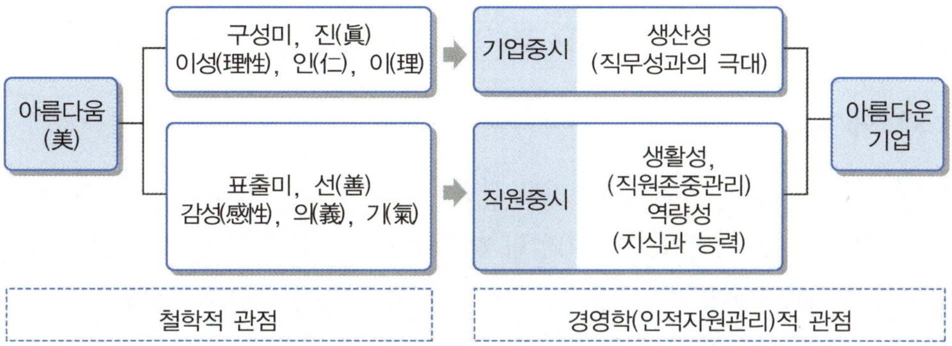

그림 8.1 철학적 아름다움과 인적자원관리의 목표와의 체계[1)]

② 현대 인적자원관리의 특징

현대 인적자원관리는 전략적 인적자원관리이다. 전략적 인적자원관리는 보편적 접근, 상황적 접근, 형태적 접근의 특징을 가지고 있다. 전략적 인적자원관리는 보편적 접근을 기본으로 하면서, 상황적 접근과 형태적 접근이 중시되고 있다.

1) 보편적 접근

보편적 접근(universalistic approach)은 일반이론의 관점에서 어느 기업이나 똑같이 적용해야 할 기본적 요소이다. 보편주의적 관점에 입각한다면 경영학의 이론 및 방법은 시간과 공간을 초월해서 모든 시대의 국가와 기업에 효과적으로 적용될 수 있다고 보고 있다. 따라서 어느 지역이나 역사와 문화와는 관계없이 일반적으로 적용될 수 있는 관리방식들이 존재한다는 것이다. 즉 모든 국가의 경제나 기업은 국제적 표준(global standard)이라고 불리는 경영방식 또는 제도가 있는데 이것만이 당면한 문제점들을 해결하고 성장·발전시킬 수 있는 유일한 표준이라는 것이다.

보편적 접근법은 1980년대 후반 이후 일본기업의 인적자원관리에 영향을 받아 미국기업을 중심으로 퍼지기 시작한 혁신적인 인적자원관리기법(innovative HR practices) 또는

1) 박성환(2007). 역량중심 인적자원관리. 한올출판사, p.9.

초우량 작업장(high performance work organizations) 개념과 밀접한 연관이 있다.

2) 상황적 접근

상황적 접근(contingency approach)이란 상황 적합 이론을 의미하는 것으로서, 좋은 제도라 할지라도 다른 나라의 문화, 기업의 전략이나 내부적 상황 등과 잘 조화를 이루지 못하면 좋은 경영성과를 낼 수 없다고 보는 관점이다. 상황적 접근은 기업마다 그 독특한 상황과 환경이 다르므로, 그 기업이 처한 독특한 실정과 환경에 맞는 개별적(case by case)인 제도나 시스템을 만들고 운영해야 성과를 높일 수 있다는 특수주의(particularism)를 신봉하고 있다. 즉 상황적 접근은 특수이론의 관점에서 내외적인 환경을 고려하여 전략을 선택하고 구성원은 이에 부합하는 행동을 한다. 수직적으로 기업의 문화나 전략이 특정 인사관리 시스템 또는 제도에 부합되어야 하고, 수평적으로 어떤 인사관리 체계를 변경하거나 새로 도입할 때, 그 제도가 기존의 다른 인사제도들과 서로 잘 부합되어야 한다는 것이다.

상황적 접근법에서 가장 많이 이용되고 있는 조직전략의 유형은 Porter의 경쟁전략모형(1980, 1985), Miles & Snow(1984)의 사업전략이 있다.

3) 형태적 접근법

형태적 접근법(configurational approach)은 중범위(中範圍) 이론으로, 기업의 효율적인 인적자원관리 정책과 제도 및 시스템이 상호작용을 통해 일정한 논리를 가지고 내부적으로 적합한 인적자원관리의 한 조합으로서 형태를 이루고, 자원기반관점에서 직원의 역량을 계발하고 향상함으로써 지속적인 경영우위를 창출할 수 있다는 관점이다. 이 접근법은 Lado & Wilson의 자원기반관점(resource- based view) 연구가 중심이 되고 있다. 자원기반관점에 의하면 기업은 여러 생산적 경영자원의 집합체로 구성되어 있다. 자원기반관점은 기업의 자원이 가치 있고 희귀하며 모방하기 어렵고 대처하기 어려울 때, 지속적인 경쟁우위를 확보할 수 있다고 보고 있다. 즉 기업의 인적자원이 외부환경에 단순히 적응하는 차원을 넘어서 환경을 주도함으로써 기업의 경쟁력을 가져올 수 있는 주체라는 것이다. 기업의 자원기반 인적자원관리시스템은 직원의 역량 개발과 향상을 통한 경쟁우위를 만들어 낼 수 있는 가장 훌륭한 시스템이다.

이상의 전략적 인적자원관리를 그림으로 나타낸 것이 [그림 8.2]이다.

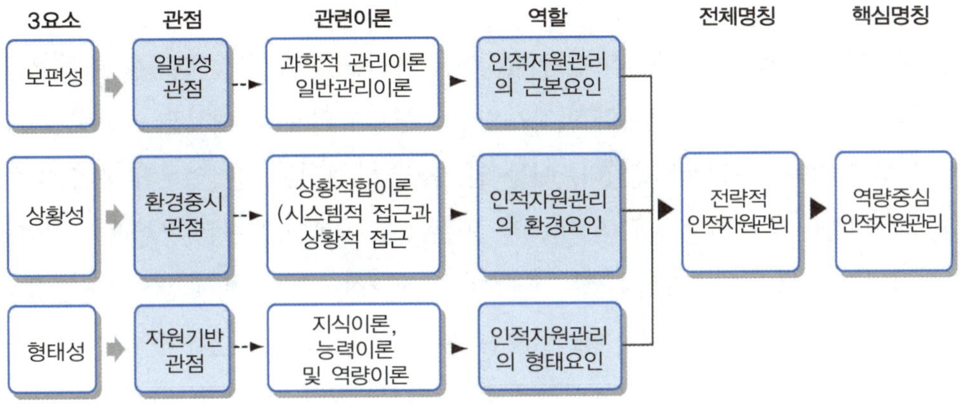

그림 8.2 현대 인적자원관리의 체계[2)]

3 인적자원관리에서 인사담당자의 역할 변화

최근 인적자원관리 담당자의 업무가 급격하게 변화하고 있다. 이것은 종전의 HR(human resource) 기능이 쇠퇴한 것이 아니라, 각 기능을 담당하는 사람들이 이동하는 조직구조 변화를 초래하였다. 일부 조직은 기업 내에 HR 기능의 대부분을 계속 수행하고 있다. 그러나 기업 내부 운영이 재검토되면서 HR 업무가 인사담당자 또는 외부 벤더(outside vender)에 의해 더 효율적으로 수행될 수 있지 않을까 하는 의문을 제기하기에 이르렀다. 명백한 사실은 HR을 포함해 조직 내의 모든 기능이 비용삭감 측면에서 철저히 조사되고 있다는 것이다. 경쟁적인 글로벌 환경에서 모든 조직이 긴축예산에서 운영되고 있고 HR도 예외는 아니다.

인적자원기능을 수행하는 사람들의 배치전환 및 할당이 조정되게 됨에 따라, 많은 인적관리 담당 부서가 점차 축소되었고 다른 부서들이 인사담당의 일부 기능들을 수행하기에 이르렀다. 최근 인사관리 담당자(전통적인 스탭)의 업무는 점차 SSC(Shared Service Centers),

2) 박성환, 전게서, p.40.

아웃소싱, 라인 매니저(인사담당 직원)가 그 활동에 조력하게 되었고, 그에 따라 HR은 관리적인 이미지에서 벗어나 더욱 전략적이고 사명(mission) 지향적인 활동으로 전환되고 있다.

1) 인적자원 매니저(human resource manager)

전통적 인사관리에서 인사관리 담당자(staff)가 관심을 쏟고 '받들어야 할 대상'은 최고경영자나 기업가이었으나, 현대의 인적자원관리 담당자의 관심 대상은 최고경영자뿐만 아니라 모든 직원을 포함하고 있다. 이들 인적자원 매니저는 인사업무에 관해 다른 매니저들과 더불어 일하면서 자문역(advisory) 또는 스탭(staff)의 능력을 발휘하는 사람들이다. 역사적으로 보면 인적자원부서는 후술하는 8장 2절의 [그림 8.3] 인적자원관리 기능에서 5가지 기능(스태핑, 인적자원개발, 보상과 혜택, 안전과 건강, 노사관계)을 영위한다.

인적자원 매니저는 조직의 목표달성을 위해 인적자원관리자와 협력하는 것이 첫 번째 책임이다. 라인 매니저와 인적자원 담당자 간에는 공통의 책임이 있다.

오늘날 전통적으로 수행되어왔던 HR 매니저의 많은 업무가 삭감되거나 없어져 왔고 현재 인적자원 조직구조와 서비스 전달비용은 약 30~40% 축소되었다고 한다.

2) SSC(Shared Service Centers)

SSC는 전문지식센터(a center of expertise)로 알려져 있다. SSC는 업무의 틀을 정형화하고 조직 전체에 흩어져 있는 거래기반 활동을 한 곳으로 통합한다. 예를 들어 20개의 SBU(Strategic Business Unit: 전략적 사업단위)를 가진 기업이 있다면 이들을 모아 정형화된 HR 업무로 통합하고 한 장소에서 업무를 수행한다는 식이다. 증가한 업무량은 더욱 적합한 자동화 시스템으로 처리함으로써 인적자원 인원을 더 축소할 수 있다. SSC로 인해 기업의 HR 기능에는 여러 가지 이점이 있다. 이를테면 SSC를 활용하면 연금관리, 급료지급명부, 재배치 지원, 모집지원, 글로벌 훈련 및 개발, 승계계획, 재능 있는 인재 유지(타 기업에 뺏기지 않음) 등에 많은 이점을 가져올 수 있다.

3) 아웃소싱 기업(Outsourcing Firms)

아웃소싱이란 서비스 영역이나 기업의 목적에 대해 외부 제공자에게 책임을 맡기는 것을 말한다. 아웃소싱은 기업이 자원과 역량을 핵심부문에 집중함으로써 효율성을 높이고, 그 외 업무는 외부화나 외부조달로 외부전문분야의 도움을 얻음으로써 자신들의 경쟁력을 높이는 것이다. 따라서 이를 외부화, 외부조달이라고도 한다. 조금 상세히 보면 기업이 보유하고 있거나, 직접 처리하는 업무 중에서 전략적으로 중요한 핵심부문이나 가장 잘할 수 있는 핵심역량에 모든 자원을 집중시켜 생산이나 업무의 전문성을 확대하고, 부가가치가 낮은 단순 업무들을 외부의 전문적인 우수기업 또는 인재에게 맡기거나 조달함으로써 인건비를 절감하고 조직을 축소하는 등 인력의 유연화로 생산성을 향상하는 것을 의미한다.

아웃소싱은 하청, 외주, 파견근로자, 컨설팅, 업무대행 등을 포괄하는 의미로 사용되고 있고, 비정규직 대부분도 아웃소싱의 형태로 고용되고 있다. 미국에서는 1980년대 처음 정보시스템 부문을 외부에 위탁하였고 그 후 총무, 경리, 물류, 유통, 인사, 영업 등 전 분야로 확대되었다. 또 외부에 주문생산하거나 해외 출장 관련 업무를 아웃소싱하기도 하고, 기업의 차를 없애고 외부의 렌터카를 이용하거나 원자재나 부품을 해외에서 조달하는 글로벌 소싱 등 여러 가지가 있다. 민간이나 정부를 막론하고 아웃소싱이 확대되고 있어 HR 기능은 점차 축소되어 가는 추세이다.

4) 라인매니저(Line Manager)

라인매니저는 기업의 주목적을 직접 수행하는 인력을 말한다. HR 매니저의 전통적인 업무가 축소됨에 따라 라인매니저가 승진해서 인적자원관리자가 행하던 업무를 담당하기에 이르렀다. 이를테면 라인매니저는 예전 HR에서 수행했던 수많은 스탭기능을 담당한다. 고용된 인력의 질은 매니저를 훌륭하게 만들거나 망치게 하기도 한다. 모든 매니저는 자신의 업무가 계속 훈련받고 개발되어야 한다는 것을 이해해야 한다. 동기유발에는 보상과 혜택이 필요하다. 만약 노조가 만들어지면 라인매니저는 노조와 효율적이고 협력적으로 일하는 방법을 찾아내야 한다.

Ulrich(1997)에 의하면 인사관리 담당자의 업무분담과 책임에는 각 단계에 따라 다르다고 한다. 〈표 8.1〉과 같이 직원 변화관리에 대한 책임에서 전체를 10으로 볼 때 인사변화가(임원)가 약 3할을 차지하고 라인관리자(부장)가 4할 정도, 그리고 외부 컨설턴트가 나머지 3할을 차지하고 있다. 이러한 사실을 보면 인사담당 임원은 전략적 기능을 부장에게 빼앗기고 변화관리를 일선 전략가에게 빼앗김으로써 자신의 경력 경로의 위치가 불명확해지고 있다.

표 8.1 인사관리담당자의 분담과 공유된 책임

구분	인사 인프라관리	직원 지원관리	전략적 인사관리	직원 변화관리
책임	인사담당자 (본사 스탭) 5 아웃소싱 3 정보기술 2	인사지원자(스탭) 2 라인관리자 6 직원 2	인사전략가(스탭) 5 라인관리자 5	인사변화가(스탭) 3 라인관리자 4 외부 컨설턴트 3

제2절 인적자원관리 기능

Mondy & Noe(2005)는 인적자원관리기능은 [그림 8.3]과 같이 스태핑(staffing), 인적자원개발(human resource development), 보상과 혜택(compensation and benefits), 안전과 건강(safety and health), 노사관계(employee and relations) 등 5가지로 구성된다고 한다.

그림 8.3 인적자원관리 기능3)

3) Mondy, R. W. & Noe, R. M(2005), *Human Resource Management*, p.6.

① 스태핑(staffing)

- 우리나라에서는 스태핑이라고 하면 열에 아홉은 인력파견업체가 하는 임시직 인력 파견으로 알고 있다. 이렇게 좁은 의미가 아닌 넓은 의미로 스태핑을 해석해야 인력 관리가 체계적으로 이루어질 수 있다.
- 스태핑은 정해진 방법과 규칙(rule)에 따라 '사람을 채용하거나 유지하고 퇴출하는 일련의 활동'을 모두 포함하는 개념이다. 스태핑을 단순히 공석이 발생했을 때 신규 인력을 충원하는 절차나 외부채용과는 상반되는 의미의 '내부채용'으로 이해하지 말아야 한다. 스태핑은 채용, 고용, 승진, 이동, 재배치, 해고, 이직 및 퇴직 등 인력의 운용에 관한 모든 것으로 이해해야 한다.
- 스태핑은 조직의 목표를 달성하기 위해 적절한 기술을 익힌 직원들이 적절한 시기에 적절한 직무를 수행하도록 조직이 확실하게 하는 과정이라고 정의할 수 있다. 본서에서 기술하는 스태핑에는 직무분석, 인적자원계획, 모집, 선발 등이 포함된다.
- 스태핑 전략(staffing strategy)을 장기적인 인력관리의 지침으로 명확히 설정한 후에 연도별, 분기별, 월별 스태핑 활동을 구체화한 스태핑 계획(staffing plan)을 수립하여 실행에 옮기는 일련의 프로세스를 정착시켜야 한다.

1) 직무분석(Job Analysis)

조직구성원은 모두 조직의 목표달성을 위해 맡은 직무를 수행하고 있다. 직무관리는 체계적인 직무분석을 바탕으로 직무를 설계하고 구성원들이 효율적으로 직무를 수행하도록 하며 직무를 평가함으로써 구성원들의 발전에 이바지하는 관리를 의미한다. 직무(job)란 조직구성원이 수행해야 할 유사한 과업들이 모인 하나의 일의 범위이다. 즉 직무는 조직 내의 개인의 역할을 규정하는 기본적 단위이다.

직무분석이란 조직 내에서 직무의 내용과 직무를 수행하는데 필요한 직무수행자의 기술, 의무, 지식 등 직무수행을 하는데 필요한 것들을 분석·결정하는 체계적 과정이다. 기업은 직무분석을 성공적으로 수행하기 위해 직무분석 전략을 수립하여야 한다. 직무분석 전략은 주로 이와 관련하여 직무를 효율적으로 수행하거나 인적자원관리에 효율적으로 활용할 수 있도록 하는 방법이나 책략이다.

직무분석은 '특정직무의 내용' 및 '이를 수행하는데 필요한 직무수행자의 행동, 육체적 및 정신적 능력'을 체계적으로 밝혀야 한다. 전자는 직무와 관련된 정보를 획득하는 과정이므로 직무정보의 합목적적 획득과 정리가 필요하고, 후자는 직무를 수행하는 사람의 직무수행 능력과 관련되는 광범위한 정보를 제공하기 위해 실시된다. 직무분석의 과정은 직무별 내용을 정리함으로써 직무기술서가 작성되고 담당자의 자격요건을 정리함으로써 직무명세서가 작성된다.

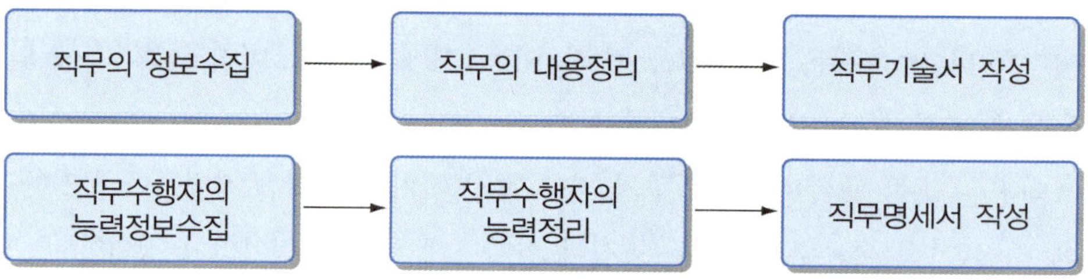

그림 8.4 직무분석의 과정

직무는 어떻게 구성되어 있는가? 직무, 즉 일의 요소는 과업, 직무, 직군, 직종 등으로 구성되어 있다. 직무분석의 내용은 [그림 8.5]와 같이 수행직무(작업분석)와 수행요건(요건분석)으로 구성되어 있다.

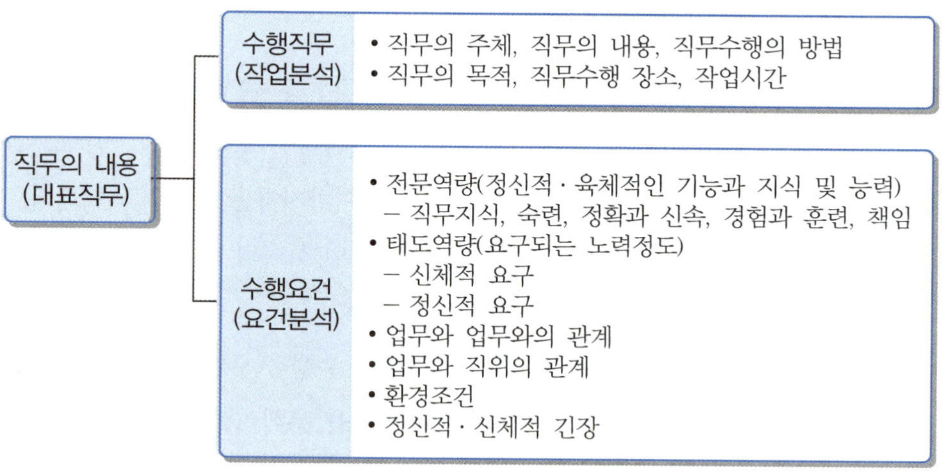

그림 8.5 직무분석의 내용

직무기술서(job description)는 직무분석의 결과로 얻어진 직무의 내용 및 성격 등에 관한 정보를 일정한 양식으로 기록 · 정리한 문서로서 직무해설서라고도 한다. 이것은 직무의 능률적인 수행을 위해 직무분석의 결과를 정리하여 작업자에게 정보를 제공할 수 있도록 요점을 기술한 것이다.

직무명세서(job specification)는 직무의 내용과 관련하여 그 직무담당자의 인적요건을 설명한 문서이다. 직무기술서는 분석결과에 따라 직무 내용 및 성격 등을 해설한 문서이고, 직무명세서는 직무의 내용과 관련하여 인적요건(requirement)의 필요한 사항을 일정한 양식에 따라 정리한 문서이다.

표 8.2 직무기술서와 직무명세서에 포함되는 사항

구분	직무기술서	직무명세서
내용	• 직무명칭 • 직무의 소속 직군, 직종 • 직무 내용의 요약(개요, 목적, 근무시간, 작업장소, 작업 자세) • 수행되는 과업 • 직무수행의 방법 • 직무수행의 절차 • 사용되는 원재료, 장비, 도구 • 관련되는 다른 직무와의 관계 • 작업조건(작업집단의 인원수, 상호작용의 정도 등)	• 직무명칭 • 직무의 소속 직군, 직종 • 요구되는 교육수준 • 요구되는 기능 · 기술 수준 • 요구되는 지식 • 요구되는 정신적 특성(창의력, 판단력 등) • 요구되는 육체 능력 • 요구되는 작업경험 • 책임의 정도

2) 인적자원 계획(Human Resource Planning : HRP)

인적자원계획은 인적자원의 자격요건을 검토하는 체계적인 과정이다. 인적자원관리는 경영자의 철학과 목표 및 방침을 바탕으로 인적자원관리의 계획을 수립한다. 기업은 인적자원관리의 목표가 설정되면 이에 따라 인사관리 각 기능의 목표가 정해진다. 또 그 목표를 효율적으로 달성하기 위해 경영방침이 정해지고 이에 따라 인적자원관리 계획이 구체적으로 수립된다.

인적자원관리의 영역별 인사계획은 장래의 각 시점에서 기업이 필요로 하는 인적자원의 수준과 인원수를 사전에 예측하고, 기업 내외의 인력실태를 예측하는 것이다. 인사계획은 기업의 급속한 기술적 · 경제적 발전에 부응하여 구조적인 상황변화를 예측하고 이에 부합할 수 있도록 설정해야 한다. 또 인사계획은 물질적인 성과의 달성뿐만 아니라, 직원의 관심을 끌 수 있는 동기유발이 필요하다.

인사계획은 다른 경영활동 영역과 많은 관련이 있다. 이것을 나타낸 것이 [그림 8.6]이다. 인사계획은 전반경영계획의 일환으로서 그 기업의 다른 부문 계획, 즉 판매계획, 생산계획, 투자계획 및 구매계획 등과 상호작용 속에서 이루어져야 한다. 인사계획은 협의의 인사계획과 광의의 인사계획이 있다. 협의의 인사계획은 인력계획만을 의미하고, 광의의 인사계획은 인력계획 · 조직계획 · 제도계획을 의미한다. 조직계획과 제도계획은 인력계획을 수립하는데 보조적인 역할을 한다. 조직계획은 인력을 수용하는 권력의 구조와 직무의 구조를 파악하는 활동계획이고, 제도계획은 인력 활용을 뒷받침해 주는 보수제도와 신분제도 및 평가제도를 확립하는 계획이다. 인력계획이 기능적 요소라면 조직계획, 제도계획은 구조적 요소이다.

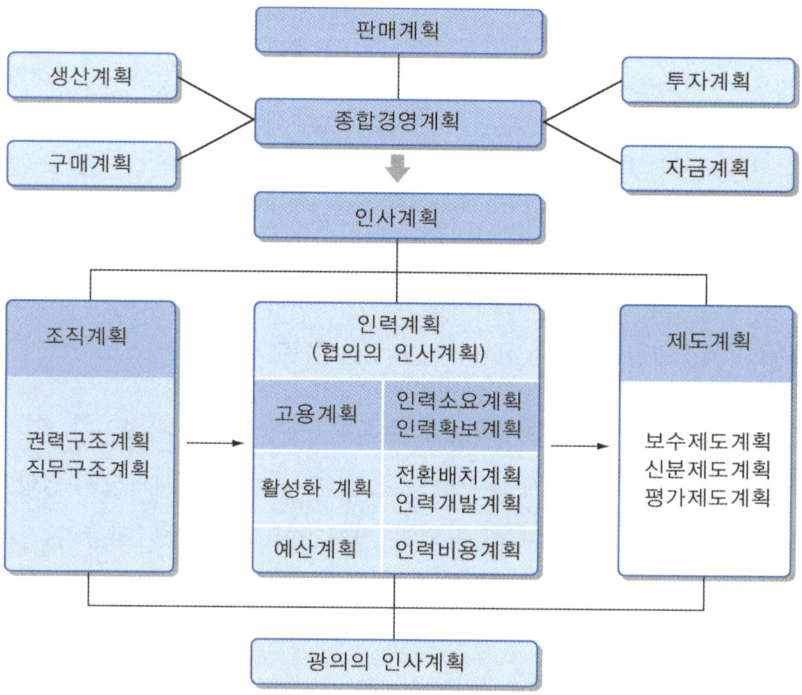

그림 8.6 경영계획의 일환으로서 인사계획

3) 모집(Recruitment)

모집은 기업이 인재를 선발하기 위하여 유능한 지원자를 내부 혹은 외부로부터 구하여 그들이 조직 내의 어떤 직위에 응시하도록 자극하여 확보하는 활동이다. 따라서 기업은 유능한 지원자를 구하는 모집을 순조롭게 수행하여야 수준 높은 인재를 선발할 수 있을 것이다.

기업에서 인적자원의 모집은 모집방침의 설정으로부터 시작된다. 모집방침의 설정은 직무명세서를 기초로 하여 인력모집에 대해 요구하는 것을 기술한 것이다.

인적자원을 모집하기 위해서는 기업의 내·외 채용여건을 분석해야 한다. 인력의 모집에는 내부 노동시장형과 외부 노동시장형이 있다. 전자는 기업 내에서 직원의 양성에 목표를 두고 모집하는 형태이고, 후자는 외부에서 양성된 인력 중 기업이 바라는 인력을 적기와 적시에 구하기 위해 모집하는 형태이다. 전통적으로 한국과 일본 등 동양권의 기업들은 내부 노동시장형을 선호하고 있고 서구기업들은 외부 노동시장형을 선호하고 있다. 이러한 노동시장의 특징은 〈표 8.3〉에 나타나 있다. 기업은 모집 시기를 분석하고 지원자 수를 예측한 후에 모집예산을 편성한다. 기업이 인력모집계획에 따라 모집 직종과 직종별 인원이 결정되면 본격적인 모집 활동이 시작된다.

표 8.3 내부노동시장과 외부노동시장 채용

구분	내부노동시장 채용	외부노동시장 채용
특징	• 인재의 육성정책 • 신입사원 중심으로 우수인력 조기 채용 • 장기근속을 전제로 역량을 통한 탄력적이고 지속적인 훈련을 통한 기업 특수 기술과 숙련보유가 가능	• 인재의 구인 정책 • 전 직급에 걸친 경력사원 채용 • 고용을 통한 탄력성 유지 • 승진보다는 성과중심(보상)
장점 (이익)	• 안정적 고용보장과 내부승진으로 직원의 동기부여 • 기업이 보유하고 있는 기능과 지식 및 능력에 대한 예측이 가능함 • 팀워크가 증진되고 조정과 통제가 수월함 • 기업에 필요한 인재양성 • 채용비용(거래비용)이 낮음	• 인력관리의 신축적 운영 가능(직원의 수와 유형에 대한 재량권 증대) • 중요 자원을 핵심역량의 개발에만 사용할 수 있음 • 필요한 인력의 신속한 확보 가능 • 조직의 새로운 변화를 유도할 수 있고 변화에 빠른 대응 가능 • 훈련비용 절감 • 총액 인건비의 통제 용이

단점 (비용)	• 고용 관계에서 관료제 현상으로 경직성 유발 • 장기근속으로 인한 기술의 노후화 • 시간이 지남에 따라 인건비의 수직 상승 • 새로운 환경변화에 대한 적응력이 떨어짐 • 높은 교육 훈련 비용	• 직원의 결속력 약화 • 불안정 고용으로 인한 사기 저하 • 채용 비용이 높음 • 적절한 인재를 찾기가 쉽지 않음 • 외부인력을 아웃소싱함으로 인해, 기업의 기술과 핵심역량의 개발을 지연시킬 수 있음

4) 선발(Selection)

선발이란 모집된 사람 중에서 유능한 지원자를 선택하는 활동을 의미한다. 즉 지원자의 채용 여부를 결정하는 과정이다. 모집은 기업에 입사하려는 지원자를 모으는 과정인데, 선발은 이들 중에서 한 직무와 지원자 사이의 적합 정도를 평가하여 직무를 가장 잘 수행할 수 있는 유능한 지원자를 선택하는 과정이다.

기업의 인력선발계획은 조직의 직무 자격요건과 보상에 비추어 지원자의 지식과 능력 및 의욕을 평가하여 이에 합당한 인재를 선발할 수 있도록 미리 설계하는 것을 의미한다. 인적자원의 선발방식은 기업의 직무수행에 있어서 필요한 자격요건을 식별하기 위해 다양한 선발 수단이 필요하다. 이에는 종합적 평가법, 단계적 제거법, 중요사항 제거법 등이 있다. 경영자는 이것들을 잘 이해하고 그다음 기업에 가장 효율적인 방법이 어느 것인지를 분석한 후 채택하여야 할 것이다.

선발절차는 기업의 사정에 따라 차이가 있겠지만, 대체로 서류전형, 예비면접, 선발시험, 선발 면접, 경력조회, 신체검사, 선발 결정, 채용 등의 순서로 이루어진다([그림 8.7] 참조).

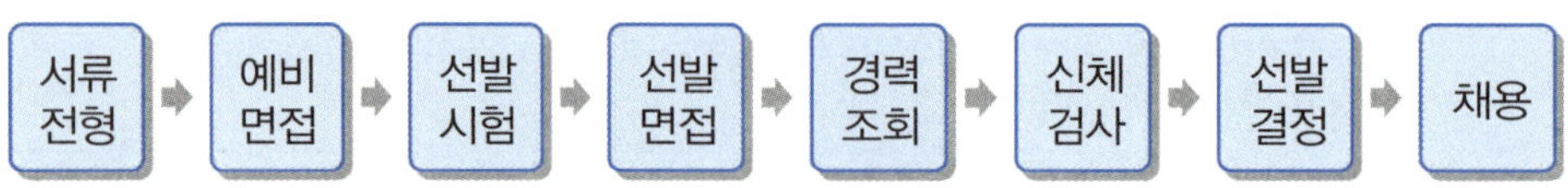

그림 8.7 직원 선발절차

인력선발의 평가는 기업의 인력선발이 합리적으로 실시되었는가를 확인하기 위한 평가이다. 인력선발의 평가는 선발의 전 과정에서 신뢰성 · 타당성 · 효과성 · 합리성을 분석하는 것이 좋지만, 이것이 여의치 않으면 선발의 2대 핵심과정인 시험과 면접에서 이들 분석이 꼭 필요하다고 할 수 있다.

② 인적자원개발(Human Resource Development)

1) 교육 · 훈련 및 개발

교육 · 훈련(education & training)이란 조직의 목적을 달성할 수 있도록 직무를 수행하는 데 필요한 전문역량(기능, 지식, 능력, 기술) 그리고 근무 의욕을 배양시키는 활동을 의미한다. 개발(development)은 직원이 현재 직무에 필요한 능력(ability)뿐만 아니라 미래에 필요한 직무능력을 배양하는 것이다. 다시 말하면 교육과 훈련은 직원들의 현재 부족한 직무에 초점을 두고 있으므로 매우 단기적이고 직접적인 효과가 있다. 그러나 개발은 개인, 집단, 조직 전체의 미래지향적인 노력에 초점을 두고 있으므로 장기적이고 간접적인 효과로 나타난다. 이것을 정리하면 〈표 8.4〉와 같다.

표 8.4 교육 · 훈련 · 개발의 기능

방법	교육	훈련	개발
초점	일반적인 직무 지식(knowledge)과 태도(attitude)의 육성	특정 직무수행에 필요한 업무 기능(skill)과 기술(technology)	현재와 미래의 직무수행 능력(ability)
대상	개별 직원(개인 목표 강조)	개별 직원, 집단(조직목표 강조)	개인, 집단, 조직 전체
내용	개념 · 이론	실무 · 기능	이론 · 실무
시간	직접 · 장기간	직접 · 단기간	간접 · 장기간
특징	기초적인 직무 지식 배양(전체적 · 객관적 · 체계적 과정)	현재 업무 기술의 결점보완 및 향상(개별적 · 실제적 · 구체적인 관점)	미래의 직무수행 능력 배양

교육 · 훈련의 목적은 기업과 직원의 입장에 따라 서로 다르게 나타난다. 기업 측은 전문가의 양성을 통한 기업의 발전에 있고, 직원에게는 자기계발을 통한 개인의 발전에 있다. 교육 · 훈련의 목적을 요약하면 [그림 8.8]로 나타낼 수 있다.

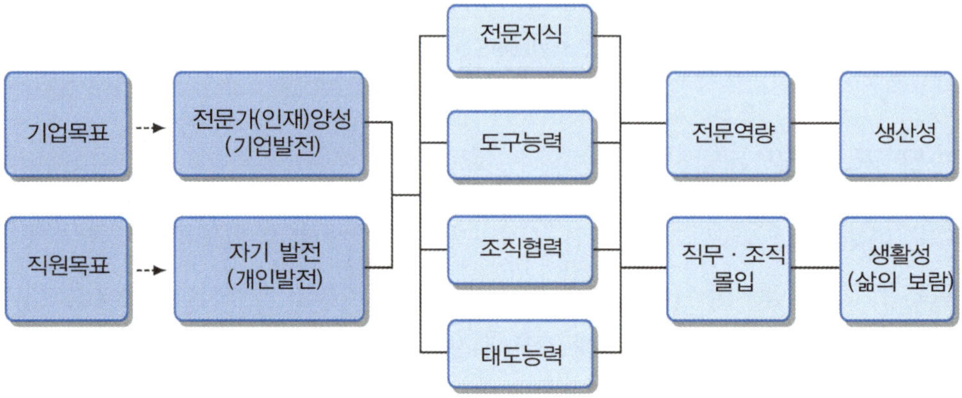

그림 8.8 교육훈련의 목표

교육 · 훈련의 계획에는 인력개발의 필요성 분석(조직분석, 직무분석, 개인 분석)을 통하여 교육 · 훈련 목표설정, 대상자 선발, 내용 결정(전문적 지식과 능력개발, 근로 의욕 개발), 실시자 결정(직속 상관 교육 훈련: OJT, 외부 전문가 교육 훈련: off-JT, 자기 개발: SD), 기법 선정(신입사원 · 실무층 · 관리층 · 조직 교육 훈련기법)이 있다.

교육 · 훈련의 평가에는 교육훈련의 효과 평가(반응효과 · 학습효과 · 행동효과 · 결과효과)와 타당성 평가(훈련 타당성 · 전이학습 · 조직내 타당성 · 조직간 타당성 · ROI)가 이루어져야 한다. 이 중에서 ROI(투자이익률) 평가는 교육 · 훈련에서 효익을 얻은 화폐적 가치를 비용으로 소요된 화폐적 가치로 나눈 것이다.

2) 경력관리

경력관리(career management)는 한 개인이 입사로부터 퇴직에 이르기까지 경력 경로를 개인과 조직이 함께 계획 · 실시하여 개인 목표와 조직목표를 장기적 관점에서 달성해 가는 종합적 인적자원관리를 의미한다. 경영자는 기업의 미래 인적자원 수요를 충족시키기 위하여 직원들의 경력 경로를 설정하고 현재와 미래에 필요한 직무역량을 개발하며 그 결과를 평가하여야 한다. 기업의 경력관리는 계획, 실시, 평가의 과정을 통해 이루어진다. 이것을 나타낸 것이 [그림 8.9]이다.

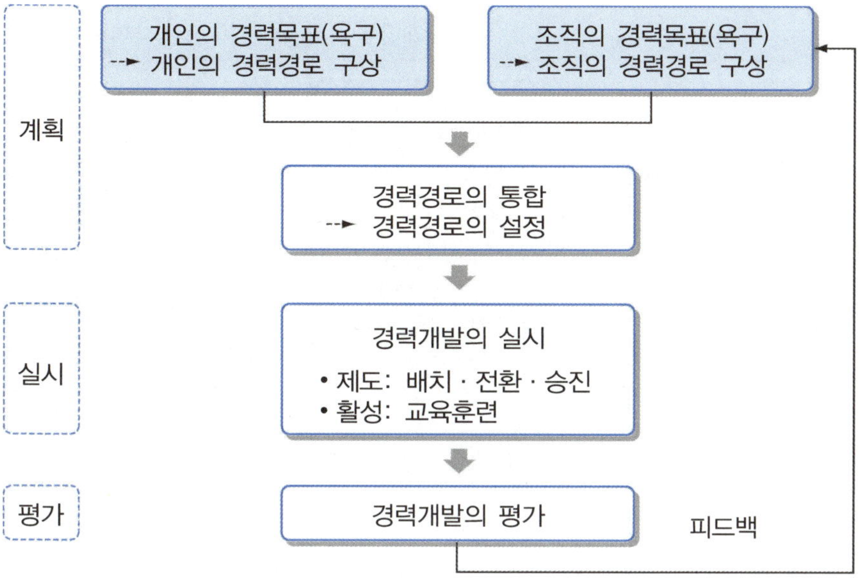

그림 8.9 기업의 경력관리 과정

경력계획(career planning)은 개인이 기업의 경력목표(욕구)를 수용하면서 자신의 욕구와 목표를 반영한 통합목표를 수립하고 이에 따라 개인의 최적 경로를 선택하는 것이다. 경력계획은 경력 성공과 실패의 연속이 수반될 수밖에 없으므로 각 개인의 자아개념, 정체성, 그리고 만족감과 가깝게 연결하는 것이 매우 중요하다.

기업이 경력관리에서 경력계획을 확정하는 일은 기업이 개인의 경력 경로를 설정하는 것을 의미한다. 경력 경로(career path)란 개인이 조직에서 차례로 담당할 수 있는 여러 종류의 직무들의 배열을 말한다.

경력관리를 한다는 것은 경력개발(career development)을 뜻한다. 이는 조직이 직원의 경력을 개발하는 것을 말한다. 기업이 인재를 채용한 후, 그 인재의 개인 목표를 바탕으로 기업의 협조를 얻어 경력 경로를 설정하고 이동(배치, 전환, 승진)과 교육 · 훈련을 통해 경력개발을 함으로써 전문가를 양성할 수 있는 제도이다. 그리고 이에 대한 평가와 피드백이 필요하다. 경력관리의 내용을 요약한 것이 [그림 8.10]이다.

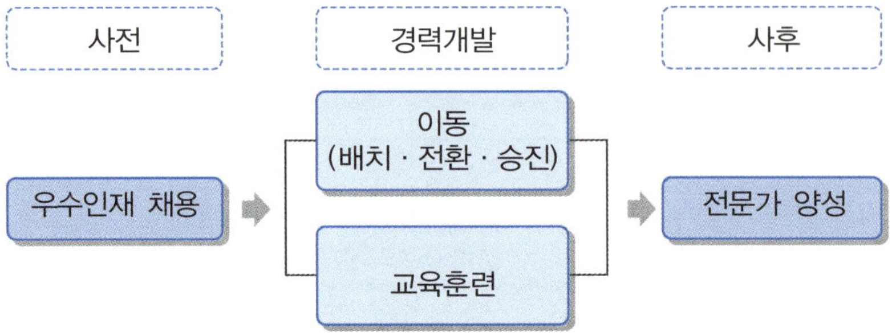

그림 8.10 경력개발의 내용

3) 경력관리지원시스템

경력관리지원시스템은 기업에 따라 다양하나, 기본적으로 인사정보시스템, 경력정보시스템, 경력상담시스템, 평생학습시스템 등이 갖추어져야 한다. 인적자원부서는 인사정보시스템(personal information system)을 통해 인사 정보를 체계화하고 직원들에게 제공할 필요가 있다. 인사정보시스템은 기본적으로 개인의 비밀이 보장될 수 있도록 설계되어야 하며, 정보관리 교육을 통해 인사담당자가 독자적으로 관리할 수 있도록 해야 한다. 또 인사부서는 경력정보를 전담하여 제공할 경력정보시스템(career information system)을 구축하여야 한다. 그리고 경력상담자가 기업의 경력 목적과 직원의 경력 욕구에 대해 상담하고 지원할 수 있도록 인적자원부서는 경력상담제도를 설치할 필요가 있다. 경력상담시스템(career counseling system)은 인적자원부서가 조직구성원의 경력목표 수립과 적절한 경력선택을 지원하기 위한 체계이다. 기업은 또한 직원들의 경력 관련 욕구를 충족시켜 주는 평생학습시스템을 구축하여 평생학습의 기회를 제공하여야 한다. 평생학습시스템은 기업의 직원들이 평생 개인학습을 통해 조직학습을 구축하는 것이다. 조직학습은 개인 차원에서 보유한 사전지식을 조직 차원에서 그들 간의 지식변환을 위한 노력의 강도를 증가시켜 지식의 습득을 더 활발하고 빨라지게 만들 수 있다.

4) 평가관리

평가관리는 인적자원과 그가 소속된 집단의 자질, 역량, 기술, 업적 등을 평가하는 관리를 의미한다. 인적자원의 평가에는 개인 고과인 인사고과와 집단 고과인 집단평가가 있다. 여기서는 인사고과에 한정하기로 한다.

인사고과(personal rating)는 직원 개인을 평가하는 것으로 인사평가(human assessment)라고도 한다. 인사고과는 직원이 어떤 지식, 능력(가시적, 잠재적), 업적과 직무 태도를 보유하고 있거나 이를 수단으로 하여 조직의 직무수행으로 성과를 높이는 가치를 객관적이고 체계적으로 평가(evaluation)하는 것을 의미한다.

전통적 인사고과는 직원의 과거 실적을 고과하여 상여금 · 승급 · 이동 · 해고 등 차별적인 대우, 즉 상벌의 기초자료로 활용하기 위한 관리의 목적으로 활용하였다. 그러나 현대적인 인사고과는 기업의 합리적인 인적자원관리를 위한 기초자료로 활용함으로써 직원들의 역량과 성과향상 및 동기유발, 그리고 기업의 조직개발을 목적으로 하고 있다. 또 전통적 인사고과는 과거 중심의 사정형 고과였으나, 현대적 인사고과는 미래중심의 역량개발형 고과로 발전되고 있다.

기업의 인사고과관리는 계획에서 인사고과의 목표를 수립하고, 실시에서 인사고과 구조로서 고과 요소를 설정하고, 인사고과 기능으로써 고과자와 고과 기법을 결정한다. 그리고 평가단계에서 고과 결과를 평가한다. 이상을 나타낸 것이 [그림 8.11]이다.

기업은 직원의 인사고과가 합리적으로 잘 수행되었는지를 평가해야 한다. 또 인사고과는 승진이나 이동배치를 위해 일과성으로 실시할 것이 아니라, 직원들의 여러 가지 역량에 대한 변화추세 및 개인정보를 파악하여 활용하기 위해 여러 번 평가하여 그 결과를 축적하여야 할 것이다.

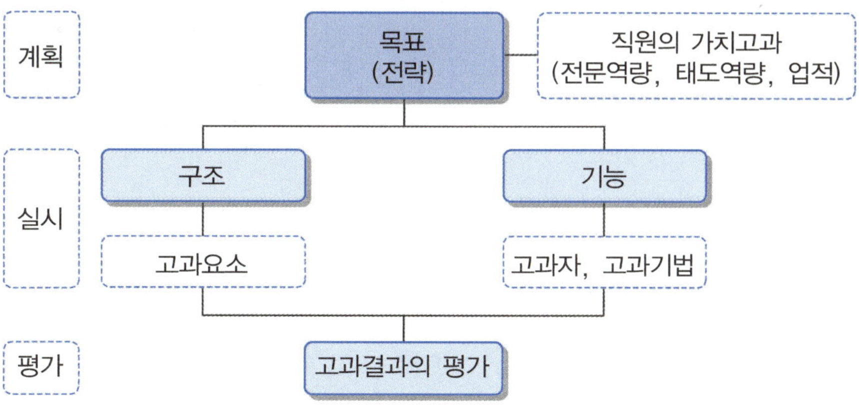

그림 8.11 인사고과관리의 과정

③ 보상과 혜택(Compensation and Benefits)

기업의 임금은 적정수준에서 이루어져야 기업의 생산성과 더불어 직원의 생활성도 달성될 수 있다. 즉 임금은 기업의 가치 창출과 직원의 생활 향상이라는 목적에 부합되도록 결정되어야 한다. 임금관리는 근로자의 맡은 일이나(직무) 실제로 보유하고 있거나(연공, 직능) 이루어 놓은 업적(성과)에 따라 사용자가 그의 지급능력과 근로자의 생계비를 고려해 근로의 대가로 지급하는 모든 금품의 공정한 관리를 의미한다.

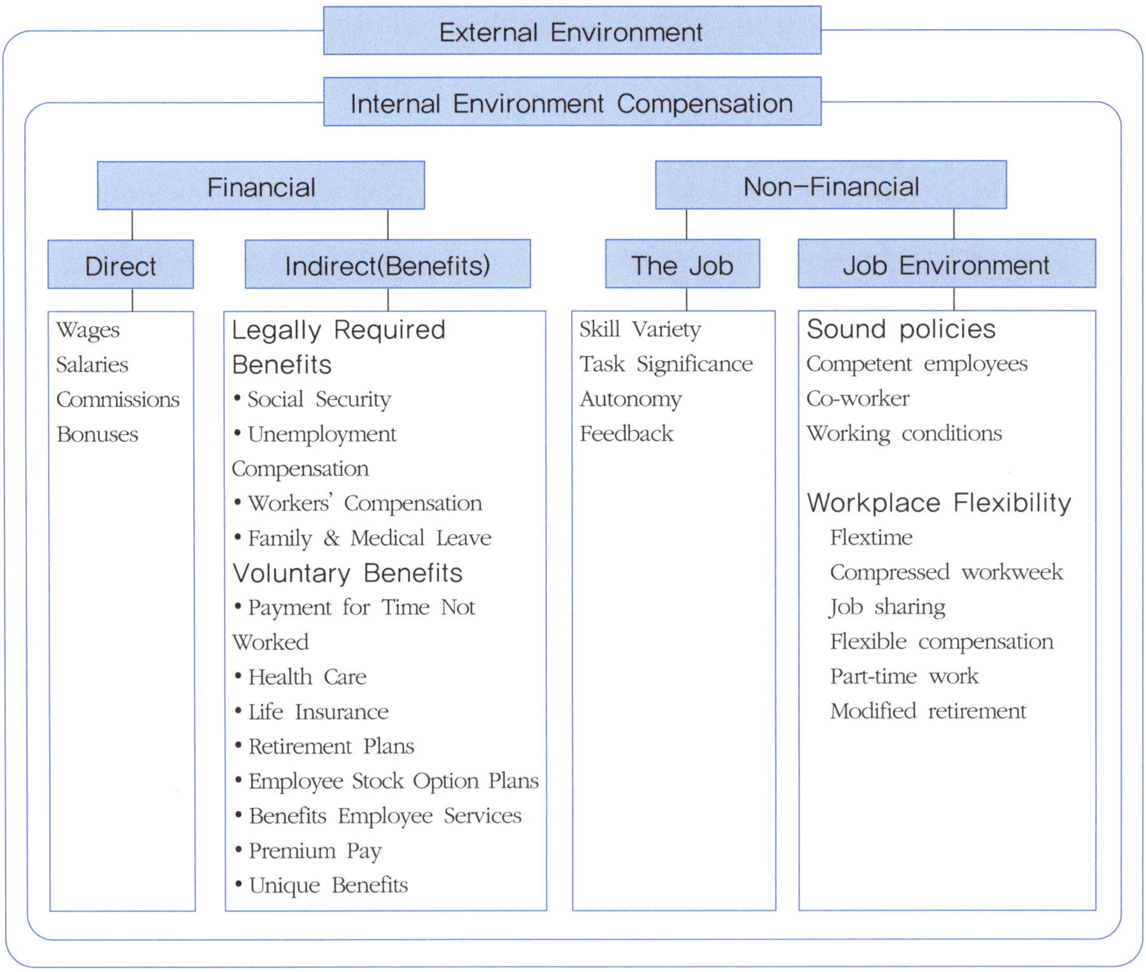

그림 8.12 Benefits in a Total Compensation Program

직접적 보상은 wages, salaries, commissions, bonuses를 말한다. 임금(wage)은 근로자가 조직에 대해 제공한 노동에 상응하는 대가로 받은 금품 일체를 의미한다. Mondy & Noe(2005)에 의하면 보상(compensation)은 서비스를 제공한 대가로 직원이 얻는 모든 보답(reward)을 의미하며, 보답에는 페이(pay), 혜택(benefits), 비금전적 보답(nonfinancial rewards) 가운데 하나 이상이 결합한 것이다. pay는 성취한 업무에 대해 개인이 받는 돈을 말한다. benefits는 유급휴가, 병가, 휴가, 의료보험 등 기본 봉급(base pay) 이외에 추가적인 금전적 보답이다. 비금전적 보답은 노동조건, 근무시간 조정, 비중 있는 업무 선택, 분위기, 멘토 시스템, 일하기 편한 기업문화 등을 말한다. 이 보상에 관한 예는 [그림 8.12]에 나타나 있다.

4 안전과 건강(Safety and Health)

안전(safety)은 업무 관련 사고에 의해 발생하는 부상으로부터 직원을 보호하는 것을 의미한다. 건강(health)은 육체적 · 정신적인 병으로부터 직원이 자유로운 상태를 의미한다. 안전한 환경에서 일하는 것은 매우 중요하며 심신이 건강하다는 것은 조직에 생산적이며 장기적 이익을 달성하는 데 필요하다. 오늘날 정부는 기업들이 더욱 직원의 안전과 건강에 유의하도록 법제화하고 있다. 3D와 같은 불안한 작업환경, 스트레스 및 소진 등으로 인해 커다란 손실을 초래하므로 경영자는 안전 프로그램을 적극 지지해야 한다. 〈표 8.5〉는 안전 프로그램에 대해 경영자가 지지하는 이유를 열거한 것이다.

표 8.5 안전 프로그램에 대한 경영자의 지지 이유

1. 개인적 손실, 부상자의 금전적 손실
2. 생산성 하락
3. 보험료 상승
4. 벌금 및 감옥 가능성 증가
5. 사회적 책임

5 노사관계(Employee and Labor Relations)

노사관계란 근로조건을 둘러싼 갈등을 해소하고 기업의 평화 유지와 노사협력, 나아가 노동 개발을 통한 노사 공존공영 목표를 달성함으로써 기업의 경쟁력 강화를 이루는 데 있다. 노사관계의 당사자는 노동조합과 사용자(경영자)이다. 민간부문 노조 가입원 수는 미국에서 1958년 39%에서 오늘날 9%로 축소되었는데 이것은 1901년 이래 가장 낮은 수치이다. 이것은 시대에 따라 때때로 변한다.

노동조합은 임금근로자들의 근로조건을 개선하기 위한 단체이다. 노동조합은 노동권, 즉 단체조직권(단결권) · 단체교섭권 · 단체행동권을 중시한다. 노동조합의 기능에는 기본적 기능, 복지적 기능, 정치적 기능이 있다. 그리고 그 역할에는 순기능으로 직원의 만족도 제고, 형태적 분배 공정성 제고, 기업경영의 합리화가 있고, 역기능으로서 기업의 효율성 저하, 내용적 분배 공정성 저하, 정치적 행동 중시 등이 있다.

정부는 기업의 노사관계에 대해 규제와 지원을 해야 한다. 또 정부는 양 당사자의 대화와 타협을 조정하는 중재자로서 역할이 필요하다.

제3절 인적자원관리의 환경

기업의 인적자원 환경은 기업과 그 이해관계자들과의 원만한 관계를 유지하여야 하는 구성인자를 말한다. [그림 8.13]에서 기업이 접하는 내부환경(internal environment)의 5가지 기능은 이미 앞 절에서 논의한 바 있다. 그것을 둘러싼 외부환경(external environment)이 존재하는데 기업은 인적자원관리에 영향을 미치는 외부환경을 통제할 수가 거의 없다. 외부환경에는 노동력, 법적 고려사항, 사회, 노조, 주주, 경쟁, 고객, 기술, 경제 등이다. 각 요소는 독립적으로 또는 결합해서 HRM 업무를 수행하는 데 방해되거나 억제세력이 되기도 한다.

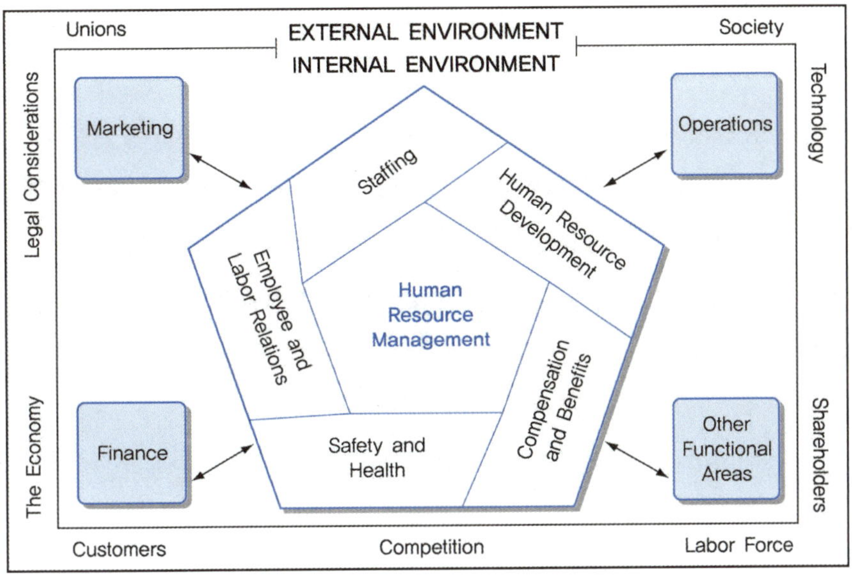

그림 8.13 인적자원관리의 환경[4)]

① 노동력

우리나라는 1990년대부터 단순 직종과 3D업종에서 노동력 부족 현상이 나타나기 시작하였다. 기업은 이런 현상을 해결하기 위해 외국 근로자를 활용하기 시작하였고 외국 근로자가 증가하였다. 질 좋은 직업을 찾는 대졸 졸업자가 구직난에 허덕이고 청년실업자가 늘게 되었다. 반면에 여성 인력이 증가하였고 경제활동 참여 의욕이 높아졌다. 한편, 국가 전체의 인구구조의 고령화 추세가 뚜렷하여 노동력의 고령화 현상을 초래하였다. 따라서 기업의 노동력 구성의 변화는 직원의 가치와 기대의 변화로 직결되기 때문에 이에 대한 인적자원관리가 필요하다.

② 법적 고려사항

HRM에 영향을 미치는 것으로서 중앙정부나 지방정부의 법률과 법원의 노동문제에 관한 재판 결과이다. 더불어 기업 CEO의 주문이 HRM에 영향을 미치기도 한다. 우리나

4) Mondy & Noe, 전게서, p.8.

라의 노동 관련 법규는 직업안정이라는 국가목적을 달성하기 위해 여러 가지를 규정하고 있다. 주요 노사관계법인 노동조합 및 노동관계조정법에는 노동 3권 보장, 노동쟁의의 예방 및 노동관계의 조정절차 등이 있고, 노동위원회법에는 노동 행정의 민주화에 관해 규정하고 있으며, 근로자 참여 및 협력 증진에 관한 법에는 노사협의로 산업평화를 증진하도록 하였다. 근로 기준에 관한 법에는 근로기준법, 최저임금법이 있고 그 외 고용안정 및 복지에 관한 법률에는 고용정책기본법, 직업안정법, 장애인의 고용촉진 및 직업재활법 등이 있다.

③ 사회

사회(society)는 HRM에 영향을 미친다. 대중은 기업의 행동에 의심 없이 수용하지는 않는다. Enron, WorldCom 등과 같은 대기업이 실패한 최전선에는 대중들의 강력한 힘이 작용하였다. 기업 운영에 윤리(ethics)가 적용되어 윤리경영이 강조되고 더불어 기업의 사회적 책임(social resposibility)에 대한 비판과 감시가 더욱 드세졌다.

④ 노동조합

노동조합(unions)은 기업의 HRM에 영향을 미치는 환경이 되고 있다. 노동조합은 직원의 이익을 대표하는 단체로써 경제적 · 사회적 지위 향상을 주목적으로 하고 있다. 직원들은 노조의 단체교섭을 통하여 임금, 근로조건, 고용안정 등과 같은 분야에서 사용자들에게 영향력을 행사하고 있다. 이때 노조는 노사가 합의에 도달하지 못하는 경우 기업에 대해 조합원의 노동력 제공을 거부(파업)할 수 있다. 노조는 노사 간의 관계에 따라 극도의 대립을 가져와 합리적인 HRM을 깨뜨릴 수도 있다. 이 경우 HRM은 탄력성을 상실하고 형식화되어 조직이 경직화될 가능성이 있다.

5 주주

주주(shareholders)는 회사의 주인이다. 주주는 회사에 돈을 투자했기 때문에, 종종 경영층이 조직의 이익이 된다고 여기는 프로그램에 도전적이기도 하다. 경영자는 전체적으로 사회에 이익이 되거나, 장래의 프로젝트, 비용, 수익, 이익에 영향을 미치는 것을 고려해 특정 프로그램의 이점을 정당화하지만, 주주들은 그에 대해 영향력을 행사하기도 한다. 주주의 관심이 Enron이나 WorldCom처럼 고수익 실패에서 보듯이 기업을 방해하는 행동으로 끝날 수도 있다.

6 경쟁

기업은 자사의 상품과 서비스는 물론이고 노동시장에서 심한 경쟁에 직면해 있다. 기업이 특정 시장에서 독점적인 위치에 있지 않다면 다른 기업이 유사한 상품이나 서비스를 생산할 것이다. 기업이 성장하고 성공하려면 능력 있는 직원의 공급을 유지해야 한다. 그러나 다른 기업도 마찬가지로 동일 목적을 위해 노력하고 있다. 그래서 기업의 주목적은 여러 경력 분야에서 능력 있는 충분한 수의 직원을 획득하고 유지해서 효율적으로 타사와 경쟁하는 데 있다. 따라서 일부 기업에서는 자격 있고 유능한 직원을 모집하기 위한 HRM 전략을 전개하기도 한다.

7 고객

기업의 상품과 서비스를 실제로 구매하는 사람들은 외부적 환경의 일부분이다. 경영자는 판매가 기업생존에 중요하기 때문에 고객이 적개심을 느끼지 않도록 고용규정을 만들기도 한다. 고객은 계속 고품질의 상품과 구매 후 서비스를 요구한다. 따라서 기업의 노동력은 최고품질의 상품과 서비스를 제공하는 능력을 갖추어야 한다. 이러한 조건에 맞추는 것은 직원의 기술, 능력, 동기와 직접 관련이 있다.

8 기술

과거 1,000년 동안보다 앞으로 다가올 50년 사이에 기술적 변화가 더 심해진다고 한다. 그리고 평균적인 성인은 일평생 동안 5개에서 7개의 경력변화(career changes)를 경험한다고 한다. 이러한 전개는 HRM을 포함해 사업의 모든 영역에 영향을 미친다. 최근에는 인터넷 사원모집이 일반화되고 있다. 세계는 전례 없이 기술발전이 점점 빨라져서 이것이 기업의 HR 기술에도 변화를 주고 있다. 새로운 기술혁신을 깨닫고 포용하는 HR 전문가들은 성공 가능한 사람 가운데 들게 될 것이다.

9 경제

경제환경의 변화는 기업의 모든 활동에 영향을 미친다. 경제환경이 호황이나 불황으로 말미암아 기업의 노동소요량과 질, 임금 및 복지후생 등이 변화하고 있다. 기업이 호황일 경우 양질의 인력확보에 더욱 적극적인 노력이 필요하다. 시설확장에 대비하여 추가 인력의 확보와 자사에 근무 중인 유능한 인력을 다른 회사에 빼앗기지 않도록 인력관리에 관심을 가져야 한다. 불황일 경우 기업의 주도하에 인력감축이 예상되므로 인사부서는 이에 대한 확고한 입장을 가져야 한다. 기업은 경제환경의 변화함에 따라 해외로 이전·확장하거나 국내의 다른 기업이나 외국기업과 합작하게 될 수도 있다. 외국으로 이전할 경우 현지인을 고용해야 하므로 HRM의 전 분야에서 새로운 변화를 모색해야 한다.

제4절 기업 규모에서 본 인적자원관리 기능

기업이 성장하고 더 복잡하게 됨에 따라 인적자원관리 기능은 더 복잡해지고 더 중요성을 띠게 된다. HRM의 기본적 목적은 똑같으나 목적을 달성하는데 사용하는 접근방법에는 차이가 있다.

① 소기업의 인적자원 기능

소기업(소규모 기업)에서는 공식적인 인적자원 부서나 HRM 전문가는 없다. [그림 8.14]에서 보는 바와 같이 다른 매니저가 인적자원 기능을 담당하고 있다. 그들 활동의 초점은 일반적으로 유능한 직원을 고용하거나 유지하는 것이다. HR 기능이 대기업보다 소기업에서 실제로 더욱 중요하다.

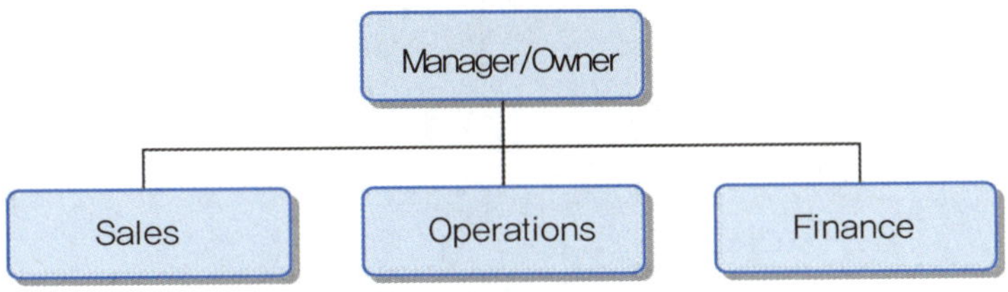

그림 8.14 소기업의 인적자원 기능

② 중기업의 인적자원 기능

기업이 성장함에 따라 독립된 스탭기능이 HR 활동을 조정할 필요가 생기게 된다. 중기업(중형 규모의 기업)에서 이러한 역할에 맞게 선택된 사람들이 HR 활동의 대부분을 처리하게 된다. [그림 8.15]에서 보는 바와 같이 이러한 기업에서는 거의 전문화되지는 않는다. HR 매니저가 근본적으로 HR 전체부서를 맡게 된다.

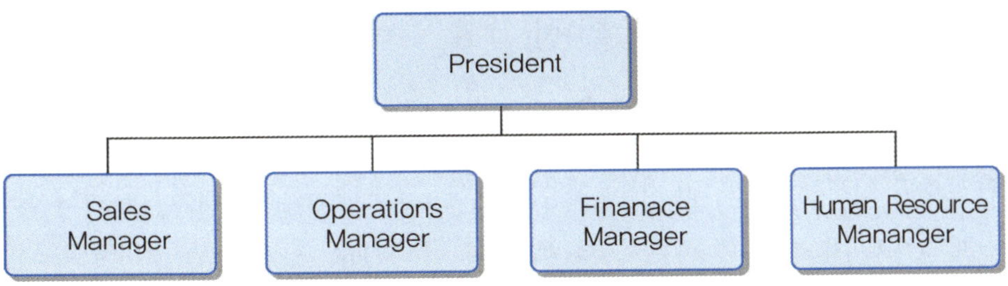

그림 8.15 중기업의 인적자원 기능

③ 대기업의 전통적 인적관리 기능

역사적으로 기업의 인적자원 기능이 한 사람이 담당하기에는 너무 복잡하게 됨에 따라 인적관리 임원을 두고 독립된 부서가 만들어졌다. 이러한 부서는 [그림 8.16]에서 보이는 바와 같이 훈련 및 개발, 보상과 혜택, 채용, 안전과 건강, 노사문제 등 각각의 기능을 담당하기에 이르렀다. 각 인적관리 기능은 인적관리 임원에게 보고하는 매니저와 스탭이 맡게 된다. 인적관리 부사장이 회사정책 입안으로 최고경영자 측근에서 일하는 조직구조가 된다.

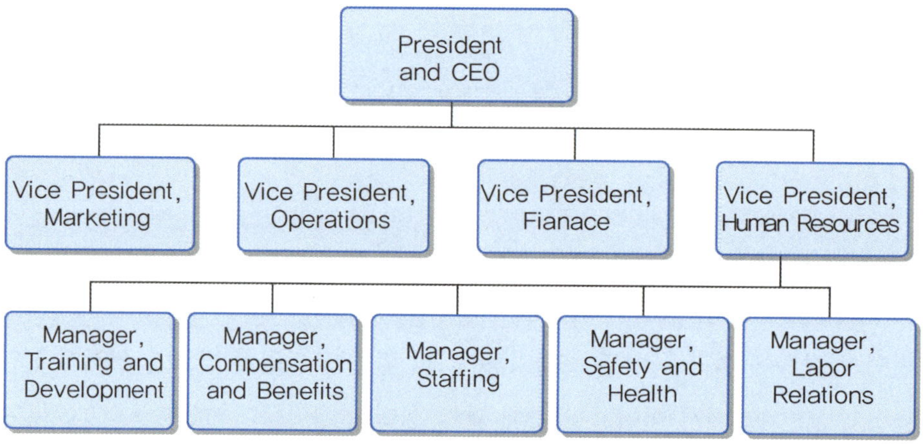

그림 8.16 대기업의 전통적 인적관리 기능

④ 대기업 HR 조직의 발전

아웃소싱이 시작되면서 기업의 HR 조직구조는 변화하게 되고 SSC를 이용하고 전통적인 인적자원 업무는 라인 매니저에게 이관된다. 그러나 조직이 재설계됨에도 불구하고 이전의 5가지 HR 기능은 반드시 수행되어야 한다. HR 조직의 발전한 형태는 [그림 8.17]에서와 같다. 여기서 회사는 이전에 훈련부서가 담당했던 중견급 개발(executive development) 기능은 아웃소싱된다. 직원 혜택 기능은 SSC로 이관된다. 안전과 건강기능은 이 특정 기업에서 아주 중요하기 때문에 HR 부서에서 옮겨져서 CEO에게 직접으로 보고된다. 여기서 다른 인적관리 기능들이 HR 부사장의 통제로 남아 있게 되지만, 라인 매니저가 직원 선발 과정에 더욱 개입하게 된다.

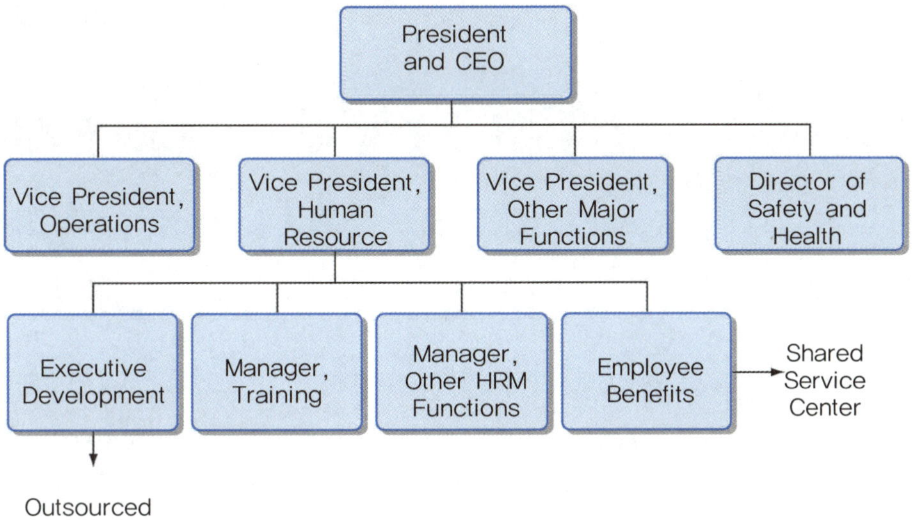

그림 8.17 대기업의 새로운 HR조직

CHAPTER

09

관광품질관리

관광경영관리론

09 관광품질관리

Chapter

제1절 품질관리 개관

1 일반적인 품질개념

품질에 대한 정의는 학자나 실무자들 사이에 일치된 합의를 얻지 못한 채 다양한 의미로 사용되고 있으며, 학문영역에 따라 품질에 대한 관점에 차이를 나타내고 있다. 품질이란 단순한 양(quantity)으로 측정하기 어려운 혹은 불가능한 상품의 종합적인 내적 특성으로 정의할 수 있다. 품질에 대한 견해를 D. 가빈은 [그림 9.1]과 같이 요약하고 있다.

1) 선험적 접근(transcendent approach)

품질은 정확하게 정의하기 어렵고 다분히 분석이 어려운 특성이 있으며, 오직 경험을 통해서만 인식할 수 있다. 품질은 정신도 물질도 아닌 독립적인 제3의 실체로, 타고난 우월성을 의미한다. 이는 예술공연이나 시각예술에 적용될 수 있다. 인간은 계속 경험을 통해서만 품질을 인지할 수 있다는 것이다.

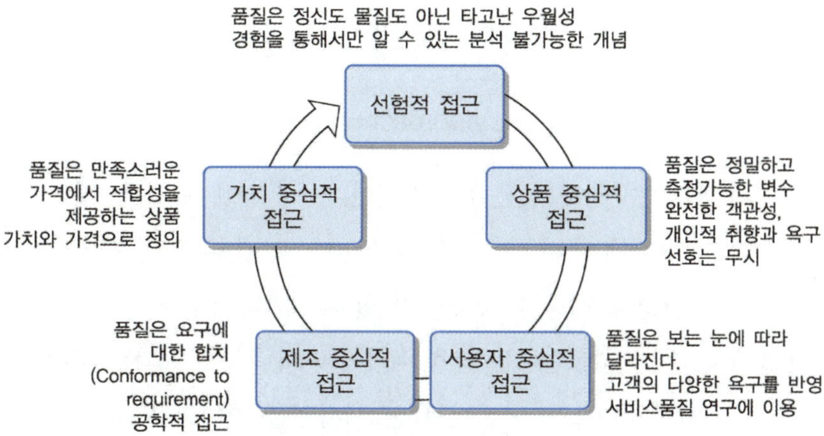

그림 9.1 품질 개념도

2) 상품 중심적 접근(product-based approach)

품질은 정밀하고 측정 가능한 변수로 파악된다. 품질의 차이는 상품의 내용물이나 속성의 차이 때문이라고 본다. 이는 객관적인 시각이므로 개인의 주관적인 취향, 욕구, 선호를 잘 설명하지 못하는 단점이 있다.

3) 사용자 중심적 접근(user-based approach)

품질은 고객의 관점에 달려 있다고 보며 품질은 고객 만족과 동일시한다. 이러한 주관적이고 수요 지향적인 정의는 고객은 각기 다른 욕구와 필요를 가진다는 것이다. 따라서 고객의 다양한 욕구를 충족시키기 위해 품질에서 의도적인 품질상의 차이를 반영한다. 결국은 상품에서 성능, 크기, 특징 등 여러 품질특성에서 차이를 가질 수 있으며 이러한 특성은 설계 시 반드시 고려되어야 한다.

4) 제조 중심적 접근(manufacturing-based approach)

이는 공급자 지향적이고 주로 엔지니어링 관행과 밀접하다. 생산자는 생산과정과 필요한 명세의 일치 정도로 품질을 평가한다. 요구사항에 대한 일치성(conformance to requirement) 혹은 명세 일치성(conformance to specs)이라고 품질을 정의하며 기준이나 목표로부터 편차의 최소화에 관심을 둔다. 이를 일치 품질(quality of conformance)이라 하는데, 일치 품질은 인력, 장비, 자재 등 과정의 여러 구성요소에 의해 결정된다.

5) 가치 중심적 접근(value-based approach)

가치와 가격의 2가지 차원에서 품질을 정의한다. 이 견해는 최근 더욱 지지를 얻고 있으며 품질은 점차 가격에 대비해서 논의되고 있다. 이에 따르면 양질의 상품은 '만족스러운 가격에서 적합성을 제공한 상품'이라 할 수 있다.

이상의 품질에 관한 다양한 견해는 상호 배타적이 아니라 보완되는 것이 바람직하다. 각각 유용성이 있으며 서비스 연구에 중요한 시사점을 가지고 있다.

2 서비스의 특성과 품질과의 관계

호텔 및 레스토랑, 리조트, 여행사, 항공사, 테마파크, 컨벤션, 은행 및 증권, 병원, 학교, 운수, 통신 등 서비스라고 하는 무형의 상품을 판매하는 기업의 경영에서는 상품이 무형인 것이므로 그 품질관리는 제조업의 경우보다도 훨씬 중요하고 어렵다.

서비스의 품질은 우선 눈에 보이지 않는다. 따라서 서비스는 유형재(제품, 재화)보다 불량품이나 좋은 품질을 선뜻 구별하기가 어렵다. 그리고 사람의 주관적인 차이로 같은 것을 놓고도 좋다거나 나쁘다고 말할 수 있다. 서비스품질이라는 것은 원래부터 애매한 것이다.

그리고 서비스는 저장하기가 곤란하고 생산과 소비가 동시에 발생하므로 불량서비스는 그대로 공급되어 버리므로 이는 고객을 화나게 하고 다시는 이용하지 않겠다고 결심하도록 만들어, 고객을 그 장소에서 잃게 되기 쉽다. 또 제품과 같이 사전검사로 불량서비스를 제거하거나 수리나 반품을 할 수 없다. 그리고 거의 모든 서비스가 인간의 노동에 의존하는 바가 크므로 품질의 편차가 일어나기 쉽다. 서비스산업의 품질문제는 제조업과 비교하여 훨씬 심각한 것이다.

이렇게 중요한 서비스품질에 대한 어떠한 논리나 정의에 대해서 특별히 인정할 만한 것은 없다. 그중에서 MSI(미국 마케팅 사이언스 연구소)가 대규모의 조사로 서비스품질이란 무엇인가를 규명하도록 노력한 일련의 연구결과가 있다. 이는 서비스산업을 대표하는 것으로 수리, 금융, 신용카드, 증권 등 4개의 업계를 선정하고 각각의 최고경영자와 고객에게 개별적인 면접 조사를 하여 과연 서비스품질이란 무엇인가를 밝혀내려고 하였다.

우선 어떤 서비스를 이용하려고 생각하는 고객에게는 반드시 '이 정도는 해주겠지' 하는 암묵적인 기대가 존재한다. 이것을 '사전기대'라고 부른다. 그리고 고객이 그 서비스를 이용한 결과, 고객의 평가를 '실적평가'라고 한다.

사전기대와 실적평가 이 두 개의 관계로 서비스품질이 결정된다고 하는 것이 이 조사의 결론이다. 그 내용을 요약하면 다음과 같다.

① 실적평가가 사전평가보다 높으면 소문보다 좋다고 하는 높은 평가를 받고 재구매 고객이 되기 쉽다.

② 실적평가가 사전기대보다 낮으면 "뭐야, 이것은?"하고 그 고객을 잃기 쉽다.

③ 실적평가가 사전기대와 차이가 없다면 보통의 서비스를 받았다고 하여 인상에 남기 어렵다.

이것을 단순화한다면 서비스품질이란 고객의 사전기대와 실적평가의 상대 관계라고 말할 수 있다.

제2절 서비스품질 모형과 연구

서비스품질에 대한 과학적 측면에서의 관심은 1980년대 후반부터 크게 증가하였지만(Lehtinen & Lehtinen, 1991), 그 이전까지 서비스 연구는 국내외적으로 학계나 실무계 모두에서 큰 진전이 없었다(Cho, 1995). Grönroos(1984)는 기술적 품질과 기능적 품질로 서비스품질 개념을 설명한 바 있으며, 1985년 Parasuraman, Zeithaml, Berry(이하 PZB)가 서비스품질 척도로서 갭 이론(gap theory)을 이용한 SERVQUAL을 발표한 이래, 여러 학자가 SERVQUAL의 타당성에 대한 문제점을 제기하면서 경쟁적 척도[e.g. SERVPERF(Cronin & Taylor, 1992), EP · NQ 모델(Teas, 1993)]를 개발하였고, 이에 대해 어떤 척도가 서비스품질을 가장 잘 측정할 수 있는지에 대해서도 논쟁이 계속되고 있다. 이 중 서비스품질 척도로 가장 대표적인 척도인 SERVQUAL과 SERVPERF에 대해 간략히 살펴보면 다음과 같다.

1 Grönroos 품질모형

Grönroos(1984)는 2차원 품질모형을 개발하였다. 그는 서비스품질은 결과품질과 과정품질로 구성되었다고 가정하였다. 결과품질(outcome quality)은 기술적 품질(technical quality)로서 고객들이 서비스로부터 얻는 것의 품질, 즉 '무엇을'(what)에 해당하는 품질이고, 고객이 기업과의 상호작용에서 무엇을 받느냐를 나타낸다. 즉 서비스 생산과정이나 구매자와 판매자의 상호작용이 끝난 뒤 고객에게 남은 것을 말하는데 보통 객관적으로 평가할 수 있는 차원이며 그 성격상 문제에 대한 기술적인 해결책인 경우가 대부분이다.

과정품질(process quality)은 기능적 품질(functional quality)로서 고객들이 서비스상품을 얻는 전달과정의 품질, 즉 '어떻게'(how)에 해당하는 품질이다. 고객이 서비스를 어떻게 받는가 또는 서비스 제공과정을 어떻게 경험하는가를 나타낸다. 이것은 구매자와 판매자 간의 상호작용에서 진실의 순간들이 어떻게 다루어지는가, 서비스제공자가 어떻게 기능을 수행하는가 하는 그 과정들이 영향을 미치는 품질이다.

고객들은 접객직원이나 기타직원을 만나게 되는데 이때 과정품질과 결과품질이 이미지 형성에 영향을 주게 된다. 고객이 서비스기업에 좋은 이미지를 갖고 있다면 사소한 실수는 용서될 수도 있다.

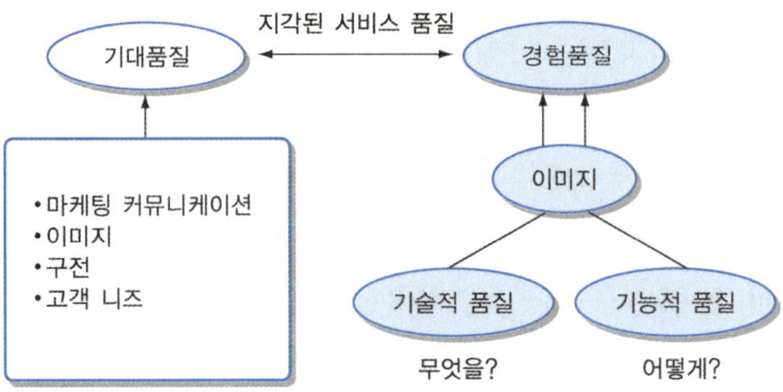

그림 9.2 Grönroos의 2차원 품질모형

Grönroos의 품질모형에 기초하여 지각된 서비스품질을 위한 6가지 기준이 〈표 9.1〉과 같이 제안되었다.

표 9.1 Grönroos의 지각된 서비스품질 향상을 위한 기준

기준	품질 차원	개념
전문성과 기술	결과품질	고객의 문제를 전문적으로 해결하는 데 필요한 지식과 기술
태도와 행동	과정품질	친절하고 자발적으로 고객 문제를 해결하려는 접점직원의 관심과 배려
접근성과 유연성	과정품질	입지, 운영시간, 운영시스템, 직원 운용 등이 고객의 서비스 접근성을 높이도록 설계되고 융통성 있게 운영되는 것
신뢰성	과정품질	서비스제공자, 직원, 시스템이 고객과의 약속을 지키고 진심으로 고객을 위해 서비스를 수행한다는 믿음
서비스 회복	과정품질	서비스 실패 시 언제든 적극적이고 즉각적으로 수정해 주는 것
평판과 신용	이미지	사람들이 서비스기업의 경영에 대해 신뢰하며 우수한 성과와 가치를 대표한다고 믿음

② Rust & Oliver의 3차원 품질모형

Grönroos의 2차원 모형에서 서비스품질은 결과품질과 과정품질로 구성된다고 가정하였다. 이러한 서비스품질 구성 차원에 유사한 개념을 덧붙여 Rust & Oliver는 상품품질, 전달품질, 환경품질 등 3차원 품질모형을 주장하였다.

여기서 상품품질은 Grönroos의 결과품질에 해당하고, 전달품질은 과정품질과 유사한 개념이다. 그리고 환경품질은 서비스 전달의 배경이라고 할 수 있는데, 최근 서비스품질 연구에서 그 중요성이 점차 강조되고 있다. 이러한 3차원 모형은 다면적 측면에서 서비스품질을 바라볼 수 있어서 직관적으로 또한 실용적인 관점에서 논리적이고 포괄적인 모형으로 평가되고 있다. 이러한 점에서 이 3차원 모형을 사용한 후속 연구들이 속속 등장하고 있다.

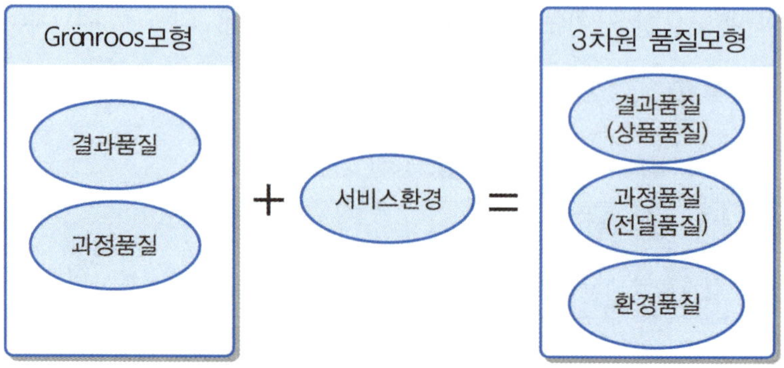

그림 9.3 Rust & Oliver의 3차원 품질모형

3 SERVQUAL

PZB의 SERVQUAL척도는 현재 가장 많이 사용되고 있는 측정 도구로, Oliver(1980)가 만족을 개념화하기 위해 사용한 '기대와 성과의 불일치 모델'(expectation-performance disconfirmation model)에 그 개념적 기초를 둔다.

PZB는 1985년 표적집단 인터뷰(focus group interview)를 통해 서비스품질의 결정요인으로 신뢰성(reliability), 대응성(responsiveness), 능력(competence), 접근성(access), 예의(courtesy), 커뮤니케이션(communication), 진실성(credibility), 안전(security), 고객 이해(understanding/knowing the customers), 유형성(tangibles) 등 10가지 차원을 제안하고 이러한 10가지 차원에 대한 개인의 기대된 서비스 수준과 지각된 서비스 수준의 차이가 서비스품질을 결정짓는다고 제시하였다.

이후 PZB는 1988년 실증적 연구를 통해 앞서 제시한 10가지(97개 항목) 차원으로 구성된 측정 도구 시안을 점차 개선하고 변수들의 중복성을 제거한 후 22개 항목의 5가지 차원[신뢰성(realiability), 확신성(assurance), 유형성(tangibles), 공감성(empathy), 응답성(responsiveness)]으로 발전시켰으며 이를 SERVQUAL로 명명하였다. PZB의 SERVQUAL은 크게 두 부분으로 이루어져 있는데 하나는 소비자의 기대를 평가하는 22개 항목들로 구성되고, 다른 하나는 서비스기업에 대한 성과를 평가하는 22개 항목들로 구성된다. 수정된 SERVQUAL의 5가지 차원은 [그림 9.4]와 같다. 그리고 〈표 9.2〉는 수정된 5개 차원의 자세한 내용을 요약한 것이다.

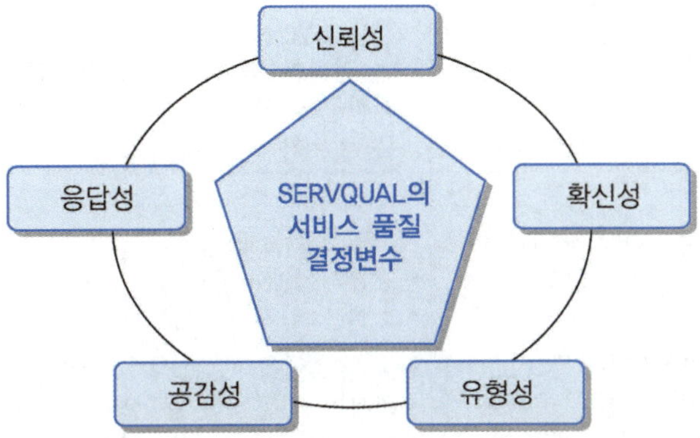

그림 9.4 수정된 SERVQUAL 5가지 차원

표 9.2 서비스품질을 평가하기 위해 고객이 사용하는 기본적 차원[1)]

서비스 품질의 차원	정의	측정 항목
유형성	물리적 설비의 외형, 설비, 직원, 커뮤니케이션 도구	• 호텔의 시설은 매력적인가? • 내 회계사는 적합한 옷차림을 하고 있는가? • 나에게 전달된 은행계좌 통지서는 쉽게 이해할 수 있는가?
신뢰성	약속된 서비스를 신뢰할 수 있고 정확하게 이행하는 능력	• 내 변호사는 약속된 시간에 나에게 다시 전화하는가? • 내 휴대전화 요금에는 오류가 없는가? • 내 TV가 한번에 수리되는가?
응답성	고객을 돕고 신속히 서비스를 제공하는 자발적 의지	• 문제가 발생할 경우, 기업이 빨리 해결하는가? • 내 주식 중개인은 내 질문에 기꺼이 대답하려고 하는가? • 케이블 TV회사는 설치자가 언제 설치하러 올 것인지 정확한 시간을 알려 주는가?
확신성 • 신용	서비스 제공자의 신뢰, 믿음, 정직 그 병원은 명성이 있는가?	• 그 병원은 명성이 있는가? • 내 주식 중개인이 주식을 사라고 강요하는가? • 그 수리회사는 수리제품의 작동에 대해 보증하는가?
• 역량	서비스 제공 시 요구되는 기술과 지식의 보유	• 은행원은 실수 없이 거래를 진행할 수 있는가? • 내가 전화할 경우 여행사 직원은 내가 필요로 하는 정보를 수집할 수 있는가? • 치과의사는 유능해 보이는가?
• 보안	위험, 의심, 위기로부터의 자유	• 밤에 ATM기기를 사용하는 것은 안전한가? • 내 신용카드는 권한 외 사용에 대하여 보호받는가? • 나는 내 보험정책이 완전한 보상 범위를 제공한다고 확신할 수 있는가?

1) 김재욱 등 역(2014), 서비스 마케팅, 시그마 프레스. p.427. Wirtz, J., P. Chew, & C. Lovelock(2013), *Essential of Services Marketing*, 2nd ed.

• 예의	서비스 접점 인력의 공손함, 존경, 배려, 친절함	• 기내승무원은 상냥한가? • 내 전화를 받을 때마다 전화교환원이 항상 공손한가? • 배관공은 실내 카펫에 올라오기 전에 진흙 묻은 신발을 벗는가?
공감성 • 접근	서비스 인력에 대한 접근 가능성과 용이성	• 문제가 있을 때 감독관에게 말하는 것이 얼마나 쉬운가? • 항공회사에는 24시간 무료 전화번호가 있는가? • 호텔은 입지가 좋은가?
• 커뮤니케이션	고객의 소리를 듣고 고객이 이해할 수 있는 언어로 지속적인 정보 제공	• 불만이 있을 때 관리자는 이를 기꺼이 듣고자 하는가? • 의사가 전문적인 용어의 사용을 자제하고자 하는가? • 전기수리공이 계획한 약속을 지키지 못할 경우 전화하는가?
• 고객의 이해	고객과 고객의 욕구를 알려는 노력	• 호텔의 누군가가 나를 단골고객으로 인식하는가? • 내 주식 중개인은 나에게 맞춤화된 재무 목표를 수립해 주는가? • 이삿짐회사는 나의 스케줄에 따라 기꺼이 이사계획을 변경해 줄 용의가 있는가?

그 후에도 PZB는 1991년 5개 서비스기업에 대한 실증분석을 토대로 기존 SERVQUAL의 언어적 표현을 수정한 R-SERVQUAL(Ratio-based SERVQUAL)을 제시하였다. R-SERVQUAL은 결과에 대한 보다 높은 설명력을 위해 성과−기대가 아닌 성과/기대의 형식으로 서비스품질을 측정해야 한다는 것이다. 〈표 9.3〉에서 예시한 A, B, C, D의 결과를 살펴보면 SERVQUAL에서 gap의 차이는 1로서 같으나, R-SERVQUAL에서는 서비스품질이 A가 B, C, D의 경우에 비해 상대적으로 높음을 의미한다. 즉, 소비자가 실제로 인지하는 서비스품질에 대한 느낌은 기대 효용체감의 법칙에 따라 동일하지 않으며, SERVQUAL보다 상대적으로 R-SERVQUAL이 현실적인 대안이라는 것이다.

표 9.3 SERVQUAL과 R-SERVQUAL의 결과 비교

구성	A	B	C	D
기대값(기대)	7	5	4	2
인지값(성과)	6	4	3	1
Gap-based SERVQUAL	(−)1	(−)1	(−)1	(−)1
Ratio-based SERVQUAL	0.86	0.8	0.75	0.5

4 SERVPERF

SERVPERF는 SERVQUAL에 대한 도전으로 Cronin & Taylor(1992년)에 의해 개발된 서비스품질 측정 도구이다. Cronin & Taylor는 서비스품질은 태도에 의해 개념화되고 또 추정되어야 한다고 주장하면서 SERVQUAL을 사용하여 서비스품질을 측정하는 것은 문제가 있다고 주장하였다. 그들은 서비스품질을 측정하는 데 기대를 측정하지 않고 단지 성과만을 측정하는 방법인 SERVPERF(performance only scale)를 개발하였고 실증적인 연구를 통해 SERVPERF가 SERVQUAL보다 우수하다고 주장하였다. 그들의 연구에서 SERVQUAL이 제안하는 22개 항목에 대한 지각수준(P), 기대수준(E)과 더불어 중요성(I) 측정항목을 추가하여 조사하였으며 측정방법의 효과성을 비교하기 위해 특정(XYZ) 기업의 서비스에 대한 전반적인 품질 수준을 7점 척도(1=매우 낮음, 7=매우 우수함)를 사용하여 별도로 측정하였다. 그들의 SERVQUAL과 SERVPERF를 비교하는 연구에서 SERVQUAL은 연구대상이 된 4가지 산업(은행, 해충퇴치, 세탁소, 패스트푸드) 중 2가지 산업(은행, 패스트푸드)에서만 모형적합도(fit)가 적합한 것으로 나타났으나 SERVPERF는 4가지 산업 모두에 적합하다는 것으로 나타났으며, 회귀분석에도 역시 SERVPERF의 설명력(R^2)이 SERVQUAL보다 높게 나타났다.

이러한 SERVPERF는 SERVQUAL에서 사용된 22개 항목의 5개 차원의 성과치 만으로 구성되었다. 아울러 이 연구에서는 서비스품질 수준이 서비스에 대한 고객만족도에 영향을 미치는 선행요소로 작용하며, 고객만족도는 서비스 구매 의도에 중대한 영향을 미치게 되고 서비스품질보다는 고객만족도가 구매 의도에 더욱 큰 영향을 미친다는 분석 결과도 보고되고 있다.

Cronin & Taylor는 다음의 4가지 측정방법을 사용하여 정의한 서비스품질 측정치를 가지고 각각 전반적인 품질만족도에 대한 설명능력을 비교하였다.

표 9.4 SERVPERF 측정방법 수식

SERVQUAL 방법 : $Q = P - E$	(1)
SERVPERF 방법 : $Q = P$	(2)
가중치를 사용한 SERVQUAL방법 : $Q = I \times (P - E)$	(3)
가중치를 사용한 SERPERF 방법 : $Q = I \times P$	(4)

5 e-SERVICE QUALITY

현재 우리나라뿐만 아니라 전 세계적으로 인터넷을 통한 상거래가 하나의 커다란 유형의 시장으로 급성장하고 있다. 온라인 서비스는 오프라인 서비스와 달리 서비스품질의 지각에 영향을 미칠 수 있는 독특한 특성(서버 문제, 보안 문제, 연결 문제 등)이 있다. 인터넷 환경에서 웹사이트는 오프라인의 직원과 같은 역할, 즉 고객과 서비스제공자를 연결해주는 매개 역할을 하고 있다. 위에서 살펴본 SERVQUAL이나 SERVPERF 등과 같은 척도들은 오프라인 서비스기업을 대상으로 개발된 척도로 온라인 서비스품질 측정에 적용하는 데는 많은 한계가 있다. 인터넷 서비스품질을 측정하기 위한 척도 또한 여러 학자에 의해 개발되었다.

e-서비스품질과 관련하여 초기의 연구들은 고객과 웹사이트의 상호작용(interaction)에 초점을 맞췄다. Lociacono, Watson & Goodhue(2000)은 웹사이트 품질을 측정하기 위해 WebQUAL을 개발하였으며, WebQUAL은 기업의 웹사이트와 고객 사이의 상호작용을 향상하기 위한 12개 차원(Information fit to task, Trust, Design, Visual appeal, Flow, Business process, Interaction, Response time, Intuitiveness, Innovativeness, Integrated Communication, Substitutability)에 포커스를 맞췄다. 또 Yoo & Donthu(2001)는 온라인 서비스품질을 측정하기 위해 SITEQUAL을 개발하였으며, 사용의 용이(ease of use), 심미적인 디자인(aesthetic design), 프로세싱 속도(processing speed), 상호적 응답성(interactive responsiveness) 등 4개의 차원으로 e-서비스품질을 측정하였다. 관련 연구를 요약한 것이 〈표 9.5〉이다.

한국에서도 "e-서비스품질"을 측정하기 위한 측정 도구의 개발이 Lee(2002)에 의해 시도되었다. 그는 인터넷 쇼핑몰의 서비스품질 측정을 위해 Dabholkar, Thorpe, & Rentz (1996)에 의해 개발된 소매점 SERVQUAL(retail SERVQUAL)을 기반으로 e-SERVQUAL을 개발하였다. 그의 e-SERVQUAL은 정보(Information), 거래(Transaction), 디자인(Design), 의사소통(Communication), 안전성(Security) 등 5개 차원의 33항목으로 구성된다.

표 9.5 E-Service Quality의 차원

<table>
<tr><th>Studies</th><th colspan="2">Dimensions of E-Service Quality</th></tr>
<tr><td rowspan="6">WebQUAL
(Lociacono, Watson & Goodhue, 2000)</td><td>Information fit to task</td><td>Interaction</td></tr>
<tr><td>Trust</td><td>Response time</td></tr>
<tr><td>Design</td><td>Intuitiveness</td></tr>
<tr><td>Visual appeal</td><td>Innovativeness</td></tr>
<tr><td>Flow</td><td>Integrated Communication</td></tr>
<tr><td>Business process</td><td>Substitutability</td></tr>
<tr><td rowspan="2">SITEQUAL
(Yoo & Donthu, 2001)</td><td>Ease of use</td><td>Aesthetic design</td></tr>
<tr><td>Processing speed</td><td>Integrative responsiveness</td></tr>
<tr><td rowspan="2">eTailQ
(Wolfinbarger & Gilly, 2002, 2003)</td><td>Web site design</td><td>Reliability</td></tr>
<tr><td>Customer service</td><td>Privacy</td></tr>
<tr><td rowspan="5">e-SERVQUAL
(Zeithaml, Parasuraman, &
Malhotra, 2000, 2002);
CORE-E-S-QUAL and Rec-E-S-QUAL
(Parasuramanm Zeithaml, &
Malhotra, 2005)</td><td>core e-SERVQUAL</td><td>Recovery e-SERVQUAL</td></tr>
<tr><td>Efficiency</td><td>Responsiveness</td></tr>
<tr><td>System availability</td><td>Compensation</td></tr>
<tr><td>Fulfillment</td><td>Contact</td></tr>
<tr><td>Privacy</td><td></td></tr>
<tr><td rowspan="3">e-SERVQUAL
(Lee, 2002)</td><td>Information</td><td>Transaction</td></tr>
<tr><td>Design</td><td>Communication</td></tr>
<tr><td>Security</td><td></td></tr>
</table>

제3절 연기로서의 서비스와 품질 향상

서비스를 연극 연기와 같다고 볼 수는 없다. 그러나 서비스는 고객과 서비스제공자가 복잡한 과정으로 서로 교류하는 장소에서의 연기이다. 연극 연기란 현실적인 결과를 수반되지 않는 특수한 연기형태로 볼 수 있기 때문이다.

1 의도적 연기

1) 연기의 비유

기본적으로 모든 서비스는 의도적으로 연출된다. 연출된 연기(staged performance)는 상대방에게 전혀 숨길 의도 없이 연출한다는 것이다. 계약에 의한 연기(contractual performance)는 다른 당사자와의 의무, 빚, 계약을 이행하기 위해 수행되는 행동이다. 이러한 점에서 연기는 상대방을 만족시킬 의도 없이 단순히 일어나는 사건과는 다르다. 판매되는 대부분 서비스는 계약에 의한 연기이며 다소 노골적인 정도에서 차이가 날 수 있다. 이렇게 거래가 제공자의 연기를 포함하는 것에는 오락, 스포츠, 정치, 자문 및 법률 서비스 등이 있다.

2) 연기의 충족조건

고객은 서비스 제공자가 자신을 위해 연기를 한다고 생각할 수 있으며 이는 계약의 결과 발생하므로 고객의 판단을 피할 수 없는 것이다. 연기인지 아닌지는 고객이 판단할 권한을 갖는다. 연기의 충족조건은 세 가지이다. 첫째, 연기는 관객의 존재를 내포한다. 즉 지켜보는 누군가가 있다는 것이다. 둘째, 행동(action)은 일정한 의식과 같이 듣는 사람에게 친숙한 패턴으로 가정된다. 셋째, 행동은 일정한 표준이나 수월성의 기준에 맞추어진다. 이런 의미에서 서비스직원은 의식적이든 무의식적이든 연출을 하고 있다.

2 연기의 동기와 범주

1) 동기의 유형

연기를 연출하는 동기는 4가지가 있는데 [그림 9.5]에서 그 예를 들고 있다.

① **기능 연기**: 자연스러운 상황에서 수동적인 관람자를 위해 능력을 보여주는 연기로, 골프, 테니스 복싱, 재판이나 경영자문 등이 포함된다.

② **전율 연기**: 자연스러운 활동에서 고객의 활발한 참여를 특징으로 하며 연출된다는 사실이 별로 거부반응을 일으키지 않는다. 급류타기나 사파리여행이 이에 속한다.

③ **쇼 연기**: 비현실적인 맥락을 받아들이는 수동적 관람자에게 오락을 제공하는 것으로, 오페라, 프로레슬링, 연극이나 영화가 이에 속한다.

④ **축제연기**: 의도적인 무대와 의상으로 활발한 고객 참여가 필요하며 가장행렬이나 가면무도회, 놀이공원의 쇼가 이에 속한다.

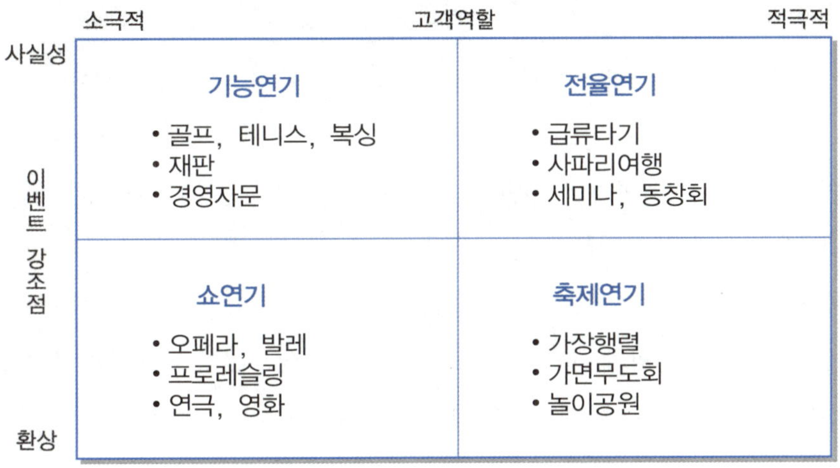

그림 9.5 동기에 의한 연기분류[2)]

2) 연기의 범주

서비스는 기대하는 결과에 대해 서로 다른 비전을 보는 사람들을 포함하기 때문에 관리하기가 힘들다. 상품과 서비스의 거래에서 고객과 서비스 종사자의 개성과 거래가 발생하는 환경을 반영하는 행위의 범주가 포함되며, 서비스를 연기로 간주하면 두 가지 범주가 기술될 수 있다.

첫째는 담당하는 역할이다. 서비스 거래에서 각 참가자는 자기 역할을 담당하고 있다. 경영진은 영화감독과 유사한 역할로서 고객에 의해 제공된 단서를 파악하는 방법을 서비스 종사자에게 직접 실연하는 것이다. 경영진은 또한 고객들에게도 어떤 역할을 해

2) 원석희(2010), 서비스품질경영, p.44.

야 하는지에 대한 단서를 줘야 하며, 이것은 소비자들과의 대화를 통해 달성할 수 있다.

둘째는 전면무대와 후면무대이다. 고객과 접촉할 때 서비스 종사자들은 반드시 자신들이 무대 위에 서 있다는 사실을 인지해야 한다. 모든 종사자의 행동, 언어, 제스처 등은 연기에 대한 고객들의 인식에 반영된다. 무대 뒷면에서 업무를 행하는 종사자들도 무대 위에서 연기하는 종사자들을 지원하는 업무를 하고 있으므로 똑같이 중요하다고 할 수 있다.

3 고객 참여의 중요성

고객 참여는 서비스에 대한 그들의 인식뿐만 아니라 다른 고객들의 인식에도 영향을 미친다. 경영진은 경쟁사와 비교해서 긍정적인 차별화를 달성하는 방법으로 교환과정을 관리할 수 있는 핵심역량의 개발에 집중해야 할 것이다. 교환과정은 전달과정에서 고객과의 교류에 따라 복잡해진다.

복잡한 메뉴체계는 고객이 메뉴를 선택할 때 애로사항이 발생하여 서비스의 흐름을 느리게 한다. 고객의 역할에 대한 계획도 생각해 두어야 한다. 또 서비스 시스템을 설계할 때 고객의 요구가 반드시 반영되어야 할 것이다. 고객이 신속한 서비스를 원한다면 메뉴선택은 반드시 제한적이어야 하며 신속한 체크인이 요구되면 절대적으로 필수적인 정보만을 물어야 할 것이다. 고객의 역할에 대해 제한적일 것인가 다양성을 내포할 것인가에 대해서도 계획적이어야 한다.

현재 다원적인 세계상황을 고려하여 진출할 시장의 호환성을 고려할 필요가 있다. 다른 세분시장은 다른 고객의 욕구가 있으며 한 기업이 이런 모든 욕구를 충족하기란 어려운 일이다. 상류층 고객은 단체관광객으로 인해 체류 경험을 불쾌하게 생각할 수 있을 것이다.

4 서비스 전달과 서비스 철학

서비스 전달은 제품의 전달과는 다르다는 것을 이해하는 것은 중요한 일이다. 서비스 거래의 교환과정에서 서비스의 본질 때문에 관광경영자들은 과제를 안고 있다. 이미 우리가 알고 있듯이 관광산업에서 서비스는 여러 특성으로 인해 제품과 다르다. 서비스는 유형적 물체가 아닌 성과이다. 즉 무형적이다. 생산과정에 고객이 참여한다. 서비스 전달과정에서 고객들은 언제 어디서나 잘 접대받기를 원한다. 그리고 품질관리가 힘들다.

리츠칼튼 호텔은 이런 것을 이해하여 직원들이 적절하게 사고하고 행동하는 것을 조장하기 위해 교육하고 있으며 이것은 그들의 서비스 철학이다.

표 9.6 Ritz-Carlton의 기본원리

1. 신조는 모든 직원에게 알려지고 보유해서 활성화되어야 한다.
2. 우리의 좌우명은 '우리는 신사 숙녀를 접대하는 신사 숙녀'이다.
   긍정적인 업무환경을 창조하기 위해 팀워크와 부가서비스를 실행한다.
3. 서비스의 세 단계는 모든 직원에 의해 실행되어야 한다.
4. 전 직원은 직무에서 리츠-칼튼의 표준을 올바르게 수행하기 위해 성공적으로 교육 인증을 취득해야 한다.
5. 각 직원은 자신의 업무 분야와 각 전략적 계획에서 수립된 호텔의 목표를 이해해야 한다.
6. 전 직원은 내부 및 외부고객들의 욕구를 파악함으로써 그들이 기대하는 상품과 서비스를 전달할 수 있을 것이다. 고객들의 구체적인 욕구를 기록하기 위해 고객 선호 노트를 사용하라.
7. 모든 직원은 호텔의 결점을 꾸준히 파악해야 한다.
8. 고객의 불평을 접수한 직원은 불평을 소유하고 있다.
9. 고객을 즉시 편하게 하는 것은 전 직원에 의해 행해져야 한다. 불평을 즉시 교정하기 위해 신속히 반응해라. 고객 만족을 위해 불평 사항이 해결되었는지 검증하기 위해 불평처리 20분 후에 전화로 확인한다.
10. 고객불편처리 양식을 이용하여 모든 고객의 불편사항을 기록하고 접수한다. 전 직원은 불평을 처리하고 재발 방지를 위한 권한을 가지고 있다.
11. 절대적인 수준의 청결은 전 직원의 책임이다.
12. '미소-우리는 무대 위에 있다.' 항상 긍정적인 표정을 유지해라. 고객과 마주할 때 올바른 언어를 사용해라.
13. 업무장소의 안팎에서 호텔의 대사가 되어라. 항상 긍정적으로 대화하라.
    부정적인 언급은 피해라.
14. 호텔 내 어디서든지 고객에게 방향을 가리키지 말고 직접 안내하라.
15. 고객의 질문에 답하기 위해 호텔에 대한 정보를 숙지해라. 호텔 외부의 장소를 일러주기 전에 항상 호텔 내의 가게와 식음료업장들을 먼저 알려야 한다.
16. 올바른 전화 예절을 지켜라. 벨이 세 번 울리기 전에 미소를 띠며 전화를 받아야 한다. 필요할 때는 전화를 건 당사자에게 '잠시만 기다려 주세요'라고 요청한다.
17. 복장은 항상 흠이 없어야 한다. 바르고 안전한 신발을 신고 명찰을 정확히 부착해라. 자신의 용모에 대해 자부심을 지니고 가꾸어라.
18. 전 직원이 비상시에 그들의 역할을 숙지하고 화재나 생명안전을 위한 대처방안을 숙지하여야 한다.
19. 상관에게 위험 상황, 부상, 필요한 도움 등을 즉시 보고한다.
20. 에너지 절약을 실행하고 호텔의 시설과 장비들에 대한 올바른 유지보수 방법을 숙지한다.

5 서비스 품질 향상을 인도하는 원칙

베리교수(L. L. Berry)는 서비스품질의 향상을 인도하는 데 이용될 수 있는 일곱 가지 원칙들을 제시하였다.

① 품질은 고객들에 의해 정의된다. 품질은 고객의 기대에 대한 부응이다. 고객들은 무엇이 좋은 품질인지와 서비스상품에서 무엇을 중요하게 고려해야 하는지를 결정한다.

② 품질은 여정이다. 품질은 반드시 계속 추구되어야 하며 꾸준한 향상을 위한 여정이다. 고객들의 욕구와 기대는 그들이 새로운 경험에 노출되는 것과 같이 변하며 지혜로운 경영자는 향상을 위해 꾸준히 노력한다.

③ 품질은 모든 구성원의 업무이다. 서비스품질에 대한 책임은 특정 개인이나 부서에 위임될 수 없다. 관광기업은 과정들의 집합이기 때문에 각 과정은 기업의 목표에 부응할 수 있도록 관리되어야 한다. 모든 서비스 종사자와 진실의 순간도 이에 해당한다.

④ 품질 리더십과 대화는 서로 분리될 수 없다. 우수한 서비스경험을 생산하기 위해 종사자들은 반드시 경영진으로부터 지식 피드백과 지원을 확보해야 한다.

⑤ 품질과 성실은 분리될 수 없다. 서비스품질은 성실을 강조하는 기업문화가 필요하다. 고객과 직원들에 대한 공정성은 반드시 모든 구성원에 의해 공유되는 핵심가치여야 한다.

⑥ 품질은 설계에 관련된 이슈이다. 서비스품질은 반드시 미리 설계되어야 한다. 기술의 활용, 인력, 고객 참여는 반드시 미리 계획되어야 한다.

⑦ 품질은 서비스 약속을 보장하는 것이다. 종종 고객들의 기대는 기업에 의해 형성된다. 기업이 특정 수준의 서비스를 제공할 것을 약속하면 기업은 반드시 그 약속을 지켜야 할 것이다.

위의 원칙들이 자의적이지만 많은 사람이 대부분 관광기업에 의해서 실행되고 있지 않다는 것에 동조했다. 주장의 사실 여부를 떠나 위의 원칙들은 서비스에 대한 장기적인 경쟁우위를 달성하고자 할 때 필수사항을 이해하는 데 도움을 줄 수 있을 것이다.

CHAPTER

10

관광기업의 리더십과 변화과정 관리

관광경영관리론

10 관광기업의 리더십과 변화과정 관리

Chapter

제1절 리더십과 경영자의 과제

1 리더십의 정의

미래의 경영자들은 장차 기업을 관리할 때 반드시 변화를 예상할 수 있어야 한다. 효과적인 지도자가 되기 위해서 경영자는 반드시 기회를 포착하여 그것에 대한 미래를 제시할 수 있는 비전 있는 지도자이어야 한다. 비전은 반드시 기업의 모든 구성원에게 전달되고 직원은 이를 숙지해야 한다. 그러므로 어떻게 경영자들이 성공적으로 변화를 주도하면서 기업을 경영해야 하는지를 명확히 해야 한다. 그리고 미래의 리더십은 분명히 다를 것이다.

최근 문헌에서 보면 리더십은 지도자, 추종자 및 환경 사이에 존재하는 관계라고 정의된다. 여기에는 이해당사자들도 포함된다. 일부 사람들은 이해당사자에 대해 다른 의견이 있지만, 이해당사자는 기업의 방향을 결정하는 데 점점 목소리의 강도를 더해가고 있는 소유주 혹은 투자자로 정의된다. 그들의 목소리는 관광기업의 경영 방향에 강한 영향을 미치며, 그럼으로써 지도자의 가변적인 상황에 대한 대처능력을 요구하고 있다.

리더십은 다양하게 정의할 수 있다. 그것은 서로 다른 많은 분야에서의 노력으로 원근법적으로 고찰되어 왔기 때문이다. 리더십은 군대, 스포츠, 교육, 사업, 산업 등 수많은 분야에서 적용되는 곳에 따라 정의되어왔다. 본서에서 리더십이란 '기업의 목표를 완수 또는 초과 달성하기 위해 직원들을 총체적으로, 기꺼이, 그리고 자발적으로 전념하도록 고무시키는 능력'으로 정의한다.

② 리더가 갖추어야 할 능력

Warren Benis와 Burt Nanus는 그들의 저서 'Leaders; The Strategy for Taking Charge'에서 지도력에 있어서 리더가 할 수 있어야 하는 것을 다음의 세 가지로 요약하여 설명하고 있다.

① 변화에 대한 반발의 극복

경영자계층에 있는 일부 사람들은 이를 힘과 통제로써 다루려는 사람이 있다. 리더는 총체적, 의지적, 공유된, 자발적 참여를 이룩함으로써 가치와 목표를 공유하여 반발을 극복한다.

② 조직 내부와 외부의 요구에 대한 조정자 역할

회사의 요구와 외부의 요구 사이에 분쟁이 발생하였을 때, 리더는 공정하게 서로의 요구를 하나로 만드는 방법을 찾아낼 수 있어야 한다.

③ 윤리적인 틀 정립

전 사원과 회사의 모든 운영에 적용될 윤리적 틀을 만든다. 이는 다음과 같은 일을 통해 가장 잘 이루어 낼 수 있다.

㉠ 윤리적 행동의 모범 설정

㉡ 윤리적 사원을 팀원으로 선정

㉢ 기업의 목적의식 전달

㉣ 기업 내외에서의 적절한 행동 강조

㉤ 내외부적으로 윤리적 태도의 명료화

③ 리더십의 유형

리더십의 유형은 사람들이 그들이 이끌고자 하는 사람들과 어떻게 상호작용하는가와 관련이 있다. 리더십의 유형에는 여러 가지 이름이 있으나 대부분의 유형은 [그림 10.1]에 있는 분류에 속한다.

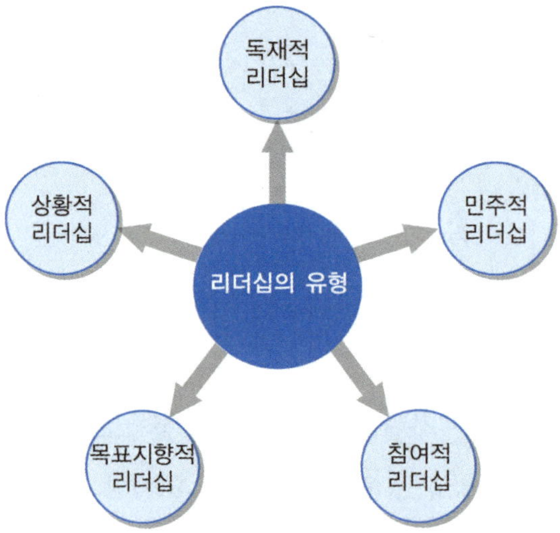

그림 10.1 리더십의 유형

1) 독재적 리더십

독재적 리더십은 지시적 또는 전횡적 리더십이라 한다. 이런 사람들은 직원들의 영향이나 자문 없이 독단적으로 결정을 내린다. 직원들은 이에 일을 착수해야 하며 이에 영향을 받을 수 있다. 그들은 다른 이들에게 무엇을 해야 하는지 말하고 그들에게 순순히 따르를 것을 기대한다. 이러한 접근을 비판하는 사람들은 단지 짧은 기간 혹은 특정한 예에서 이루어질 수 있으며, 장기간에는 효과적이지 못하다고 말한다.

2) 민주적 리더십

민주적 리더십은 협의적 또는 여론의 리더십이라고 한다. 이런 지도자는 실질적으로 최후의 결정을 내리지만 팀 구성원들의 추천과 의견을 받은 후에 결정을 내리게 된다.

이러한 접근을 비판하는 사람들은 가장 인기 있는 결정은 언제나 최고의 결정이 되지는 않으며, 민주적 리더십은 그것의 본래 성격으로 인해 옳은 결정 대신에 인기 있는 결정을 내리게 되는 오류를 범한다고 말한다. 이 형태의 지도력은 영원히 원하는 결과를 도출하지 못하게 하는 보증을 하게 된다.

3) 참여적 리더십

참여적 리더십은 개방적이나 지배적이지 않으며 지시적이지도 않은 리더십이다. 이러한 유형의 사람들은 의사결정과정에서 구성원들에게 거의 압력을 가하지 않는다. 오히려 그들은 문제에 관련된 정보를 제공하고 팀 구성원들이 방법과 해법들을 개발할 수 있도록 한다. 지도자의 역할은 팀이 결론에 도달하도록 이끄는 것이다. 이러한 방식을 비판하는 사람들은 합의된 결론을 도출하는 데 시간이 낭비되고 참여한 사람 모두가 기업의 이익을 위해 전념해야만 효과가 있다고 말한다.

4) 목표지향적 리더십

목표 지향적 리더십은 결과 또는 목표에 기초한 리더십이라고 불린다. 이런 리더들은 오로지 장래의 목표에 초점을 둔다. 오직 조직의 목표를 달성하기 위한 한정되고 측정 가능한 공헌들이 논의된다. 조직의 특정한 목표와 관련 없는 개성과 다른 요소의 영향은 최소화된다. 이 접근을 비판하는 사람들은 팀 구성원들이 오로지 목표에 초점을 맞춤으로써 다른 가치를 보지 못하며 초점 밖의 잠재된 문제를 보지 못하게 될 때 이것은 무너진다고 지적한다.

5) 상황적 리더십

상황적 리더십은 유동적이고 유연한 리더십이라고 불린다. 상황에 따른 이 접근을 취하는 사람들은 어떠한 주어진 시간에 존재하는 환경에 어울리는 형태를 선택한다. 환경을 인지하는데 리더는 다음과 같은 사항들을 고려한다.

① 경영자와 팀 구성원의 관계

② 선택한 행동들이 구체적 지침에 얼마나 정확하게 일치하는가?

③ 팀 구성원과 리더의 실제적인 권한

이상의 요소들을 고려하여 얻어진 인식에 따라 경영자는 독재적이거나 민주적이거나 참여적이거나 목표지향적, 또는 상황적인 접근 중에 어떠한 것을 선택할지를 결정한다. 경영자는 환경에 따라 다른 리더 유형을 적용할 것이다.

4 상황적 접근방법

1) 상황적 접근방법 개요

과거 50년 동안 다수의 학자가 리더십 사상을 이해하고자 노력하였다. 우리는 X, Y, Z 이론을 경험했고, 또한 개인의 동기를 유발하기 위해 거래분석, 권한 위임, 목표에 의한 경영 및 제로베이스 예산 편성 등을 이용해 왔다. 또 기대이론, 교환이론, 목적 경로 이론, 동반자 이론 및 기타 연구 등을 통하여 조직구성원이 조직 내에서 기업의 목적을 달성하기 위해 어떠한 행동을 보이고 직무를 수행하는지를 이해하고자 했다. 지도자는 타고나는 것이고 이때 카리스마는 필수적이며 신장과 매력도 중요하게 고려되었다. 결론적으로 이 주장들은 대부분 이론적이고 그 시대에만 통용되는 한시적인 이론이었다. 그러나 여태까지 그 유용성이 입증되고 있는 것은 상황이론(the contingency theory) 뿐이라고 한다.

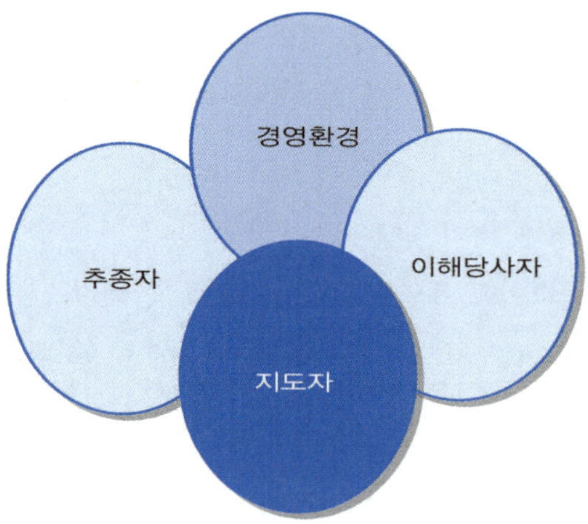

그림 10.2 상황적 접근방법[1)]

2) 지식혁명과 새로운 지도자

리더십을 이해하기 위한 종래의 접근방법들은 환경이 아주 안정되고 단순할 때 등장하였다. 그러나 오늘날의 상황은 전혀 다르다. 그러므로 지도자들은 변화의 속도에 어떻게 대응할 것인가에 대한 학습을 요구받고 있다. 불확실성의 증가로 인해 경영자들은 미래의 변화를 더욱 규칙적이고 정확하게 예상해야 한다. 경영자들은 거친 미래에서 기업을 인도하기 위해서 반드시 미래지향적인 성향을 보유하여야 할 것이다. 이것은 분명히 과거와는 다른 변화이다. 미래의 지도자는 오늘과 다를 것이다.

세계가 디지털 혁명과 지식사회를 향해 끊임없이 이동하고 있는 것과 같이 지도자는 이런 변화로 인해 장래에 관광산업의 종사자들도 변하리라는 것을 반드시 인식해야 한다. 이런 변화는 산업혁명과 유사하여 이제 지식혁명으로 불리고 있다. 산업혁명이 세계를 변하게 하였듯이 지식혁명도 그러할 것이다. 이는 지식혁명 후에 관광산업에 종사하는 근로자들은 그들이 무엇을 하고 있는지는 물론이고 무엇을 알고 있는지를 토대로 하는 가치체계를 보유할 것이다. 이런 개인들을 독재적인 지도자가 이끌어 나간다는 것은 시대에 뒤떨어진 사고방식이다. 이런 새로운 종사자들은 그들을 신뢰하고 그들의 공헌에 따라 보상을 제공하는 지도자들을 요구할 것이다. 이런 분위기에서 지도자는 '동료 중에서 일인자'로서 고려될 것이다. 그들은 서로의 능력을 존중하고 서로를 평등한 사람들로 부를 것이다. 지도자는 단지 그들 중에서 수행해야 할 직무를 가장 먼저 담당하는 사람일 뿐이다. 이런 사실은 지도자가 종사자들에게 어떻게 직무를 수행해야 하는지를 전달하는 것을 기대하고 있는 오늘날 관광산업의 현실과는 확연히 다른 것이다.

3) 파트너 탐색 능력

새로운 지식을 창출할 수 있는 능력을 보유한 종사자들은 관광기업에 의해 판매되는 상품과 서비스를 더욱 개별적인 관점으로 관찰하게 되기 때문에 미래의 리더십은 다를 것이다. 이미 기업들은 전에는 모두 담당해서 운영했던 호텔 레스토랑의 운영, 회계 및

1) Olson, M. D., E, Tse, & J. W. West(1998). Strategic Management in the Hospitality Industry. John Wiley & Son, Inc. 김경환역(1999), 호텔 · 레스토랑산업의 경영전략, 백산출판사, p.331.

급여작업, 하우스키핑 및 다른 기능들은 용역기업들에 맡기고 있다. 또 컨벤션센터에도 파트타이머가 근무하고 용역업체에 많은 일을 맡기고 있다. 이 경우에 왜 미래의 경영자들은 이런 직무들을 학습해야 하는가? 결론적으로 미래의 경영자들은 적합한 시간근로자들을 찾기보다는 가장 적합한 파트너를 탐색하는 데 더욱 숙달되어야 할 것이다. 이를 위해 기존의 것과는 전혀 다른 리더십을 모색해야 할 것이다.

4) 직무의 변화와 이에 맞는 리더십

지식근로자를 지향하는 변화는 더욱 복잡한 작업장을 초래할 것이다. 근로자들은 자신의 고유한 직무에 대해 높은 수준의 지식을 보유할 것이고, 이들을 효과적으로 이끌어 나가기 위해서는 많은 과제가 존재하게 될 것이다. 따라서 지도자들은 기업의 미래 방향을 결정하는 과정에서 이에 대한 전문지식을 보유한 사람들에게 많은 부분을 의존하게 될 것이다. 특정한 동향이 장래에 대두하리라는 것을 알고 있는 것만으로는 충분하지 않다. 특정 동향을 잘 이해하기 위해서는 그 동향을 구성하는 많은 변수에 의해 형성되는 복잡성을 이해할 수 있는 전문가의 충고와 의견 개진이 필요하다. 지식근로자들은 경쟁 시장의 복잡함에 대한 실마리를 풀 수 있는 능력이 요구된다고 할 수 있다.

간단히 말해 오늘날에는 직무의 본질이 변하고 있다는 것이다. 이제까지 리더십에 대해 지식이 많이 쌓여왔지만, 이런 변화들은 지식 위주의 세계가 태동하는 시점에서 별로 도움이 되지 않고 있다. 많은 관광산업의 종사자들은 앞으로도 고객을 접대하고 침대를 정돈하고, 접시를 닦아야 하지만, 그들은 오늘과 같이 도전적이고 급격히 변화하고 복잡한 환경에서 적절한 리더십을 발휘해야 한다. 기존의 만연된 리더십에 대한 이해로는 아무것도 기대할 수 없으며, 변화된 리더십의 본질을 반드시 이해할 수 있어야 한다.

5 미래의 리더십

Hill은 리더십의 어떤 측면이 전통적인 것과 달라질 수 있는가? 하고 질문한다. 그에 의하면 리더십 유형에는 전통적인 분배형 리더십 이외에 두 가지 주요 영역이 있는데, 하나는 집단적 능력으로서의 리더십이고, 다른 하나는 후방으로부터의 리더십이다.[2)]

많은 사람이 집단적 능력을 형성하는 팀에서 일하며 그들은 유능하다. 효과적으로 팀을 이끌기 위해 팀의 리더는 서로 다른 구성원들을 다른 관점에서 이끌 필요가 있다.

1) 분배형 리더십(distributed leadership model)

다른 문화권에서 온 리더는 매우 다른 스타일을 가질 수 있으며, 때로는 신흥국가 출신일 수 있다. 예를 들면, 아프리카에서 리더십은 흔히 "우리가 있기에 내가 있다."의 원칙을 기초로 한다. 그래서 수익을 공동으로 분배하도록 노력하고 전체의 이익을 우선한다. 한 성공한 인도기업에서는 직원이 첫 번째이고 고객은 두 번째이다. 이것은 다양한 집단의 리더가 CEO와 리더십을 공유하는 분배형 리더십 모델에서 효과적이다.

2) 집단적 능력으로서의 리더십(collective genius)

전통적 리더는 진로를 결정하고 사람들이 따를 수 있도록 격려했다. 미래의 리더는 다양한 이해관계자 사이의 상호의존성과 사업의 다양성으로 인해 문제 해결에 팀 접근법을 활용하는 등 더 협력적일 필요가 있다. 리더가 지위를 이용하여 권력을 행사하는 경우, 이에 따르지 않는 유능한 사람이 많은 것은 당연하다. 그러는 대신에 집단적 능력으로서의 리더십 프로세스를 보유해야 한다.

3) 후방으로부터의 리더십(leadership from behind)

후방으로부터의 리더십은 리더가 다른 사람과 권력을 나누는 것을 두려워하지 않는다. 그들은 사람이 자발적으로 이끄는 배경을 만들 수도 있고, 다른 사람의 지식에 근거하여 여러 시점에서 그들이 주도할 수 있는 배경을 만들 수도 있다.

미래에는 혁신이 경쟁 분야에서 기업을 전진하게 만들 것이다. 혁신을 위해서는 후방으로부터의 리더십을 요구하는데, 혁신은 다양한 그룹의 재능을 이용하는 창조적인 프로세스이기 때문이다. 사람들은 이러한 총체적인 노력이 개인의 노력보다 훨씬 뛰어난 결과물을 생산할 수 있다고 깨닫게 될 것이다.

---

2) Hill, L. A., "When will we find tomorrow's leaders?" Harvard Business Rewiew, (Jan. 2008), pp.123-129.

제2절 미래의 비전 창출과 변화과정 관리

1 미래 비전 창출 과정

기업을 창조하고 효과적으로 유지하는데 우리는 환경의 중대한 역할에 대해 명확하게 이해해야 한다. 미래에 기업의 비전을 창출하고 이 비전을 기업으로 깊숙이 유입되게 하는 측면에서 환경을 정확하게 이해한다는 것은 매우 중요하다. [그림 10.3]은 미래의 비전을 창출하는 과정에 대한 흐름도를 포함하고 있다.

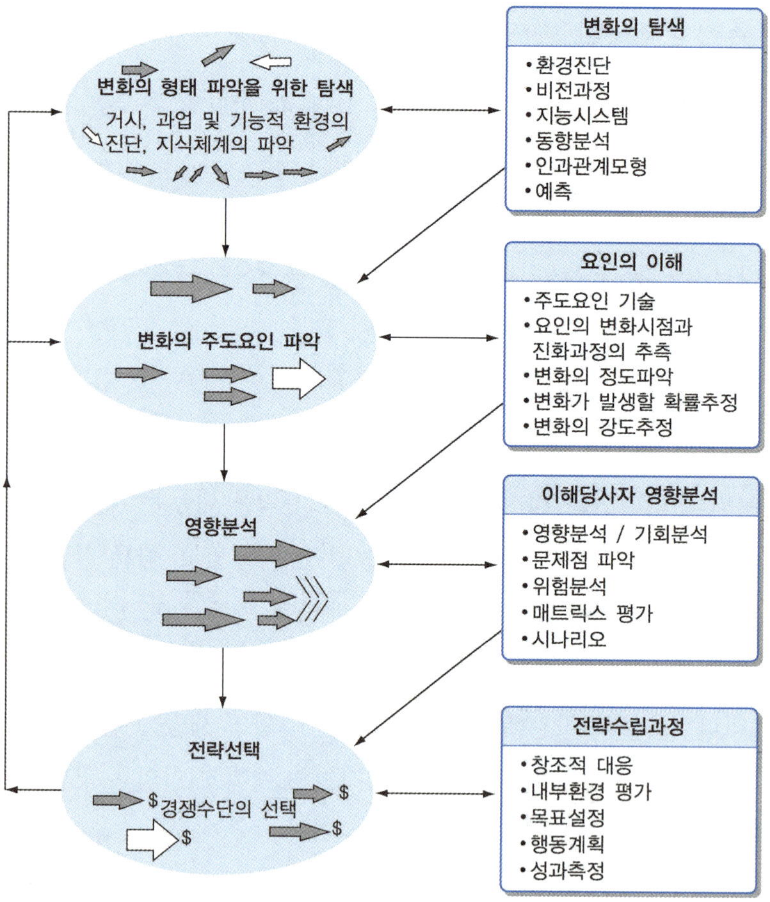

그림 10.3 미래의 비전 창출 과정[3)]

1) 변화의 형태 파악을 위한 탐색

미래의 비전을 창출하는 과정의 첫째 단계는 경영진이 기업의 미래에 영향을 미치는 변화의 형태 파악을 위해 탐색하는 것이다. 다중방향의 화살표들은 이런 요인들을 상징하고 있다. 그림에서 보듯이 화살표의 방향은 불규칙적인데 이는 타원체 내 요인들의 무작위적인 본질을 지적하고 있다.

이러한 불확실성을 파악하는 데는 여러 가지 방법이 존재하고 있는데, 환경진단, 비전 과정 워크숍, 동향분석, 인과관계 모형, 예측 등은 변화가 기업에 미치는 영향을 파악하는 데 효과적으로 이용되었던 방법들이다. 이러한 변화를 탐색하는 행위에서는 항상 '기존의 틀을 벗어나라'와 같은 자유롭고 창의적으로 변화를 살펴볼 수 있는 사고를 요구하고 있다.

2) 변화의 주도요인 파악

첫 단계가 종료되면 경영진은 반드시 기업에 상당한 영향을 미칠 수 있는 요인들을 규정하고, 변화의 주도요인들의 구성요소 및 기업에 영향을 미치는 시간적 범위 등을 파악해야 한다. 경영진은 변화의 주도요인들의 강점과 미래의 가능성에 대한 확률을 파악할 수 있어야 한다.

알프스산맥, 혹은 모로코의 사막 혹은 인도네시아 밀림 지역에서 영업하는 조그만 호텔의 사업자들을 연상해보자. 그들은 아마도 고객들을 수배하기 위해 많은 기간 동안 tour planner 혹은 여행사 등에 의존했을 것인데, 한편으로 그들은 전 세계 예약시스템의 발전과정에는 별로 관심을 집중하지 못했다. 만일 그들에 변화의 수용 여부를 질문했을 때 그들이 아마도 굳이 변화해야 할 이유를 찾지 못하는 것은 하나도 이상하게 여길 일이 아니다. 일부는 확신을 지니고 변화를 수용하더라도 이들은 이 시스템에 대한 지식을 전혀 보유하고 있지 않기 때문에 변화에 대한 적절한 대처방안을 찾기란 그리 쉽지 않을 것이다. 그러므로 그들은 미래에 기업의 비전을 창출할 수 있는 능력이 없음을 알게 될 것이다.

---

3) Olson et al, 전게역서, p.334.

3) 이해당사자의 영향분석

변화의 주도요인이 파악되면 지도자들은 이들이 기업에 미치는 파급효과의 분석에 착수해야 한다. 여기서 중요한 사항은 지도자는 이와 같은 정보를 조직화하여 모든 구성원에게 전달하여야 하는데, 그 목적은 신속히 변화해야 하는 당위성을 전 조직에 확산하는 것이다. 모든 조직의 구성원들이 변화를 적극적으로 수용하려 하고 심지어는 변화로 인한 그들의 직무와 생계에 미치는 불확실성조차도 극복하려는 상황은 현실적인 상황은 아닐 것이고, 아마도 그 반대가 더욱 정확한 현실일 것이다. 그러므로 지도자들은 변화의 요인들과 이들이 기업에 미치는 영향에 대한 확신을 전 직원들에 제시해야 할 것이다.

이 경우에 지도자들은 변화에 대한 영향을 예측하는 데 있어 최고 수준의 정확한 분석을 위한 몰입 노력으로 존경받을 수 있는 효과적인 대화자여야 한다. 지도자의 성실, 정직 및 도덕성의 중요성은 오늘날과 같은 변화과정에서 더욱 필수적인 사항이 되고 있다.

4) 전략 수립 과정

그다음 과정으로는 기업이 변화에 대처하는 대응방안을 결정하기 위한 계획을 수립하게 된다. 이런 노력은 미래의 비전을 기업의 비전으로 전환하는 것이라고 말할 수 있다. 이 경우에 미래의 지도자들은 반드시 기업의 목표와 그 달성을 위한 계획을 구성원들에게 설명함으로써 그들에게 확신을 제공해야 하는데, 이것의 의미는 기업의 밝은 미래를 보장할 수 있는 기업의 경쟁수단을 파악하는 것이다. 여기서 경영진이 전략적 의도를 실행하기 위한 경영자원을 획득하고 배분할 수 있게 되면 기업의 비전을 종사자들과 기타 이해당사자에게 전달하는 것은 성공할 확률이 무척 높다고 할 수 있을 것이다.

이 모형에서 비전은 기업이 되고자 추구하는 것이며, 또한 기업이 미래의 경쟁에서 어떻게 대처할 것인지에 대해 모든 구성원의 에너지와 자원이 집중되어야 한다. 이것은 지도자에게는 엄청난 과제이자 도전이다. 여기서 성공한 지도자가 되기 위해서는 반드시 종사자와 이해당사자들과의 관계에서 신뢰를 구축해야 할 것이다. 아울러 효과적인 대화기술은 각 변화의 주도요인에 대한 깊은 이해와 더불어 핵심적인 사항이다. 오늘날과 같이 급격하게 변화하고 책임감이 더욱 강조되는 시점에서 지도자는 반드시 비전에 대한 심각한 도전 과정에서 발생하는 여러 장애를 극복할 수 있어야 할 것이며, 또한 비전은 신뢰할 수 있고 타당성이 있어야 한다.

비전을 창조하는 노력의 핵심은 창의력이다. 성공한 지도자들은 미래에 대한 꿈과 아이디어를 기업문화로 구축한 창의적인 기업가이며, 창의적인 아이디어를 구체적인 행동으로 전환한 아이디어 창출의 대가였다. 많은 사람이 창의력이 있는 사람들은 본래 타고난 극소수라고 주장하고 있지만, 일부 사람들은 학습을 통해 터득할 수 있다고 주장한다. 특정 개인이 진정으로 지각의 창을 확대할 수 있다면, 또한 변화의 형태를 파악할 수 있어 동기부여가 되어 새로운 것을 개발한다는 생각에 열정적으로 될 수 있다면, 창의적인 사람이 된다는 것은 그렇게 어려운 일이 아닐 수 있다. 미래의 지도자는 지식과 경험의 습득을 통하여 개인적으로 성장할 수 있다. 사회가 지식사회 혹은 정보사회로 변화하고 있듯이 이러한 노력은 그냥 바라는 목표가 아닌 필수적인 것이 되고 있다. 미래의 지도자들이 기업에서 정신적이고 합리적인 지도자로서 존재하기를 원한다면 미래의 지도자들은 반드시 위와 같은 지적 능력을 활용할 수 있어야 한다.

2 변화과정의 관리

상황적인 관계에서 지도자의 창의적인 사고가 실행될 수 없는 것이라면 아무런 의미가 없는 것이다. [그림 10.4]는 변화의 관리를 위한 모형을 제공하고 있으며 창의적인 비전에 대한 노력과 꿈을 현실로 전환하기 위한 계획을 통합하고 있다. 즉 이것은 기업이 지향하는 방향과 비전의 내용을 성취하기 위해 기업의 모든 구성원을 하나로 묶는 데 도움을 주기 위해 설계된 청사진이다.

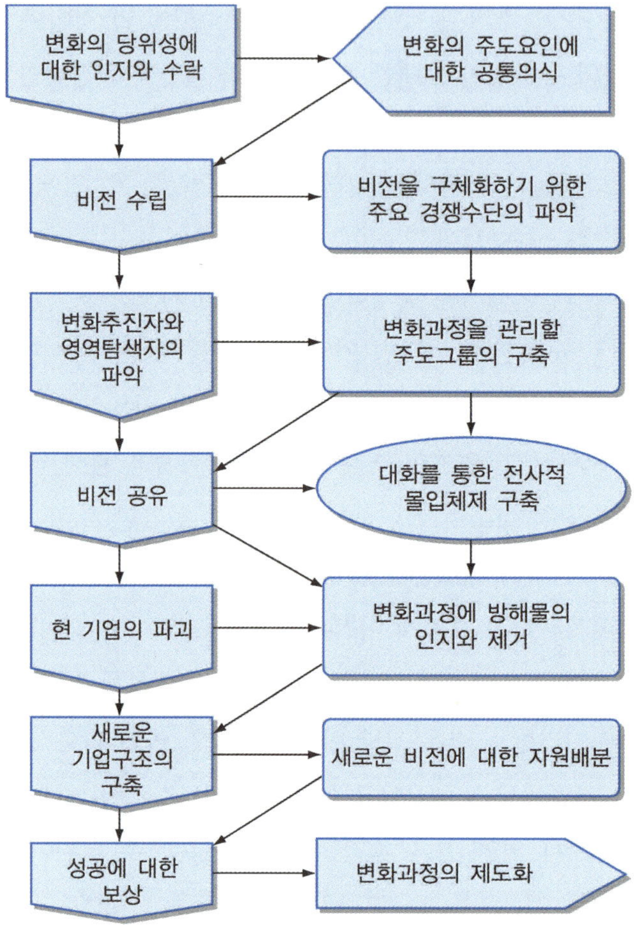

그림 10.4 변화과정의 관리[4)]

1) 변화의 주도 요인에 대한 공통의식

변화과정 관리의 첫 단계는 변화를 인식하고 인정해야 할 필요가 반드시 존재해야 한다. 여기에는 무엇이 변화를 주도하는 요인들인가에 대한 것과 변화의 긴급함에 대한 공감대 형성이 요구되고 있다. 기업 내에서 변화의 주요 요인들에 대한 공감대를 형성하는 것은 비교적 쉬운 일이지만, 변화의 긴급함에 대한 동의를 구하는 것은 힘든 일이라고 할 수 있다. 이런 기업의 구성원들은 스스로 아주 만족하고 있으며 변화에 대한

4) Olson et al, 전게역서, p.338.

아무런 필요를 느끼지 못하며 종래와 같은 행위를 계속할 것이다. '고장 나지 않았다면 굳이 수리하려 들지 말라'는 구절이 이런 경우에 적합한 표현일 것이다. 이런 문제점은 타성이 변화에 대한 어떠한 노력도 허용하지 않는 거대기업에서 더욱 두드러지고 있다.

종종 긴박함은 위기에 의해 파생된다고 할 수 있다. 위기에 처했을 때 일반적으로 긴박함에 대한 공감대를 형성하는 데는 그다지 많은 시간이 걸리지 않는다. 오늘날과 같이 급변하는 환경에서는 위기상황이 벌어질 확률이 아주 높은데, 만일 지도자가 이런 위기가 발생할 때까지 기다리기만 한다면 진짜 위기일 때 해결책을 모색한다는 것은 거의 불가능하다고 할 수 있다. 그러므로 경영자들은 반드시 아주 효과적인 대화자여야 하며, 변화에 대한 필요성과 변화의 요인들이 영향을 미치는 시점을 파악할 때 특히 공감대 형성 능력이 필요하다고 할 수 있다.

2) 비전 수립

두 번째 단계는 비전의 파악과 이 비전을 핵심적인 경쟁수단으로 전환하는 것이다. 변화과정을 관리하는 상황에서 이런 경쟁수단들이 적합하고 또한 타당성이 있는 것임을 확신할 수 있는 증거를 제공하는 것은 지도자에게 필수적이다. 이와 같은 과정이 효과적으로 수행되지 않는다면 기업구성원들은 과정을 의심하게 되며, 원하는 변화의 양상을 달성할 수 있는 지도자의 능력은 퇴색하게 될 것이다. 변화를 두려워하는 자들로 구성된 기업에서는 변화가 실효를 거둘 수 없을 것이다. 변화의 노력이 실패하게 되면 일부는 "우리가 말했지, 변화가 소용이 없을 것이다"라고 떠들 것이다. 이 과정은 대단히 미묘한 단계인데 이때 지도자는 이러한 대화 과정에 포함되는 변화의 추진자들을 부단히 관찰할 필요가 있다.

3) 변화과정을 관리할 주도그룹의 구축

이런 변화의 추진자를 파악할 때 기업은 반드시 모든 조직과 기능의 영역을 효과적으로 탐색할 수 있는 사람들을 선택해야 한다. 이런 사람들은 공식적이거나 비공식적 지도자 혹은 양쪽을 혼합한 지도자이다. 직책에 상관없이 이들은 핵심적인 변화의 전달자이다. 변화의 추진자를 파악하고 선택하는 데 있어 주요 판단기준은 반드시 개인적으로 효과적인 대화를 통해 모든 구성원의 행동을 유발하는 데 필요한 강한 개념 및 지각능력이 있어야 한다.

오늘날과 같이 지식근로자들이 기업의 리더십에서 점점 역할을 확대해가고 있는 상황에서 변화의 추진자에 대한 정확한 묘사는 매우 힘들다고 할 수 있을 것이다. 그렇지만 변화가 효과적으로 관리되려면 이런 목적은 반드시 달성되어야 한다.

4) 비전 공유와 대화를 통한 전사적 몰입체제 구축

넷째, 변화의 추진자들은 비전을 공유해야 한다. 비전을 현실화하기 위해 반드시 비전을 내부화하고, 신봉하고, 에너지를 확보해야 하는데, 여기서 에너지의 역할은 절대로 간과해서는 안 되며, 특히 오랫동안 성공을 유지하던 기업들로서는 더욱 중요하다. '고장 나지 않았으면 굳이 수리하려 들지 말라'라는 종래 관습에 젖어있는 기업들은 변화에 대한 저항이 대단할 것이다. 이 경우에 변화의 추진자들은 반드시 그들의 비전에 신뢰, 열정 및 정신적 믿음이 있어야 할 것이다. 여기서 열정과 합리성의 조화는 높은 수준의 지적 능력과 변화과정에 대한 이해를 요구하고 있다. 이런 역할은 현재의 기업구조를 쇄신하고 변화의 실행을 위해 핵심적인 새로운 구조를 구축할 때 더욱 중요하다.

새로운 비전과 그에 따른 경쟁수단들을 부정하는 사람의 대부분은 현 상태를 유지하기 위해 어떤 일이든지 마다하지 않을 것이 예상되며, 이들은 미래에 대한 불확실성으로 인해 미래업무의 변화에 대하여 두려워할 것이다. 이런 기업 상황에서 변화의 추진자들이 추구할 가장 중요한 목표는 가능한 정확하게 미래의 청사진을 수립하는 것이다. 이것이 의문과 그에 수반되는 불확실성을 제거하는 지름길이다.

5) 변화과정에서 방해물의 인지와 제거

변화를 두려워하는 것은 모든 이들의 공통된 본질이다. 알 수 없는 것에 대한 공포이든지 혹은 조직에서 확실한 역할을 유지하기 위해 반드시 변화해야 한다는 사실로 인한 공포이든지 간에, 변화의 추진자들은 이런 종사자들의 고충을 반드시 파악해야 한다. 이런 불확실성을 없애는 것에 대한 열정은 미래의 지도자가 반드시 소유해야 할 중요한 덕목이다. 미래에 지속적인 변화가 필요하다는 가정이 타당하다면 불확실성을 해소하고 변화과정에서 발생하는 방해물을 인지하고 그것을 제거하는 것이 미래의 지도자가 가져야 할 가장 중요한 과제가 될 것이다.

6) 새로운 비전에 대한 자원 배분

여섯 번째 단계는 새로운 기업구조를 구축하는 것인데, 비전을 토대로 하여 효과적인 자원 배분을 통해 실행의 중요성을 반영하고 있다. 많은 기업은 비전을 창조할 수 있고 또한 비전을 위한 필수적인 자원도 확보할 수 있지만, 비전에 대한 장기적인 자원 배분에 실패하고 있다. 변화를 원하지 않는 사람들은 구질서를 유지하기 위해 자원을 계속하여 구시대 비전에 배분하려고 할 것이다. 그러므로 변화과정의 관리에서는 이와 같은 상황이 일어나지 않도록 반드시 명확한 목표들을 제시할 수 있어야 할 것이다. 이런 저항을 겪게 될 것이라는 가정을 변화 노력의 시초에 포함해야 할 것이다.

물론 변화를 성공적으로 이룩하는 것이 핵심사항이다. 이는 모형에서 기업은 이런 노력에 대한 긍정적인 결과에 대해 보상해야 한다는 것을 암시하고 있다. 여기서 효과적이려면 기업들은 반드시 도달할 수 있고, 시의적절하고, 상당한 이정표들을 보유해야 한다. 바꾸어 말하면 종사자들에게 그들이 적절한 시기에 목표를 달성했고 이것에 대한 보상을 받는다는 느낌을 반드시 가질 수 있게 해야 한다. 문화적 혹은 협상 과정의 장애물로 인하여 명확하지 않거나 비효율적인 보상시스템을 지닌 기업들로서는 쉽지 않은 일이다. 그러나 모든 구성원이 비전을 중심으로 해서 단결되지 못하고 성공에 대한 보상이 주어지지 않으면 비전을 현실화하는 과정은 결국 실패하게 될 것이다.

7) 변화과정의 제도화

마지막 단계는 변화과정을 제도화하는 것이다. 이것은 기업들이 모든 구성원에 의해 수용될 수 있는 변화의 풍조와 문화를 창조해야 하는 당위성을 암시하고 있다. 이런 상황이 일어나기 위해서는 종사자들은 지도자를 신뢰하고, 반드시 계속 변화를 위해 노력해야 하며, 기업이 나가고 있는 방향을 믿어야 할 것이다. 여기서 신뢰는 가장 핵심적인 용어이다. 신뢰는 리더십이 성실하다는 것을 말해주며 구성원들이 바른 일을 하고 있다는 것에 대한 믿음이다. 이러한 신뢰는 미래 지도자들의 행동과 경영하고 있는 기업에 더욱 강한 윤리적 및 사회적 책임을 수용할 것을 요구하고 있다.

3 미래 지도자의 능력 보유

1) 비전을 창출할 수 있는 능력

미래의 지도자들에게 어떠한 기능 혹은 기술들이 필수적인가? 미래 지도자는 비전을 창출할 수 있는 능력이 있어야 하고, 또한 경영환경에 대한 지식도 갖추어야 한다. 더불어 가치 창출은 오로지 정확한 환경평가에서 생긴다. 여기서 중요한 것은 구성원들에게 비전을 수용하게 하는 능력과 지도자의 비전 창출 능력이 상호보완적이어야 한다는 것이다. 이것을 달성하기 위해 지도자는 반드시 변화의 대리인이어야 하며, 그의 고유한 세계관을 종합한 비전을 창조하기 위해 기업, 문화 및 지식의 여러 영역을 탐색해야 할 것이다.

2) 지식을 활용하고 관리하는 능력

지식을 활용하고 관리하는 능력이 필수적인 것은 명백한 사실이다. 이러한 지식 활용 관리능력이 경쟁우위를 달성하기 위한 기술에 투자되기 위해서는 실용적인 용도로 반드시 전환되어야 한다. 관광산업에서 미래의 경쟁적인 전략들은 컴퓨터, 전자통신 및 지식 위주의 내용통합을 토대로 하여 개발될 것이다. 미래의 지도자들은 이 분야에 대해 충분한 지식을 확보해야 할 것이다.

3) 다양한 개념의 통합 능력

비전의 필요와 지식관리는 지도자들이 미래의 경쟁력을 높이기 위해 다양하고 복잡한 개념들을 종합하고 통합할 수 있는 능력을 보유할 것을 요구하고 있다. 새로운 상품과 서비스의 개발을 유발하는 변화의 형태와 관계를 파악할 수 있는 능력이 절대적으로 필요하다. 지도자들은 이 과정에서 전문지식인들의 조언을 구할 수 있어야 하며, 필요한 정보를 수집하고, 수집된 정보를 사업영역과 관련해 분석해서 경쟁우위로 전환할 수 있어야 한다. 여기서 성공은 지식으로서의 비전과 이것을 응용한 사업문제에 대해 상황적인 관계에 있다고 말할 수 있다.

그러므로 리더십은 동태적이고 복잡한 환경에서 여러 난관을 극복하여 지탱할 수 있어야 할 것이다. 지도자들은 반드시 변화하는 여러 다양한 환경(거시적, 과업적, 세분시장, 기업 및 기능 환경)에서 자신의 식견을 제시할 수 있는 가장 우수한 지식근로자들의 능력을 활용하고, 다른 모든 구성원에게 변화를 창조할 수 있다는 확신을 주입할 수 있어야 할 것이다. 이를 위해 지도자는 반드시 구성원들로부터 확신과 성실을 인정받을 수 있어야 한다. 이런 면에서 미래의 리더십은 과거의 그것과는 분명히 다를 것이다.

제3절 전략 개념과 모형

1 전략이란 무엇인가?

1) 전략의 개념적 정의

전략과 전력경영에 대한 정의는 매우 다양하다. 전략의 정의가 다양하다는 것은 조직에서의 전략 현상이 복잡하면서도 다차원적인 속성을 갖는다는 점을 반영한다. 전략과 전략경영에 관한 연구는 기업에서 일어나는 많은 경영기능의 통합에 관한 것이다. 본서에서는 전략을 '조직이 목표를 설정하고 이러한 목표를 달성하기 위해 조직을 관리하는 과정'이라고 정의한다.

2) 전략과 전략경영의 계층적 정의

전략에 대한 가장 오래된 정의는 기업의 사명(mission), 목표, 전략, 전술 개념과 관련되어 있다. 전략 개념에 대한 이러한 접근방법은 계층적인 구조를 형성하고 있다. 아래 [그림 10.5]에 나타난 것처럼 전략은 기업이 목표를 달성하거나 사명을 수행하는 하나의 기법으로 정의되며, 전략경영은 기업의 사명과 목표가 결정되고, 기업의 구체적인 전략이 선택되며, 이러한 전략이 구체적인 정책이나 전술을 통해 실행되는 총체적인 과정이라고 할 수 있다.

미션(사명):	조직이 장기적으로 무엇을 추구하고 지향해야 할 것인가에 대한 최고경영층의 관점
↓	
목표:	기업의 미션을 바탕으로 한 구체적인 성과목표
↓	
전략:	기업이 미션과 목표를 달성하게 하는 수단
↓	
전술/정책:	전략을 실행하기 위한 기업의 행동

그림 10.5 전략과 전략경영에 대한 계층적 정의

표 10.1 기업 사명선언문의 예

기업	사명선언문
Hershey Foods	Hershey(허쉬) Foods사의 기본적인 사업 미션(mission, 사명)은 다각화된 최고의 식품회사가 되는 것이다. 우리 회사는 이러한 미션을 달성하기 위해 네 가지의 접근방법을 추구한다. (1) 현 시장에서 성장 가능성이 있는 우리 회사의 기존 상표와 제품에 투자 (2) 신제품 출시 (3) 잘 알려진 우리 회사의 상표와 신제품을 국내외의 신시장으로 유통망을 확장 (4) 인수와 전략적 제휴 이와 같은 접근방법은 우리 회사의 재무적인 강점을 유지하는 범위 내에서 한다. Hershey사가 채택하고 있는 기본적인 원칙은 우수한 품질과 가치를 가진 제품과 서비스를 통해 고객들을 유인·확보하는 것이다.

〈표 10.1〉은 미래에 대한 관점을 사명선언문 형태로 표현한 예이다. Hershey사는 그들의 사명선언문에서 구체적인 목표를 표현하고 있지 않다. 그러나 다각화된 식품회사가 된다는 것은 일정 수준의 매출과 수익을 캔디 이외의 식품사업 분야에서 달성하는 것을, 또한 최고의 기업이라는 것은 일정 수준의 매출과 수익을 달성하는 것을 의미한다고 볼 수 있다.

사명과 목표가 구축되고 나면 이제 기업은 전략에 관심을 기울여야 한다. 따라서 전략은 기업의 목표와 사명을 달성하는 수단이 되는 것이다. 전략은 그 중요성이 매우 크기 때문에 종종 기업 사명의 한 부분으로 포함되기도 한다. Hershey사는 그들의 사명을 선언(최고의 다각화된 식품회사가 되는 것)하는 것뿐 아니라 이러한 사명을 어떻게 달성할 것인가에 대해서도 구체적으로 명기하고 있다(기존시장에서 기존제품을 확장, 신제품 도입, 기존제품을 가지고 신시장을 개척, 인수).

마지막은 분석 순서의 전술/정책인데 여기서 전술 또는 정책은 기업이 자신의 전략을 실행에 옮기기 위해 취하는 구체적인 행동이다. Hershey사가 최고의 다각화된 식품회사가 되고자 하는 사명을 달성하기 위해 인수(acquisition)라는 방법을 택하는 것은 Hershey사가 수립한 전략 가운데 하나라고 할 수 있다. Hershey사가 어떤 기업을 인수하는가, 인수를 위해 얼마나 많은 금액을 지급할 것인가, 인수기업을 자사의 기존사업과 어떻게 통합할 것인가 등의 문제는 Hershey사의 전술이 될 것이다.

3) 전략과 전략경영의 절충적 정의

많은 학자가 공식적이고 관련적인 측면을 강조하는 계층적 전략 정의의 한계를 지적하면서, 전략은 더 유연하고 포괄적인 개념으로 정의되어야 한다고 지적하고 있다. 이를 주장하는 연구자는 Mintzberg인데 그는 조직 현상을 더 포괄적으로 반영하는 전략과 전략경영에 대한 관점을 제시하였다. 이를 나타낸 것이 〈표 10.2〉이다.

표 10.2 전략정의에 대한 Minzberg의 절충적 정의

전략이란	내용
계획(Plan)	상황에 대처하기 위해 의식적으로 의도한 행동 코스
책략(Ploy)	적을 속이기 위한 교묘한 책동
패턴(Pattern)	오랜 기간 습관적으로 나타나는 행동 패턴
시장에서의 위치(Position)	기업이 자사를 경쟁시장에 관련시키는 방식
관점(Perspective)	기업경영자들이 자신과 외부세계를 바라보는 방식

4) 전략과 전략경영의 적합적 정의

전략 정의에 대한 적합적 정의(matching definition)는 현재 가장 일반적으로 받아들여지고 있는 전략에 대한 견해라고 할 수 있다. [그림 10.6]에서 보는 바와 같이, 기업의 전략은 기업이 환경으로부터의 위협과 기회에 대응하면서 자사의 강점을 활용하고 약점을 회피하기 위해 취하는 행동으로 정의된다. 전략경영은 기업이 기회와 위협을 발견하기 위해 경쟁환경을 분석하고 자신들의 경쟁 상의 강점과 약점을 발견하기 위해 내부의 자원과 능력을 분석하며, 전략을 선택하기 위해 이러한 두 가지의 분석을 적합화 시키는 과정으로 정의된다. 전략경영은 또한 선택된 전략을 실행하기 위한 조직화(organization)를 포함한다.

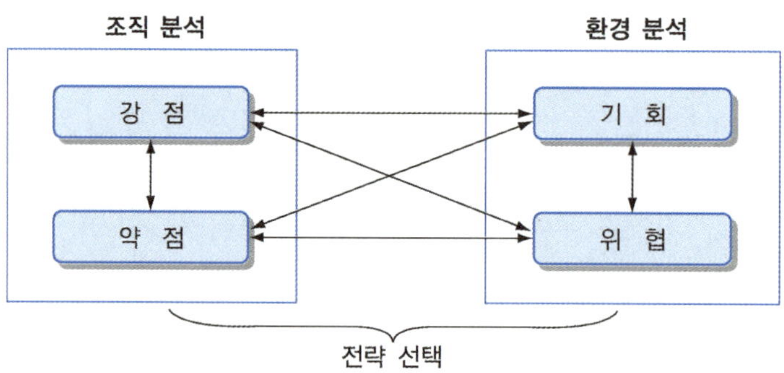

그림 10.6 전략과 전략경영에 대한 적합적 정의[5)]

5) Barney(2000), 권구혁 · 신진교 역, p.25

② 전략적 사고와 상호일치의 원칙

기업의 경쟁수단은 변화의 시대에서 미래를 예측할 수 있어야 하며 특정 기업의 경영철학을 반드시 반영해야 한다. 그러므로 환경은 기회를 제공하며 경영진은 이 기회를 바탕으로 하여 경쟁우위를 차지할 수 있는 경쟁수단을 개발한 후 효율적으로 경영자원을 투입하여 기업에 최대한의 가치를 제공해야 하는데, 이것이 상호일치 원칙의 핵심내용이다([그림 10.7] 참조).

상호일치의 원칙을 더욱 자세히 이해하기 위해서는 경영진에게 상호일치의 원칙이란 목표를 달성하는 데 필요한 개념들을 제공하는 틀(framework)을 개발하는 것이 유용한 방법일 것이다.

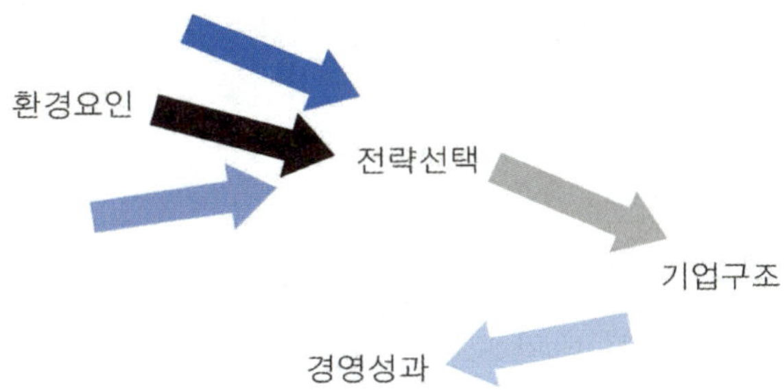

그림 10.7 상호일치의 원칙

우선 전략은 과정이 아니고 사고의 방법이라는 것을 인식하여야 한다. [그림 10.8]에서 보여주듯이 전략은 여러 행위를 포함하는데 기업을 둘러싼 이해당사자들이 원하는 경영성과를 산출하기 위해 이런 행위들은 반드시 상호 연계되어 시너지효과를 달성할 수 있어야 한다. 전략은 기업의 주인들에게 상당한 수준의 가치를 제공할 수 있는 경쟁수단에 시종일관 효율적인 형태로 기업의 경영자원을 배분하는 것이라고 정의할 수 있다. 또한, 전략은 조직의 구성원들이 기업의 장기적 방향과 예상되는 경영성과를 결정하는 행위인데 이런 행위는 진지한 전략의 수집, 적절한 실행과 전개된 전략의 평가를 통하여 구체화 될 수 있다.

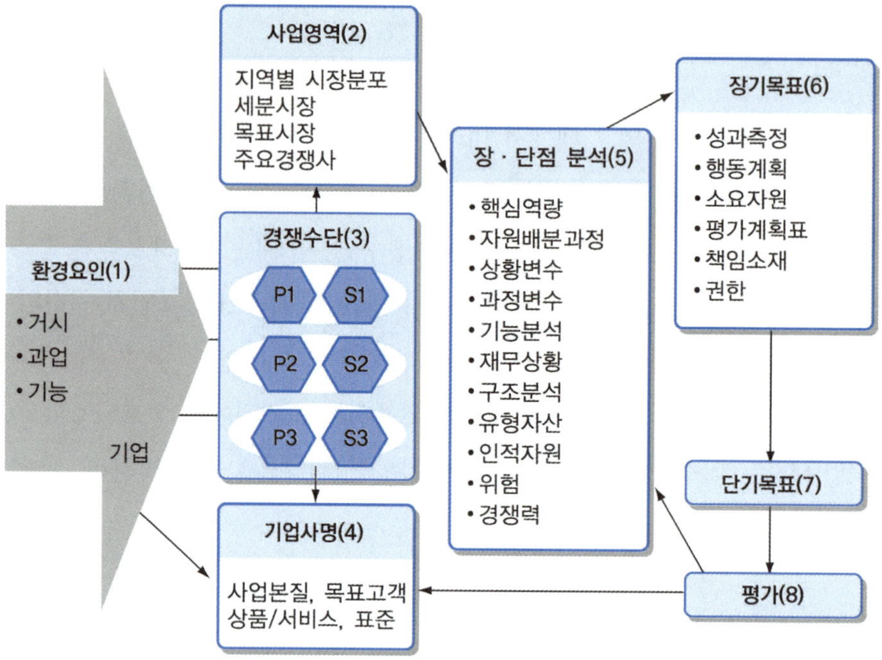

그림 10.8 경영전략 모형

전략의 개발은 일시적인 행위가 아닌 지속적인 과정이다. 전략의 개발은 미래의 경쟁을 위한 사고의 방법이며 기업 내의 모든 수준, 즉 말단의 서비스 종사자부터 최고경영진까지 일상적인 행위를 포함한다. 전략 수립은 어떻게 경쟁상황을 파악하여 어떤 경쟁수단으로 기업의 재무적 성공에 공헌할 수 있는가에 주안점을 두고 있고, 재무적인 성공은 주당 현금흐름의 최대화라고 정의하고 있다.

1) 환경에 대한 진단과 평가

현재 사업환경을 둘러싼 모든 요소가 변화하고 있으므로 환경진단과 평가(environmental scanning and assessment)는 오늘날 기업의 중요한 전략적 기능이 되고 있고 환경진단은 경영자의 책임 중에서도 가장 중요한 행위 중의 하나가 되었다. [그림 10.8]의 경영전략 모형의 환경요인(1)을 보면 이해가 쉽다.

경영환경은 모든 기업에 기회와 위협을 동시에 제공하고 있다. 기회는 기업에 부가가치 창출의 목표를 달성 또는 초과하는 기회를 제공할 수 있는 상황이며, 위협은 기업목표의 달성을 저해하고 때때로 기업의 생존마저 위협하는 상황을 말한다.

거시환경은 기업 외부의 환경에서 유래된 요소들로 구성되며 기업이나 다른 조직의 행동에 따라 변경되거나 통제받지 아니한다. 그렇지만 기업은 궁극적으로 기업의 재무적 성과에 영향을 미치는 거시환경에 존재하는 변화의 주도요인들의 잠재적 영향을 파악하기 위해 환경을 계속해서 체계적으로 진단하여야 한다.

과업환경은 일반적으로 거시환경보다 기업에 직접적인 영향을 미치는데 과업환경에는 시장과 고객의 행위, 산업구조, 경쟁사, 법 제정자, 공급자 등이 있다.

기능 환경은 재무관리, 인사관리, 마케팅, 운영, 연구개발과 경영관리 분야에서의 변화를 일으키는 주도요인들로 구성된다. 일반적으로 기능 환경에서의 변화는 각 기능 영역의 지식구조가 진화함에 따라 나타나며, 변화는 또한 경영자가 최상의 업무를 수행함으로써 일어날 수도 있다.

환경과 환경진단이란 개념은 특히 현재처럼 역동적인 환경에서 경영전략의 전반을 이해하는데 매우 중요하다. 변화를 예측하고 그 변화에서 기회를 선점하여 경쟁에서 주도적 기업이 되는 것이 오늘날의 경영을 대변한다.

2) 전략의 수립

경영전략은 한 가지 사고방식이지만 전략 수립(strategy formulation)은 하나의 과정이다. 전략 수립은 경영진이 기업의 미래방향을 수립하는 데 관여하는 행위이다.

기업은 경영환경을 진단하면서 경쟁을 위한 계획을 시작한다. 이것은 [그림 10.8]의 경영전략 모형의 환경요인(1)에 해당이 된다. 이 행위가 전반적인 경영전략 과정에서 차지하는 중요성을 강조하기 위해 가장 큰 심벌로 표현된다.

환경진단을 마친 후 다음 행위는 기업이 경쟁하게 될 사업영역의 범위를 정의하는 것이다. 이것은 [그림 10.8]의 사업영역(2)에 해당이 된다.

기업의 사업영역이 결정되면 경영진은 파악된 기회를 바탕으로 하여 경쟁우위를 차지하기 위한 경쟁수단을 파악한다. 이것은 그림 [10.8]의 (3)에 해당이 된다.

이런 결정이 종료되면 기업의 사명을 개발하여야 한다. 이것은 [그림 10.8]의 (4)에 해당이 된다. 기업의 사명은 기업의 장기적인 목적을 달성하는 데 필요한 개요를 제공한다. 사업의 본질을 기술하고 반드시 전사적 전략, 사업부 전략 및 기능별 전략들을 반영할 수 있어야 하고, 기업이 여행사나 호텔, 레스토랑과 같은 서비스기업인지 장비제조업체와 같은 생산업체인지를 파악할 수 있어야 한다.

사업의 본질이 결정되면 목표로 하는 고객층을 설정하여야 한다. 마케팅 분야가 끊임없이 발전하고 있는 상황에서 가장 중요한 개념 중의 하나가 목표시장이다.

오늘날 마케팅의 역할이 점점 확대되고 있듯이 표적고객 시장에서 새로운 전망이 떠오르고 있는데 이것을 개별 고객 시장이라 한다. 개별 고객 시장이 암시하는 바는 고객들이 점점 개별적인 행동 양상을 보인다는 것이다. 고객들은 점점 자기들의 욕구에 부합하는 특화된 상품과 서비스를 요구하며 또한 그들의 이런 욕구에 가장 적합한 상품과 서비스만을 구매할 것이다.

기업의 사명은 기업이 어떻게 고객, 직원과 주주들을 대우할 것인지를 결정하는 가치지표를 반드시 포함해야 한다. 핵심가치라는 사고는 구성원 간에 중요한 개념인데 이것을 바탕으로 하여 그들은 공동의 목표를 달성하기 위해 함께 노력할 수 있는 것이다. 핵심가치의 공표가 없다면 기업의 의도하는 전략을 달성하는 데 주요한 역할을 하는 핵심 기업문화의 수립에 어려움을 겪을 수 있다.

3) 전략의 선택

전략선택(strategy choice)이란 기업목표를 달성하기 위해 기업들이 경쟁수단의 개발에 집중하는 것이다. 전략선택은 [그림 10.8]의 경쟁수단(3)과 관련이 있다. 여기서 선택이란 단어는 전략선택이란 개념을 이해하는 데 결정적인 역할을 한다. 그것은 경영진은 어떻게 경쟁해야 하는가를 계속 선택해야 하며, 전략은 반드시 상호일치의 원칙에서 말하는 환경진단의 결과에 따라 선택되어야 한다.

경쟁수단은 기업이 속한 환경에서 경쟁하기 위해서 선택하는 상품과 서비스의 포트폴리오라고 정의할 수 있다. 개별적인 상품과 서비스의 선택과 그것들을 바람직한 포트폴리오로 통합하는 것은 경영진의 의무인데, 이 지도자 그룹은 환경에 존재하는 기회를 고려하여 어떤 상품과 서비스에 투자해야 할 것인가, 각 상품과 서비스에서 산출되는 예상 현금흐름은 얼마인가, 이런 투자가 기업의 가치에 미치는 영향은 어떠한가? 등에 대한 의사결정을 해야 한다.

전략유형을 서술하면 차별자(differentiator), 혁신자(innovators), 가격주도자(price leaders), 판매의 풀 앤 푸시(pull and push selling), 이미지 경영(image management) 등은 마케팅 기능을 강조하고, 반면에 통제자(controllers), 자원보존자(resource conservers)와 효율 집중성(focused efficiency) 등의 전략유형은 운영을 강조한다.

그러나 이런 일반 전략유형들은 서비스산업의 특색인 고객과의 개별적인 거래에 대한 본질과, 선행연구와는 다른 전략적 사고의 변화를 반영하는 경쟁수단에 관한 연구 필요에 대해 그 욕구를 충족시키지 못하였다. 그러므로 경쟁수단에 대한 투자인 전략선택은 반드시 개별 고객 시장 혹은 고객의 기업에 대한 장기적인 경제적 가치와 같은 개념에 따라 주도되어야 한다.

4) 전략의 실행

기업이 어떤 경쟁수단에 투자할 것인가를 결정한 후 결정에 대한 실행을 효과적으로 전개하기 위해서는 반드시 자원을 배분하여야 한다. 그리고 자원의 배분 과정은 반드시 가장 높은 가치를 생산하는 경쟁수단에만 일관적으로 이루어져야 하고 이런 행위는 미래에도 지속적이어야 한다.

전략실행(strategy implementation)은 경영자원의 배분 과정이라고 할 수 있으며, 경영자원은 자본, 인력, 원재료로 정의될 수 있다. 전략실행은 모든 자원을 기업목표와 일치하게 하여 순조롭게 기업 목적을 달성하는 것이다. 이것은 [그림 10.8]의 (5)부터 (8)에 해당이 된다.

전략실행은 최대의 가치를 창출하기 위해 많은 변수를 가장 효과적으로 결합하는 것이라고 정의할 수 있다. 이런 변수들은 기업의 상황과 성공적인 실행을 달성하기 위해 기업에 의해 사용되는 과정을 포함하는데, 여기서 상황은 기업의 내부환경을 말한다. 기업의 내부환경은 기업의 구조, 전략, 문화, 수명주기 단계, 지리적 확산 정도와 경영진이 환경진단 노력으로 파악된 불확실성을 어떻게 인식하고 있는가? 등으로 표현될 수 있다.

핵심역량과 일치에 연관되는 상황 변수와 과정변수를 진지하게 고려한 후 기업은 반드시 상호일치 관계에 있는 장점 및 단점을 철저하게 파악하여야 한다. 그러므로 상호일치를 구성하는 모든 요소는 반드시 장점 및 단점으로 평가되어야 한다. 기업의 모든 행위와 과정이 어떻게 전략실행에 영향을 미치는가에 대한 체계적인 관점은 반드시 기업의 현재 장점 및 단점을 바탕으로 파악되어야 한다. 경영진은 반드시 왜, 어떠한 장점인가를 결정하여 장점을 유지하는 데 자원을 할당해야 하며, 또한 단점도 정확하게 파악하여 가장 많은 주당 현금흐름을 산출하는 경쟁수단에 자원을 배분할 수 있어야 한다.

5) 장 · 단기 목표설정

기업의 장점 및 단점 파악이 종료되면 경영진은 기업의 장기 및 단기 목표를 수립하는 절차에 대하여 관여하게 된다. 전략실행과정에서 가장 중요한 평가 기준의 하나는 대부분 기업목표가 핵심역량 및 경쟁수단과 일치되어 있는가를 확신할 수 있어야 한다.

기업목표에는 일상적인 것과 예외적인 것의 두 가지 중요한 범주가 있다. 일상적 목표는 경쟁수단의 성과에 따라 설계되어야 한다. 바꾸어 말하면, 각 경쟁수단은 가치 창출을 위한 목표 수준이 있다. 많은 경우에 목표는 매출목표, 비용 절감과 직무과정 향상 등과 같은 분야에 집중되었다.

두 가지 범주의 기업목표는 반드시 몇 가지 명확한 판단기준을 충족하여야 한다.

첫째, 목표는 측정이 반드시 가능해야 한다. 전략의 효과를 측정하는 방법은 주당 현금흐름이다.

둘째, 목표는 반드시 시간을 고려해야 한다. 1년 혹은 더 짧은 기간을 소요하는 것을 단기목표라 하고 1년부터 5년까지의 기간을 소요하는 것을 장기목표라고 한다.

셋째, 목표는 실현 가능해야 한다. 이것은 반드시 기업의 처한 상황과 보유하고 있는 자원과 능력을 고려해야 한다는 것인데, 이 기준은 급변하는 현 상황을 비추어 봤을 때 가장 어려운 기준이라 할 수 있다. 새로운 상품과 서비스가 계속 출시되는 상황에서 경영자들은 투자에 대한 보상이 되도록 짧은 기간 내에 이루어지지 않으면 투자 자체를 포기해야 한다는 사실을 인지하여야 한다.

6) 평가

평가는 전략실행과 완수를 확신하는 데 중요한 역할을 하며, 평가는 전략의 전반적 결과 및 개별적 경영성과 파악 등 기업의 몇 가지 수준에서 행해질 수 있다.

기업의 경쟁수단은 반드시 주기적으로 평가되어야 하는데, 이에 대한 첫째 질문은 경쟁수단이 주당 현금흐름 목표를 충족하고 있는가이다. 두 번째 질문은 경쟁수단의 잠재력은 얼마나 계속되는가에 집중하는 것이다. 바꾸어 말하면, 경쟁수단을 구성하는 상품과 서비스의 수명주기는 어떤가를 파악하는 것이다. 이런 형태의 평가를 달성하는 가장 좋은 방법은 경영진의 주기적인 회의에 의제로 채택함으로써 각 상품과 서비스의 경제적인 수명주기가 평가될 수 있는데 이는 매우 중요하므로 회의안건의 첫 번째 의제가 되어야 한다. 평가의 다음 단계는 기업목표를 실현할 수 있는 수준과 시간이 있는가를 살펴보는 것이다.

전략실행과정에서 가장 중요한 요소는 이러한 과정이 계속해서 평가되어야 한다는 것이다. 평가는 각 경쟁수단의 성과에 치중하여야 하며, 목표에 비추어 각 경쟁수단의 가치 창출 능력을 측정할 수 있어야 한다.

3 기업전략, 사업부 전략, 기능별 전략

경영전략은 어떠한 수준에서 분석할 것인가에 따라 기업전략(전사적 전략)과 사업부 전략으로 나뉘고 사업부 전략 하위에 기능별 전략이 있다. [그림 10.9]와 같이 기업 전체적(전사적)으로 참여할 사업 영역을 결정하는 기업전략(corporate strategy)이 존재하고 개별 사업부 내에서의 경쟁전략을 다루는 사업부 전략(business strategy)이 있다. 이러한 기업전략과 사업부 전략의 차이점을 대비한 것이 [그림 10.10]이다.

기업이 성과를 높이기 위해서는 다음 두 가지 요소를 고려해야 한다. 첫째, 구체적으로 어떤 사업 분야에 들어가서 경쟁할 것인가를 결정한다. 둘째, 그 사업 분야에서 구체적으로 어떻게 경쟁을 해서 수익률을 높일 것인가를 결정한다, 첫 번째 문제가 '기업 수준의 전략'이고 두 번째 문제가 '사업부 수준의 경쟁전략'에 해당한다. 기능별 전략은 각기 다른 기능 분야에 제한된 기업의 경영자원을 효율적으로 배분하는 것을 결정한다.

기업이 최대한의 수익을 달성하려면 위에 설명한 세 수준의 전략들은 반드시 서로 조화되어야 한다.

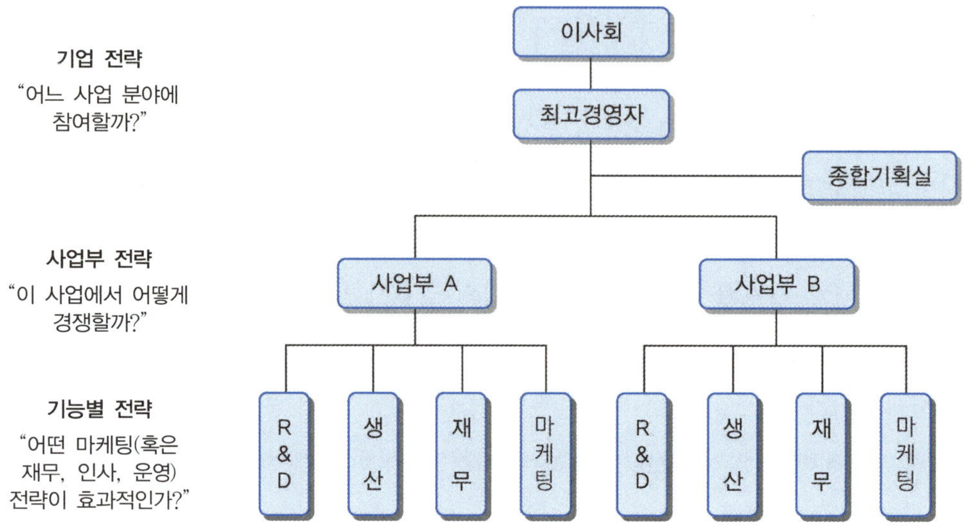

그림 10.9 전략의 분류

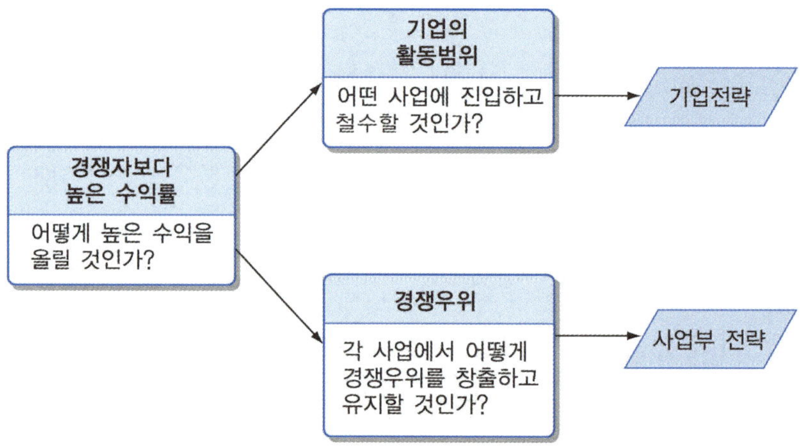

그림 10.10 기업전략과 사업부 전략의 차이

1) 기업전략(전사적 전략)

기업전략 또는 전사적 전략(corporate strategy)은 어떤 사업 분야에 기업이 진출해야 하는가를 결정하고 기업목표와 운영범위를 결정하는 것을 주요 관심사로 하고 있다. 전사적 전략은 기업 전체를 경영하기 위한 거대한 설계이다. 전사적 전략은 산업, 세분 시장, 상품과 서비스로 분류되는 총체적인 사업관점에서 어떤 사업에 기업이 진출해야 하는

가를 결정한다. 전사적 전략은 어떤 전략적 목표를 달성해야 하는가와 이러한 목표를 성취하기 위해 각 사업부는 어떻게 경영되어야 하는가를 결정하는 과정이다.

전사적 전략들은 일반적으로 1년부터 5년 사이의 기간을 범위로 한다. 한 기업이 다른 기업을 인수하거나 혹은 전혀 새로운 사업영역에 진출하는 결정을 해야 할 때 많은 대안이 평가되어야 하고 연구와 분석을 위한 많은 시간이 든다.

궁극적으로, 전사적 결정은 기업의 이사회가 그 책임과 권한을 갖게 되는데, 이들은 기업의 주주들에게 경영성과를 설명할 수 있어야 한다. 그러나 이러한 의사결정에 대하여 다른 이해관계자의 영향력이 점점 강화되고 있는데, 예를 들면 특정 기업의 주식지분을 상당 부분 소유한 기관투자자들이 이사회의 의사결정과정에 목소리를 높이고 있다. 환경운동 단체들, 노조와 관련 정부 기관도 기업의 전사적 전략 의사결정에 영향력을 행사하고 있다.

2) 사업부 전략

전사적 전략이 결정되면 다음 수준의 전략은 사업부 전략(business strategy)이다. 사업부 전략은 기업에 속하는 각 사업부를 지원하는 목적으로 개발되며 각 사업부가 속하는 경쟁 시장에서 경쟁우위를 차지하는 것을 중점사항으로 하고 있다. 사업부 전략은 '어떻게 우리 기업이 특정 산업 내에서 경쟁할 수 있을까?'란 질문에 대한 대답이며 특정한 세부시장에서 경쟁우위를 차지하는 것을 목표로 한다. 이 수준의 전략은 기업이 경쟁수단과 핵심역량을 사용하여 특정 산업 내의 특정 사업에서 경쟁하는 것이다.

사업부 전략은 기업이 테마파크 사업과 같이 특정 시장에서 한 가지 사업으로 경쟁하기 위해 경쟁수단을 개발하는 것이다. 반드시 전사적 전략에서 파생되어야 하며 또한 전사적 전략을 지원해야 한다.

3) 기능별 전략

세 번째 수준의 전략은 사업부 내의 기능별 전략(functional strategies)이다. 기능별 전략은 사업부 전략보다 그 대상 범위가 좁다고 할 수 있다. 기능별 전략들은 주로 사업부를 운영하는데 필요한 일상의 행위에 주안점을 둔다. 일반적으로 재무관리, 마케팅, 인사관리,

운영관리, 경영관리와 연구개발로 구성되어 있다. 기능별 전략은 전략계획의 실질적인 실행을 통하여 제한된 경영자원을 가지고 최대의 경영성과를 달성하는 것이다.

사업부 전략은 경쟁을 위한 방법을 파악하는 것인데 반해, 기능별 전략들은 기업이 개발한 가장 가치 있는 경쟁수단을 효과적으로 실행하는 데 필요한 기능별 세부행위들이다.

표 10.3 기능별 전략

기능 영역	요소
재무관리	자산관리, 예산편성, 자본구조, 자금 수급, 위험경영, 재무계획, 배당률 결정, 예산, 기업 인수 및 합병, 통제시스템
인사관리	직원관리, 조직행동, 노사관계, 리더십
마케팅	판매유통경로, 홍보 및 판촉, 가격 결정, 상품 및 서비스관리, 고객 세분화, 시장조사
경영관리	보험 관계, 회계시스템, 경영정보시스템, 전략적 계획, 법률문제
운영관리	생산관리, 품질관리, 자원의 획득 및 저장, 안전과 보안, 공정관리
연구개발	상품개발, 고객개발, 새로운 사업계획

제4절 상품과 서비스 포트폴리오로서의 경쟁수단

경쟁수단은 기업이 수명주기 동안 긍정적인 현금흐름을 산출하는 상품과 서비스의 포트폴리오라고 정의된다. 경쟁수단은 물리적 자산이고 무형적이며 측정하기 힘들고, 존재기간이 짧고, 생산과 소비가 동시에 진행되고, 고객마다 다르게 인식이 되는 서비스이다. 관광기업은 현금흐름을 산출하는 여러 개별적인 상품과 서비스를 보유하기 때문에 기업의 전반적인 전략을 구성하는 경쟁수단을 만들어 내기 위해서 상품과 서비스가 결합해서 포트폴리오를 구성한다. 여기서 M. D. Olson 등의 연구결과를 정리하면 다음과 같다.

1 관광기업의 경쟁수단

여러 연구결과를 통해 결정된 실제 관광산업에서 활용되는 경쟁수단들에 대해서 보기로 한다. 전략선택은 각 개별기업이 직면하는 고유한 상황을 반드시 반영해야 하는 배경적인 문제이며, 전략선택은 모든 기업과 산업에 공통으로 사용할 수 있는 일반적인 전략들에 의존해서는 안 된다는 것이다.

관광기업에 관련된 문헌들을 조사한 결과는 〈표 10.4〉와 같은 경쟁수단의 목록이 파악되었다. 목록의 첫째 항목 위치는 호텔과 레스토랑산업에서 모두 주요한 경쟁우위의 수단으로 고려되어왔다. 이 목록은 관광산업에서 응용할 수 있는 일반적인 경쟁수단의 목록에 아주 근접한다고 할 수 있다. 이 목록은 잠재적인 경쟁수단들을 평가하는 데 유용하게 사용할 수 있지만, 상호일치의 원칙에서 파악된 관계들을 더욱 이해하기 위해서는 호텔과 레스토랑 분야별로 사용되는 경쟁수단들을 자세히 분류하는 것이 좋다.

표 10.4 관광기업의 경쟁수단

• 위치	• 조직상호 간의 시너지 효과
• 운영의 효율성	• 경영능력
• 서비스 수준	• 자산의 수명주기와 생산성
• 기술 활용	• 브랜드의 가치
• 기능적 역량	• 핵심기술과 유연성
• 재고관리와 통제	
• 상품과 서비스의 묶음	

2 호텔기업의 경쟁수단

세계적인 경기불황 여파로 호텔산업은 적대적인 환경에서 경쟁하는 방법에 집중하게 되었다. 호텔경영자들은 성장과 가치를 창출하는 방안을 탐색하기 시작했고, 이런 현상은 경쟁수단들의 확산을 가져왔다. 호텔기업에서 활용되는 모든 경쟁수단을 파악하려는 두 가지 연구가 호텔들이 경쟁우위라는 힘든 목표를 달성하기 위해 어떤 상품과 서비스를 선택하고 있는지를 판단하고자 수행되었다. 〈표 10.5〉는 주요 다국적 호텔기업들에 의해 활용된 경쟁수단들이다.

표 10.5 다국적 호텔기업의 경쟁수단

주요 경쟁수단	정의
단골고객우대 프로그램	단골고객에게 특별한 혜택과 무료 여행기회를 제공하여 고객의 충성도를 구축하기 위해 개발
전략적 제휴	광고와 마케팅, 상품과 고객의 공유 및 객실점유율을 최대화하기 위한 재무적 행위 등을 포함하는 기업들의 공식적인 협조 노력
컴퓨터 예약시스템	처음 Holiday Inns에 의해 개발된 이 프로그램은 항공사의 예약시스템과 유사하다. 객실당 매출을 최대화할 수 있는 수준의 요금으로 객실을 채우기 위해 고안되었고, 이 프로그램은 또한 고객과 여행사들이 적정가격으로 원하는 객실을 쉽게 확보하는 데 도움을 준다.
부가서비스	고객이 등록하면 제공되는 부가적인 상품과 서비스(amenities)
브랜드	고객에게 새로운 상품을 개발하고 전달하기 위한 호텔들의 시도. 종종 최저가, 중저가, 고급 호텔들의 서비스 수준으로 간주한다. 각 상품은 경쟁에서 차별화하기 위해 개발된다. 또한, 각 세분 시장별로 브랜드가 개발된다.
기술혁신	호텔에서 개발되는 상품과 서비스를 향상하기 위해 고안된 많은 종류의 기술적 진보들로 이루어지는데, 모든 통신시스템, 경영진을 위한 의사결정지원시스템, 회계서비스, 안전과 보안 프로그램, 에너지 및 절약 시스템, 자동 체크인 및 체크아웃 시스템 등을 포함한다.
틈새 마케팅 및 광고	특별한 상품과 서비스를 강조하여 구체적인 목표시장을 겨냥하기 위해 설계된 프로그램
가격 전술	보통 가격할인과 판매관리 프로그램
비용 절감	호텔을 운영하는 데 소요되는 모든 비용을 가능한 효율적으로 사용하기 위한 프로그램
서비스 품질관리	TQM 및 지속적인 서비스전달과정의 향상 등을 통하여 서비스의 질을 향상하려는 시도
해외시장 진출	현 시장이 포화상태에 이르자 호텔기업들은 새로운 해외시장으로 진출하고자 했다.
여행사의 가치 인지	매출 상승을 위해 여행사와의 관계를 향상하고자 하며, 이를 위해 보상과 혜택을 제공한다.
프랜차이징과 계약경영	가치를 창출하는 데 필수적인 고유한 능력을 보유한 기업들이 경쟁수단으로 사용하고 있다.

중요한 자산으로서의 종사원	이 방법은 높은 수준의 상품과 서비스를 전달하는 데에 종사원의 역할에 대해 새로운 가치를 부여했다.
객실 내 판매와 오락	pay-per-view 영화, 음료, 스낵 및 컨시어지(concierge) 서비스를 객실 내에서 제공하여 매출을 최대화하려는 프로그램
단골고객을 위한 특별서비스	기존의 단골고객 우대프로그램을 초월하여 자동 체크인 및 체크아웃, 특별주문 의자, 라운지, 호텔판매상품 가격할인 및 모든 상품과 서비스의 선택의 전반적인 향상 등을 제공하는 프로그램
환경친화적인 프로그램	호텔과 객실의 실내 공기 정화 등을 포함하는 고객들의 증가하는 환경 개발 프로그램. 환경문제를 중시하는 고객들을 위해 고안됐다.
비즈니스 서비스	점점 증가하는 상용 여행자들의 욕구를 충족하기 위해 고안되었으며 호텔 내의 모든 비즈니스 서비스와 통신서비스를 포함하고 있다.
데이터베이스 관리	고객들의 습관 등을 명확히 파악하고 최신 기술 분야에서 경쟁우위를 차지하기 위해서 개발됐다. 현재 고객정보는 호텔의 다른 시스템들과 통합되어 사용되고 있다.
핵심사업경영	가장 경쟁적인 일개 혹은 몇 개의 분야에만 집중적인 관리를 행하고 주변적인 분야는 전문회사에 용역을 준다.
직접 고객 마케팅	정보고속도로를 이용하여 직접 고객에게 상품을 판매하는 프로그램
새로운 상품개발	이 방법은 all-suite 호텔과 같은 전혀 새로운 상품의 개발 등을 포함한다.
브랜드 리포지셔닝	기업의 각 브랜드에 적절하고 명확한 이미지를 갖는 상품과 서비스의 개발 등이다. 또 최고급 호텔과 상용호텔의 차이점을 명확히 하는 것도 포함한다.
기술	운영 및 마케팅 측면에서 컴퓨터와 통신기술의 통합 효과의 증대로 기업들은 기술에 대한 투자에 더욱 많은 관심을 기울이고 있다.
다변화	위험을 분산하고 가치를 향상하려는 대부분 기업의 염원을 반영하고 있다. 예로서는 콘도미니엄으로의 진출, 노인 휴양시설, 유람선 등
가치경영자로의 변화	많은 기업은 자본시장의 압박에 반응하여 기업을 위해 가치를 창출했던 기록을 보유한 성공적인 경영자들만을 고용하고 있다.
데이터베이스 마케팅	고객들의 취향을 개별적으로 파악하고자 이용되고 있다.
경영정보 시스템	의사결정과정에서 정보에 대한 의존도가 증가하고 있다.

두 번째 서비스산업의 경영전략에 대한 문헌은 관광산업의 전략을 파악한 모든 연구를 종합해 호텔산업에서 이용되는 경쟁수단들에 대한 이해를 더욱 증진하고자 시도되

었다. 이 경쟁수단들은 600여 개의 호텔 표본을 활용하여 유사한 그룹으로 분류하기 위해 측정 · 평가가 되었는데, 최종 그룹은 〈표 10.6〉에 기술되었고 서비스, 기술 및 마케팅에 대한 집중을 반영하고 있다.

표 10.6 호텔기업에서 활용되고 있는 경쟁수단

서비스품질 리더십	서비스향상 행위들의 활용
최신 기술 리더십	상품과 서비스 전달을 높이기 위한 기술의 활용
Push-직접판매	직접판매에 집중하는 유능한 판매팀을 구성하여 능동적인 판매프로그램을 개발
비용통제	효율성에 집중
Pull-전략적 연합	새로운 시장과 동맹의 창출
단체고객시장	인센티브 시스템을 도입하여 판매 촉진
상호교육	다기능을 보유한 종사자의 개발

세부사항을 제공하기 위해 〈표 10.7〉은 서비스품질 리더십이라고 명명된 경쟁수단의 세부적인 서비스행위 혹은 행동의 표본을 포함하고 있다. 서비스행위들은 경쟁우위를 달성하기 위해서 적절한 교육, 실행 및 품질통제에 의존하게 되는데, 이들은 쉽게 모방할 수 있어 오랜 기간 경쟁우위를 달성하기가 힘들다. 하지만 반드시 이런 경쟁수단에 자원을 배분해야 한다.

표 10.7 경쟁수단을 구성하는 서비스의 표본

서비스품질의 리더십
• 상품과 서비스의 높은 품질을 일관적으로 유지 • 서비스 품질 표준을 향상하기 위해 교육 및 개발 프로그램을 활용 • 직원 행위의 서비스 지향성을 향상 • 고객과 대면하는 직원의 교육 • 고객의 욕구를 충족하기 위해 설계된 서비스품질 목표의 설정 • 직원들에 의해 받아들여질 수 있는 도전적이고 현실적인 서비스품질 목표를 설정하고 주기적으로 측정하고 평가 • 꾸준하고 명확한 표현, 경영진의 상품과 서비스의 질에 대한 몰입 • 직원들의 대화 능력향상을 위한 교육 • 고객과 접촉하는 직원들에 대한 세심한 교육 • 직원들의 대인관계에 대한 교육 • 높은 수준의 운영 효율성 달성

③ 외식기업의 경쟁수단

외식산업은 수많은 레스토랑이 경쟁하는 분명한 성숙기에 이르렀으며, 이런 전반적인 수요와 공급의 관계는 당분간 변화가 없을 것으로 보인다. 앞의 〈표 10.5〉 다국적 호텔기업의 경쟁수단에 소개된 경쟁수단에 추가하여 보다 구체적인 레스토랑산업의 경쟁수단의 목록들이 〈표 10.8〉에 열거되어 있다. 이 표는 외식기업에서 이용되는 경쟁수단들을 파악하기 위해 설계되고, 일반적인 전략을 파악한 전략 분야 일부 학자들의 종전 연구를 토대로 한 연구에서 개발되었다.

표 10.8 외식기업의 경쟁수단

경쟁수단	상품/서비스 범주
통제 (낮은 경영성과)	• 프랜차이즈 대신 점포를 직접 소유 • 제한된 지역시장만을 상대로 한 영업활동 • 표준화를 통한 비용의 최소화
차별화에 대한 집중 (낮은 경영성과)	• 특별 상품과 서비스의 개발 • 표준화를 통한 비용 최소화를 고려하지 않음 • 가장 값싼 공급자의 확보를 고려하지 않음 • 특별 시장을 위한 상품과 서비스의 설계
이미지 관리 (중간 수준의 경영성과)	• 혁신적인 마케팅기법 사용 • 이미지 광고에 집중 투자
효율 향상에 집중 (높은 경영성과)	• 혁신적인 장비와 시설의 설계를 이용 • 운영의 효율에 집중 • 시장 성장률 예상 • 품질관리를 강조 • 명성의 구축 및 유지 • 원재료 구매 시 엄격한 세부사항 적용
혁신 및 개발 (높은 경영성과)	• 혁신적인 메뉴의 개발 • 새로운 상품과 서비스의 개발 • 다양한 메뉴의 개발

여기서 물리적 분류에서 가장 선호하는 경쟁수단은 장소와 시간이 결합한 편리함이며, 이는 외식업이 반드시 최대한 고객 근처에 위치함으로써 고객들이 원하는 상품과

서비스를 구매하기 위해 점포로 가거나 줄을 서는 등의 귀중한 시간을 낭비하지 않게 할 수 있다는 것을 암시하고 있다.

〈표 10.9〉의 항목들을 자세히 보면 가장 중요한 주제가 떠오르는데 바로 상품과 서비스 전달의 실행이다. 일반적으로 상품과 서비스는 생산과 소비가 동시에 이루어지기 때문에 비록 고객과 대면하는 서비스 종사자가 올바로 교육되었을지라도 질 좋은 서비스의 실행을 일관적으로 행하는 것은 아주 힘들다고 할 수 있다. 종사자들은 고객들의 메뉴선택에 따른 생산과정의 복잡함과 불확실성을 반드시 이해해야 한다.

표 10.9 외식기업의 최근의 경쟁수단

물리적 수단	인적 수단	조직적 수단
• 편리 • 포장 • 기술 • 메뉴 증가 • 판매하는 메뉴의 다양성 • 점포 규모 축소 • 제한된 메뉴 • 자산의 수명(장비, 빌딩) • 실내장식/분위기 • 청결 • 위치 • 경영정보시스템 • 조경 • 안내도 • 유지보수 시스템 • 자산 보안 시스템 • 부동산 보유 현황	• 경영진 능력 • 종사원 간의 팀 정신 • 문화적 차이 조화 • 동기 부여된 종사자 • 혁신적인 종사자 • 기술 있는 종사자 • 종사자 몰입 • 종사자 충성도 • 성과 측정 • 고용 • 적절한 태도 • 용모 • 교육 프로그램 • 이직률 • 개발 프로그램	• 상품 혁신 • 시장조사 능력 • 브랜드 정체성 • 명성 • 다중 브랜드 장소 • 여러 컨셉트 간의 상승효과 • 마케팅 빈도 • 절차의 통제 • 좋은 계획 • 품질 인식 • 단순한 운영 • 변화에 적응할 수 있는 능력 • 좋은 프랜차이저/프랜차이지 관계 • 서비스마케팅 지향 • 내부마케팅 지향 • 기능부서의 효험 • 적절한 표준 • 생산방법

CHAPTER

11

관광기업의 핵심역량관리

11 관광기업의 핵심역량관리

Chapter

제1절 내부자원과 핵심역량

1 내부자원의 종류

자원준거관점은 기업이 보유한 내부자원에 중점을 두어 기업을 특정 시점에서 그 기업이 보유한 유형자원과 무형자원의 독특한 집합체로 파악한다. 특정 시점에서 축적된 자원의 집합체로 기업을 설명할 수 있다는 것은 기업의 과거 역사, 과거 전략, 과거 조직이 상호결합하여 기업이 현재 보유하고 있는 자원의 독특한 집합체를 창출하였다는 것을 의미한다. 이러한 자원에 인적자원을 추가하여 기업의 경영자원이라고 말할 수 있다. 〈표 11.1〉은 경영자원의 분류와 특성을 요약하고 있다.

표 11.1 경영자원의 분류와 특성[1)]

	경영자원	주요 특성	핵심지표
유형자원	물적자원	• 공장과 설비의 규모와 위치, 기술의 정밀성과 유연성, 건물과 토지의 용도전환과 위치가 중요하다. • 원자재의 획득 가능성이 기업의 생산 가능성을 제한하며 비용 및 품질 우위를 결정한다.	• 고정자산의 재판매가치 • 자본설비의 수명 • 공장의 규모 • 고정자산의 용도전환 가능성
	금융자원	기업의 자금차입능력과 내부 자금의 운용 가능성이 기업의 투자능력을 결정한다.	• 부채/자본의 비율 • 자본지출에 대한 현금보유 비율 • 신용등급
무형자원	기술자원(know-how)	특허권, 저작권, 기업 비밀 등의 독점기술과 노하우 등 전문기술을 포함하는 기술자원, 기술혁신자원, 연구설비, 기술인력	• 특허권의 수와 중요성 • 독점 라이선스에서 얻는 수익 • 전체 직원 중 연구개발인력의 비중
	브랜드	소비자들에게 널리 알려진 상표를 기업이 보유함으로써 소비자들과 좋은 관계를 만들어 갈 수 있으며, 기업이 만드는 제품에 대하여 소비자들에게 신뢰감을 줄 수 있다.	• 브랜드 인지도 • 경쟁브랜드에 대한 가격 프리미엄 • 재구매비율 • 제품품질에 대한 객관적인 측정
	인적자원	• 직원에 대한 훈련과 그들이 보유한 전문기술이 그 기업이 활용할 수 있는 기술 수준을 결정한다. • 직원들의 유연성이 기업이 계획한 전략의 유연성을 결정한다. • 직원들의 충성과 헌신이 경쟁우위를 유지할 수 있는 기업의 능력을 결정한다.	• 직원의 교육, 기술, 전문자격 • 산업 평균 대비 임금수준

자원준거관점에 의하면 기업이 과거에 다른 의사결정을 내렸더라면 자산축적의 경로가 달라졌을 것이고 이에 따라 기업의 현재 모습도 달라져 있을 것이다. 이런 점에서 본다면 기업의 미래전략도 기업의 역사에 따라 결정될 것이다. 전략이 현재의 자원수준에 의해서 제약을 받거나 영향을 받을 것이므로 기업의 미래경로도 현재의 자원수준에

1) 장세진(2006), 글로벌 경쟁시대의 경영전략, p.153.

의해서 결정될 것이기 때문이다. 자원준거관점에서 중시되는 자원으로는 핵심역량, 조직능력, 관리유산을 들 수 있다. 이것을 요약한 것이 [그림 11.1]이다.

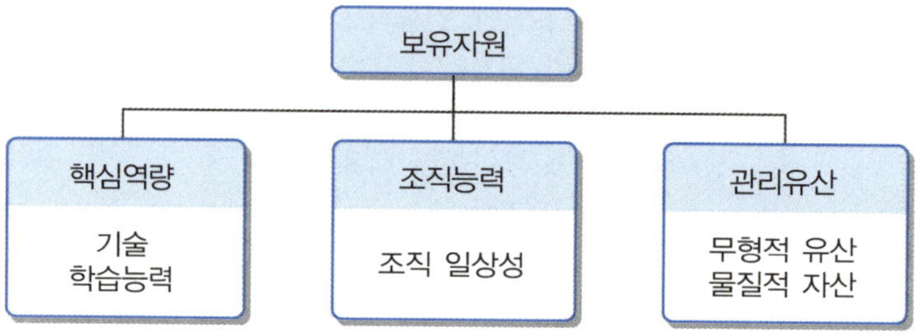

그림 11.1 기업의 보유자원2)

1) 핵심역량

핵심역량(core competence)은 경쟁기업에 비해 특별하게 뛰어난 자원이나 능력을 의미한다. 차별화된 기술적 능력, 뛰어난 학습능력, 보완적 자산 등이 그 예이다. 핵심역량은 기업이 사업영역에서 경쟁우위를 달성하기 위해 의존하는 기업 내의 모든 과정(process), 기술(skills) 및 자산(assets) 등으로 정의된다. 이 정의는 기업이 목표를 달성하기 위해 자원과 자산을 결합 또는 연계하는 방법으로 확장될 수 있다.

Prahalad와 Hamel은 물질적 자산의 중요성보다 무형적 자산의 중요성을 강조하여 핵심능력을 조직의 집단학습(collective learning), 특히 다양한 생산 기량(production skills)을 어떻게 조정하고 복수의 기술 흐름을 어떻게 통합할 것인가에 관한 학습이라고 정의하였다. 이들은 집단학습이 뛰어난 기업은 학습을 통해 조직 전체의 기술과 생산기업을 통합하여 개별사업단위가 변화하는 기회에 신속하게 적응할 수 있는 능력을 창출해 준다고 보았다. 따라서 핵심역량은 기업의 자산투자에 대한 요약표라고 할 수 있으며 종합적으로 기업의 전략적 지위를 결정하는 주요 결정요소라고 하였다.

2) 어윤대 · 방호열(2000), 전략경영, p.334.

2) 조직능력

조직능력(organizational capability)이란 조직이 습득한 동태적 일상성(dynamic routine)으로서의 무형자산을 의미한다. 구체적으로는 기업의 효율성과 효과성을 계속 개선하고 증진할 수 있는 경영능력을 의미한다고 하겠다. 일반적으로 성공보다는 실패를 거듭하는 기업에서 발견되는 특징의 하나로 들 수 있는 것이 조직의 타성(inertia)이다. 타성은 환경변화에 원활하게 적응하지 못하고 그래서 결과적으로 비생산적인 행동방식이나 일상성을 조직 내에 고착시킨다. 이에 비해 성공기업의 특징은 기업을 계속 개선하는 방향으로 외부변화를 혁신하고 수용하는 집단적 능력을 보유하고 있다는 것이다.

조직능력을 보유하기 위해서 기업은 혁신을 촉진하고 집단적 학습을 조장하며 조직 간에 정보와 기술을 이전시키는 동태적 일상성을 창조하여야 한다. 이러한 세 가지 활동이 원활하게 이루어질 때, 새로운 접근법이 시도되는 환경이 조성되며 유익한 발전이 내부적으로 보전되며 의사결정권이 적절한 지식을 가진 사람에게 귀속될 수 있다.

3) 관리유산

앞의 두 가지 자산과는 달리 관리유산(administrative heritage)은 전략선택에 있어서 조직의 제약조건으로 주로 작용한다. 관리유산은 무형적 문화유산과 물질적 유산으로 나눌 수 있다.

무형적 문화유산은 설립자 또는 지배적 관리자의 카리스마적인 리더십 스타일과 비전, 조직의 전반적 문화, 역사적인 상징적 행동 등을 의미한다. 이러한 무형적 요소들이 누적됨으로써 전략적 의사결정이 이루어지는 과정에 직접 영향을 주거나 개별기업의 문화를 다른 기업의 문화와 차별화시키기도 한다. 그리고 조직구조, 시스템, 절차, 과정 등도 무형적 문화유산에 속하는데, 이들은 기업이 환경변화에 적응하는 과정에서 좀처럼 변하지 않는다. 이에 따라 기업이 전략을 변화시키려는 기업의 의도적 노력에도 불구하고 문화유산은 전략 변화의 속도와 방향을 제약하는 타성으로 작용한다.

물질적 유산에는 사무시설, 통신시스템, 기계장비, 공장의 입지 등이 포함되는데 이들 요소도 의사결정에 영향을 준다. 예컨대 신규투자에 대한 의사결정은 이로 인해 영향을 받는 당사자들의 기득권과 조직 내 권력 관계(문화유산)에 영향을 받을 뿐만 아니라, 현존하는 물질적 자산(유산)에 의해서 영향을 받는다. 그리고 경영정보시스템을 새로 구축하려고 하려면 기존의 전산시스템과 하드웨어의 종류, 본사와 지사 간의 통신 네트워크와 운영체제 등에 의해서 제약을 받을 것이다. 따라서 관리유산은 전략에 대한 기업 특유의 제약조건으로 작용하는 일부의 누적자산이라고 볼 수 있다.

2 핵심역량과 경쟁우위

1) 핵심역량의 중요성과 개념

Prahalad와 Hamel은 "핵심역량은 고객에게 가치를 높이거나 그 가치가 전달되는 과정을 더 효율적으로 할 수 있는 특정한 방법의 능력을 나타내며 또한 이러한 능력은 기업이 신규산업으로 진출할 수 있는 능력이 된다."고 정의하였다. 핵심역량이란 개념은 항상 경쟁기업과 비교해 그 기업이 더 잘할 수 있는 상대적인 경쟁능력을 말한다. 즉 A기업이 마케팅능력이 강하다고 하더라도 다른 경쟁기업도 이와 비슷한 수준의 강한 마케팅능력을 지니고 있다면 그러한 마케팅능력은 A기업의 핵심역량이 될 수 없다. 그것은 다른 기업이 그 기업만큼 잘한다는 것은 결국 그 기업이 경쟁우위에 있다고 볼 수 없기 때문이다.

핵심역량이란 기업의 여러 가지 경영자원 중 경쟁기업과 비교해 훨씬 우월한 능력, 즉 경쟁우위를 가져다주는 기업의 능력이라고 이해할 수 있다. 경영자원, 핵심역량, 경쟁우위의 관계는 [그림 11.2]에 나타나 있다.

핵심역량을 더 잘 이해하기 위해서는 핵심제품이라는 개념에 대한 이해가 필요하다. 핵심제품(core product)이란 기업의 탁월한 핵심역량을 물리적으로 체화하는 것(physical embodiment)이다. 시장에서 소비자를 대상으로 판매되는 제품이 최종제품(end product)이라고 한다면 핵심제품은 최종제품의 가치증대에 실질적으로 공헌하는 서비스, 부품 또는 중간재를 의미한다.

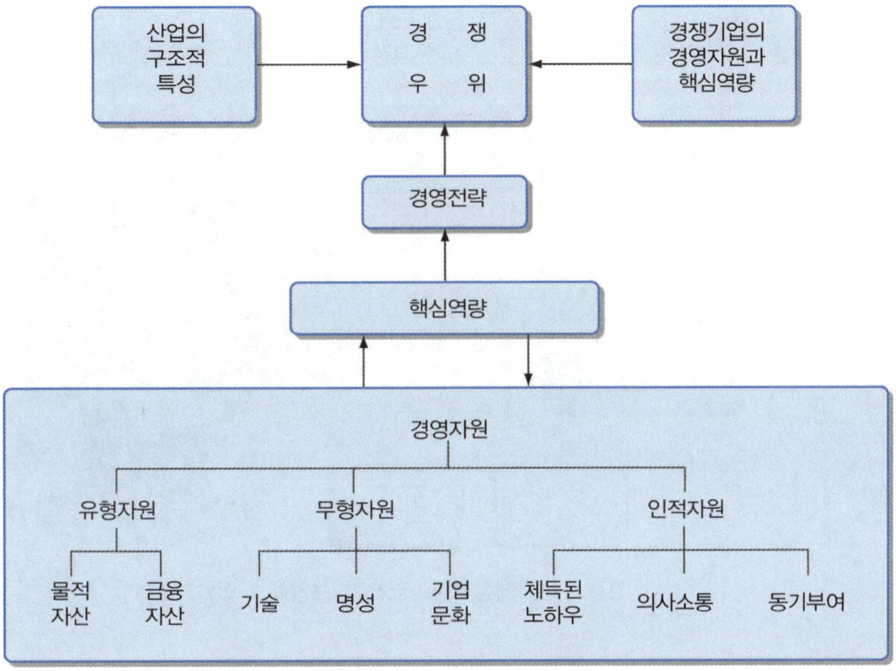

그림 11.2 경영자원, 핵심역량, 경쟁우위의 관계[3)]

핵심역량의 경쟁력 근원을 [그림 11.3]과 같이 나무에 비유할 수가 있다. 나무의 둥지와 큰 가지는 그 기업의 핵심제품에 비유할 수 있으며, 작은 가지들은 전략적 사업단위에, 잎과 꽃 그리고 열매는 최종제품에 비유할 수 있다. 그리고 이들에게 자양분을 공급해주고 나무를 지탱하며 안정성을 유지해주는 뿌리는 탁월한 핵심역량에 해당한다. 그러나 기업을 분석할 때 최종제품에 중점을 두어서 본다면 잎이나 가지를 보고 나무 전체를 평가하는 것과 마찬가지로 경쟁기업의 진정한 경쟁력을 간과할 수 있다.

3) 장세진, 전게서, p.158.

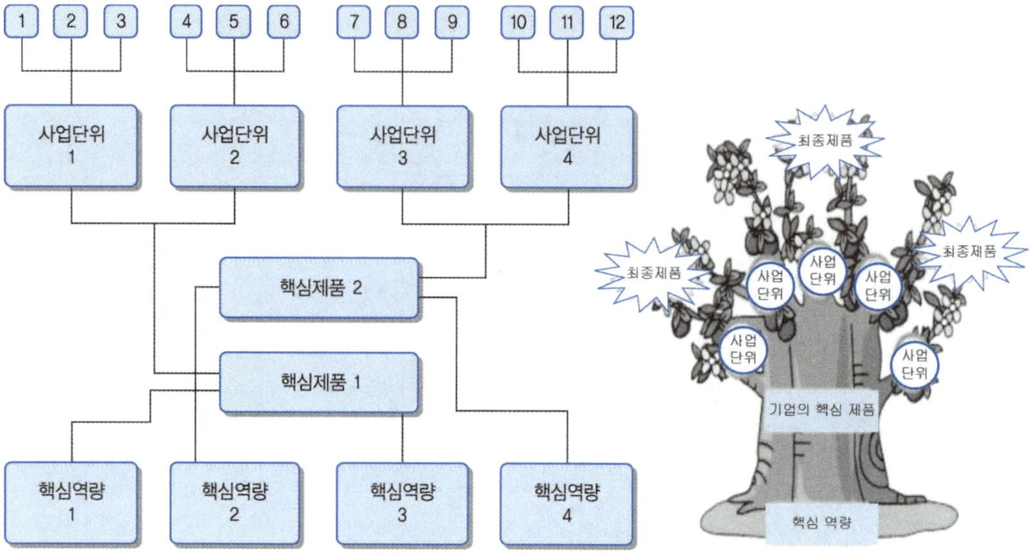

그림 11.3 핵심역량 : 경쟁력 근원[4)]

2) 전략적 사업단위와 핵심역량

일반적으로 다각화기업은 복수의 전략적 사업단위들로 구성된 집합체로 이해되고 있다. 그러나 핵심역량을 중시하는 관점에서 본다면 다각화기업은 핵심역량의 집합체로 보아야 한다. 이는 핵심역량을 개발하고 발전시키기 위해서 기업 전체의 자원을 동원하여 이를 적절하게 결합하고 통합하여야 하기 때문이다. Prahalad와 Hamel은 핵심역량을 개발하고 구축하는데 전략적 사업단위(SBU)에 의문을 제기하고 있다. 이는 전략적 사업단위를 중시하는 기존의 관리체제에서는 핵심역량을 원활하게 관리할 수가 없다고 보는 것이다. 이러한 두 가지 관점의 차이를 요약한 것이 〈표 11.2〉이다.

4) 어윤대 · 방호열, 전게서, p.340.

표 11.2 기업의 두 개념 : 전략적 사업단위와 핵심역량[5)]

	전략적 사업단위	핵심역량
경쟁의 근거	현재 제품의 경쟁력	경쟁역량을 구축하기 위한 기업 간의 경쟁
조직구조	제품시장 면에서 관련성을 가진 사업들의 포트폴리오	핵심역량, 핵심제품, 사업들의 포트폴리오
사업단위의 상태	자율성은 손상될 수 없다: 전략적 사업단위는 현금 외의 모든 자원을 소유한다.	전략적 사업단위는 핵심역량의 잠재적 저장소이다.
자원배분	분리된 사업단위가 분석단위이다; 자본은 사업별로 배분된다.	사업과 핵심역량이 분석단위이다; 최고경영층은 자본과 재능을 배분한다.
최고경영층의 긍정적 역할	사업 간 자본 배분의 상충관계를 통해 기업의 수익을 최적화한다.	미래를 보장하기 위해 전략적 구조를 명시하고 핵심역량을 구축한다.

SBU 간의 독립성을 중시하는 체제하에서는 각 사업단위가 자원의 보유와 활용에 있어서 독립적 조직단위가 된다. 이에 따라 최고경영자가 복수의 사업단위 간의 자원을 통합하여 핵심역량을 구축하기 위한 비전이나 관리수단을 가지지 못하는 경우가 많다. 따라서 핵심역량을 구축하는데 필요한 기술적 자원이 부족하지 않음에도 핵심역량을 개발하지 못하는 경우가 많다. 이는 사업단위 간의 영역을 넘어서 자원을 결합하고 통합하는데 제한을 받기 때문이다. 일반적으로 미국기업이 보유하고 있는 자원이 일본기업이 보유하고 있는 자원과 비교하여 규모와 질적인 면에서 뒤지지 않는다. 그러면서도 일본기업들이 핵심역량을 개발하고 축적하는데 더 뛰어난 것은 바로 이러한 전략적 사업단위 간의 한계를 넘어서는 최고경영자의 통합 능력 때문이라고 볼 수 있다.

3 핵심역량의 파악

우리는 기업의 핵심역량을 어떻게 파악할 수 있을 것인가? 이를 위해 우리는 기업의 생산활동을 가치사슬을 사용하여 자세하게 볼 필요가 있다. 가치사슬이란 맥킨지 컨설팅사가 개발한 비즈니스 시스템을 M. Porter가 훨씬 정교한 분석틀로 발전시킨 것이다.

5) C. K. Prahalad and G. Hamel, "The core competence of the corporation," *Harvard Business Review* (May-June 1990), p.86.

M. Porter에 따르면 가치사슬 기법은 기업의 전반적인 생산활동을 주 활동부문(primary activities)과 보조 활동부문(support activities)으로 나누어서 기업이 구매 및 재고관리부터 시작하여 물류, 생산과정, 판매, AS 단계에 이르기까지 각각의 부문에서 비용이 얼마나 들고 소비자들에게 얼마나 부가가치를 창출하는지를 보다 정교하게 분석할 수 있게 해준다. [그림 11.4]는 가치사슬을 나타낸다.

가치사슬을 사용해 기업들은 자신의 활동 분야를 여러 단계로 나누어 본 다음에 단계별로 가장 뛰어난 경쟁자와 벤치마킹을 통해서 자신이 경쟁우위가 있는 부문과 열위가 있는 부문을 알 수 있고 이 결과를 종합적으로 분석함으로써 핵심역량이 어디에서 비롯되는지를 알 수 있다. 이와 같은 방법으로 분석해 본다면 Pepsi나 P&G와 같은 회사의 핵심역량은 브랜드를 개발하고 이를 잘 관리하는 마케팅능력으로 요약될 수 있다.

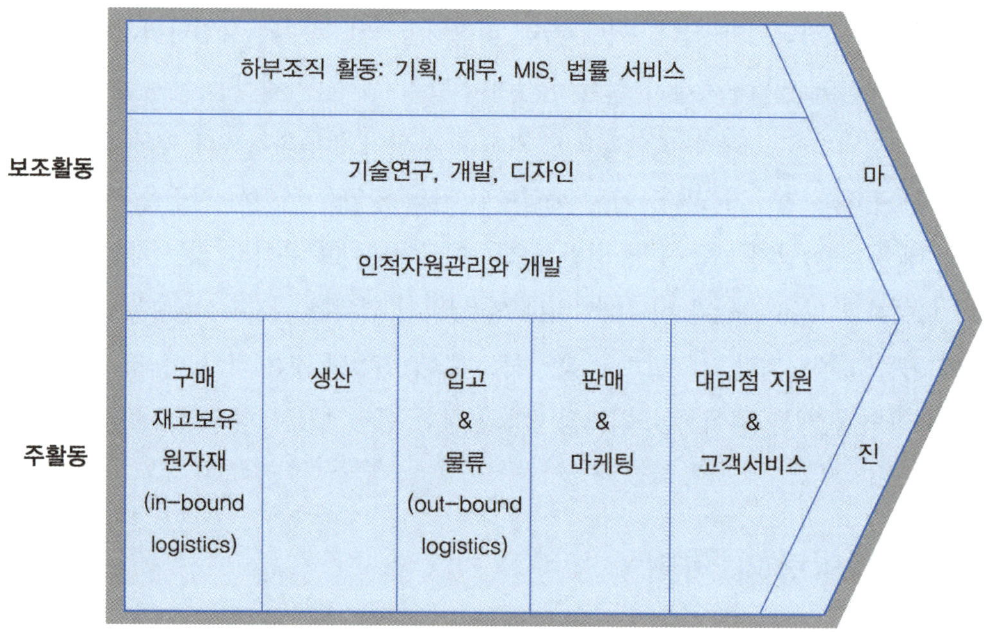

그림 11.4 Porter의 가치사슬[6)]

6) 장세진, 전게서, p.164.

한편, 핵심역량의 분석에서 주의해야 할 것은 핵심역량을 기업이 가지고 있는 단순한 기능별 능력(functional capability)으로 치부하기가 쉽다는 것이다. 그러나 많은 경우, 기업이 가지고 있는 핵심역량은 생산기술이나 마케팅능력처럼 각각의 기능별 능력에서 나온 역량뿐만 아니라 이러한 여러 가지 기능별 능력들을 종합하여 활용할 수 있는 조직상의 능력(organizational capability)이다. 즉 [그림 11.5]에서 제시하는 바와 같이 조직상의 능력은 기업조직 내에서 그 기업이 가지고 있는 여러 가지 기능별 부서의 능력을 종합하고 새로운 조합을 이루어서 활용할 수 있는 능력이다.

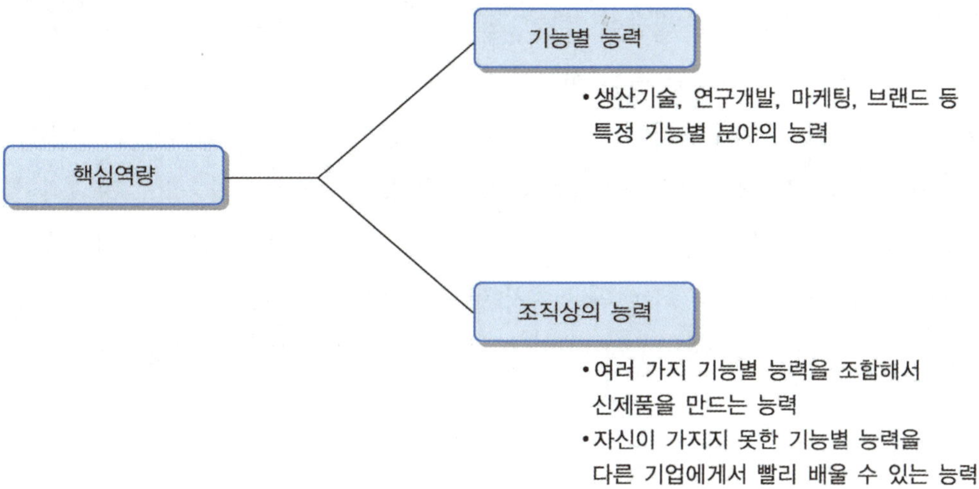

그림 11.5 핵심역량의 유형[7)]

4 핵심역량 개발을 위한 기능 분야

경영은 수행되어야 할 일련의 기능으로 볼 수 있다. 예를 들면, 경영대학원의 교과과정은 경영의 기능적 분야에 대한 학생들의 기술을 향상하는 데 집중되고 있다. 기능 분야는 〈표 11.3〉에 소개된 목록과 같이 대부분 분류된다. 이런 관점은 핵심역량을 바라보는 다른 측면을 제공하고 있으며, 또한 이 관점은 각 기능 분야에서 어떤 직무가 필요

7) 장세진, 전게서, p.166.

한가와 그것을 수행하기 위해 필수적인 핵심역량은 무엇인가를 파악하면서 시작된다.

위와 같은 사항이 결정되면 다음 단계는 경쟁사보다 나은 수준으로 각 직무를 수행할 수 있는 능력을 보유한 직원들을 고용하는 것이며, 기업들은 각 기능 분야에서 능력 있는 직원을 선발하고 유지하여야 하고, 때때로 전문상담가 혹은 다른 제공자에게서 각 기능 분야의 전문지식을 받거나 학습해야 한다.

직원 선발이 끝나면 기업은 직원들에게 동기부여를 하여 주어진 기회에 각 기능 분야를 최대한 수행할 수 있도록 촉진하는 환경을 제공해야 한다. 기업들은 또한 경쟁에서 앞서기 위해 기능별로 경쟁적인 수준을 성취하는데 필수적인 시스템과 자본을 포함하며, 적절한 기업문화 또한 필수적이다.

업무에 적합한 직원을 고용하고 적절한 환경을 제공하는 것 외에, 경영진은 각 기능 분야에서 개발된 가장 효과적인 업무(best practices)를 활용하는 것에 염두를 두어야 하는데, 이 의미는 경영진은 반드시 기능 환경을 수시로 진단하여 기능별로 효과적인 업무개발이라는 면에서 경쟁사를 앞설 수 있어야 한다. 지속적인 과정 개선(continuous process improvement) 개념은 이 행위와 가장 알맞게 조화될 수 있다. 만일 경영진이 핵심역량을 개발한다면 반드시 업무수행의 지속적인 개선에 집중해야 한다.

표 11.3 핵심역량 개발을 위한 기능분야와 핵심 구성요소

기능분야	핵심 구성요소
경영관리	• 강력한 리더십, 인수합병 관리능력, 전략적 통제 전문지식 • 회계 · 경영정보시스템, 전략적 계획, 법률, 위험/보험, 통신, 자원 배분 및 관리
재무관리	재무관리시스템, 자산관리, 자본계획, 자본구조, 재무분석계획, 재무통제 및 계획
마케팅	상품개발, 판촉활동, 유통 및 물류, 가격, 내부마케팅, 외부마케팅, 커뮤니케이션, 홍보활동, 시장조사
인사관리	조직행동, 노사관계, 고용, 인력개발, 보상, 리더십, 교육
운영관리	비용관리시스템, 생산시스템, 생산관리, 품질관리, 과정개선
연구개발	새로운 사업기회, 경쟁적 지능, 상품검사, 타당성 조사, 사업 가치 평가

제2절 관광기업의 핵심역량 모형

1 관광기업의 핵심역량 모형의 이해

관광기업이 복잡한 기업환경에서 생존할 기회가 많다고 할지라도 또는 경영자의 미래에 대한 비전이 중요하다고 해도, 내부적인 자원과 능력이 이 비전을 수행하기 위해 효과적으로 배분되지 않으면 결코 성공할 수 없다. 여기서 기업의 자원과 능력을 핵심역량이라고 한다. 즉 핵심역량은 기업이 사업영역에서 경쟁우위를 달성하기 위해 의존하는 기업 내의 모든 과정, 기술 및 자산 등이다. 경쟁에서 생존하기 위해서는 기업은 반드시 핵심역량을 계속 개발하고 갱신하여야 한다. 핵심역량에 대한 투자와 유지에는 경쟁수단에 대한 투자의 평가와 같은 수준의 세심한 주의가 필요하다. 이 분석에서 추가되는 중요한 요인은 관광기업의 의도된 전략이 실현되기 위해서 핵심역량은 반드시 경쟁수단과 조화를 이루어야 한다는 것이다.

1) 핵심역량 모형의 개요

관광기업의 핵심역량을 고려할 때 M. D. Olson 등이 주장한 환대산업의 역량 모형이 유용하다. [그림 11.6]에 제시된 모형은 전략선택의 주요한 범주를 살피는데 유용한 틀을 제공하며, 집중된 세 가지 직사각형으로 볼 수 있다.

모형의 중심에는 접점직원과 고객 사이에 발생하는 거래(transaction)가 위치한다. 이 거래는 기업에 의해 개발된 모든 상품과 서비스가 고객과 대면하는 종사자에 의해 고객에게 제공되는 교환과정(exchange process)이다.

이 교환과정을 성공적으로 수행하기 위해 기업은 모형의 두 번째 직사각형으로 표현된 핵심역량들을 개발해야 한다.

세 번째 직사각형은 완전한 교환과정을 달성하기 위해 필수적인 보조역량 혹은 주변역량을 반영하고 있다. 이것은 상품과 서비스를 전달하여 가치를 창출할 때 관광기업의 경영자가 직면하는 복잡성을 시사하고 있다.

이 목표를 달성하기 위해 이들은 탁월한 능력을 보유해야 할 뿐만 아니라 어떻게 교환과정, 핵심역량 및 보조역량을 통합할 것인지에 대해서도 관심을 집중해야 한다.

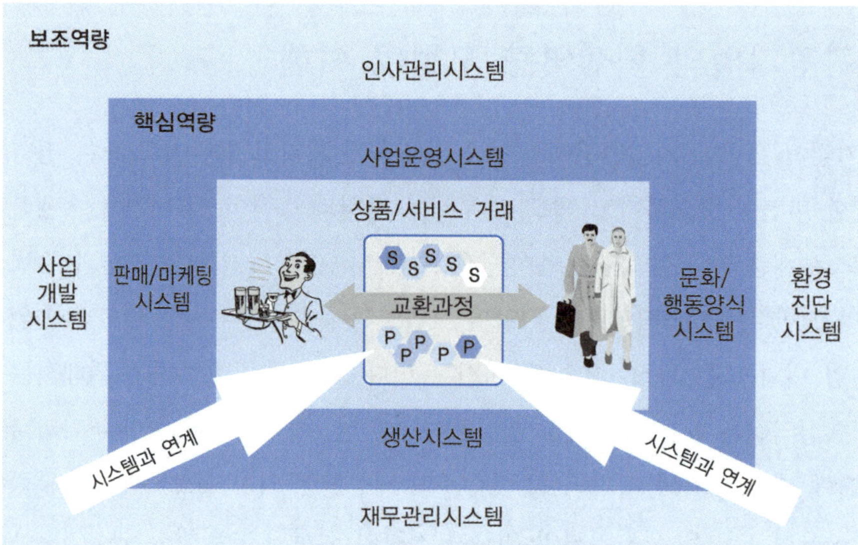

그림 11.6 관광기업의 핵심역량모형[8)]

2) 교환과정

대 고객서비스 종사자와 고객 사이에 발생하는 거래는 복잡한 교환과정이다. 교환과정의 각 단계는 여러 하부시스템으로 구성되었기 때문에 거래는 더욱 복잡하다. 각 단계는 쉽게 어떤 구체적인 거래와 결합할 수 없는 자신의 고유한 투입, 과정 및 산출물을 가지고 있다. 거래에 더 많은 상품과 서비스가 포함될수록 더 많은 시스템이 존재하므로 기업은 더 많은 복잡성에 직면하게 된다. 이런 상황에서 기업은 각 상품과 서비스를 원하는 수준으로 완전하게 제공하기 위해서 어떤 역량이 필요한지를 결정하려면 반드시 교환과정의 전반적인 측면을 검토해야 한다.

서비스 거래에서는 서비스의 무형적인 본질 때문에 경영자에게 더욱 힘든 과제를 안기고 있다. 그러므로 원하는 수준의 서비스를 생산하기 위해 이용되는 기술들은 반드시

8) Olson et al(1998), 전게 역서, p.181.

제공되는 서비스의 무형적이고 일시적인 본질을 고려해야 한다. 서비스는 종종 경험으로 지각되는데 서비스에 이용되는 각종 기술들은 부정확한 표준화 서비스를 받는 대상자마다 이질적인 본질을 반드시 반영할 수 있어야 한다. 그리고 아주 짧은 판매경로(서비스는 생산과 소비가 동시에 이루어지기 때문에)는 각 거래에서 신뢰성 있고 일관된 서비스표준이 필요한 품질관리 측면에서 심각한 과제를 던져주고 있다. 마지막으로, 많은 서비스는 종사자와 고객 간의 생생한 교환을 포함하기 때문에 서비스에 이용되는 각종 기술들은 반드시 정보전송에 따른 불확실성과 각 거래에 수반되는 직무의 불확실성을 고려해야 한다.

[그림 11.6]에서 고객 대면 종사자와 고객을 연결하는 두 개의 화살표가 기술하듯이 교환과정은 상품과 서비스의 제공뿐만 아니라 전체 거래에서 발생하는 실제적인 교환과정의 기능이기도 하다. 이 교환과정은 두 당사자의 개성을 반영한 행동범주이며 거래를 둘러싼 상황의 내용에 영향을 받는다. 교환과정은 태도표명, 대화, 정보의 탐색과 분석, 역할의 형성과 수행, 신뢰 구축 및 규범과 표준의 고수 등을 포함한다. 교환과정은 또한 기업의 문화, 교육 및 개발 프로그램을 반영한다. 비록 교환과정의 각 요소에 수반되는 역할들을 파악하는 것은 매우 힘이 드나, 경쟁우위를 차지하기 위해서는 필수적이다.

3) 핵심역량

기업은 각 거래에 수반되는 불확실성을 줄이기 위하여 반드시 핵심역량의 선택에 노력을 집중해야 한다. [그림 11.6]에서 보는 바와 같이 핵심역량들은 몇 개의 시스템에 집중되어 있다. 사업운영시스템, 문화와 행동 양식 시스템, 생산시스템 및 판매와 마케팅 시스템들은 교환과정에서 상품과 서비스를 생산하는 데 수반되는 불확실성에 대해 완충 역할을 한다. 경영진의 과제는 기업의 경쟁력에 중요한 상품과 서비스를 전달하기 위해 핵심역량의 직사각형 내에서 적절한 시스템을 개발 혹은 선택하는 것이다. 기업이 교환과정을 수행하는 재능 있는 직원들을 확보하지 못하면 이런 실행 노력은 효과를 거둘 수 없다.

사업운영시스템은 기업이 활용하는 회계, 예산, 계획, 통제 및 협조 행위들로 구성되며, 또한 경영정보시스템, 위험관리(기업 책임과 자연재해를 포함하는 보험에 수반되는 관리) 및 법적 행위들도 포함한다. 문화 및 행동 양식 시스템은 기업에 의해 수립되어 모든 거래에 일관적으로 적용되는 신념과 가치체계의 구조로 여겨진다. 생산시스템은 원재료를 최종 상품으로 변환하는 데 수반되는 모든 기술을 포함한다. 판매와 마케팅 시스템은 고객들이 상품 선호도에 대한 기대와 메시지를 수집하는 데 수반되는 불확실성을 감소하고 또 관광기업에서 발견되는 업무 흐름에 대한 불확실성을 감소하는 데 도움을 주는 역할을 한다. 이런 역량들을 개발하는 것은 필수적인 일이며, 이들은 기업의 경쟁수단을 구성하는 상품과 서비스 포트폴리오의 효과적인 전달을 위해 통합되어야 한다.

4) 보조역량

보조역량은 지속적인 핵심역량의 개발과 유지를 지원하는 역할을 한다. 노동력이나 자본과 같은 필수적인 자원을 확보할 수 있는 능력은 관광산업의 현 상황에서 특히 중요하다고 할 수 있다. 그리고 효과적인 환경진단시스템의 개발과 유지는 경쟁우위를 차지하기 위해 필수적인 사업개발 활동을 지원할 수 있다.

필수적인 연계 혹은 통합시스템의 구축 없이 핵심역량 및 보조역량의 개발만으로는 성공을 보장할 수 없다. 그림에서 보듯이, 보조역량에서 거래교환으로 향하는 두 화살표에 의해 상징되는 이런 시스템은 자원 배분에 관한 의사결정 혹은 모든 조직단위 간의 효과적이고 효율적인 전략적 정보의 공유에 공헌하는 경영정보시스템의 개발 등과 같은 조직구조에 대한 이슈들을 포함한다. 계획 활동, 경영성과의 평가와 그 성과에 대한 기업의 이해당사자들과의 대화, 보상시스템, 과정 향상을 위한 노력 및 리더십 등은 경쟁우위를 차지하는데 필수적인 중대한 연계시스템으로 구성된다. 핵심역량과 경쟁수단 간의 연계와 통합이 강하면 강할수록 더욱 경쟁사들에 의해 쉽게 모방할 수 없는 경쟁우위를 달성하게 될 확률이 높아진다.

5) 교환과정의 세부사항

[그림 11.7]은 [그림 11.6]에 소개된 '상품과 서비스의 교환'에서 세부사항을 제공하고 있다. 이 그림은 경쟁수단 A에 포함되는 상품과 서비스 전달의 성공적인 실행에 필수적인 몇몇 가능한 핵심역량들을 기술하고 있다. 이것은 각 경쟁수단을 실행할 때 원하는 수준의 질을 달성하는데 필요한 핵심역량에는 어떤 것이 있는가라는 관점과 그 성과에

대해 기업의 표준과 경쟁 시장의 그것과 비교해 평가해야 하는 경영진의 중요한 과제를 지적하고 있다. 이런 조화과정은 기업이 경쟁우위를 차지하기 위해서는 핵심적이다.

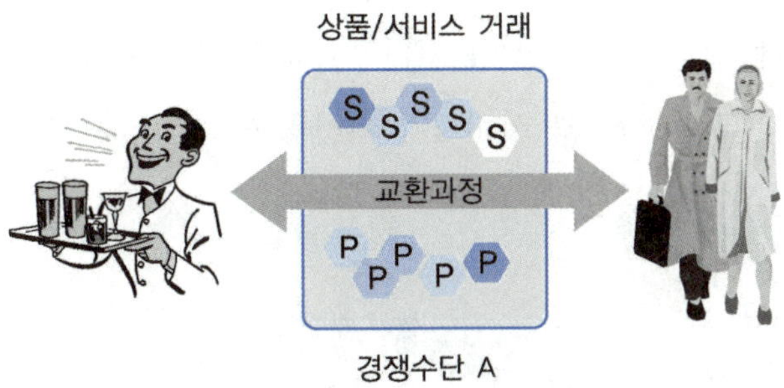

경쟁우위를 위한 핵심역량의 샘플리스트	
탁월한 실행	품질관리
서비스행동기술	서비스 훈련프로그램
정보교환기술	거래비용의 효율성
거래의 속도	종사자의 능력
업무흐름의 불확실성 관리	경영능력

그림 11.7 관광기업의 자원 및 능력 모형[9)]

6) 핵심역량, 보조역량 및 경쟁수단 사이의 관계

[그림 11.8]은 상품 및 서비스와 핵심역량 간의 관계를 다른 측면에서 보는 방법을 제시하고 있다. 상품 축과 서비스 축의 교차점은 기업을 위해 가장 중요한 핵심역량들의 위치를 나타내고 있다. 내측의 원은 기업의 전략에서 가장 중요한 상품과 서비스를 생산하고 전달하는데 필수적인 모든 핵심역량의 경계이다. 외측에 있는 원으로 표현되는 보조역량들은 원하는 결과를 달성하는 데 필요하다.

그림에서 모든 상품과 서비스가 내측의 원에 포함되어 있지 않은데, 이것은 기업이 원하는 수준으로 전달하는 데 필수적인 역량들을 보유하지 못한 상품과 서비스를 뜻한다. 이런 상황은 누구도 바라지 않으며 내측 원에 존재하는 경쟁수단에 포함되는 상품과 서비스를 개발하기 위해 추가적인 자원을 배분할 것을 경영진은 고려해야 한다. 목표는 반드시 판매되는 상품과 서비스의 결함을 가능하면 모든 내측 원에 포함되도록

9) Olson et al, 전게 역서, p.185.

해야 한다. 그렇게 함으로써 기업은 핵심역량 간의 상승효과를 확보하고 또한 경쟁우위도 창출할 수 있을 것이다.

[그림 11.9]에서 보듯이 이런 상황이 되어서는 안 된다. 상품과 서비스가 핵심역량을 상징하는 내측 원에 집중되지 않았기 때문에 바라는 수준의 결과를 달성하기는 매우 어렵다. 이런 상황은 많은 상품과 서비스가 기업의 핵심역량과 무관하게 개발되었으므로 그 품질은 획일적이지 못할 가능성이 농후하다.

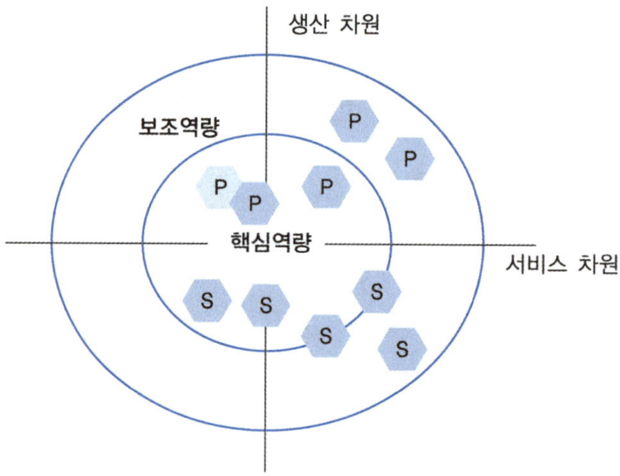

그림 11.8 핵심역량, 보조역량 및 경쟁수단 사이의 관계 1

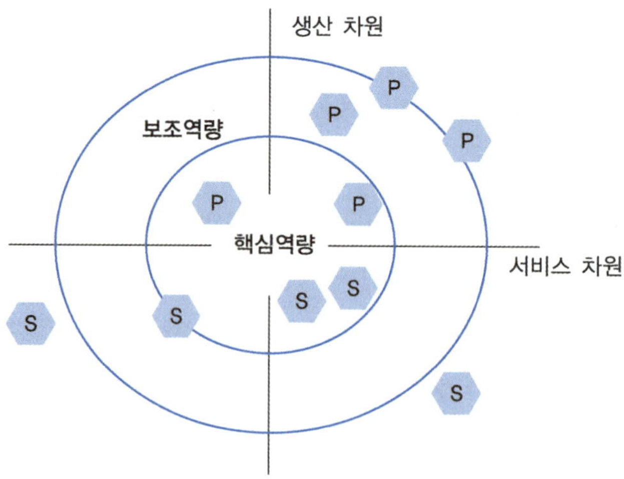

그림 11.9 핵심역량, 보조역량 및 경쟁수단 사이의 관계 2

2 핵심역량과 효과적인 연계

기업은 반드시 가치를 창출할 수 있는 역량들에 투자하고 또 이러한 역량을 개발해야 한다. 서비스기업에서 이런 역량들은 다양하고 복잡하다.

연계는 핵심역량과 보조역량의 통합을 촉진하는 조직의 요소들이라고 정의할 수 있으며, 이 개념은 기업의 구조라고 말할 수 있다. 기업구조는 의사소통시스템, 경영정보시스템, 통제시스템 및 직무와 과정의 정의 등을 포함하는 유형적인 범주이다. 부가적인 시스템으로는 절차 혹은 규칙과 정책 등이 있다. 기업구조는 기업의 문화와 행동 양식 등과 같은 무형적인 범주도 포함하고 있다. 여기서 인지해야 할 중요한 사안은 이런 범주들은 계획적이며 어떤 투자에서도 반드시 고려되어야 한다는 점이다. 메리어트 인터내셔널사는 저임금 근로자들로부터 한층 향상된 충성도를 달성하기 위해 인사관리 시스템과 그들의 문화 및 행동 시스템을 효과적으로 연계하였다.

핵심역량과 효과적인 연계는 [그림 11.10]에 제시되어 있다. 핵심역량들의 강도와 그들 사이의 연계가 향상되면, 그림에서 대각선의 굵기가 굵어져 가는 것과 같이 장기적인 경쟁우위를 달성할 수 있는 기업의 능력도 향상되며, 이것의 모방도 더욱 힘들어진다.

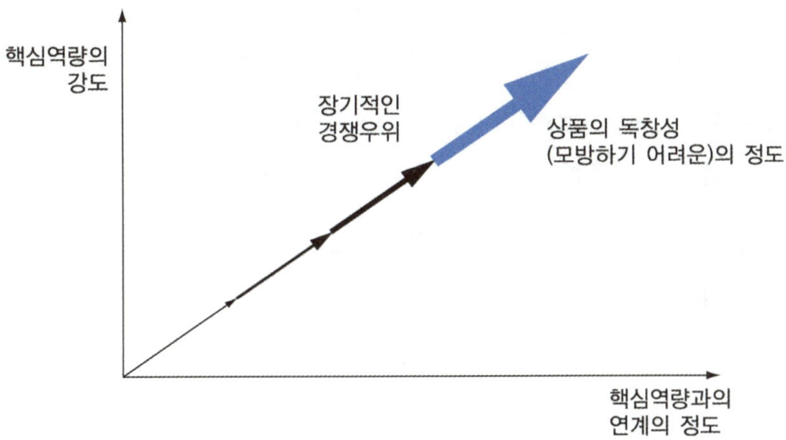

그림 11.10 핵심역량의 강도, 연계의 정도 및 장기적인 경쟁우위 간의 관계[10]

10) Olson et al, 전게 역서, p.188.

대각선의 굵기가 두꺼워지는 것은 경영자가 강한 연계를 통한 핵심역량 간의 관계를 효과적으로 연계할 때 달성되는 상승효과를 상징하고 있다. 역량 간의 상호연관 관계는 그림의 내측 원에서 가장 강하다. 그러나 여기서 강조되어야 할 또 다른 점은 보조역량과 핵심역량의 상호연계도 똑같은 수준의 강도를 보유해야 한다는 것이다. 이런 능력이 장기적인 경쟁우위의 확보를 가능하게 만든다. 장기적인 경쟁우위를 달성하기 위해 각 핵심역량은 계속 개발되어야 한다.

3 상품과 서비스 포트폴리오의 핵심역량

관광기업에서 존재 가능한 핵심역량의 수는 아주 많다. 모든 가능성에 대한 전반적인 시사점을 제공하기 위해 핵심역량의 여러 분류를 보기로 한다. 가능한 핵심역량을 파악하기 위해 이용된 첫째 틀은 본서의 주된 상품과 서비스의 결합에 집중되었다.

1) 서비스 생산역량(Service Production Competencies)

서비스 거래는 서비스경험의 생산과 소비 과정에서 서비스 종사자와 고객이 포함되는 복잡한 과정이다. 그래서 관광기업은 반드시 기업에 의해 제공되는 서비스 거래의 형식에 맞춰 핵심역량을 구축하는 데 관심을 집중해야 한다. 각 서비스 분야는 기업에 의해 선택된 서비스 수준에 따라 다양한 핵심역량들을 요구한다. 성공적인 서비스 거래를 달성하기 위해 여러 범주의 특색으로 구성된 핵심역량이 필요하다.

① 종사자와 고객 간에 발생하는 접촉의 형식(범위: 셀프서비스에서 개인적 교류)

② 거래 동안에 교환되는 정보의 형식(범위: 단순에서 복잡)

③ 활용되는 대화 혹은 의사소통 과정

④ 규정되어야 하는 행동 범주

⑤ 고객과 종사자 간 접촉시간의 정도

⑥ 서비스 생산에서 고객이 참여하는 정도

⑦ 거래를 둘러쌓고 신뢰하는 분위기와 고객의 애착

⑧ 성공적으로 거래를 종료하기 위해 종사자에 의해 사용되는 피드백시스템

⑨ 고객의 욕구를 충족하기 위한 종사자의 의사결정 능력(권한 위임: empowerment)

⑩ 거래에서 요구되는 특화의 정도

⑪ 고객인지의 필요

⑫ 자본, 자산 및 노동력의 집약 정도

이 12가지 범주는 각각 경영진이 추구하는 경쟁우위를 달성하기 위해 자원의 투자가 필요하다. 역량은 각 거래에 비용 혹은 매출을 추가하므로 각 역량은 기업의 현금흐름에 영향을 미친다. 서비스 거래는 비용과 매출 분야에서 더욱 불확실하므로 각 교환에 따른 현금흐름의 변동 폭은 매우 크다고 할 수 있다. 그러므로 서비스 경험에 관한 세심한 핵심역량의 선택은 현금흐름의 변동 폭을 많이 줄일 수 있다.

서비스 거래 분야에서 핵심역량의 예들은 〈표 11.4〉에 소개되고 있는데, 서비스 거래는 복잡성과 불확실성으로 온통 둘러싸여 있다.

표 11.4 서비스거래에 관련된 핵심역량의 예

거래비용의 효율성	직무 자율성의 정도
거래의 속도	서비스표준의 명확성
행동에 대한 교육	거래당 당사자들의 밀도의 정도
의사소통기술에 대한 교육	거래당 자산의 집약도 정도
종사자에게 권한 위임의 정도	거래당 필요한 특별기술의 수
능력 있는 서비스 인력의 확보	서비스전달과정에서 복잡성 감축 정도
서비스문화의 정도	거래당 직무 불확실성 감축 정도
종사자의 태도	거래당 업무 흐름 불확실성 감축 정도
서비스 마케팅의 유효성	종사자 충성도
서비스 성과의 일관성 혹은 신뢰성	내부마케팅의 효험
고객의 특별한 요구에 대한 감수성의 정도	고객의 욕구에 대한 반응성
서비스접근의 편리성	고객의 안전 및 보안에 대한 욕구 충족
고객충성도	서비스 전달의 각 단계에서 적절한 서비스 능력
무형성의 정도	서비스 거래에 대한 기술적 지원(정보기술, 전문가 시스템, 인공지능 등)

기업이 핵심역량들을 고유한 방법으로 조합하여 경쟁사들이 모방하기 매우 어렵게 하지 않는 한, 개별적으로 고려했을 때 핵심역량들은 쉽게 모방할 수 있다. 기업들이 경쟁사보다 효과적으로 여러 역량을 함께 통합할 수 있는 능력이 없으면, 서비스 수준 및 구매가격에 대한 가치에 대해 고객들의 기대가 점점 증가하는 시대에, 관광기업이 장기적인 경쟁우위를 창출하는 것은 매우 힘든 목표가 될 것이다.

여기서 핵심역량을 파악하는 데 이용되어야 하는 분석단위(unit of analysis)는 서비스 종사자와 고객 간의 거래이다. 이 역량들은 교육 및 개발에 대한 투자의 중대함을 말해주고 있다. 교육 및 개발은 고객이 원하는 수준의 서비스를 제공하는 데 수반되는 불확실성을 서비스 종사자들이 관리할 수 있도록 도움을 제공하는 데에도 관심을 집중해야 한다. 그러므로 통신기술, 정보처리, 권한위임 및 품질관리 등이 서비스 거래의 이질적인 본질을 이해하기 위해 학습되고 응용되어야 한다.

2) 상품생산 역량(Product Production Competencies)

무형적 서비스와는 달리 유형적인 상품은 포트폴리오의 유형적인 부분을 나타내고 있다. 투입, 변환(transformation) 및 산출물로 구성되는 전통적인 시스템 모형은 상품의 핵심역량을 이해하는 데 유용한 틀을 제공하고 있다. [그림 11.11]에 소개된 시스템 모형은 모형 내에서 관계에 관해 기술하고 있으며, 경쟁우위의 중요한 요소에 대한 핵심역량의 예들을 제공하고 있다.

투입은 원하는 최종 상품을 생산하는 데 필수적인 원재료, 노동력 및 자본의 혼합을 뜻하며, 투입의 질은 투입 요소별로 기업이 투자한 자원의 양에 의해 결정된다. 또 기업은 투입요소들을 확보할 수 있는 능력을 반드시 개발해야 한다. 일반적으로 기업이 필요한 투입요소에 효과적으로 접근할 수 있는 능력이 있으면 경쟁우위를 더욱 쉽게 달성할 수 있고, 사업영역에 존재하는 수요와 공급의 관계에 영향을 미칠 수 있다.

변환과정은 투입을 산출로 전환하기 위한 세부적인 기술들을 필요로 한다. 생산시스템, 품질관리시스템, 생산관리시스템, 과정향상시스템, 유지보수시스템, 엔지니어링시스템, 재고관리시스템, 상품유통경로관리, 경영정보시스템 등은 투입을 원하는 결과로 전환하는 데 필수적인 과정들이다. 각 과정은 기업에 의해 판매되는 상품과 서비스를 생산하기 위해 구매되거나 설계된 세부적인 기술들을 활용한다.

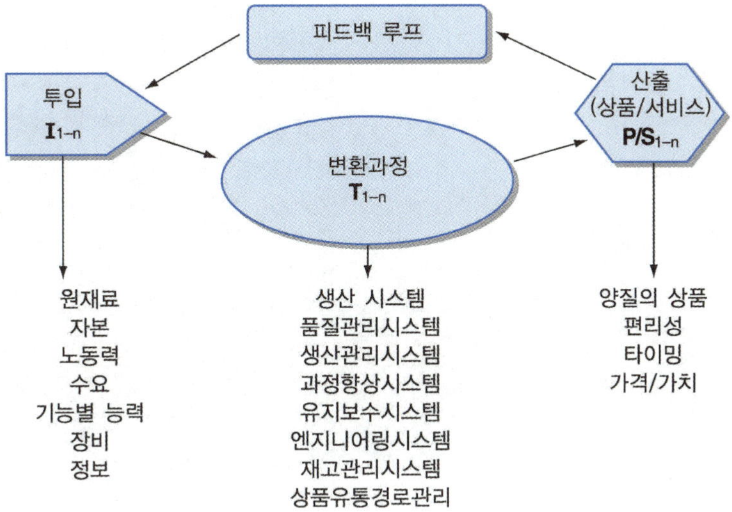

그림 11.11 상품역량의 시스템 모형[11)]

시스템 모형의 산출물은 원하는 표준에 의해 생산된 상품과 서비스이며 이는 양질의 상품, 편리성, 타이밍, 소비자에게 가격이나 가치로 표현되는 것들이다. 여기서 표준은 경쟁 시장에서 주도적 위치를 목적으로 기업이 미래의 기회를 포착하기 위해 수행된 환경진단 활동에 따라 결정된다.

관광산업에서는 원하는 실행과 표준을 달성하는 것은 결코 쉬운 일이 아니며, 수많은 핵심역량이 조화를 이루어 존재한다. 그러므로 피드백시스템은 반드시 세심하게 설계되어 실패가 발생하면 경영진에게 바로 전달되어야 한다. 이 사실은 피드백시스템 스스로가 중요한 핵심역량임을 말하고 있으며, 이들은 반드시 교환과정의 불확실성과 복잡성을 반영해야 한다.

11) Olson et al, 전게 역서, p.192.

CHAPTER

12

관광전략계획

12 관광전략계획

Chapter

제1절 전략계획의 이해

관광기업은 관광상품을 계획하고 시장에 내놓기 전에, 또한 비즈니스를 하기 전에 먼저 전략을 계획해야 한다. 기업이 바라는 비즈니스의 유형이나 회사가 추구하기를 희망하는 시장세분화 그리고 기업이 그들의 시장에서 개발하기 원하는 관광상품의 유형 등에 관한 모든 결정은 전략적으로 반드시 주의 깊게 계획되어야 한다.

관광기업들은 각 수준에 따라 각각 다른 계획이 있다. 관광기업들은 전사적 수준, 특정 기업 수준(그룹의 한 계열사) 또는 사업부 단위 수준 그리고 관광상품 수준에 맞게 각기 계획을 짠다. 그들은 또한 일정 기간마다 계획을 세운다. 회사의 계획을 포함하는 타임프레임은 계획 기간(planning horizon)으로 알려져 있다. 계획 기간은 일반적으로 보통 1년에서 5년이다. 그러나 일본기업들은 그 계획 기간을 10~25년 또는 그 이상으로 설정하기도 한다.

1 전략과 전술 간의 차이

3년 이상의 장기적인 계획은 기업의 일반적인 전략이다. 장기계획에서는 이윤 폭, 시장점유율, 시장성장과 같은 기업의 장기적 목표가 거의 모두 유사하게 계획된다. 계획 기간이 길어질수록 이용 가능한 정보의 신뢰성은 점점 떨어진다. 소비 행동 연구가들에 의하면, 경험과 기술이 결합하는 향후 5년 안에 소비자 수요가 급격히 변화할지 모른다고 한다. 그래서 장기계획들이 자주 정확하게 들어맞지 않기 때문에, 기업이 희망하는 목표와 그들이 달성할 수준을 확인하기 위해 하나의 벤치마크로서 관광기업이 달성을 시도할 수 있는 표적시장을 설정해서 테스트한다. 그러나 많은 관광기업이 미래의 불확실한 측면을 최소화하기 위해 더 정확한 예측을 위한 시나리오 계획과 컴퓨터 시뮬레이션을 점점 많이 사용하고 있는 것에 주의해야 한다.

장기계획과 비교해 단기계획이나 연간계획은, 관광상품 판매를 위하고 관광기업의 마케팅믹스에 더 초점을 맞추는 것과 같이 더 운영적이고 전술적이다. 또 단기계획은 관광기업의 마케팅정책과 예상되는 기업의 재무적 영향(예, 촉진비용, 예상되는 판매량 등)을 고려해야 한다.

장기적인 계획과 단기적인 계획의 차이를 확인함으로써, 우리는 관광기업의 전략과 마케팅 전술의 차이를 확인했다. 전략은 기업의 목표로부터 파생되며, 하나의 유연한 구조체제이고, 관광기업이 기업목표를 달성하기 위해 따라야 하는 지침서이다. 반면에 전술은 전략을 실행하는 방법에 관한 특정한 세부사항으로 구성된다. 예를 들면, 한 관광기업의 목표는 향후 3년 동안 A지역에서 5%의 시장점유율을 높이는 것이다. 그에 따라서 전략은 기업이 어떤 표적시장에서 우월한 시장점유율을 달성할 새로운 관광상품 라인을 개발하는 것이다. 반면에 전술은 특정한 표적 상품을 개발하거나, 특정 여행 소매점을 통해 상품을 판매하고, 특정 수준의 가격을 설정하며, TV 광고를 이용해 소비자에게 포지셔닝 하는 것들을 말한다. 〈표 12.1〉은 전략계획과 전술계획을 요약한 것이다.

표 12.1 전략계획과 전술계획의 비교

	전략계획	전술계획
기간	장기(3년 이상)	단기(1년 이하)
실행자	선임 매니저; 최고 마케팅 경영자	마케팅과 제품 매니저; 중간관리자
필요한 정보	주로 외부정보	주로 기업 내부정보
상세함의 정도	주관적인 평가에 기초	상세한 정보와 분석

2 전략의 특성

관광기업이 잠재시장 또는 판매상황을 분석하는 경우, 시장의 접근에 관해 전략적 계획이 있어야 한다. 불행히도 많은 관광경영자는 장기적인 기간의 영향을 고려하는 것 없이 단기간에 행동하려고 한다. 여기서는 전략의 특성을 더 보기로 한다.

① 제한된 수

전술과 비교해, 관광기업은 한 번에 너무 많은 전략을 전개하면 기업의 자원이 너무 얇게 퍼질 수 있으므로 오직 한 개나 많아도 서너 개의 전략만을 추구한다.

② 다양한 부서의 개입

새로운 관광상품 라인을 도입하는 전략을 실행하기 위해, 마케팅부서만이 아닌 더 많은 부서가 개입될 것이다. 이처럼 전략은 기업 내의 폭넓은 지지와 지원을 항상 받아야 한다.

③ 자원의 배분

관광기업은 변화하는 환경에 뒤떨어지지 않게 끊임없이 변해야만 한다. 이것은 전략이 시간의 흐름에 따라 변화해야 함을 의미한다. 따라서 자원 배분 또한 새로운 전략 요구사항에 부합하게 변해야만 한다.

④ 장기적인 전략의 효력

전략 변화는 기업의 현재 위치의 변화를 나타내고, 사실상 변화는 기업의 가까운 미래를 예견한다. 요컨대, 전략적 변화는 10년 이상이 아니더라도 몇 년 동안 관광기업의 성과에 영향을 미칠지도 모른다. 따라서 기업은 세심한 주의와 함께 전략에서의 잠재적인 변화를 조사하고 연구해야 한다. 관광기업은 또한 만약 상황적인 환경이 그 변화를 알려준다면 전략을 수정하거나 바꾸는 것에 대한 필요를 간과해서는 안 된다. 기업이 얼마 동안의 안정적인 생존에 필요한 지적이고 목적적인 사업 결정을 위해 자료가 축적되어야 한다.

관광사업체는 그들만의 목표를 수립하고 표준과 운영의 방법을 가지고 있는 여러 부서로 이루어진 큰 조직이다. 그러나 비록 각 부서가 개개의 단위로 운영되더라도 그들에게 자치권이 있는 것은 아니다. 부서는 유사한 기업목표를 위해 모두 노력하고 있는 단위의 결합이다. 각 부서는 기업의 요구를 고수해야만 하고, 그와 동시에 자기 부서의 특별한 니즈, 목표, 가능성에 대해 기업의 상위조직과 커뮤니케이션해야 한다. 따라서 비록 마케팅부서가 기업의 사업계획에 의해 제한받기도 하지만, 종종 자신들의 전략을 개발하고, 기업계획의 지침 내에서 자신의 전술적 결정을 하는 것이 가능하다.

3 전략적 계획모델(A strategic planning model)

전략적 의사결정은 조직의 장기적인 발전을 위한 근본적인 선택으로 이루어진다. 소비자의 수요가 더 많아지게 되거나, 경쟁자의 수가 많아지고 공격적 상황이 되거나, 환경적 조건이 더 나빠지거나 하면, 계획화의 가치는 증가한다. 지금 우리는 전략적 계획이 조직에 어떻게 영향을 미치는지 그리고 관광기업 내에 행해지고 있는 전략적 계획의 수준을 이해하기 위해 전략적 계획에 대해 더 정밀히 살펴보아야 한다.

그러면 전략적 계획이란 무엇인가? 전략적 계획은 조직 사명(mission)의 영역 안에서 조직의 자원을 가장 잘 활용하기 위한 장기적인 계획의 개발이다. 전략적 계획의 과정은 경쟁자와 환경적 요인이 가져올지 모르는 관광조직의 기회와 위협의 신중한 분석으로 이루어진다.

전략적 의사결정은 관광기업이 판매하고 있는 현재의 관광상품, 그리고 관광기업이 움직이는 시장을 중심으로 해서 만들어진다. 그것은 조직을 위한 방향을 제시하고 추진력을 일으킨다. 반면에 전술적 결정은 공식화되었던 전략을 실행하는 방법이다. 특정의 전략적 계획과정은 [그림 12.1]과 같이 ① 기업 사명의 선언, ② SWOT분석, ③ 특정 목표의 수립, ④ 전략적 선택안 정의, ⑤ 포트폴리오 분석 등으로 구성되며, 주요 부분은 전략적 계획과정을 분석하는 데 힘을 쏟는 것이다. 이처럼 전략적 계획과정은 계속 연결되는 5단계로 구성된다.

각 단계가 완성되고 다음 단계로 넘어가기 전에 그 전략적 계획과정이 검토되어야 한다. 그리고 계획자(planner)는 그 과정에서 관광기업의 총체적인 사명을 놓치지 않도록 확실히 해야만 한다. 이처럼 피드백 고리는 관광기업이 사명을 완수하는 데에 그 과정을 점검하고 필요한 만큼 변화를 포함하도록 도움을 준다.

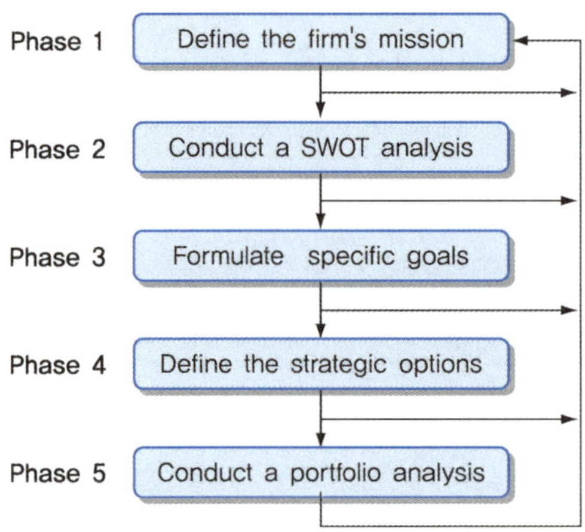

그림 12.1 전략계획 과정

④ 사명서의 공식화

모든 기업은 사명(mission)을 갖는다. 사명서(또는 '사업 정의'라고 하는 서식)는 문서로 된 기술서이며 그것은 관광기업이 왜 존재하는지 요약해준다. 그것은 방향을 하나로 규정짓는 관광기업의 부서 그리고 여러 부서로 나눠진 직원들을 정착시키는 기술서이다. 그것은 기업의 존재 이유이다.

관광기업이 그들 자신에게 계속 물어야만 하는 질문은 '우리는 어떤 사업에 있느냐?'이다. 대답은 처음에 단순한 것처럼 보일지도 모른다. 그러나 실제로 대부분 아주 복잡하다. 신제품 계열에 돈을 투자하거나, 표면상 관련 분야의 다른 회사를 매입하려는 관광기업들은 첫 번째로 정의하고 있는 질문을 심각히 고려해야 한다.

1) 사명서의 경계와 방향성

사명서(statement)는 성장을 위한 경계와 방향성을 제공해야 한다. 그러므로 사명서는 너무 넓어서도 안 되고 좁아서도 안 된다. 만약 그것의 범위가 너무 넓으면, 관광기업은 그 초점에서 멀어진 너무 많은 주변의 활동 범위에 투자하게 될지도 모른다. 반면에 관광기업이 너무 좁은 초점을 유지하게 되면 투자를 우회하는 경험을 하게 되어 중요한 기회를 놓치게 될지도 모른다. 이러한 현상은 마케팅 근시안(marketing myopia)으로 잘 알려져 있다.

사명서는 관광기업의 활동에 초점을 맞추어야만 하고, 동시에 확장의 기회를 제공해야만 한다. 사명서의 다른 위험은 그것이 너무 융통성 없이 고정될 수 있다는 것이다. 기업환경은 시간과 함께 변화한다. 소비자의 기호변화, 기술 변화, 경쟁적 시장환경 등이 변화한다. 만약 관광기업이 완고하게 그들의 사명서의 정의를 고집하면 생존을 위한 적응이 필요할 때 어려움을 경험할지 모른다. 그것이 사명서를 개발하고 고수하고 유지하기가 어려운 이유이다.

2) 내부기능 대 외부기능

사명서는 관광기업을 인도하고 방향을 제시하는 기능뿐만 아니라, 외부 사람들에게 관광기업의 모든 것을 이해하게 해준다. 많은 관광기업은 잠재적 투자자, 고객, 커뮤니티 구성원 및 다른 이해관계자가 그 기업과 기업 철학을 이해하는 것을 돕기 위해 연차보고서 또는 다른 커뮤니케이션 도구에 사명서를 인쇄한다. 이러한 사명서는 외부사명서(external statement)로 알려져 있는데, 관광기업 안에서 사용되는 내부사명서(internal statement)와 다를 수도 있다. 거대 기업그룹은 외부사명서를 인쇄하는 반면에 기업 내부서들과 자회사들은 내부사명서를 사용할 것이다.

이 사명서를 개발하는 과정은 특정 문제에 대해 끊임없이 이야기하고 논의해서 최상의 해결책을 만들어 낸다는 점에서 기업에 이익이 된다. 관광기업의 관리자가 내부사명서에 관심을 두고 그에 고집하는 동안에 외부사명서는 관광기업의 정책에 변화를 알리는 방법으로 사용될지도 모른다.

3) 사명서의 구조

사명서에 관련해 마지막으로 주목해야 할 사항은 그들의 수명에 관한 것이다. 관광기업은 비즈니스 세계를 통과하는 그들의 여행에서 하나의 등불로 활용하기 위해 사명서를 만들어 낸다. 매년 그 사명서를 포기하고 다시 공식화한다는 것은 사명서의 목적에 맞지 않을 것이다. 그래서 관광기업은 개발하려는 관광상품보다, 그들이 만족하는 니즈에 의해 그들 자신을 정의하는 것이 더 낫다.

사명서는 어느 정도 변화하는 환경을 이겨낼 수 있도록 개발되어야 한다. 변화를 막을 수는 없으므로 사명서는 변화에 적응하고 변화를 수용할 정도로 탄력적이어야 한다. 대략으로 사명서는 5~10년 또는 그 이상 동안 사용되기도 한다.

제2절 SWOT 분석

관광기업의 성장은 독립적으로 이루어지지 않는다. 적절한 시기에 적절한 장소에서 포지셔닝 하는 관광기업은 극히 드물다. 흔히, 기업의 성장은 이전에 수립된 목표와 목적을 위해 노력하는 끊임없는 헌신이다. 이 목표의 실현을 위해 관광기업은 엄격히 계획에 전념해서 끊임없이 목표를 설정한다. 그 계획은 마케팅부서가 그 목표를 향해 추구하는 엔진이다. 그러나 그 계획은 가정과 전제의 논리적인 설정에 바탕을 두지 않는 한 기능적이지 않다. 다시 말해, 기존의 경쟁적인 압력이나 환경적 상황의 압박 때문에 실현할 수 없는 계획을 개발하는 것은 합리적이지 못하다.

많은 관광기업이 계획과정(planning process)에서 처음으로 하는 일은 SWOT분석을 완성하는 것이다. SWOT은 강점(strength), 약점(weakness), 기회(opportunity), 위협(threat)을

의미하며, 전략적 감사(strategic audit) 또는 상황분석(situational analysis)으로 알려져 있기도 하다. 그것은 기업의 내부적, 외부적 경영환경의 방법론적인 조사와 평가이다. 설득력 있는 SWOT분석은 관광기업에 영향을 미치는 요인에 대해 질문하는 것을 기본으로 해서 만들어진다. SWOT분석의 주요 초점은 〈표 12.2〉에 있는 질문으로 설명된다. 이 질문사항들은 결국 비즈니스전략을 위해 여러 요인이 지니는 의미(또는 암시)를 확인하기 위해 사용될 것이다.

표 12.2 SWOT 분석(주요 질문 리스트)

내부 분석(internal analysis)	외부 분석(external analysis)
강점(strengths)	기회(opportunities)
차별화 가능성은?	잠재적 신시장 또는 진입 세그먼트는?
충분한 재정적 자원은?	관광상품 분류의 확장은?
적합한 경쟁적인 전략은?	관련 제품에의 다양화는?
고객들의 평판은?	수직적 통합은?
알려진 시장지도자는?	더 좋은 전략적 그룹 구성으로 이동할 가능성은?
각 기능 부서의 뛰어난 전략은?	경쟁자와의 교섭은?
규모의 이점은?	시장의 빠른 성장은?
강력한 경쟁적인 압력으로부터의 보호는?	다른 기회는 없는가?
독특한 기술은?	
비용 이점은?	
경쟁적인 이점은?	
제품혁신의 능력은?	
증명되는 관리기술은?	
그 밖의 다른 강한 점은?	
약점(weaknesses)	위협(threats)
전략적 방침의 불명확성은?	새로운 경쟁자의 진입 가능성은?
악화하고 있는 경쟁적인 위치는?	시장성장률의 감소는?
오래된 시설이나 설비는?	정부의 부정적인 영향은?
충분치 못한 이익 부분은?	성장하는 경쟁적 압력은?
관리 통찰과 경험의 부족은?	불황이나 다른 경제적 후퇴는?

특정 기술의 부족은?	고객과 공급자의 협상력 강화는?
전략실행과 관련된 나쁜 경험은?	구매자의 변화하는 욕구와 욕망은?
내부 운영 문제에 있어 어려움은?	위협적인 인구 통계적인 변화는?
경쟁적인 압력에 취약한 것은?	기타 위협은?
시장에서 나쁜 이미지는?	
경쟁자와 비교되는 불리한 조건은?	
평균 이하의 마케팅 기술은?	
전략 변화에 필요한 재정적인 위치는?	
기타 다른 약점은?	

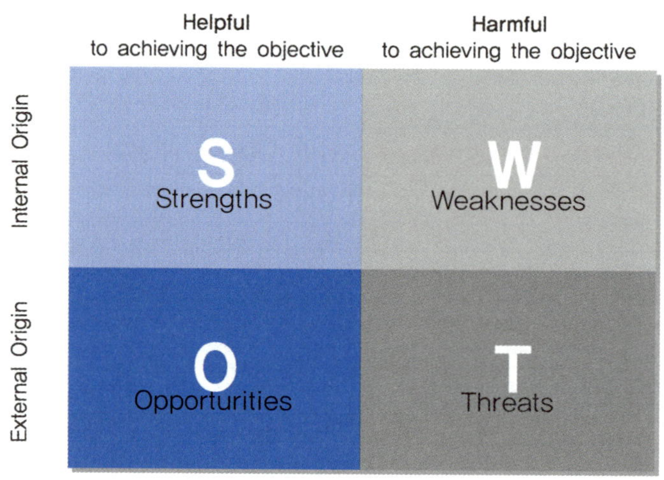

그림 12.2 SWOT 분석도

① 내부분석

전략적 감사의 내부요인은 기업에 의해 가장 쉽게 영향을 받을 수 있는 요인들이다. 투자에 이용 가능한 자금, 능력, 기술, 직원의 지식과 능력, 관광상품 종류, 마케팅계획의 강점, 판매업무 담당자의 능력과 기업의 평판은 관광기업이 통제할 수 있는 변수들이다. SWOT분석은 특히 현실적이어야 한다. 사람들은 듣기 원하는 것을 말하게 함으로써 자신들의 자아를 진정시킨다는 분석으로 접근하기가 쉽다. 사실, 지난해의 모든 노력이 성공했다고 합리화하는 것이 인간의 본성이다. 그러나 약점 부분을 덮는 것은 장기적으로 볼 때 관광기업을 곤란에 빠뜨린다. 강점과 약점, 기회와 위협을 정확하게 평가함으로써, 관광기업은 어디가 잠재적인 취약점이고 어떻게 필요한 자원을 할당할지를 가장 잘 결정할 수가 있다.

내부분석(internal analysis)은 관광기업의 개요를 형성하도록 만든다. 이 개요는 관광기업이 특정 시간대에 있는 상태를 나타내는 스냅사진이다. 그것은 관광기업의 내부 상황과 경쟁에 대항하는 방법에 대해 알기 쉬운 그래픽 표현이다. 이것을 통해 사람들은 관광기업이 시장에서 잠재적으로 성공적인 방법을 빠르게 판단할 수 있다.

2 외부분석

관광기업이 자사를 거울에 비춰본 이후에는, 반드시 바깥쪽 세계에 그 초점을 돌려야 한다. 이것은 관광기업의 마케팅전략과 계획이 경쟁적이고 규제적인 환경 속에서 기업목표를 달성해 나가야 하기 때문이다. 외부분석(external analysis)은 환경의 흐름을 파악하고 그것이 관광기업에 어떠한 영향을 주는가를 확인하는 데 집중해야 한다. 시장의 동향이나 움직임을 파악함으로써 기업은 사전에 대응할 준비를 할 수가 있다.

예를 들면, 관광상품계열 A에 관심이 있는 관광기업은 관광상품 A의 장기적인 수요에 영향을 미치는 소비자 행동에서 어떤 변화라도 확실히 파악하고 있어야 한다. 소비자 행동, 경쟁적인 움직임 그리고 규제조치 등의 동향을 면밀하게 살펴봄으로써 관광기업은 우연히 관찰해서 명확하지도 않을 특정한 상황을 피하거나 이용할 수가 있으며, 그로 인해 관광기업은 경쟁적인 지위를 향상하거나 잠재적인 문제에의 노출을 최소화할 수 있다.

만일 기업의 사명(mission)이 더 명확하게 정의된다면 기업 사명은 훨씬 좁게 분석할 영역에 초점을 맞출 수 있으므로 성공적인 SWOT분석에 필수적인 동향을 알아보기가 훨씬 쉽다. 즉 우리가 일반적인 사물을 찾으려고 할 때 그 사물에 대해 늘 말해 왔다면 그것을 찾기는 더욱 쉬울 것이다. 게다가 그것은 관광기업이 중요하지 않은 지역을 고려하는데 많은 시간과 에너지를 낭비하고 궤도를 이탈하는 것으로부터 보호한다.

내부탐색이 관광기업의 특정 가능성과 개발과 같은 내면적인 것에 집중하는 반면에, 외부탐색은 존재할지 모르는 환경적 기회를 더 면밀하게 살필 것이다. 외부를 살핌으로써 관광기업은 다른 기업이 시장에서 찾아내지 못했던 틈새나 기회를 발견할 수가 있으며, 규제변화, 경쟁자의 행동 또는 사회경제적 동향 때문에 생기는 틈새를 찾아낼 수가 있다. 예를 들면, 불황이 다가온다는 것을 감지할 수 있는 관광기업은 가치에 근거한 촉진 활동과 관광상품에 경쟁자보다 재빨리 집중할 수 있다. 또한, 그것은 흥미롭게도 관광기업이 잠재적인 위협을 빠른 'proaction'(관광제품수명주기가 단축되고 경쟁이 치열하게 되면서 중요성이 증가할 기술)에 기초해 기회로 빠르게 전환할 수가 있을 것이다.

SWOT분석이 완료되면, 관광기업은 경쟁자와 비교해 시장에서의 가능성과 취약영역에 대해 전체적인 그림을 그릴 수가 있고, 시장에서의 경쟁력을 비교하고 관광기업에 영향을 미치는 잠재적 동향과 기회를 나타낼 수 있다. 이러한 상황에서 마케팅계획은 더 정확하게 공식화될 수 있다.

3 목표의 공식화

관광기업이 강점과 약점의 평가를 기초로 시장의 위치를 결정했다면, 그들은 목표를 더 쉽게 설정할 수 있다. 관광기업의 목표는 기본적으로 그들이 특정한 지역에서 달성하고 싶어 하는 성취의 수준이다. 관광기업 자체가 목표를 가지고 있을 뿐만 아니라, 회사 내의 개별 부서들도 목표를 가지고 있다. 조직에 더 깊이 들어갈수록 목표는 전략적인 성격에서부터 전술적인 성격에 걸쳐서 더 확실하고 상세하게 된다. 예를 들면, 대형 관광지주회사(tourism holding company)가 다음 해에 12% 성장할 목표를 갖는다고 하자. 그러면 이것은 그들의 관광시장 안에서 12% 성장하기 위한 A부서의 목표로 바뀔지도 모른다. 그리고 결과로서 마케팅부서의 목표는 특정 그룹의 소비자를 표적으로 특정 관광상품 계열에서 12% 성장이 될 것이다. 이 기업의 판매목표는 또한 총체적인 목표에 따라 결정될 수도 있다. 영업부는 뚜렷한 목표를 가지고 있어야 할 뿐 아니라, 각 판매시장과 판매원은 그 판매영역 안에서 소비자에 대한 목표를 각각 가지고 있어야 한다.

목표는 오직 확실한 경우에만 효과적이다. 만약 목표가 정확하지 않게 공식화되면 많은 목표가 성공에 이르지 못할 것이다. 효과적인 목표설정을 위해 몇 가지 사항에 유의해야 한다. 〈표 12.3〉은 잘 공식화된 목표, 그리고 좋지 않게 공식화된 목표의 예이다.

표 12.3 목표의 좋고 나쁜 예

나쁘게 공식화된 목표의 예 (examples of badly formulated goals)	좋게 공식화된 목표의 예 (examples of well-formulated goals)
장기(long term)	장기(long term)
우리의 목표는 관광산업에서 선도하는 관광상품 성장 위치를 개발하는 것이다.	우리의 목표는 2025년과 2028년 사이에 적어도 총수익의 20% 증가를 위해 연구에 박차를 가하고, 2030년 말까지 시장에 5개의 새로운 관광상품을 소개하는 것이다.
단기(short term)	단기(short term)
우리의 목표는 2025년에 판매를 증가시키는 것이다.	우리의 목표는 22개의 신규 점포를 개설하고 광고예산을 15% 증가시켜, 2025년에 시장점유율을 21%~25%까지 넓히는 것이다.

① 목표의 설정은 그 달성을 시도하는 직원들에게 그 의의와 방향을 알려주기 위해 치밀하게 측정되어야 한다.

② 목표는 성취 가능해야 한다. 합리적으로 달성할 수 없게 설정된 목표로는 아무런 이득도 얻을 수는 없다. 목표가 비합리적으로 높게 책정되거나 심지어 달성이 어렵게 보인다면, 사람들은 목표달성 불가능성 때문에 때때로 목표를 달성하려고 노력조차 하지 않을 것이다.

③ 장기적인 목표와 단기적인 목표 모두가 개발되어야 한다. 비록 현재가 중요하기는 하지만 관광기업은 끊임없이 미래를 향해 어떤 경로로 가고 있는지 파악하고 있어야 하고, 현재의 목표와 행동을 확실히 세우고, 미래의 실현을 위해 노력해야 한다.

④ 목표는 관광기업의 우선순위에서 선두에 놓여야 한다. 만약 다른 부서가 매우 빗나간 목표를 추구하고 있으면, 그 결과 협력 부족으로 비능률을 경험하게 될 것이다. 이것은 한 부서(예를 들어 회계부서)가 자기 부서의 목표를 첫 번째로 하고, 다른 부서(예컨대 마케팅부서)의 요구를 무시하는 경우인데, 이것은 결국 관광기업의 총체적인 안녕에 해로움을 준다.

제3절 SBU 전략적 사업부

1 SBU의 특징

SBU(strategic business unit)는 규모와 영역에서 매우 다양할 수 있다. 그것은 그 기업이 단 한 개의 관광상품 또는 상품계열을 시장에 내놓을 수도 있으며, 또는 다양한 표적에 다양한 관광상품 계열을 배치할 수도 있다.

SBU의 몇 가지 특성을 보면 다음과 같다.

① SBU는 일반적으로 자체의 사명서와 사명을 갖는다.

② SBU는 시장지향적이다.

③ 일반적으로 SBU는 관광기업 내에 있는 다른 표적그룹들과는 다르게, 명확하게 정의된 표적그룹을 가지고 있다.

④ SBU는 항상 경험이 풍부하고 마케팅 지향적인 매니저에 의해 관리된다.

⑤ 대부분의 SBU는 그들 자신의 자원을 통제하는데 책임이 있다.

⑥ SBU는 그들 자신의 독립된 전략과 전략적 계획이 있다는 점에서 관광기업의 다른 부문과 명확하게 구별된다.

⑦ 대부분의 SBU는 그들 자신의 경쟁자를 가진다는 점에서 관광기업의 다른 부문과 독특하고 다르다.

⑧ 대부분의 SBU는 차별적인 이점을 갖고 있는데, 그것은 독립된 운영단위로써 그들 자신을 정당화하는 근거가 된다.

2 SBU 조직

SBU(전략적 사업부)는 여러 가지 방법으로 조직될 수 있으며, 어떤 특별한 방법이 우선하는 것은 아니다. SBU 조직계획은 SBU의 개별적 니즈를 가장 잘 대처하도록 관광기업(본사)에 의해 개발된다. 일부 관광기업은 그들의 시장을 나누기 위해 사용하는 변수인

세분화 변수에 의해 조직화 된다. 그것은 관광기업이 예를 들면, 연령대를 표적으로 그들의 SBU를 조직할지도 모른다. 또는 젊은 소비자를 위한 관광상품과 중년의 소비자를 위한 관광상품으로 구분하여 SBU를 만들 수도 있다. 독립된 세그먼트는 동질적이어서 유사한 마케팅계획으로 더욱 쉽게 접근할 수가 있다.

SBU를 조직하는 다른 방법은 지리적인 위치를 사용하는 것이다. 국제마케팅에 종사하고 있는 많은 기업은 그들이 영업하는 세계의 지역이나 국가마다 다른 SBU를 가질지도 모른다. 만약 각 지역이 문화, 언어, 사업방식 등이 아주 다르면 이것은 더욱 유용할 것이다. 관광기업은 또한 다른 관광상품이나 상품계열 위주로 또는 고객의 욕구를 고려해 SBU를 만들 수도 있다. 표적시장의 고객 또는 유통채널도 SBU조직이 필요로 하는 동질성을 제공하기도 한다.

3 SBU의 개수

관광기업이 가지는 SBU의 수는 각 기업에 따라 다르다. 앞에서 언급한 몇몇 요인에 따라, 관광기업은 극소수 또는 다수의 SBU를 가질 수도 있다. 그러나 관광기업이 얼마나 많은 SBU를 갖던지, SBU는 조직의 규모와 관광기업(모기업)이 권한을 위임할 정도에 있어서 적절해야 한다.

관광기업들 사이에 이해 상충관계는 존재한다. 즉 집중화된 통제의 수준이 더 편한 관광기업들이 있고, 의사결정을 내리는 데 더 예리하게 집중할 수 있는 독립성을 선호하는 관광기업들이 있는데, 이러한 기업들 사이에는 이해 상충관계가 존재한다. 그러나 대형 관광기업들, 즉 수백 개의 상품을 팔고 있는 기업들도 SBU의 수를 그다지 많지 않도록 제한하려고 노력한다. 최근의 어떤 연구에 의하면 일부 대기업에서도 30개 이하의 SBU를 가지는 경향이 나타났다고 한다. 물론 소규모의 관광기업은 소수의 SBU로 시작해야 하고, 불필요한 조직적 비용과 노력의 중복이 없다는 것이 증명될 때만 SBU를 추가해야 한다.

제4절 포트폴리오 분석

앞에서 시장점유율 증가는 관광사업체가 여러 가지 방법으로 실현될 수 있는 특정 이득을 취할 수 있게 한다고 언급했다. 그러나 마케팅이 진공상태에서 이루어질 수는 없는 것이기 때문에, 관광기업은 시장의 나머지 부분에서 어떤 일이 생기는지를 반드시 주시해야 한다. 앞서 언급했듯이, 시장이 성장하면 관광업체의 상품은 시장점유율을 유지하기 위해 더 많은 자본과 투자가 필요하다. 관광기업은 더욱 효율적일 수도 있고 더욱더 투자할 수도 있지만, 급속하게 성장하는 관광상품 세그먼트라는 엔진에 연료를 공급하기 위해 더 많은 돈이 필요할 것이다. 그렇지 않다면 관광상품은 안정적일 수는 있으나 시장점유율은 떨어질 것이다. 분명하게도 관광기업은 시장에 대해 예측해야 할 뿐만 아니라, 그들만의 성공의 청사진에 기초해 자금을 어디에 투자할지 의사결정을 내려야 한다.

그러나 이 청사진은 관광업체들이 다수의 상품 혹은 상품계열을 가지고 있는 경우가 많고, 각각 다른 시장에 속해 있으며, 그 각각의 성장곡선이 상이하다는 것을 고려한다면 더 복잡해진다. 각각 독립된 관광상품 혹은 상품계열이 얻는 금액의 양에 따라 관광업체가 상품에 대한 성장 혹은 정체에 대한 의사결정을 이리저리 바꾸기 때문에, 관광업체의 자원에 대한 적절한 계획과 할당을 확인하고 실행하는 것은 엄청나게 복잡한 업무가 될 수 있다.

1 보스턴컨설팅그룹 매트릭스

"경쟁에서 오래 살아남으려는 기업들은 반드시 다른 기업과의 차별화를 통해 자기만의 독보적인 강점을 유지해야 한다. 그리고 이러한 차별점을 관리하는 것이야말로 장기적인 사업전략의 핵심이다." 세계적인 경영컨설팅회사 보스턴컨설팅그룹(BCG)의 창업자 브루스 핸더슨(Bruce Henderson)은 최초로 전략의 개념을 창안하면서 이러한 말을 남겼다. 차별점 관리, 즉 경쟁우위 확보가 전략의 가장 근본임을 갈파한 것이다. 이후 반세기 이상이 지났다. 경영환경은 갈수록 불확실해지고 있으며, 수많은 전략이 나타났다

사라졌다 반복하고 있다.

보스턴컨설팅그룹(Boston Consulting Group, 이하 BCG)이 개발한 간단한 2차원 매트릭스는 투자 딜레마에 봉착한 업체들을 도와주기 위한 가이드라인으로 개발된 것이다. 상품 포트폴리오 매트릭스로도 알려진 이것은 다수의 상품그룹 혹은 상품들의 포트폴리오를 가진 기업에 매우 효과적이다. [그림 12.3]에서 볼 수 있듯이, 이 매트릭스는 수평축과 수직축, 그리고 축에서 나온 그래프의 4분 면으로 구성된다.

수직축은 시장성장률이다. 시장성장률은 관광상품이 판매되고 있는 시장의 연간성장률이다. 시장성장률은 업계와 상품계열에 따라 매우 다를 수 있으나, 여기서는 저성장률을 0%로, 적정성장률은 10%, 고성장률을 20%로 정의한다. 성장률이 높아질수록 관광상품은 지속적인 성장을 위해 더 많은 투자가 필요하다는 것을 기억해야 한다.

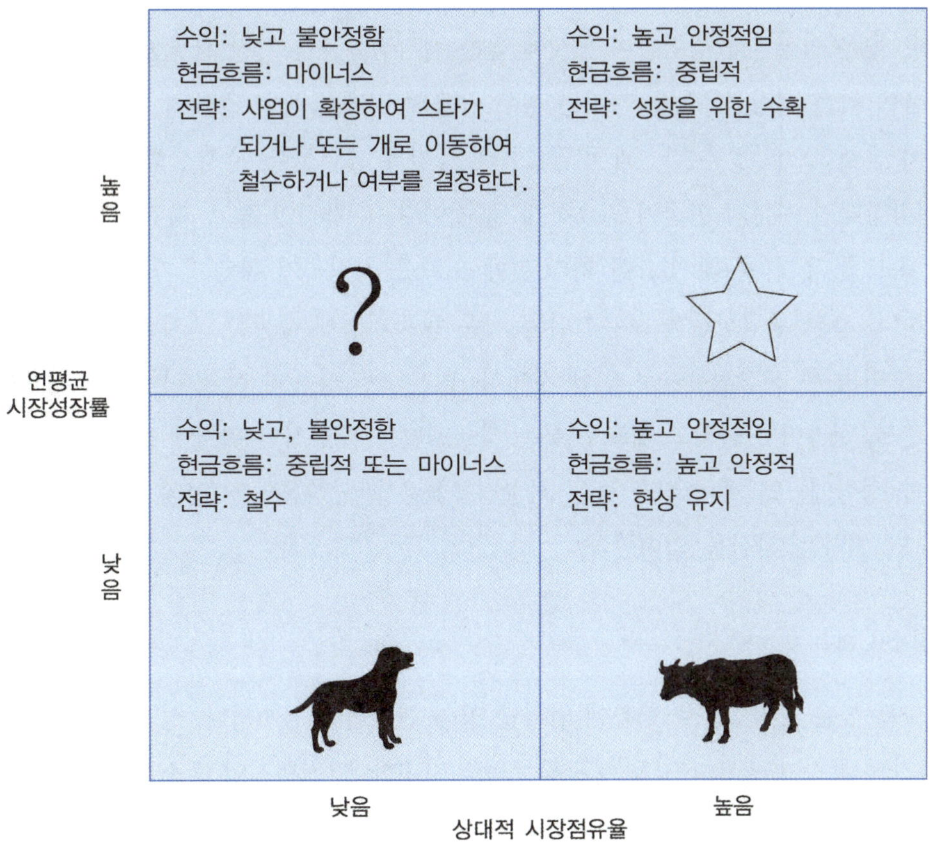

그림 12.3 BCG 매트릭스

수평축은 전략그룹 내에서 가장 큰 세 경쟁자의 시장점유율로 나누어 계산한 상대적 시장점유율(relative market share)이다. 그러므로 만일 우리의 점유율이 20%이고, 경쟁자의 점유율이 25%라고 한다면, 우리의 상대적 시장점유율은 80%가 될 것이다. 우리가 시장리더인 경우, 우리의 상대적 시장점유율은 100% 이상이다. 시장점유율이 높아질수록, 관광업체가 더욱 큰 차별적 비용 이득과 더 나은 성공의 기회가 있다는 것을 기억해야 한다.

이 두 축을 결합함으로써 거의 모든 시장 상황을 찾아내고, 매트릭스 상에서 그 위치를 지정할 수 있다. 여기서 확인할 수 있듯이, 이 SBU들은 위의 4분 면 중 한 분 면에 속할 것이다. 그러므로 이 4분 면을 다음과 같이 정리할 수 있다.

1) 별(Stars)

별은 높은 성장률을 경험하며 동시에 높은 시장점유율을 가진 관광상품을 말한다. 관광상품이 높은 시장점유율을 가지는 경우 규모의 경제를 통한 경제적 이득이 실현되며, 이것이 잠재적으로 높은 마진과 현금흐름의 증가에 공헌한다. 관광상품 또한 빠른 속도로 성장한다면 여분의 현금이 필요하게 될 것이다. 추가적인 광고, 촉진, 그리고 이러한 성장 속도를 유지하는데 필요한 기타 판매 노력을 지원하기 위해 추가적인 자금조달이 필요하다. 스타 관광상품을 보유한다는 것은 관광기업에 훌륭한 포지션을 제공하나 이것은 오직 높은 시장점유율로 인한 것이다. 많은 스타상품이 현금흐름 관리 문제를 완화하면서, 현금이 산출되고 필요로 하는 자금조달은 균형적인 위치에 도달한다. 그리고 급속한 성장에 도달해버리면, 높은 시장점유율은 관광상품이 기업의 젖소(cash cow)가 될 수도 있다는 사실을 의미한다.

2) 젖소(Cash cows)

젖소는 높은 시장점유율 덕분에 엄청난 양의 현금을 생산하거나, 성장하지 않기 때문에 추가적 투자가 필요하지 않은 관광상품을 지칭한다. 전형적인 젖소는 정체되거나 이미 성숙 시장에서 선도자인 관광상품이다. 높은 시장점유율은 경쟁자에 대해 규모의 경제가 이득이 된다는 사실을 보장하지만, 성장의 결핍은 그 관광상품에 쏟아부을 자금이 필요하지 않다는 것을 의미한다. 관광업체들은 젖소가 흔히 교차지원(cross subsidization)이라고 말하는, 다른 관광상품계열이나 프로젝트에의 자금조달에 도움이 되기 때문에, 주변에 젖소를 두기를 좋아한다. 젖소는 영속적이지 않으며 결국에는 판매량과 시장점유율 모두 떨어지게 된다. 그러나 젖소가 많은 순현금 흐름을 생산해내며 주변에 존재하는 동안에는 관광업체는 이것이 확실히 그들에게 이득이 되는 것이다.

3) 미지수(question mark or problem children)

미지수(또는 문제아)는 고성장을 경험하나 성장을 위해 자금 조달하기에는 시장점유율이 낮은 관광상품이다. 관광업체가 상품의 미래는 알 수 없으므로 미지수라고 이름을 붙인 것이다. 미지수는 신생의 혹은 불확실한 시장에서 흔히 찾아볼 수 있다. 관광상품 카테고리가 장차 어떻게 될 것인지 알 수 없으므로, 관광업체는 실제의 그 상품을 그대로 내버려 둔다. 관광상품이 급속히 성장하게 되면 자금조달이 매우 필요하게 되지만, 시장점유율이 낮으므로 경쟁에서 비용 이득(cost advantage)을 획득하지 못한다. 그러므로 관광업체들은 반드시 장기적으로 이익이 적을지도 모르는 상품에 투자기간을 정해야 한다. 많은 미지수는 젖소가 생산해내는 여분의 현금에서 자금을 조달받는다.

4) 개(Dogs)

싸움에 진 개는 성장하지도 않으며 높은 시장점유율도 가지지 못한 관광상품이다. 일반적으로 개는 단순히 좋은 관광상품이거나 소비자에 대한 호소력을 상실한 관광상품 카테고리이다. 개(사양상품)는 경쟁자들에 비해서도 이득이 거의 없다. 비록 이런 유형의 관광상품을 살려두는 이유가 몇 가지 있을 수 있으나, 예를 들어, 주요한 상품개량이 준비되거나 관광상품계열을 완성하기 위하여 상품명을 지속시키는 경우인데, 주요 의사결정은 이 관광상품을 어떻게 처분하는가, 혹은 상품계열에서 제외할 것인가에 도달하게 된다.

2 마케팅계획의 적용

앞에서 관광상품에 관한 상황을 개별적인 관점에서 설명하였다. 물론 많은 관광업체는 동일 SBU 내에서도 다른 관광상품 카테고리에 적합한 다른 상품계열을 가지고 있다. 성장사업(별), 수익 주종사업(젖소), 개발사업(미지수), 사양사업(개) 한두 개쯤 모두를 동일 관광상품 카테고리 내에 가지고 있는 것은 매우 흔한 일이다. 그리고 재무관리자들이 재정투자 도구의 균형 잡힌 포트폴리오를 통해 다각화하여 위험을 없애려고 노력하는 것과 마찬가지로, 관광마케팅 매니저들 또한 그들의 상품 상황을 투자 포트폴리오와 같이 관리하려고 한다. 관광업체들은 성장사업, 투자자금을 제공하는 현금 젖소, 업체의 다음 성장제품이 될 잠재성을 지닌 개발사업을 가지기를 바란다. 그리고 앞에서 확인했듯이, 사양사업조차도 관광마케팅 매니저들에게는 언제나 바로 눈에 보이지는 않으나 쓸모가 있다.

관광매니저들이 그들의 상품이 어디에 놓여 있으며, 상품 매트릭스 내에서 어디로 이동할 것인지에 대하여 확실한 통제권을 갖고 있다는 사실을 숙지하는 것은 중요하다. 관광매니저는 투자를 증가시킴으로써 상품의 성장을 조정할 수 있고, 또는 가격을 낮춤으로써 관광상품은 더 큰 시장점유율을 획득할 수도 있다. 관광매니저들은 그들 상품의 전체 포트폴리오를 주시할 것이며, 관광상품이 전체 SBU의 니즈를 가장 잘 지원해주기 위해 택해야 하는 진로를 계획할 것이다. 이 진로는 매니저가 목표를 달성하기 위하여 활용해야 하는 특정 전략을 결정한다.

매니저가 이용 가능한 전략에는 다음의 네 가지가 있다.

1) 확대 또는 강화 전략(Build)

시장점유율의 확대는 시장점유율이 이익 마진보다 더 중요한 공격적인 성장전략임을 의미한다. 추가적인 표적그룹 혹은 관광상품의 판로에 초점을 맞춤으로써 새로운 고객들을 끌어들일 것이다. 개발사업(미지수)은 확대전략의 지원이 필요한 관광상품 유형의 훌륭한 예이다. 일부 위험이 있으므로 이 확대전략을 위한 자금조달방법을 찾기란 쉽지 않지만, 젖소가 자금의 첫째 출처가 된다.

2) 유지전략(Hold)

단순히 시장점유율을 계속 유지하기만 하는 방어적 전략(defensive strategy)은 현금 젖소가 필요하다. 그 결과로 현금 젖소는 감소하며 이는 관광업체의 자금조달 프로젝트의 기반에 대한 감소를 가져온다. 시장점유율 획득을 시도하지 않으면서 현금 젖소를 뒷받침하기 위한 기업의 움직임이 일어나기도 한다.

3) 회수 또는 수확 전략(Harvest)

이것은 관광업체들이 현금이 필요할 때 쓰는 매력적인 단기전략이다. 프로모션 지원의 중단과 관광상품 판매량의 감소 간에는 격차가 있다. 관광업체는 계속되는 판매(현금흐름)를 만끽하며, 상품에 대한 지원을 없앰으로써 과거 투자의 이익을 거둬들이기로 결정할 것이다. 이 전략은 사양사업, 개발사업, 심지어 미래가 불확실한 수익주종사업에서 많이 쓰는 전략이다. 그러나 관광상품은 결과적으로 프로모션 지원 감소에 영향을 받게 될 것이며, 관광업체들은 계속 이 전략을 추구하는 데에는 그만한 대가를 지급해야 한다는 것을 잊어서는 안 된다.

4) 철수 또는 탈락 전략(Divest)

관광업체의 재정적 자원을 다른 곳에서 더 잘 사용할 수 있을 때가 시장에서 발을 빼야 할 시점이다. 관광업체들은 대개 이 철수 과정을 더욱 공격적인 전략처럼 빈틈없이 관리한다. 상품을 철수시켜야 할 시기를 아는 것이 어렵기 때문이다. 관광상품계열은 그 브랜드가 소비자 기억에서 잊혀지거나 낮은 판매율로 손상되기 전에, 그 상품들을 다 팔기 적당할 만큼만 살려둔다. 일부 관광업체들은 상품명도 함께 탈락시키는 의사결정을 내릴 수도 있다.

3 포트폴리오 분석의 평가

많은 관광업체가 보스턴컨설팅그룹(BCG) 매트릭스와 이와 동반된 전략들에 찬성하지만 그렇지 않은 이들도 많다. 여기에서는 잠시 이 과정의 긍정적, 부정적 측면을 살펴보도록 한다.

1) 장점

관광매니저가 BCG 접근방법을 사용한다고 했을 때, 그는 시장점유율과 시장성장률 관점에서 관광상품 혹은 SBU를 평가할 수밖에 없다. 이는 관광상품의 장기적 생존능력을 확실하게 하며, 경영층이 SBU의 전반적 성공에 해가 될 수 있는 단기 의사결정을 내리는 것을 막는다. 그리고 이 매트릭스는 관광매니저들이 상품의 니즈를 숙지할 수 있도록 해준다. SBU 내의 다른 관광상품들과 비교하지 않고, 독립적으로 관광상품을 분석함으로써 매니저는 그 속에 숨겨 있을지도 모르는 특정한 경향을 알아차린다. 예를 들면 시장점유율은 여전히 높은 가운데 성장률이 감소한다는 것 등이다.

앞서 언급한 것처럼, 포트폴리오 접근방식에서는 포트폴리오 관리기술이 사용된다. 예를 들어, 관광마케팅 매니저는 필요한 투자자금조달(교차지원)로 서로를 지원하는데 사용될 수 있는 몇 개의 상품을 가지고 있다. SBU의 총 상품포트폴리오는 상당히 중요하기 때문에 한두 개의 상품보다 더 많은 대안을 수반할 것이다.

2) 단점

포트폴리오 접근방법은 훌륭하지만 이를 달성하기는 그다지 쉽지 않다. 첫째로, 전체 시장에 대한 포트폴리오 매트릭스를 구축하는데 필요한 정보를 얻기가 어려우며 적절히 유지하기가 매우 힘이 든다. 일부 관광매니저들은 필요한 정보를 얻는 것이 그것이 갖는 가치 이상의 매우 어려움이 있다는 것을 깨달을 것이다.

둘째로, 관광상품의 위치(position)와 묘사가 주관적이다. 관광상품이 수익 주종사업 셀(분면, cell)에 떨어진다고 할지라도, 그 속에 포함된 산업들은 현금 젖소가 거두어들여야 하는 이익을 지원할 만큼 강하지 못할 수도 있다. 즉 매트릭스가 오직 한 가지를 제시하지만, 관광시장의 특이성으로 인해 다른 것을 제시할 수도 있다는 것이다.

셋째로, 최근 연구조사 결과, 이 매트릭스가 근간을 두고 있는 규모의 경제의 이득에 반드시 부합하지 않는 산업이 일부 있는 것으로 확인됐다. 많은 서비스산업에서 유리한 위치와 결과적인 현금이익을 제공하기 위해, 서비스 생산비용은 제조업처럼 증가하는 생산량만큼 변하지는 않는다. 그러므로 매트릭스의 사용은 SBU의 특정 산업과의 적합성에 대해 신중하게 평가되어야 한다.

4 GE 매트릭스

BCG 매트릭스의 단점을 보완해주는 것으로서 제너럴 일렉트릭사 매트릭스(General Electric Matrix, 이하 GE)가 많이 대중화되었다. BCG 매트릭스는 오직 2차원, 즉 성장률과 시장점유율로 대상을 단순화시키는 경향이 있다. 이것은 상당히 중요한 두 차원이다. 그러나 많은 사례에서 현금흐름 대신에 투자수익(return on investment) 혹은 이익을 평가할 필요도 있다. 이때 GE 매트릭스가 유용하다. GE 매트릭스는 매우 중요한 질적인 정보를 일부 사용한다. 우선 경쟁자와 비교했을 때 그 점포(unit)가 얼마나 강한가, 특정 산업이 제공하는 투자기회가 얼마나 매력적인가 등이 그것이다.

GE 매트릭스는 산업매력도(Industry Attractiveness)/사업강점(Business Strength) 매트릭스라고도 알려져 있다. SBU의 강점 또는 관광업체를 특정 시장이 제공하는 기회와 대입시키면, 이 매트릭스는 이 특정 상황을 어떻게 관리할 것인가에 대해 방안을 제시해 준다. 여기서 우리는 이 두 차원에 관하여 조금 더 살펴보기로 한다.

1) 산업매력도(Industry attractiveness)

산업의 매력도는 여러 가지를 의미할 수 있다. 관광업체가 투자 잠재성을 측정하기 위한 시도로 어떤 산업을 주시할 때, 그들은 산업의 성장률, 산업에서 경쟁하는 관광업체들이 경험하는 평균이익률(average profit margin), 경쟁자의 수, 개별 경쟁자들의 힘과 그들이 포함하지 못한 시장영역과 틈새 등을 고려할 것이다. 이것은 앞의 매트릭스에서 논의되었던 요소인 규모의 경제 또한 포함한다. 각각의 산업은 효율성을 획득할 수 있는 능력에 공헌하는 독특한 원가구성요소(cost structure)를 가지고 있다. 〈표 12.4〉는 잠재투자의 매력도를 평가할 때 고려해야 하는 이 요소들의 일부에 대한 개요를 제공해 준다.

〈표 12.4〉는 관광매니저들이 평가해야 하는 몇몇 일반적 특징을 제시한다. 그러나 모든 영역이 모든 의사결정에서 중요한 것은 아니다. 한 가지 가능성은 매니저에게 가장 중요한 특징에 무게를 두는 것이다. 평가는 각각의 특징들을 1부터 5의 척도로 이루어지며, 요소를 평가하여 다 더한 값이 1이 된다. 부가된 가중치에 따른 요소의 점수를

곱한 후, 관광매니저는 총가치 가중치에 관한 결과로 합계를 낼 수 있다. 관광매니저는 투자의 관점에서 봤을 때 가장 매력적인 것이 무엇인지 결정하고, 이 산업점수를 다른 산업과 비교할 수도 있다.

표 12.4 부문 매력도와 경쟁력 평가 기준

부문의 매력도(attractiveness of sector)	경쟁력(Competitor power)
• 시장규모 • 시장성장률 백분율 • 공급자의 권력 지위 • 고객의 권력 지위 • 경쟁의 정도 • 평균이익률 • 잠재적 신규 기업의 위험 • 대체상품의 위협 • 주기적 경향 • 규모의 이익	• 관련 시장점유율 • 시장점유율 잠재성 • 제품의 품질 • 브랜드 이미지 • 관광기업의 입지 • 수익성 • 시장에 대한 통찰력 • 가격경쟁력 • 경영진과의 접촉 • 판매팀의 효율성

2) 경쟁력(Competitive strength)

수평축은 관광업체가 그들의 점포(unit)가 가지고 있다고 생각하는 사업강점의 위치를 가리킨다. 관광업체는 상대적 시장점유율, 품질, 브랜드이미지와 이익성 등 자사 SBU의 강점을 측정할 수 있다. 관광매니저는 시장 매력도를 결정했던 그 방법과 똑같은 방식으로 그들의 SBU의 강점을 분석할 것이다. 적절한 요소에 가중치를 주고 그들을 더함으로써 근사치를 얻을 수 있다.

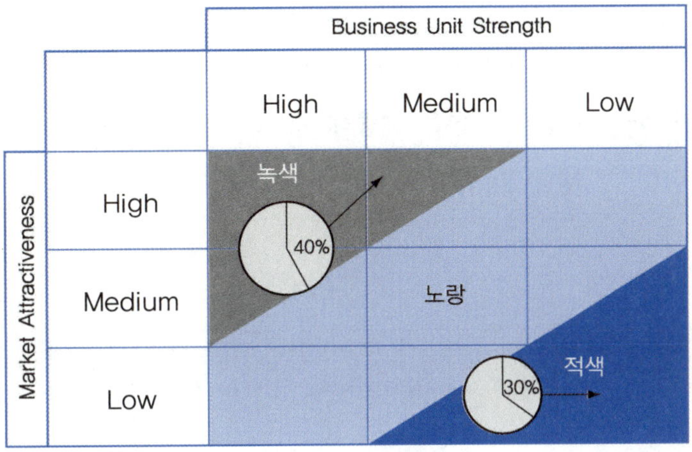

그림 12.4 GE 매트릭스

3) 포트폴리오 결정

다음으로 관광매니저는 SBU가 경쟁력/산업매력도 척도에서 어디에 위치하는지 알기 위해 이 두 지표를 표 위([그림 12.4])에 표시하기를 원할 것이다. 매트릭스 안의 각각의 원은 관광업체의 SBU를 나타낸다. 원의 면적은 BCG 매트릭스에서처럼 SBU의 크기를 나타내는 것이 아니라, 산업의 크기를 나타낸다. 원 안의 %는 시장점유율을 나타낸다.

매트릭스는 녹색, 노랑, 적색 부분으로 나누어져 있다. 이 색들은 신호등과 같은 것을 의미한다. 녹색 영역은 아주 좋은 곳이다. 이 시장은 관광업체에 매우 매력적이며 SBU의 상품제공 또한 매우 강력하다. 비록 관광매니저가 이 문제를 철저하게 평가하겠지만, 이 매트릭스는 이 위치가 너무 좋으므로 놓칠 수 없으며, 따라서 업체는 미리 이 시장에 투자해야 한다. 노란 영역은 관광회사의 경쟁력과 산업 매력도가 최적보다는 못하다는 것임을 나타낸다. 따라서 업체는 많은 주의를 기울여야 한다. 마지막으로 적색 영역은 관광산업과 SBU 상황이 투자하기에 적절치 않으며, 관광업체는 여기서 멈추고 그 이상 진행해서는 안 된다는 것을 나타낸다.

이러한 두 가지 매트릭스가 동시에 사용될 수 있을까? 그렇다. 일부 관광업체들은 자사의 SBU를 적절한 부분(divisions)으로 나누기 위하여 BCG 매트릭스를 우선 사용하고,

그 후 더욱 상세한 분석과 잠재적 전략의 평가를 위하여 GE 매트릭스를 사용한다. 이 두 가지를 함께 사용함으로써, 매트릭스는 목표에 대하여 상대적으로 완벽한 그림과 관광업체들이 직면하는 재정적 결론을 제공해 준다.

제5절 성장전략

관광상품의 수명주기에서 아마도 가장 중요한 단계가 성장단계일 것이다. 성장하는 동안 관광업체들은 시장침투에 필요한 촉진비용과 제품개발을 위해 막대한 투자의 회수를 시작한다. 성장단계 동안 많은 관광업체가 그들의 첫 번째 실제 이익을 경험하기 시작한다. 성장단계는 관광상품이 미래로 내팽개쳐지는 단발적인 것이 될 수도 있다. 또는 관광업체가 현금과 성장, 브랜드 독자성(brand identity) 및 표적시장들을 훌륭히 관리했을 때, 장래의 성공이 더욱 확실해진다. 반대로 성장단계를 제대로 관리하지 못하면, 관광상품이 잠재적 시장점유율을 절대로 도달하지 못한다. 이러한 이유로, 특정 시장 상황에 근거하여 많은 관광업체에서 대중적이라고 증명된 몇몇 성장전략을 살펴보는 것이 유용하다.

1 확장전략

관광업체들은 그들의 상품에 대한 성장방침을 채택했을 때, 그들이 취할 수 있는 몇 가지 방안이 있다. 관광업체는 기존의 관광시장에 더욱 깊숙이 침투하기 위한 시장침투전략, 시장을 개발하기 위한 시장개발전략, 혹은 상품개발전략 루트를 선택할 수도 있다. 또는 심지어 그들의 관광상품 혹은 상품계열을 어떤 방식으로 탈락시키는 방법을 취할 수도 있다. 관광업체가 취하는 성장방침을 결정하는 것이 무엇인지는 [그림 12.5]에 나타난 앤소프(Ansoff)의 제품/시장 확장 매트릭스에서 확대되는 두 요소에 따른다.

	Existing Product	New Product
Existing Market	① Market Penetration 시장침투전략	③ Product Development (Related Diversification) 상품개발전략 (관련 다각화전략)
New Market	② Market Development (Expansion) 시장개발전략 (확장전략)	Unrelated Diversification 비관련 다각화전략

그림 12.5 앤소프의 매트릭스

1) 관광시장침투전략

관광업체가 이미 거래하고 있는 기존의 시장에 현재 제공하는 기존의 상품을 판매할 때, 업체는 시장침투전략을 추구한다. 판매증진을 위해 고안된 기술들은 결과적으로 더욱 시장을 깊게 침투할 수 있도록 해줄 것이다. 이는 시장점유율의 증가로 이어진다.

이것은 두 가지 방법 가운데 하나를 택함으로써 이루어질 수 있다.

첫째로 시장침투는 관광상품을 기존의 고객 기반에서 판매하는 것을 말한다. 이것은 고객이 구매하는 내용(양)의 크기를 늘리거나 이용률을 증가시키는 것으로 가능해진다. 둘째로 관광업체는 관광시장의 확장전략을 취할 수도 있다. 이것은 동일 기존 관광시장 내의 더 많은 표적 소비자가 그 상품을 구매한다는 것을 의미한다. 신규고객들을 획득하기는 어려운데, 그것은 고객들이 평상시 구매하는 관광상품 브랜드에서 구매전환을 해야 하기 때문이다. 그러므로 일반적으로 침투전략(penetration breadth strategy)은 계속 성장하고 있는 관광시장에서 더 성공적이다.

물론 신규고객, 경쟁자의 고객 혹은 자사의 고객을 추구하든지 간에, 이것은 보통 마케팅믹스 전략의 수정이 필요하다. 관광상품의 촉진방법은 광고 혹은 홍보의 증가, 더 나은 관광점포에서의 선반 진열, 판매 노력의 집중 등을 통하여 바뀔 수 있다. 가격변화는 판매촉진, 상품권 혹은 심지어 가격 할인 등을 제공함으로써 판매를 자극할 수 있다. 마지막으로 유통채널의 전환은 관광상품을 더욱 매력적으로 만들 수 있다. 관광업체는 다른 유형의 판매점에서 관광상품을 판매하거나 더욱 외진 지역의 상품을 개발할 수도 있다.

2) 관광시장개발전략

두 번째 방법은 상품의 새로운 사용을 찾거나 새로운 표적 세그먼트에 상품을 판매함으로써 관광시장을 개발하는 것이다. 앤소프 매트릭스에서 이것은 동일 관광상품을 신규고객에게 판매하는 것을 뜻한다. 이것은 예전에 관광상품에 노출된 적이 없는 새로운 세그먼트를 찾는 것이 필요할 수도 있다. 관광상품은 전혀 바뀌지 않을 수 있지만, 신규고객들은 모두 잠재고객이 된다. 그리고 관광업체들은 같은 국가 내의 다른 인구통계학적 표적 세분시장을 선택하거나, 신생기관 혹은 신산업 그룹에 상품을 판매하기를 희망한다.

관광업체가 특정 지리적 또는 인구통계학적 지역에서 많은 경력과 경험이 있다면, 그들은 과거의 시장을 피할지도 모른다. 그래서 다수의 관광업체가 이러한 잠재시장에 친숙한 중개전문가를 이용하기도 한다. 마케팅 커뮤니케이션 캠페인과 유통채널의 전환은 새로운 특수관심 관광객(special-interest tourists)에게 도달하는데 이용하는 가장 실용적인 두 개의 믹스 변수이다.

3) 관광상품개발전략

동일한 전체 표적시장에서 더욱 매력적인 기업이 되기 위해서 관광상품의 특징을 바꾸는 것을 관광상품 개발전략이라고 한다. 관광상품의 품질을 높이거나 가격을 불균형적으로 올리기 위해 많은 상품을 공급함으로써, 관광업체들은 기존고객들에게 자사 관광상품의 가치를 현격히 높일 수 있다. 그러면 비사용자였거나 경쟁브랜드를 구매했던 고객들은 이제 우리 상품의 구매를 고려할 것이다. 전형적인 관광상품의 수정에는 고객기반을 넓히기 위해 관광상품을 더욱 접근이 쉽게 만들거나 관광상품의 속성과 특징을 바꾸는 것이 포함된다.

② 관광다각화 전략

관광업체는 더욱 극적인 변화를 선택할 수도 있다. 다각화를 통해 관광업체는 신규고객 표적그룹에 판매할 새로운 상품을 획득하려고 시도한다. 관광업체들은 단순히 자사의 판매량을 늘리기 위한 것 이상의 이유로 다각화를 한다. 공격적인 성장기회를 준다고 여겨지는 관광시장이 있을 것이다. 일반적으로 그 시장은 관광업체가 익숙하지 않기 때문에, 관광업체는 시장에서 경쟁하고 있는 기업체를 인수합병 할 것이다. 이것은 새로운 관광시장으로의 진입로를 획득하는 방법인데, 그 관광업체는 구매한 자사의 브랜드에 충실한 고객들을 획득했으며 실제의 경쟁자나 잠재적 경쟁자를 제거하기도 하였다. 일부 관광업체들은 많은 여러 시장에서 그 업체의 위험을 분산시키기 위해 다각화를 선택하기도 한다.

우리는 다각화에 대해 더 살펴보기로 한다. 다각화는 관광업체가 신규고객 그룹 혹은 표적시장을 찾고 있다는 것을 암시하기 위해 일반적으로 사용하는 용어이다. 이를 위하여 관광기업은 신제품을 활용한다. 수직적 다각화, 수평적 다각화, 집중적 다각화, 그리고 복합적 다각화 등이 그것이다.

1) 수직적 다각화

수직적 다각화(vertical diversification) 혹은 수직적 통합(vertical integration)은 관광업체가 수직적 유통채널 내의 신규시장 혹은 상품그룹을 취하는 것을 말한다. 통합은 관광업체를 최종 사용자나 상품출처(product source)에 더욱 가깝게 옮겨가는 형태를 취할 수 있다. 관광업체가 그 업체와 소비자 사이의 기능을 통합할 때, 이것은 전방통합(forward integration)이라고 한다. 전방통합은 프랜차이즈로서 레스토랑을 운영하는 것과는 반대로, 맥도널드가 자사의 지역 레스토랑을 직접 운영하는 것처럼, 대형 외식 체인이 좋은 예이다. 관광업체가 그 업체와 원료공급자들 사이의 기능을 통합하는 것은 후방통합(backward integration)이다. 호텔 체인이 음식 자재 공장을 짓거나 인수한다거나 음식 체인이 김치공장을 인수하거나 운영한다는 것 등이 좋은 예이다.

그러나 통합에 위험이 없을 수는 없다. 많은 관광업체는 보기에는 그들이 통합한 산업과 어울려 보일지 몰라도, 실제로는 그렇지 않다. 하지만 일반적으로 관광업체들은 그들이 종종 업체의 순이익에 유리하게 공헌하는 채널 기능에 대한 통제를 증가시킴으로써 전반적인 비용을 절감할 수 있다는 사실을 발견하였다. 따라서 관광업체들은 전방통합 또는 후방통합을 시도하기 전에, 관광업체가 인수하거나 교체하는 유통채널의 기능에 착수하는 데는 기술과 필요조건들이 있다는 것을 확실히 알아둘 필요가 있다.

2) 수평적 다각화

수평적 다각화(horizontal diversification)는 새로운 관광상품을 가지고 다각화하지만, 기존고객을 잠재고객으로 삼는다. 관광업체들은 종종 현존고객들에 대해 브랜드 충성도를 확립했다고 생각하거나, 그들에게 신제품을 도입할 수 있게 해주는 시장에 대한 지식을 쌓았다고 생각한다. 예를 들어 휴가여행을 주된 업무로 하는 여행사가 여행보험판매회사를 인수함으로써 다각화를 한다고 하자. 휴가여행사는 같은 고객들과 거래하지만, 그 다각화 방법은 여행보험이라는 새로운 상품이다. 수평적 다각화는 그 관광업체에 신상품을 제공하는 것이므로 수직적 다각화와는 다르다(여행사가 경쟁여행사를 인수했다면, 그것은 수직적 통합의 예가 될 것이다).

수평적 다각화의 이익은 명확하다. 수평적 다각화를 통해 관광업체는 첫째, 현재의 고객 기반에 추가적 상품을 제공하므로, 신규고객 유치를 위해 그다지 큰 노력을 기울일 필요가 없다. 둘째로, 관광업체가 기존고객의 구매습관에 대하여 중요한 지식을 이미 갖고 있거나 익숙해져 있다면, 고객에게 서비스하는 방법에서 더욱 능률적일 것이다.

그러나 수평적 다각화의 커다란 단점은 바로 앞에서 언급한 문제의 이면이다. 즉 관광업체는 대부분의 다각화 계획안에서처럼 자사의 위험을 확산하지는 않는다. 사실상 관광업체들은 동일 관광시장에 더 많은 투자를 함으로써 오히려 더 큰 위험에 스스로 노출하게 된다. 예를 들어, 여행산업에 심각한 경기침체기가 계속된다면, 다각화한 그 업체는 여행사 측에서는 물론 여행보험사 측에서도 손실로 고통을 경험할 것이다. 코로나 시대에 급격히 여행객이 감소하면서 여행보험도 줄어든 것이 그 예이다.

3) 집중적 다각화

집중적 다각화(concentric diversification)는 관련 시장에의 새로운 관광상품의 도입을 말한다. 관련 시장이란 관광시장이 반드시 업체의 기본시장과 마케팅 의미(고객, 인구통계학, 시장 욕구 등)나 운영적 의미에서 다소 유사해야 한다는 것을 의미한다.

4) 복합적 다각화(비관련 다각화)

측면 다각화(lateral diversification)라고도 알려진 복합적 다각화(conglomerate diversification)는 해당 업체가 친숙하지 않은 관광상품을 정규 고객이 아닌 고객들에게 마케팅하는 것이다. 대규모 관광 복합기업들이 아주 새로운 시장을 물색함으로써 SBU 포트폴리오의 위험을 다각화하는 것은 흔치 않은 일이기 때문에 이러한 이름이 붙게 되었다. 더욱이 대부분의 복합적 다각화는 이미 운영 중인 회사나 부서를 매입함으로써 이루어진다. 이 전략은 관광업체에 새로운 상품계열과 새로운 고객집단을 주는 반면, 새 매니저가 신규고객 기반 또는 새로운 시장환경의 함축적 의미에 대해 거의 알지 못하기 때문에 매우 위험할 수 있다.

3 성장전략의 선택

관광업체가 자사에 가장 적합한 시장성장전략을 선택할 수 있도록 해주는 특정한 일련의 규칙이나 가이드라인이 없다 하더라도 몇 가지 유용한 단서들은 있다. 전술한 SWOT 분석으로 시작해 보자. 이것은 관광업체의 강점, 사명, 그리고 목표를 확인하는 것을 도와준다. 다음으로 시장이 성장하고 쇠퇴하는지 관광시장의 강도를 도표로 나타내고, 경쟁자의 강도를 확인함으로써 관광업체는 자사의 행동을 결정할 수 있다.

예를 들어, 관광업체가 강한 위치에 놓일 만큼 운이 좋고, 시장은 성장 중이며 경쟁업체들은 특별한 능력이 결핍되어 있다고 할 때, 업체는 흔히 확장을 통해 적극적으로 공격할 수 있다. 그들은 관광시장에서 우세한 위치를 얻기 위한 전략을 선택하여 약한 경쟁자 중 하나 혹은 그 이상을 매입하고 수직적 통합을 통해 고객으로 향하는 더욱 완벽한 방법을 추구하려고 다각화한다. 다른 전략들 또한 다른 관광시장 상황에서 이용할 수 있다.

4 전술적 시장계획화

이미 언급했던 것처럼 전략적 계획은 관광업체가 향후 1년에서 5년간(혹은 그 이상) 지향할 주요 방침을 구체화해주는 폭넓고 목표지향적인 진술들로 이루어져 있다. 그러나 목표가 어떻게 성취되는가를 알려주는 전략적 계획이나 전략적 진술은 거의 없다. 전략적 계획은 관광업체에 중장기의 가이드라인을 제공해 주지만, 이들 관광업체는 하루하루의 단기 가이드라인을 제공해 주는 특정 전술이나 전술적 계획에도 반드시 의존해야 한다.

[그림 12.6]은 전술적 시장계획화의 4단계 모형(마케팅계획의 예)을 보여준다. 알아두어야 할 주요 사항은 전술적 계획은 아무것도 없는 상태에서 개발되는 것이 아니라는 것이다. 이것은 전략적 계획과 결과적 목표의 논리적 연속이어야 한다. 통제는 전술적 계획, 각 단계의 마지막에서 그 계획이 여전히 올바른 궤도에 있으며, 달리 필요한 수정사항은 없는지를 확인하기 위하여 피드백 루프(feedback loop)를 통하여 이루어진다.

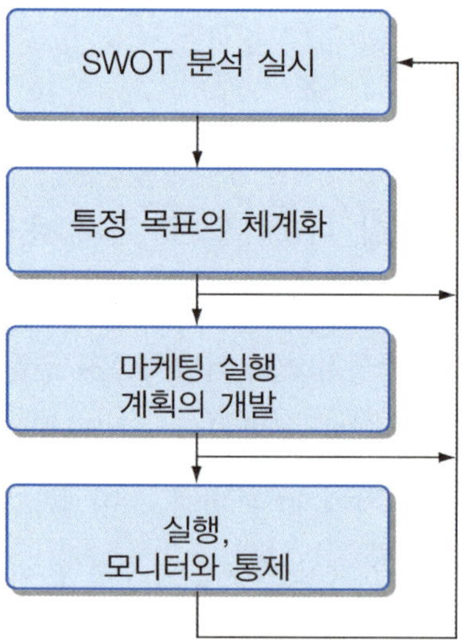

그림 12.6 전술적 마케팅계획

1) 1단계: SWOT 분석

관광업체가 취해야 할 첫 번째 단계는 우리가 앞에서 한 조직이나 SBU의 내부적, 외부적 분석이라고 배운 SWOT분석의 구축이다. 이것은 직면하는 기회나 위협뿐만이 아니라 관광업체의 강점과 약점을 보여주고 요약해주는 매트릭스의 형태를 취한다. 대부분의 필요한 정보는 내부적으로 이용할 수 있거나 동료들과의 대화를 통해 얻을 수 있다.

SWOT분석에는 시장(관광시장의 규모와 성격, 업체의 시장 내 위치, 경향), 경쟁자의 위협, 가장 중요한 시장요인인 표적그룹에 대한 묘사와 표적그룹의 활용 유형이나 양(amount), 전년도의 사업결과, 유통구조와 그 업체의 활동(오퍼레이터, 프로모션 전략 등)이 포함된다.

2) 2단계: 마케팅목표의 체계화

마케팅계획 개발을 맡은 이들은 전술적 목표나 목적을 체계화하는데 가능한 많은 세부사항을 포함한다. 그렇지 않다면, 계획과정의 나머지 단계를 계속해 나갈 의미가 거의 없다. 관광업체가 '시장점유율을 높인다'고 하는 목표설정은 SIT(special interest tourism)분야의 조류관찰 세그먼트에서 시장점유율을 10%에서 15%로 높이겠다'와 같은 목표설정보다, 기업이 달성하는데 도전적이지 못하다. 관광업체가 정확한 진술계획을 종이 위에 기술하게 되면, 이것은 실행계획을 고안할 준비가 되었다는 것이다.

3) 3단계: 마케팅 실행계획의 개발

전술적 목표가 알려지게 되면 자산과 자원이 할당될 것이다. 관광마케팅 매니저들은 확립된 전술적 목표에 도달하기 위해 4P(가격, 상품, 촉진, 유통)를 어떻게 최적으로 조화시킬까에 대하여 의사결정을 내린다. 마케팅 실행계획은 마케팅부서가 4P를 활용하여 단계별로 목표를 달성하는가를 확인해 준다.

관광업체들이 효율적으로 그들의 목표를 달성하기 위해 전반적인 노력을 통합해야 하므로 실행계획에서 사건의 연속은 유례없이 중요하다. 만일 관광업체가 구매자들에게 자사의 상품을 찾도록 하는 공격적인 프로모션 캠페인을 개시한다면, 업체는 수요를 충족시키기 위해 관광판매점의 선반 혹은 유통업체에 제품을 충분히 깔아둬야 한다. 그렇지 못하면 거액의 홍보비용이 낭비될 것이고 고객들은 품절상황으로 인해 불쾌할 것이며, 따라서 관광업체에 대해 비호의적인 태도를 품게 될 것이다. 그러면 고객들은 아마도 즉각적인 욕구를 만족시키기 위하여 경쟁사의 제품을 구매할 것이다.

직원들은 어디에서 이벤트가 진행되고 있고, 그 이벤트를 지원하기 위해 얼마만큼의 자금조달이 가능하고 이벤트가 어떻게 수행되는지에 대해 알 수 있게끔 마케팅 실행계획에서 정보제공은 충분히 구체적이어야 한다. 관광상품 출시, 프로모션 캠페인, 운영계획, 마케팅믹스에 영향을 줄 수 있는 다른 이벤트들에 따라 계획된 목표 기일이 정해져야 한다. 중요한 것은 예산과 계획된 현금흐름 예측의 형태로 마케팅 실행계획이 제공하는 재무적 결과이다.

정확한 판매예측을 제공하는 것(재무적 결과를 계산하는 기준)은 관광마케팅 부서의 가장 중요하고 가장 어려운 기능 중의 하나이다. 고용, 해고, 투자, 탈락 등에 대한 의사결정은 모두 예상 매출액에 기반을 둔 것이다. 그러나 필요한 정보와 관광시장의 일반적 불확실성 때문에 정확히 예측하기는 어렵다. 관광업체들은 가장 가까운 경쟁자가 누가 될 것인지도 모를 뿐만 아니라, 경제적 동향 및 소비자 행동 패턴을 평가해야만 하는데 이는 결코 쉬운 일이 아니다. 관광업체들은 현재의 데이터를 근거로 하여 예측을 할 뿐만 아니라, 시장의 돌발적인 어떤 일에도 대응할 수 있도록 다른 결과에 근거해 예측하기도 한다. 마지막으로 관광업체는 미래 결과를 어떻게 추적해 측정하며, 목적의 달성 여부를 어떻게 결정하는지를 명확히 할 필요가 있다.

4) 4단계: 실행, 모니터링 그리고 통제

마케팅계획의 구성요소가 실행되려면, 통제방법이 사전에 주의 깊게 수립되어야 한다. 목표와 기대를 검토하고, 이것들을 달성된 결과와 비교함으로써 관광매니저들은 그 과정을 주시할 수 있다. 관광상품의 도입 또는 프로모션 캠페인이 예측에 근거한 결과를 끌어내지 못한다면 매니저들은 즉각적으로 피드백 메커니즘을 통해서 문제점을 알아내야 한다. 여기서 통제 도구로는 매출액, 시장점유율, 성장률, 판매수익, 고객 인식, 관광상품 개발 및 고객 의도 등 다양하다.

그러나 이러한 통제가 이루어졌다 할지라도, 관광업체가 시장변화에 준비가 되어 있고 적응할 의도가 있어야지만 이것은 유리하게 작용한다. 예측을 어렵게 만드는 수많은 예측 불가능한 환경 때문에 도입이 계획된 대로 정확히 이루어지는 경우는 거의 없다. 통제 메커니즘이 업무의 궤도에서 벗어난다고 지적할 때, 관광업체는 반드시 어떠한 행동을 취할지 결정을 내려야만 한다. 마케팅믹스 요소의 급격한 재구성은 쉽지 않은 일이지만, 일반적으로 시장의 현실에 관광업체가 적응하는 것이 요구된다.

적응은 1~2주 광고 일정을 늘리는 것 또는 특정 지역에 안내 책자의 재고를 더 많이 제공하는 것처럼 세밀하다. 더욱이 적응에는 동일 부족 자원의 재배치를 위하여 추가적인 계획이 필요하다. 그리고 여기서 관광업체가 돌발적인 상황에 대비하여 미리 준비해둔 우발상황 계획(contingency plan)을 실행할 수 있으면 업체의 귀중한 시간을 절약해 준다.

5 마케팅 플래닝 전략

관광업체들이 항목화할 수 있는 주요 전략요소로는 마케팅 목적, 전략적 핵심, 시장 목표설정, 품질포지셔닝, 가격포지셔닝 등 5가지가 있다.

첫째, 마케팅 목적은 관광기업이 그들의 마케팅 프로그램을 통하여 획득하고자 하는 목적에 관한 것이다. 기본적으로 방어적 목적, 꾸준한 성장률 목적, 공격적인 판매성장 또는 시장지배 등 세 가지 유형이 있다. 급속히 성장하는 관광시장에는 더욱 공격적인 전략이 적절할 수도 있다. 반면에 성숙하고 활기가 없는 시장은 더욱 방어적인 전략이 필요하다.

둘째, 전략적 핵심은 관광기업이 자사의 목적을 달성하기 위해 시장에 얼마나 적응하는가 하는 것이다. 가장 일반적인 전략적 핵심은 시장확장, 시장점유율의 증가, 생산성과 비용 절감에 집중 등이다. 또 전략적 핵심은 부분적으로 관광상품 혹은 관광산업이 수명주기의 어느 단계에 속하는지에 따라 달라진다.

셋째, 시장목표설정(market targeting)은 관광업체가 그들의 핵심을 시행하기 위해 목표로 둔 표적 관광시장을 결정하는 것이다. 일부 관광업체들은 일반시장을 대상으로 하고, 다른 업체들은 특정 단체(사회계층, 나이, 혹은 지리적 특정 지역 등)이나 심지어는 특정 개인들을 표적으로 선정할 수도 있다.

넷째, 품질포지셔닝(quality positioning)은 관광기업들이 경쟁사와 비교했을 때 상품의 품질에 관해 취하게 되는 경쟁적 위치이다. 관광기업은 경쟁자들과 비교해 고품질, 중품질, 저품질의 제품을 선택할 수 있다.

다섯째, 마지막으로 가격포지셔닝(price positioning)은 관광기업을 상대적으로 경쟁사의 위, 아래 혹은 가까이에 위치시키는 방법이다. 우리는 모든 조건이 똑같다고 할 때, 대부분 낮은 가격이 더욱 성공적인 전략이 될 것이라고 예상한다. 하지만 실제 그런 경우는 거의 없다. 그래서 가격 결정은 매우 신중해야 한다.

전략 구성요소에 따라 관광업체들을 분류하면, 5개의 시장전략을 확인할 수 있다. 각각에 대한 간단한 설명은 다음과 같다.

① **침투자**(aggressors)

침투자는 공격적인 판매성장과 시장지배를 통해 자사의 시장점유율을 높이고 확장하려는 관광기업을 말한다. 이들은 흔히 전체 관광시장을 그들의 고객 기반으로 설정한다. 이 업체들은 경쟁자들보다 더 뛰어난 품질의 관광상품을 판매하려고 하지만, 여기에 더 높은 가격을 책정하지는 않는다. 그리고 신규 관광시장에서 경쟁하며, 급격히 변화하는 일련의 고객 욕구에 반드시 대응해야 한다. 이들은 새로운 관광상품 개발의 선두주자이며 어떠한 경쟁자도 두려워하지 않는다. 이들 전략그룹은 모든 다른 그룹보다 업무성과가 뛰어나기 때문에 대개 수익을 올린다.

② **프리미엄 포지션 분할자**(premium position segmenter)

프리미업 포지션 분할자는 고급 관광상품(premium tourist product)을 판매하여 여기에 프리미엄 가격을 부과한다. 그들은 공격적인 새로운 관광제품 개발 프로그램을 통하여 고급 관광상품을 개발한다. 관광시장 전체가 고가의 가격을 지급할 의사가 없는 것을 분명히 알고 있어서, 판매대상이 될 시장의 부분을 나눈다. 그들은 시장점유율을 높이고 그들의 시장을 확장하기 위해 노력하지만, 유성과 같이 잠깐 빛나다가 사라지는 성장유형보다는 꾸준한 성장유형에 더욱 관심을 둔다. 이들의 시장은 시장 출구나 입구가 거의 없는, 매우 성숙하거나 안정된 시장이다. 이들은 대부분의 다른 업체들보다 업무실적이 뛰어나다.

③ **중도자**(stuck in the middlers)

중도자는 더욱 평범한 성공실적을 가지고 있다. 그들은 지속적인 판매성장을 보여왔지만, 보통 경쟁자들과 비슷한 관광상품과 가격대를 가지고 경쟁한다. 이들은 성장이 힘든 매우 성숙하고 안정적인 시장에 속해 있는 경향이 있다. 그리고 관광세그먼트에서 경쟁하며, 때때로 자사가 가치 없다고 판단하는 특정 세그먼트를 경쟁자가 취하도록 함으로써 경쟁을 회피하기도 한다.

④ **고가치 분할자**(high-value segmenters)

고가치 분할자는 고품질의 관광상품을 가지고 있으나, 고객들에게 더 나은 가치를 제공한다고 주장하면서, 일반적으로 여기에 높은 가격을 매기지는 않는다. 그들은 신규로 성장하는 관광시장에서 경쟁하며 꾸준한 성장률을 경험한다. 이들은 또한 자사의 시장을 확장하기 위해 노력하지만 때때로 경쟁을 피하는 것처럼 보이기도 한다.

⑤ **방어자**(defenders)

방어자는 이 5가지 유형의 업체들 가운데서 업무성과가 가장 떨어지는 업체이다. 이들은 자사의 시장점유율을 방어하는 데 관심이 있으며, 시장점유율의 하락을 막기 위해서는 필요한 행동은 무엇이든 한다. 이들은 새로운 관광상품 개발에 우선권을 두지 않으며, 사실상 자신들의 생산성 향상을 위해 상품의 비용을 끌어내리는 데 더 관심이 있다. 이들은 보통 관광시장 세그먼트보다는 개별 고객을 타겟으로 하며 안정적이며 성숙한 시장에서 생존한다.

이들 다섯 유형은 상호 모순적이거나 소모적이지 않으며, 이들의 구성형식 또한 고정된 것이 아니다. 관광기업들은 제품 수명주기나 마케팅 목적과 전략이 바뀜에 따라, 유형들 사이를 이동할 수 있다. 위의 특정 유형 중 어디에도 들어맞지 않는 특정 관광기업들이 있으나. 이 연구는 유럽의 관광기업들과 그들이 추구하는 마케팅전략을 살펴보기 위한 독특한 방법의 하나이다.

CHAPTER

13

관광전략의 실행과 통합

13 관광전략의 실행과 통합

Chapter

제1절 조직구조의 유형 및 운영원리

① 기능별 조직구조

산업혁명 이후 통신 및 운송수단의 발달과 증기기관의 발명에 의한 대량생산시스템이 발달함에 따라 기업들은 기능별로 분화하게 되었고, 그 후 20세기 들어서 자본주의의 급속한 발전으로 기업의 각 기능을 담당하는 책임자들이 나타나게 되었다. 즉 생산부, 마케팅부, 재무부, 연구개발부 등과 같은 전문 기능부서들이 나타나게 되었고, 이러한 기능부서들을 최고경영자가 총괄하는 체제로 바뀌었다. 기능별 조직구조(functional structure)는 [그림 13.1]과 같다. 조직표를 보면 조직구조의 구성요소를 어느 정도 짐작할 수 있다. 예컨대 조직 활동이 무엇인가(생산, 마케팅, 연구개발, 재무)를 알 수 있으며, 전문화 기준이 무엇인가(조직의 기능)를 알 수 있다. 또 조직표를 통해 직원의 과업과 책임이 무엇이며(소속된 기능부서의 과업수행), 공식적인 보고체계가 어떻게 되는가(광고부문의 책임자는 마케팅부서의 장에게 보고하고 마케팅부서의 장은 최고경영자에게 보고함)를 알 수 있다. 그러나 조직 활동이 어떻게 이루어지는가 하는 것은 조직표에 잘 나타나지 않는다. 기능별 조직구조의 장단점을 요약하면 다음의 〈표 13.1〉과 같다.

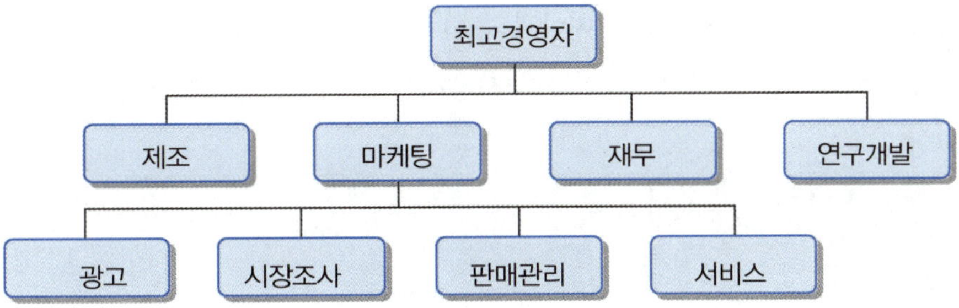

그림 13.1 기능별 조직구조

표 13.1 기능별 조직구조의 장점과 단점[1)]

장점	단점
• 전략 결과에 대한 중앙집권적 통제가 가능함 • 단일사업의 조직구조로 적합함 • 핵심활동을 해당 기능부서에 배분함으로써 전략과 조직구조 간의 연계를 강화할 수 있음 • 기능별로 차별적 역량을 개발하는 데 적합한 조직구조임 • 기능별 전문화로 인해 경험 곡선 효과를 누리는 데 유리함 • 과업이 일상적이고 반복될수록 운영 효율성이 높아짐	• 기능 간의 조정문제가 발생함 • 기능부서 간에 경쟁과 갈등이 야기됨 • 지나친 전문화를 조장하고, 경영자의 시각을 좁게 할 우려가 있음 • 기능부서 간에 상호교류가 되지 않을 경우 폭넓은 경험을 축적할 수 없음 • 이익에 관한 최종책임이 최고경영자에게 미루어짐 • 기능별 부서의 이익에 치중할 경우 기업 전체의 최적화가 저해됨 • 근시안적 시각이 창의적 기업가 정신, 변화에의 적응, 활동 원가 사슬의 재구성 노력 등에 방해가 됨

1) A. A. Tompson and A. J. Strickland, Strategic Management: Concepts and Cases (Seventh Edition), Irwin, Homewood, IL(1993), p.225.

② 사업부 조직구조

조직이 제품라인을 확장해 갈수록 기능별 조직구조는 최고경영층에 의한 조정 활동이 한계에 달하게 된다. 예전부터 미국과 유럽기업들이 제품별 다각화나 지역별 다각화를 수행함에 따라 이런 대규모 기업들이 사용하는 조직구조는 사업부제 조직구조로 변하게 되었다.

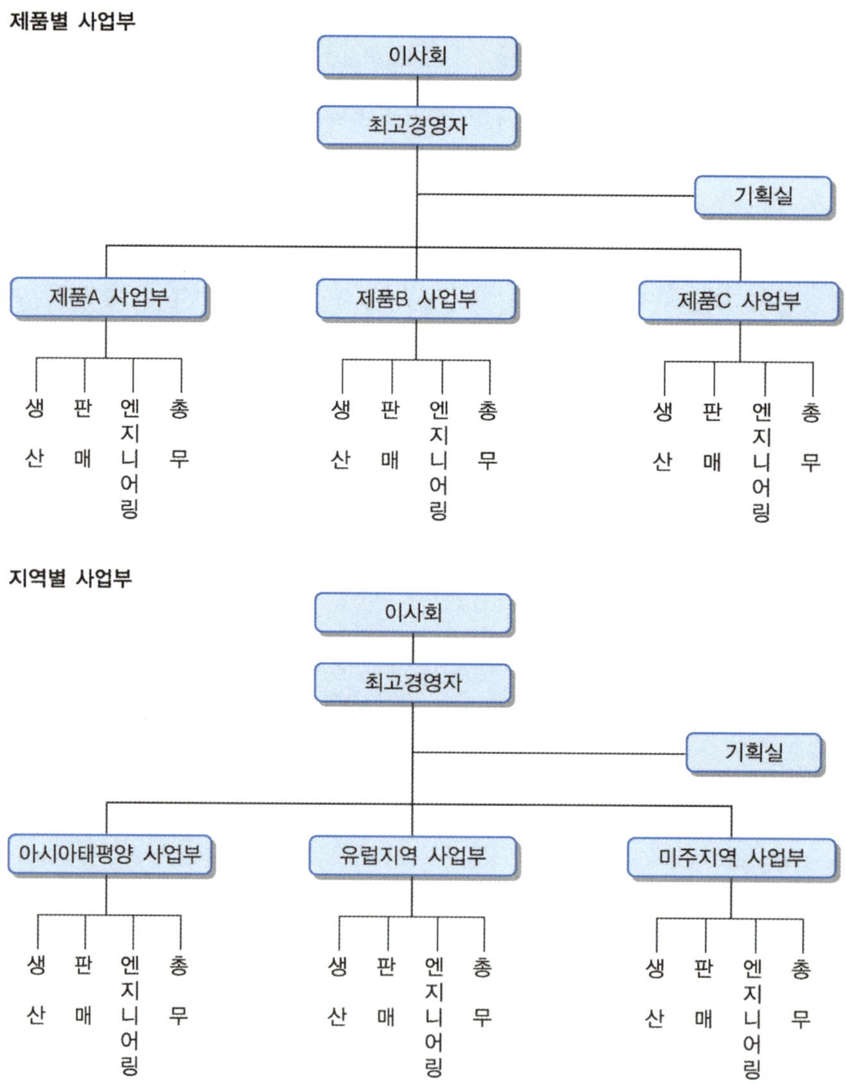

그림 13.2 사업부 조직구조

다각화된 기업이 사업부 조직으로 바뀌면 최고경영자는 개별사업부장에게 개별사업부의 생산과 판매에 이르는 모든 권한을 위임하고, 각 사업부는 해당 사업부의 경영성과에 관해 책임을 진다. 사업부 조직구조에서 직원은 기능별보다 제품계열별로 분류되며 예산과 계획에서 독립적으로 운영되는 이익센터(profit center)가 된다.

그리고 최고경영자는 신규사업진출, 신시장 개척, 사업부들의 성과평가 등과 같은 보다 중요한 전략적 의사결정에만 전념할 수 있게 된다. 이와 같은 사업부 조직구조는 결국 관리기능의 전문화라고 볼 수 있다. [그림 13.2]는 제품별 사업부와 지역별 사업부가 어떻게 구성되어 있는지를 보여준다. 〈표 13.2〉는 사업부 조직의 장점과 단점을 나타낸 것이다.

표 13.2 사업부 조직의 장점과 단점[2)]

장점	단점
• 다각화기업에서 책임을 분산하고 권한을 위임하는데 좋은 방법임 • 사업부의 독특한 환경에 맞는 사업전략을 개발할 수 있음 • 사업부의 핵심활동과 필요한 기능을 중심으로 조직화할 수 있음 • 최고경영자의 부담을 줄여 기업전략에 전념하게 함 • 이익과 손실에 대한 명백한 책임을 사업단위 관리자에게 부여함	• 기업과 사업단위 차원의 스탭기능이 중복되어 간접비 부담이 증가함 • 어떤 의사결정 문제를 집권화하고 어떤 의사결정 문제를 분권화할 것인가 하는 문제가 발생함 • 기업자원을 얻기 위해 사업부 간에 치열한 경쟁이 이루어짐 • 사업부의 자율성이 관련 사업단위들을 조정하는데 장애가 되어, 전략적 적합성의 이익을 얻는데 제약이 됨 • 기업경영이 사업단위 관리자들에게 상당히 의존함 • 기업경영자가 사업부의 상황에 대해 잘 모르게 되어 문제 발생 시 어떻게 대처해야 할지를 모름

3 매트릭스 조직구조

기업이 시장적응성과 운영 효율성을 동시에 얻기 위해서는 다른 조직형태가 필요하게 되었다. 기업의 조직이 내수 부분과 해외 부분으로 분리되는 단점을 보완하기 위해

2) Ibid, p.229.

서 미국과 유럽의 다국적기업들은 한때 매트릭스 조직(matrix structure)으로 조직구조를 개편하였다.

[그림 13.3]과 같이 매트릭스 조직은 기업을 크게 제품 차원과 지역 차원으로 나누어서 조직에 속한 모든 사람을 제품과 지역 양쪽 조직에 소속하게 만든 조직형태이다. 예를 들어 대형여행사의 경우 FIT와 그룹패키지로 제품별로 나누고 이를 다시 미주지역, 유럽지역, 아시아태평양지역 등과 같이 여러 지역으로 구분하였다. 이런 매트릭스 조직에 있는 사람은 제품별, 지역별로 각각 한 명의 상사가 있다. 유럽지역이라면 제품별로 또 유럽지역담당으로 다른 두 명의 상사에게 보고하는 시스템인 것이다. 그렇게 함으로써 매트릭스 조직은 한 사람이 지역적인 측면과 제품별 측면을 동시에 같은 비중으로 관리할 수 있게 하는 조직구조이다.

그러나 이러한 조직을 취한 기업들은 얼마 가지 못하고 다시 지역별 또는 제품별 사업부 조직으로 돌아가게 되었다. 실패하게 된 가장 큰 이유는 매트릭스 조직이 상당히 혼란스러웠기 때문이다. 두 명의 상사에게 지시를 받아야 했고 그 제품별 상사와 지역별 상사의 의견이 서로 모순되는 경우 어느 의견을 따를 것인가는 대단히 혼란스럽다. 매트릭스 조직구조의 장점과 단점은 〈표 13.3〉에 나타난 바와 같다.

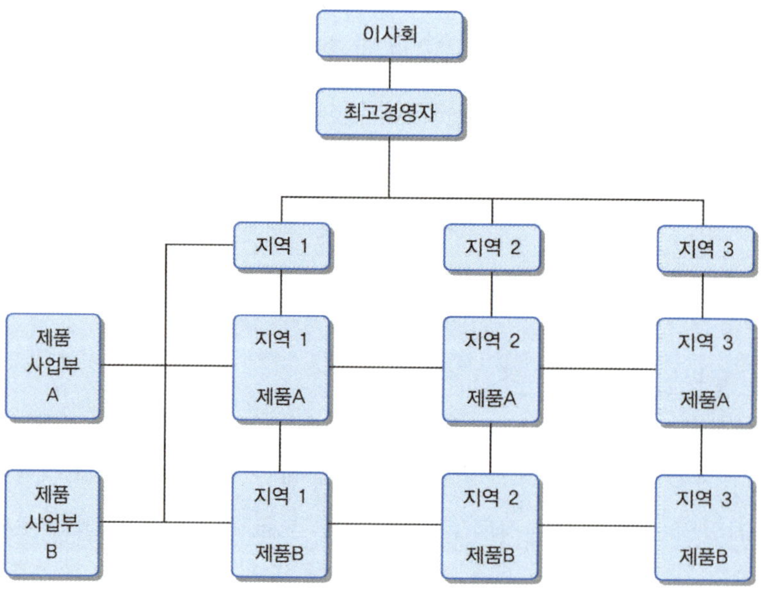

그림 13.3 매트릭스 조직

표 13.3 매트릭스 조직구조의 장점과 단점[3)]

장점	단점
• 두 가지 차원(기능/제품)에 대해 동등한 전략적 우선순위를 부여함 • 대립하는 시각 간에 견제와 균형(checks and balances)을 조장함 • 기능 면의 전략적 적합성을 달성하는 데 도움을 줌(두 차원이 기능/제품일 경우) • 조직 전체의 이익을 중시하는 의사결정이 이루어지게 함 • 협력, 의사 합일, 갈등 해소, 관련 활동 간의 조정을 촉진함	• 관리하기에 매우 복잡함 • 두 권한계통 간의 균형을 유지하는 데 어려움이 있음 • 권한의 지나친 공유가 장애가 되어 의사소통에 많은 시간을 소비하게 함 • 신속한 행동과 과감한 의사결정에 어려움이 있음 • 조직의 관료주의를 조장하고, 창의적 기업가 정신을 저해함

제2절 전략의 실행

1 전략실행의 정의

전략의 실행은 가장 높은 수준의 현금흐름을 창출하고 미래에도 같은 목표를 달성할 수 있는 상품과 서비스에 계속 자원을 배분하는 과정이다. 이 배분 과정은 기업의 강점 및 약점분석, 단기 및 장기목표의 수립 및 평가과정 등을 통해 달성될 수 있으며, 이 과정은 앞의 제10장 [그림 10.8] 경영전략 모형에서 표현되어 있다.

전략을 수립하는 데 수많은 변수가 있어서 그 대부분을 경영진이 통제할 수가 없으므로 성공적으로 전략을 실행하기는 매우 힘들다. 또 외부환경을 통제하기 어렵고 내부과정들도 성공에 반하는 작용을 한다. 하지만 위와 같은 부정적 사고를 지니고 있다면 성공하기 어려울 것이다. 전략실행은 어려운 과제와 도전을 극복하기 위해 내부적인 불확실성에 대한 개념과 접근방법을 모색하는 과정이어야 한다.

3) Ibid, p.232.

② 실행모형

경영진은 영향을 미치는 중요한 요소들의 관계를 이해하고 관리해야 한다. 또 환경변수 간의 관계는 동태적이며 계속 변화하는 것을 이해해야 한다. [그림 13.4]는 실행과정에 영향을 미치는 변수들과 관계들을 기술하고 있다.

이 모형은 변수들이 상황 지향적인 것과 과정 지향적인 두 분야로 분류되고 중심에는 변수들이 과정변수이며 실행에 영향을 미치게 된다. 그 이유는 기업이 투입요소들을 산출물로 전환하는데 이용되는 과정을 구성하기 때문이다. 자원과 핵심역량의 확인과 투자와의 관계, 전략수행에서의 그들의 역할 등은 경영진이 인지해야 하는 중요한 사항이다. 또 실행과정에서 공헌하는 고유의 결합 노력은 경쟁사가 쉽게 모방할 수 없으므로 경쟁우위를 제공하는 핵심역량이다.

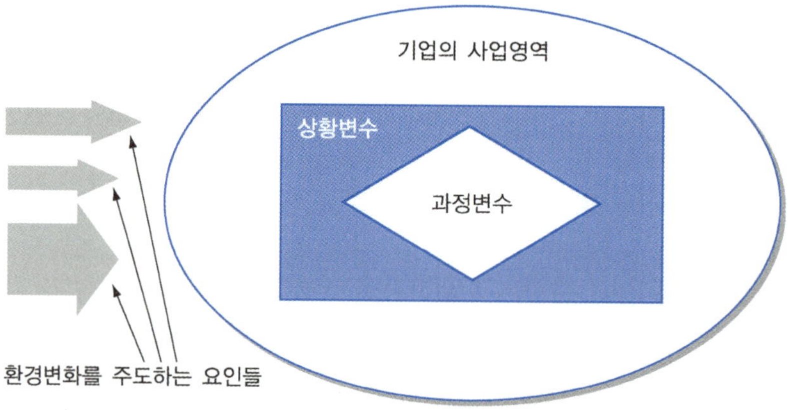

그림 13.4 전략실행과정 모형과 내용 변수4)

두 번째 분야의 변수는 상황변수인데 그 변수에 연관된 많은 경영진의 결정은 과정변수의 효과에 큰 영향을 미친다. 〈표 13.4〉에서 보는 바와 같이 각 상황변수와 과정변수의 관계들은 명백하다. 이런 관계는 주요 및 부가적으로 분류되듯 순차적인 관계를 나타내며 실행과정에서 어떤 변수는 다른 변수보다 더 큰 영향력을 가지고 있다. 이런 관계는 어떤 조직에서도 기대되며 환경의 가변성과 기업의 리더십 형식에 의해 변화될 수 있다.

4) Olson et al, 전게 역서, p.216.

표 13.4 관광기업에서의 전략실행 변수

상황변수	과정변수
• 지각된 환경의 불확실성 • 전사적 전략 • 사업부 전략 • 기업구조 • 규모 및 지역적 분포 • 기업문화 • 수명주기 단계	• 프로젝트 시발과 리더십 형식 • 자원 배분 시스템 • 경영정보시스템 • 계획 및 통제시스템 • 보상과 혜택 • 훈련, 개발 및 교육 • 운영시스템

③ 상황변수

경영진은 환경이 안정적일 때에는 공식적인 구조를 택하고, 환경이 불안정할 때에는 제한된 조직구조를 취하려 한다. 경영진이 환경을 바라보는 관점을 토대로 가장 높은 가치를 창출할 수 있다고 예상되는 경쟁수단에 투자하게 되고 이 경쟁수단에 자원을 배분하고 실행하기 위해 조직구조를 만든다. 조직구조는 직무, 각 개인, 공식적인 조직배치 및 비공식적인 조직배치 등의 상호관계를 상징하고 있으므로 실행과정에서 아주 중요하다. 또 기업문화는 조직 내에서 행동을 지배하는 기업가치 체계를 상징하고 경영진이 생성한 구조 내에 존재하기 때문에 역시 중요하다. 기업문화는 기업의 모든 구성원의 행동을 지배하고 규범 및 가치체계라고 정의할 수 있다. 위와 같은 상황 변수는 기업의 상황을 상징하고 있고 기업문화의 핵심요소이다.

실행에 영향을 미치는 네 가지 주요한 상황 변수는 지각된 환경의 불확실성, 전략 내용, 기업구조 및 기업문화이며, 그들은 정의뿐만 아니라 전략의 실행에 미치는 영향에서도 매우 복잡한 구조를 하고 있다. 그것들은 동태적이며 환경이 모든 사업조직에 변화할 것을 요구하고 매일 변화하고 있다. 경영진은 그들을 파악하고 이해하며 의도된 전략을 실현하는 데 어떤 영향을 미치고 있는지 계속 평가해야 한다.

④ 과정변수

과정변수들은 모든 경쟁수단이 효과적으로 수행되기 위한 실행과정의 요소들이며, 이들은 많은 면에서 인간의 순환시스템과 유사하다. 자원 배분, 경영정보시스템, 계획·통제 및 평가시스템, 교육·개발 및 훈련 프로그램, 보상과 혜택, 운영관리 시스템, 강점 및 약점분석, 목표설정과 리더십 등이 과정변수에 속한다. 기업이 상호일치를 달성하려면 환경, 전략, 구조 간의 조화뿐만 아니라, 성공적인 전략실행을 달성하기 위하여 상황 및 과정변수들도 일치되어야 한다.

⑤ 과업의 계획 및 계획의 실행

기업이 수립한 의도를 달성했을 때 성공적으로 실행되었다고 판단할 수 있다. 하지만 많은 기업은 외부적인 돌발 상황에 의해 100% 그들의 의도를 달성하지 못한다. 기업이 현재와 같은 경영환경에서 경쟁할 수 있으려면 전략적인 사고는 모든 구성원의 주요 능력으로서 그 가치가 우선되어야 하며 〈표 13.5〉는 이런 관점을 기술하기 위해 대조적인 두 기업의 회의 주제 목록을 보여주고 있다. 전형적인 기업의 관심은 과거 혹은 단기적인 이슈에 집중되어 있으며 그에 비해 전략적 사고를 지닌 기업의 의제는 전략 지향적이며 새로운 기회를 포착하고자 한다.

표 13.5 두 기업의 회의 주제의 비교

전형적인 회의 주제	전략적인 회의 주제
1. 전(前) 주의 문제점 2. 금주 사업의 예상 3. 중요한 통신 4. 예산계획 안건 5. 프로젝트의 진척 상황 6. 구사업 7. 신사업	1. 새로운 사업기회 2. 현 경쟁수단들의 성과 3. 가장 중요한 경쟁수단들과 관련된 강점 및 약점의 평가 4. 현 상황에서 목표의 적합성 5. 성공적 실행의 달성을 위해 필요한 자원

제3절 전략적 변화의 통합

미래의 경영자들은 반드시 비전을 지닌 창의적인 변화의 주도자이어야 한다. 서서히 끓어가는 물속에서 자신이 익혀지는 것도 모르고 주변의 변화에 둔감한 개구리의 비유와 같이, 현대사회의 변화가 어떻게 빨리 진행되어 해당 기업에 어떠한 영향을 미치는지를 경영자들이 주도면밀하게 파악하여야 하고 변화의 촉진제 역할을 할 필요가 있다. 기회를 동반하고 있는 변화의 주도요인을 파악하기 위해 사업영역의 환경을 진단하는 것이 매우 중요하며, 이런 기회들은 기업들에 가치를 제공하는 경쟁수단으로 전환되고 있음을 주시해야 한다. 모든 예측이 가능한 세계에서는 모두가 가치를 창출할 수 있는 비전을 지닐 수도 있지만, 현실 세계에서의 변화는 기업과 사람 모두에게 많은 어려움을 주고 있다.

본 절에서는 개별기업(독립업체), 사업부 수준, 전사적 수준에서 전략적 변화가 얼마나 경영진, 직원, 주주에게 심각한 과제인가를 지적하고, 변화를 관리해야 하는 경영자의 책임을 강조하고자 한다.

1 개별기업의 변화관리

관광산업은 국가의 중앙정부, 지방자치단체, 컨벤션센터, 항공사, 여행사, 카지노, 관광지, 테마파크, 공원, 박물관, 수십 만여 개의 레스토랑, 호텔, 기타 사업체로 구성된 아주 잘게 쪼개진 구조를 하고 있으며, 이들 사업체는 대부분 지자체, 개인 혹은 전문업체에 의해 운영되고 있다. 개별적인 기업 수준에서는 아주 미미한 공식성을 띤 채로 전략적 계획이 운용되고 있다.

개인기업 또는 독립업체의 비전이 기업의 방향을 설정하는 역할을 담당하는 성향을 띠고 있으며, 소유경영자(주인)에 의해 행해지는 의사결정의 유형이 암묵적으로 전략적 계획의 역할을 하고 있다. 이런 전략은 전형적으로 운영 위주인 동시에 내부 문제에 집중되는 접근방법을 취하고 있으며, 매우 비일관적이고 비규칙적이며 또한 아주 비공식적인 성향을 띠고 있다. 여기서 개별기업은 독립기업 또는 소규모 독립업체를 말하며, 체인이나 공식적인 국가기업, 대기업은 제외된다.

공식적인 전략계획에 대한 노력은 위기상황에 접했을 때, 즉 개별기업의 판매 혹은 고객 수가 감소할 때 전략계획을 고려하게 된다. 지속적인 판매 실적의 감소는 기업에 어떤 행동을 취하게끔 한다.

개별기업들은 기술적 능력은 보유하고 있으나 전략적 계획과정에 필수적인 개념적 능력은 체인 기업들에 비해 많이 뒤떨어져 있다. 개별기업은 일반적으로 공식적인 환경진단 과정에 친숙하지 못하거나 그 가치를 인식하지 못하고 있으며, 또한 경험해보지 않은 한 경영의 모든 기능 분야에서의 더욱 합리적인 분석과 계획 활동들의 효과를 의심하기까지 한다.

개별기업들은 현재 관행을 통하여 사업을 영위해왔고 또한 성공도 경험했기 때문에 과거의 습관에 아주 익숙해 있다. 그들은 사업에서 부진함을 경험하기 전까지는 다르게 생각할 필요가 없었다. 비록 그들이 사고방식의 변화를 원한다고 해도 그들은 기업의 미래를 위한 전략적 시도를 전혀 경험하지 못했기 때문에 이런 변화는 힘든 과제이며 그래서 그들은 환경에서의 동향에 대해 불안해한다.

환경진단과정에서 수반되는 가장 힘든 과제는 환경 내 요인들의 잠재력에 대한 확률을 정확하게 파악할 수 없는 어려움과 이 요인들이 기업에 직접으로 미치는 파급효과를 예상하는 것이다. 또 이러한 요인들이 실제 영향을 미치는 시점과 이들을 계획과 실행과정에 어떻게 반영할 것인가를 판단하는 데 어려움이 있다. 대부분 개별기업은 누군가에게 계란프라이를 어떻게 서빙할 것인가 하는 것이, 사무실에서 아직 모호한 동향이 그들 기업에 어떠한 영향을 미칠 것인가를 파악하고 대처방안을 세우기보다 훨씬 쉽다. 이러한 상황은 가치를 창출할 수 있는 전략개발에 필수적인 조직과 리더십의 변화를 달성하는 데 가장 큰 문제점으로 파악되고 있다. 미래에 대한 불확실성은 종종 변화를 방해한다.

기업의 전략적 계획의 실행과 통합에 수반되는 어려움은 욕구의 결여가 아니고, 개별기업들의 개념적 능력의 한계이다. 이런 한계들은 개별기업들이 더욱 많은 개념적 기술을 학습하는데 제한된 기회만을 잡고 있어서 야기된 지식 결여의 결과이다. 또 이런 한계들은 이런 종류의 학습에 투하되는 시간이 절대 부족한 데서 오는 결과이다. <표 13.6>은 대부분 개별기업이 완전히 통합된 전략을 일상 사업행위들로 전환하는데 제한적인 성공밖에 거두지 못하게 된 주요 원인을 요약하였다.

표 13.6 개별기업들의 변화를 저해하는 원인5)

- 전략적 계획과정에 대한 경험 부족
- 환경진단에 대한 경험 부족
- 환경에 존재하는 인과관계를 정확하게 판단할 수 있는 능력의 부족
- 운영 및 내부지향적인 사고에서 전략적 사고로 전환하는 어려움
- 일반적으로 운영 위주의 사업을 영위한 데서 비롯된 기존 관습을 포기할 수 없는 어려움
- 새로운 경쟁수단의 실행을 촉진하기 위한 구조를 창출하는 데 필요한 경험의 부족
- 한때 성공적이었던 사고의 효용가치가 이제 없음을 인식하지 못하는 것
- 현 상황을 평가하여 새로운 기회를 창출할 수 있는 개념적 도구의 결여
- 새로운 기술을 학습하는 시간의 부족
- 변화에 수반되는 불확실성에 대한 공포

② 사업부의 변화관리

전략적 사업부는 단 한 개의 사업개념과 한 종류의 사업 부문에서 결정하는 기업이라고 정의할 수 있다. 예로서는 외식산업의 맥도널드와 호텔산업의 힐튼호텔이 있다. 관광산업에서 전략적 사업부 개념은 한 기업이 많은 사업부를 포함한 전략을 실행한다는 것을 암시하고 있으며, 워커힐호텔의 외식사업부 진출과 같이 호텔업체가 유사한 사업에 진출하는 것을 예로 들 수 있다. 또 조직 내에 재무관리팀, 마케팅부, 인사팀 등과 같은 기능별 부서가 존재한다는 것도 포함하고 있다. 변화를 창출하고 관리하는 과업은 위와 같은 복잡성이 실행과정에 부가됨으로써 더욱 힘들어졌다. 이런 상황에서 변화에 수반되는 어려움은 더욱 복잡한 양상을 띠게 되었다. 사업부의 변화과정에서의 이슈들을 보기로 한다.

5) Olson et al, 전게 역서, p.252.

1) 전략적 과정과 실행 노력

공식적인 전략적 과정과 실행 노력이 어떻게 행해져야 하는가가 첫째 이슈이다. 전략과정이 처음 관광기업에 도입이 고려되었을 때 많은 기업은 이 문제에 대해 전략적 계획 분야의 전문가를 고용하여 어떤 방법이 공식적이고 구조화된 노력인가를 파악하고자 했다. 현재 일부 기업들은 공식적인 전략계획 부서를 설립하기에 이르렀는데, 이 부서들은 유연하지 못했으며 반복적인 과정이 되지 못하고 단조롭게 운영되었다.

2) 기능 분야 관리자들이 계획 및 실행에 쏟는 노력의 정도

변화과정에서 중요한 다른 이슈는 각 기능 분야 관리자들이 계획 및 실행에 쏟는 노력의 정도이다. 만일 이들이 변화를 창출하는 데 참여하지 않으면 변화는 쉽게 이루어질 수 없을 것이다. 관광산업에서 기업의 전략과 인사관리와의 연관 관계를 조사한 연구에서 밝혀진 결과에 의하면 기업의 전반적인 전략은 인사관리 부서의 기능적 계획과 그다지 통합되지 않고 있었다. 한 가정에 의하면 기업의 경영성과는 기업의 환경, 구조, 전략이 일치했을 때 향상될 수 있다고 했는데, 이 연구결과에 의하면 관광산업에서는 진정으로 변화가 달성되었다는 증거가 기능 분야까지는 퍼지지 못했으므로 기업의 진정한 변화에는 큰 성공을 거두지 못했다고 말할 수 있다.

3) 시점

시점은 기업 전체에 걸친 변화의 통합에 수반되는 세 번째 주요한 이슈이다. 위의 두 예에서 심각하게 떠오르는 문제점의 하나는 과거 경영체제(매우 구조화되고 집중된 권위)에서 고용된 관리자들이 분산되고 전략적인 새로운 경영체제에서 어떻게 효과적으로 변화할 수 있느냐는 것이다. 일반적으로 이런 변화는 매우 힘든 것이었다. 성공적인 실행의 주요한 구성요소의 하나는 적절한 기업문화이다. 일반적으로 패스트푸드 업체의 기업문화에서 관리자는 그저 제공된 지시사항을 그대로 따르는 것이었는데, 이런 타입의 관리자를 점포지기(storekeeper = 상점관리자)라고 말할 수 있다. 현재와 같은 치열한 경쟁 상황에서는 점포지기와 같은 경영 타입이 매우 적절하지 못하다는 것을 인지했더라도,

관리자들에게 기업가 혹은 전략가와 같은 행동을 요구하는 것은 무리이다. 이와 같은 경영방식은 종전과 비교했을 때 유사하지도 않을뿐더러 종종 모순적이다.

그러므로 경영진은 반드시 실제적이어야 하며 전략실행의 변화는 하룻밤 사이에 이루어질 수 없다는 것을 알아야 한다. 또 변화된 상황에서 재교육을 받지 않은 관리자들은 대체되어야 한다는 사실을 받아들여야 한다. 최근 타 산업에서 가치를 창출했던 경력보유자들이 관광기업의 최고 간부로 영입되고 있다. 이런 동향이 사실이라면 관광기업들은 미래의 도전에 충족할 수 있는 새로운 기술을 보유하고 전략적 사고방식을 지닌 경영자들을 개발할 필요가 있을 것이다. 그러므로 현재의 사고방식이 위와 같은 새로운 사고방식으로 전환될 때까지 관광기업들은 타 산업에서 재능이 있는 경영자를 계속 물색하게 될 것이다.

4) 강한 운영 및 마케팅 지향적인 사고방식

다른 이슈로 강한 운영 및 마케팅 지향적인 사고방식이 아직도 관광산업에 팽배하며 이런 사고방식은 변화의 속도를 무디게 하고 있다. 통상적으로 관광산업에서는 성공에 이르는 지름길로서 운영관리 측면이 강조되었는데, 이는 많은 전략적인 결정들이 경영자들의 운영관리 위주의 사고방식에 의해 영향을 받아왔다는 것을 말해주고 있다. 이런 사실은 높은 성장률이 계속 유지되었던 1990년대 후반까지 특히 그러했다. 그리고 점차 관광산업은 성숙기에 이르렀고 기업들은 시장점유율을 유지하기 위해 전략계획과정에서 마케팅 측면을 한층 강조하게 되었다. 그러나 2010년대 이후부터 주주들과 투자자들의 가치 창출에 관심을 집중하는 경향으로 인하여 대세는 재무관리 위주로 바뀌게 되었다.

사업부 변화의 통합과정에 수반되는 애로사항으로서 가장 흔히 발견할 수 있는 여섯 이슈가 〈표 13.7〉에 기술되어 있다. 이 여섯 가지 이슈들은 기업의 전략과 구조는 일치해야 한다는 사실을 반영하고 있다. 각 이슈에는 조직구조의 구성요소들이 존재하고 있다. 실행 전이든지 실행 후이든지 전략과 구조의 일치와 그것을 달성하기 위한 모든 시도가 얼마나 중요한 것인가를 경영진은 반드시 숙지해야 할 것이다.

표 13.7 사업부의 변화를 저해하는 원인

1. 기업 내 전략계획과정의 공식화 정도
2. 계획과 실행과정에서 기능부서 관리자들의 참여 정도
3. 행위들의 시점, 특히 완전히 실행을 끝마칠 때까지의 기간
4. 기업 전체를 포함하는 실행을 위해 필수적인 경영진의 능력
5. 전략의 수립과 실행에서 운영 및 마케팅 위주의 사고방식
6. 인과관계 분석의 어려움

3 전사적 수준의 변화관리

전사적 수준의 전략 수립에서 등장하는 변화관리의 이슈들도 다른 분야와 대동소이하다. 그러나 같은 이슈지만 그 영향은 훨씬 크다고 할 수 있다.

1) 수집된 정보의 분석 및 해석, 계획 및 실행과정에의 통합

첫 번째로 고려되어야 할 중점사항은 선택한 전략을 지원하기 위해 수집된 정보의 분석 및 해석이며 또한 이 정보가 어떻게 계획 및 실행과정에 통합되는가를 살피는 것이다.

본사의 임원들은 그들의 전략 수립 노력을 지원하기 위해 충분한 정보를 수집하는 경향이 있는데 사업부의 투자 혹은 처분을 고려할 때 특히 그러하다. 이런 정보는 변화 노력을 지원하는데 큰 가치를 제공할 수 있거나 아니면 반대로 큰 문제점을 초래할 수 있다.

우선, 경영전략과정을 지원하기 위해 상당한 연구조사가 단행되어야 하며, 또한 연구조사 결과는 최고경영층과 전략적 계획과정에 포함되는 모든 구성원에 의해 객관적이고 엄밀하게 평가되어야 한다. 더군다나 이 정보는 반드시 계획과정에 통합되어 가능한 많은 출처의 정보와 조화되어야 한다. 최고경영책임자는 정보의 분석과 해석을 타인에게 맡기는 것은 위험천만한 일이다. 그러므로 최고경영진은 정보의 분석과 해석에 필요한 기술을 보유해야 하고 이 정보를 올바르게 변화의 과정과 통합해야 할 것이다. 결국에 기업의 조직수준 및 변화과정의 모든 단계에서 통합노력이 중요하며, 또한 의사결정과정에 이용되는 정보출처의 조화도 강조되어야 한다.

2) 성장률에 대한 과잉기대

변화과정에서 두 번째 중요한 이슈는 성장률에 대한 기대와 관련된 것이다. Olson 등에 의해 수행된 거대한 성장기업의 연구조사는 적정한 이익의 창출을 요구하는 자본시장을 주제로 한 것이었다. 20세기 후반 미국의 관광산업은 좋은 성장기회를 누려왔기 때문에 이런 자본시장의 욕구를 충족할 수 있었다. 그러나 이런 성장에 수반된 문제는 기업의 내부구조에서 소화할 수 없을 정도로 너무 빨리 성장한 것이었다. 이런 문제는 인사관리 부서에서 특히 심하였는데, 이 부서는 성장에 필요한 많은 직원을 고용하기 위해 심지어는 자격조차 없는 사람들을 인터뷰해야 했다.

3) 타성

본사 경영자들이 직면하고 있는 세 번째 이슈는 타성이다. 성장이 기업의 유력한 전략일 때 관광기업들은 본사의 성장과 더불어 점포의 수도 확대하였다. 기업구조가 점점 복잡해지자 기업 초장기에는 전혀 고려되지도 않았던 많은 업무가 전문가에 의해 수행되었다. 이 전문가들은 전사적 정책과 전략 결정에 중요한 영향력을 행사하였으며, 이들은 관광산업에서의 경험은 없었으나 재무관리, 마케팅 등의 분야에는 전문적인 지식을 보유하고 있었다. 그들의 전문지식은 자본시장에서 기대하는 욕구를 충족하는데 필수적인 것으로 이해되었다. 결과적으로 주요전략의 결정에 이런 형태의 새로운 사고방식이 개발되고 제도화되었다. 이와 같은 총체적인 통합은 관광산업이 계속 성장하는 시기에는 효과적이었으나 더욱 경쟁이 치열한 성숙기에 이르러서는 시장의 욕구를 충족시키는 데 실패하였다. 21세기 들어서 더욱 유연한 관리와 전략이 요구되었으나 과거의 경험에 의존하는 타성과 자본시장의 지속적인 성장 욕구는 전략의 변화를 달성하는데 결정적인 장애가 되었다.

첫째, 모든 개별적인 점포들을 전략적 실행 노력에 포함하기란 여간 어려운 일이 아니다. 더욱 많은 점포를 보유하고, 더욱 넓은 지역에 걸쳐 분포되어 있으면, 변화의 목표를 달성하기는 더욱 어려워질 수 있다. 부가적으로 기업 규모(점포의 수)는 경쟁적인 환경에서 만들어지는 기회와 위협에 대해 기업이 대처방안을 신속히 모색하는 능력을 제한하는 타성을 만들어 버린다. 전략을 통합하는 과정에 수반되는 이런 모순과 변화에 신속히 대처해야 하는 필요 등은 수명주기가 성숙기에 접어든 산업에서 직면하는 가장 난처한 문제들이다. 기업 규모는 시장진출과 장악력 등의 면에서 우위를 확보할 수도 있지만, 역으로 변화에 대해 신속히 대처해야 할 때 많은 문제점도 가지고 있다.

전사적 수준에서 권력의 통합과정에 수반되는 가장 중요한 이슈들이 〈표 13.8〉에 요약되어 있다. 이슈 중에서 가장 중요한 것은 기업 규모이다. 기업이 점포의 수를 확장해 감으로써 더욱 복잡해지고 공식화되어 거대한 유조선이 될 위험이 있는데, 이 유조선은 순간적인 통보에 쉽게 방향전환을 할 수 없을 뿐만 아니라 한번 방향을 바꾸는 데 몇십 킬로미터가 족히 필요할 것이다. 거대한 기업에서 변화는 보통 신속히 이루어지지 못하고 있는데, 그러므로 거대기업의 최고경영층은 현재 전략을 변경할 필요성을 예상해서 더욱 장기적인 미래를 예측할 수 있어야 한다. 이렇게 했을 때만이 적시에 기업의 본질과 구조에 대한 변화에 비로소 착수할 수 있을 것이다.

표 13.8 전사적 변화를 저해하는 원인

•기업 규모 및 구조적 변수들에 의한 타성
•전략적 계획 및 실행과정에 대한 모든 기능부서장의 통합
•모든 개별조직과 기능부서를 통한 효과적인 전략통합을 방해하게 되는 지나친 성장
•기업 규모가 전략의 통합과정에서 억제 역할을 한다는 것을 모르는 경영자의 무능력
•일반적인 사실과는 반대로 기업구조가 기업전략에 영향을 미친다는 사실
•전략의 계획과 실행에 사용되는 정보의 분석과 해석능력의 결여로 인한 적절치 못한 통합 능력

4 변화와 전략의 관리

기업이 모든 조직을 포함하는 전략통합을 달성하는 것은 중요한 목표이다. 기업이 전사적, 사업부 혹은 개별점포 단위에서 전략 변화를 달성하려면 변화를 전략에 통합하는 과정이 성공적인 결과에 필수적이다. 여기서 성공은 기업의 의도한 전략과 기업의 구조 간의 적절한 조화라고 정의할 수 있는데, 이런 조화는 기업의 소유자들에게 궁극적인 가치를 제공하는 목표를 달성하기 위해 기업이 활동하고 있는 경영환경의 상황과 일치되어야 한다. 이런 목표의 달성 여부는 기업의 본질, 경영진과 목표달성을 지원하기 위해 수립된 프로그램에 따라 좌우된다고 할 수 있다. 조직 전체에서 변화의 전략을 성공적으로 관리하기 위해서는 공식적인 전략적 계획의 개발, 과정개발과 학습에 시간 배정, 개별(점포) 관리자의 전략적 사고 전환, 기능부서 관리자의 전략적 사고 전환 등이 필요하다.

1) 공식적인 전략적 계획 개발

최근 관광기업의 경영자들은 관리자들 특히 각 기능부서 관리자들에게 전략적 사고를 조장하는 프로그램들을 권장하는 경향이 증가하고 있다. 전략적인 사고는 경쟁 시장에서 기업의 위치에 관해 진취적인 접근방법을 요구하고 있다. 많은 다국적 호텔기업들은 총지배인들에게 그들이 운영하는 호텔의 공식적인 전략적 계획을 개발할 것을 요구하고 있으며, 이 과정의 한 부분으로 그들은 환경에 존재하는 주요한 기회와 위협을 파악해야 하고 이들을 결정하는 데 이용된 가정들에 대한 질문을 효과적으로 대처할 수 있는 준비를 해야 할 것이다.

2) 과정개발과 학습에 시간 배정

이론적으로는 위와 같은 계획 활동이 쉽게 행해질 수 있으나 그 실행은 쉬운 일이 아니다. 이런 과정을 개발하고 학습하는 데 상당한 시간이 소요된다. 총지배인들이 모든 과정을 위와 같은 과정으로 통합하고 계획이 환경에서의 모든 요인을 반영하여 원하는 결과를 산출하기까지는 최대 3년이라는 시간이 소요된다. 전략적 사고를 촉진하기 위해 어떤 기업은 관리자들에게 모든 과정에 대한 지침을 제시하는 소프트웨어를 개발하여 제공하고 있다.

매년 호텔기업의 관리자들은 5월부터 10월 사이에 다음 해의 계획을 수립하는 데 시간을 들이고 있다. 이 계획은 최고경영층, 기능분야별 간부와 호텔 소유주들에게 제시하여 평가를 받는다. 이 계획이 통과되어 재무적인 목표를 달성하게 됨으로써 전년도에 포착된 기회들이 어떻게 다음 해에 성공적인 경쟁수단으로 전환하는지에 대한 모든 과정을 쉽게 파악할 수 있다. 또 경쟁수단들은 더욱 효과적인 자원 배분을 통하여 다음

연도에는 더욱 향상될 수 있다. 이런 형식의 성공이 많은 경쟁수단을 통하여 달성되면 관리자들의 전략적 사고의 가치가 강화되어 이들이 더욱 강한 열정과 헌신을 가지고 상호일치의 원칙을 달성하게 될 것이다.

3) 개별(점포) 관리자의 전략적 사고 전환

각 호텔, 여행사 혹은 항공사 사무소의 관리자들이 전략적인 사고를 보유할 수 있도록 하는 과정에서 가장 난점은 이들이 보유하고 있는 운영관리와 전술 위주의 사고방식을 보다 광범위한 전략적 사고로 전환하는 것이다. 이런 과정을 더욱 효과적으로 하기 위해 보상시스템은 반드시 관리자들의 전략적 사고능력을 반영해야 한다. 모든 단위(점포) 수준에서 운영에 집중하는 것도 필수적이지만 경영환경을 고려할 때 이런 사고방식이 대세를 좌우해서는 안 될 것이다. 또 보상시스템은 단기 및 장기적인 가치 창출의 목표를 소화하여야 하며, 계획과정이 더욱 전략적인 관점으로 추진되었을 때만이 건강한 경영이익이 산출될 수 있다는 사실을 반영해야 한다.

4) 기능부서 관리자의 전략적 사고 전환

기능부서의 관리자들이 전략적 사고로 무장하는 것이 필수적이다. 이들이 유용한 대면 및 비대면 정보에 접하고 있다는 사실과 그들의 전략적 사고방식은 기업의 모든 수준의 관리자들과 더욱 효과적으로 통합되어야 한다는 것이 중요하다. 이런 통합과정에 수반되는 문제점은 재무관리자들은 그들의 환경에 대해 너무나 좁은 시야를 가지고 있다는 것이다. 회계 전문분야의 저널을 이용하는 것도 중요하지만 이 수준을 뛰어넘어 그들의 지식 본체를 확장하는 것도 똑같이 중요하다고 할 수 있다.

한 국제적인 호텔기업에 의해 수립된 과정은 이런 문제를 부분적으로 해결하는 데 도움이 될 것이다. 모든 기능 분야의 관리자들은 기업의 모든 단위 호텔의 전략적 계획을 검토하고 각 호텔의 관리자가 최고경영층에 계획을 설명할 때 그들의 의견을 개진한다. 이런 과정은 모든 관리자가 공식적 혹은 비공식적으로 발생할 수 있는 문제점들에 대해 더욱 친숙하게 할 것이며, 또 모든 관리자의 사고의 범위를 확장케 할 것이다. 이런 경우에 최고경영층은 계획에 대한 논리를 청취할 수 있을 뿐만 아니라 모든 관리자,

특히 기능 분야의 책임에 관한 사고의 영역을 확대할 수 있을 것이다. 이런 접근방법은 운영관리자와 재무관리자 간의 적절한 조화를 달성하는 데 도움이 되며 환경에 의해 제공되는 기회와 위협에 대하여 모든 이들의 사고를 확장할 수 있을 것이다.

제4절 기업문화와 리더십

1 기업문화

기업문화(corporate culture)란 조직의 구성원들이 공통으로 가지고 있는 가치관과 업무를 수행하는 방법에 대한 가정들을 말한다. 기업문화는 기업이 직원, 노동조합, 주주, 거래처, 지역사회와 어떠한 관계를 맺을 것인가를 결정한다. 기업문화의 주요 요소인 관행과 가치체계는 대체로 기업의 창시자 또는 최고경영자에 의해 만들어지고 유지·보전된다. 즉 조직구성원들은 공통으로 가지고 있는 가치체계와 관행들을 유지하며 신규로 이 조직에 참여하는 사람들에게 이러한 기업문화를 주입해서 일부 구성원들이 이 조직을 떠나게 되더라도 기업문화가 존속하게 되는 특징이 있다.

기업이 전략을 성공적으로 수행하기 위해서는 그 기업이 선택한 전략과 그 기업의 문화가 서로 일치하여야 한다. 기업문화는 직원들이 고객과 거래할 때 혹은 다른 사람들과 접촉할 때 행동의 지표가 된다. 전략적 행동계획을 위한 기본을 제공하며 순조로운 실행을 위해 전략은 기업문화에 의해 수용되고 이해되어야 한다.

기업문화는 기업이 활동하는 외부환경과 기업 내의 행위 모두를 반영하고 있다. 현재와 같이 급변하는 환경에서 기업문화는 성공적인 전략실행에서 중요한 역할을 하지만, 기업문화는 전략에서 변화해야 할 때 이에 반하는 역할을 하기도 한다. 만일 기업이 안정성을 위주로 한 문화를 구축하여 변화의 정도를 더디게 한다면, 현재와 같은 급변하는 환경에서 기존의 문화를 변경하기란 쉽지 않다는 것을 알게 될 것이다.

기업이 원하는 수준의 상품과 서비스를 만들기 위해 잘 개발된 기업문화는 필수적이지만 기업을 변화하려는 노력을 연기하거나 파괴할 수도 있다.

[그림 13.5]는 기업을 마치 하나의 사과처럼 묘사하고 있다. 사과의 외부껍질은 기업의 외부환경과 접촉하고 있다고 볼 수 있다. 사과의 안쪽 부분은 기업의 경영자원과 내부조직구조라고 볼 수 있으며, 기업문화와 최고경영자는 마치 사과의 근본이 되는 씨앗과 같은 역할을 하고 있다고 볼 수 있다. 즉 기업문화와 최고경영자의 리더십은 조직구조와 경영자원을 활용하여 어떻게 외부환경에 적응할 것인가의 방식을 결정한다.

기업이 추구하고 있는 경영전략이 성공적이려면 기업의 외부환경과 기업 내부의 경영자원과 조직구조, 그리고 기업만이 가지고 있는 특유의 기업문화가 서로 일치하여야 한다.

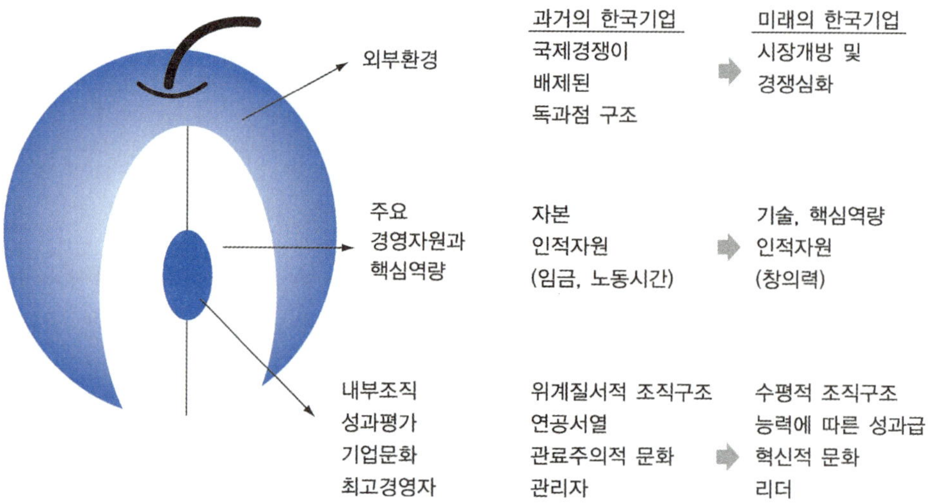

그림 13.5 기업문화와 내부 및 외부경영환경의 일치[6)]

② 리더십

최고경영자의 리더십은 기업문화의 유지와 창출, 그리고 새로운 전략에 맞추어 기업문화를 변화시키는데 아주 중요한 역할을 한다. 경영전략의 수립과 실행에서 리더십이 차지하는 중요한 역할을 보면 다음과 같다.

6) 장세진(2006), 전게서, p.209.

첫째, 비전 제시 및 변화의 주역

최고경영자가 수행하는 중요한 역할 중의 하나는 대대적인 문화적 변혁을 주도해야 한다는 것이다. 조직은 지금까지 수행하던 운영방법과 가치관을 계속 유지하려는 관성이 존재한다. 이는 앞에서 본 조직의 타성과도 유사하다. 환경은 동태적이고 불확실하므로 환경은 모든 사업조직에 변화할 것을 강요하고 또한 매일 변화하고 있다. 그런데도 조직구성원이 자발적으로 조직을 변화시키고 스스로 변화를 추구하기는 매우 어렵다. 이러한 변화를 추구할 수 있는 사람은 유일하게도 최고경영자밖에 없는 경우가 많다.

경영진은 그들을 파악하고 이해하며 의도된 전략을 실현하는 데 어떤 영향을 미치고 있는지 주기적으로 평가해야 한다. 최고경영자는 조직구성원을 동기유발을 시켜주고 새로운 가치관을 정립시켜줄 수 있고 기업이 나가야 할 비전을 제시하여 변화에서 주도자의 역할을 할 수 있다.

둘째, 정치적 협상

최고경영자가 수행해야 할 또 다른 역할 중 하나는 내부정치(internal politics)를 수행하는 것이다. 최고경영자는 정치적인 감각이 있어야 하고 정치적으로 협상하고 타결점을 찾는 데 능숙해야 한다. 조직 내에는 학연, 지연, 혈연 등의 이해관계가 얽힌 여러 개의 그룹이 존재한다. 각 그룹은 자신들의 이익을 보호하기 위해 많은 정치적인 행동을 한다. 예를 들면, 노조는 노조대로, 중간경영층에서는 영업부나 현장부서에서 상호 견제하는 등 정치적인 담합이나 협상을 통해 기업의 의사결정에 큰 영향을 미친다. 최고경영자는 내부의 정치적인 역학관계를 충분히 고려해 조직구조를 짜고 부서장 임명에도 신경 써야 한다. 또 새로운 전략이나 조직개편에 저항하는 수구세력에 어떻게 효과적으로 대처하고 궁극적으로 협조를 받아내는가가 중요하다. 이렇게 최고경영자는 기업조직 내의 정치적 갈등을 되도록 잠재우고 내부의 정치적 역학관계를 효과적으로 통제하여 경영전략의 수행에 장애가 되지 않도록 조정하는 일이다.

셋째, 기업윤리의 강조

높은 윤리적인 기준을 가지 있는 조직은 대부분 최고경영자가 공개적으로 윤리적인 행동이나 도덕적인 행동을 강조하는 경우가 많다. 이렇게 최고경영자가 수행해야 할 중요한 업무 중의 하나는 기업윤리를 강조하는 것이다. 기업은 윤리적 기준을 유지하기 위해 윤리강령(code of conduct)을 제시하여 직원에게 윤리적인 행동의 필요성을 강조할 필요가 있다. 거래처와의 선물이나 회식 금지 등이 최근 나타나는 기업의 윤리 행동이다. 환경문제에 대한 대처로 공해방지를 위한 노력, 직원 근로조건 개선, 지역주민 고용 등 기업 전체의 윤리 도덕적 성격의 강화는 최고경영자의 명확한 기준이 있어야 효과적으로 수행할 수 있다.

최근 국제적 수준의 기업윤리가 강조되는 점을 고려하여, 후술하는 제15장 관광기업의 윤리경영관리에서 구체적인 내용을 기술하고 있다.

CHAPTER

14

관광산업에서 디지털 기술의 적용

14 Chapter 관광산업에서 디지털 기술의 적용

제1절 4차 산업혁명과 패러다임의 변화

1 4차 산업혁명의 개요

2016년 1월 스위스 다보스에서 열린 세계경제포럼에서 클라우드 슈밥 세계경제포럼 회장은 향후 세계가 직면할 화두로 '4차 산업혁명'을 언급하였다. 4차 산업혁명은 디지털 기술을 토대로, 언제 어디서나 인터넷에 접속할 수 있는 모바일 유비쿼터스 인터넷(ubiquitous and mobile internet), 모든 사물에 장착이 가능한 센서, 인간의 지능을 대신하는 인공지능 기술과 기계학습(machine learning)을 핵심으로 한다.

지난 18세기 최초의 1차 산업혁명이 물과 증기의 힘을 이용하여 기계화 단계로 접어들었다면, 2차 산업혁명은 전기에너지를 통해 대량생산이 가능한 산업화 체계를 만들었다. 그리고 3차 산업혁명은 컴퓨터와 인터넷, 디지털 기술을 이용해 정보화 세상을 만들어 냈으며 그 진화는 현재 진행 중이다. 3차 산업혁명은 PC를 기반으로 한 디지털 혁명이지만, 4차 산업혁명은 스마트폰 기반의 디지털 혁명이라는 가치를 갖는다.

그러나 클라우드 슈밥은 현재의 격변을 3차 산업혁명과 달리 새로운 4차 산업혁명으로의 전환으로 보는 3가지 이유를 기하급수적 '변화의 속도', 모든 산업에 영향을 미치는 '변화의 범위', 전체 시스템의 변혁을 초래할 '시스템의 영향' 측면에서 제시하고 있다.

4차 산업혁명(The Fourth Industrial Revolution, 4IR)은 디지털 기술과 바이오산업, 물리학, 정보통신기술(ICT) 등의 기술 융합으로 창조된 혁명적 시대를 뜻한다. 즉 IT 및 전자기술 등의 등장으로 인한 디지털 혁명(3차 산업혁명)에 기초해 물리적 영역, 디지털 영역 및 생물학적 영역의 경계가 희석되는 기술 융합의 시대를 의미한다.

표 14.1 산업혁명의 변화[1)]

산업혁명 구분	시기	내용
1차 산업혁명	1784년	증기, 기계 생산
2차 산업혁명	1879년	전기, 노동 분업, 대량생산
3차 산업혁명	1969년	전자, 정보 기술, 자동생산
4차 산업혁명	?	사이버 - 물리 시스템

출처 : Klaud Schwab(2016)

② 4차 산업혁명의 핵심기술과 개념

4차 산업혁명은 경제와 산업 등의 분야에 지대한 영향을 미치는 다양한 신기술로 설명될 수 있다. 4차 산업혁명을 이해하려면 4차 산업혁명의 원동력인 핵심기술과 개념을 우선 이해해야 한다. 4차 산업혁명을 이해하고 신제품 신규사업과 경영전략 및 마케팅 전략을 개발하는 능력을 갖추기 위해서는 이들 기술에 대한 이해가 필요하다. 핵심기술에는 인공지능, 로봇공학, 빅데이터, 사물 인터넷과 웨어러블 디바이스, 무인 운송수단(예, 자동차, 드론 등), 3D 프린팅, 나노바이오기술 등 7대 분야를 중심으로 해서 가상현실과 증강현실, 공유 경제, 가상 화폐와 블록체인 등이 있다.

1) 김대호(2016), 4차 산업혁명, 서문, 커뮤니케이션북스, p.x(재인용)

1) 인공지능

인공지능(AI : artificial intelligence)은 과거 인간만이 지니고 있었던 학습의 능력과 추론 능력, 지각능력 등을 컴퓨터 프로그램으로 실현하는 기술을 의미한다. 2016년 4월 인공지능 알파고가 이세돌 구단과의 바둑대결에서 승리함으로써 인공지능에 대한 인식이 크게 변하였다. 인공지능이란 인간의 뇌가 가진 지능의 기능을 컴퓨터 소프트웨어를 이용하여 수행할 수 있게 하는 기술을 다루는 과학이라고 할 수 있다. 이제 단순한 기억을 넘어서 인간의 뇌처럼 습득한 지식을 바탕으로 추론하고 자연 언어를 이해하고 스스로 학습하고 시각적 판단을 할 수 있는 단계에까지 이르렀다.

인공지능이 활용되는 분야로는, 게임, 자연어 처리, 특수 정보를 통합하는 전문가시스템, 시각적 입력 자료를 이해하고 해석하고 사고하는 인공지능 비전 시스템, 수기 자료 인식, 지능형 로봇, 자율주행차 등 광범위하다.

2) 로봇공학

로봇공학(robot technology)은 사회 전체의 생산성 향상을 위해 로봇이 공헌할 수 있도록 하는 기술을 뜻한다. 사람 모양을 한 로봇이 이미 인간의 생활에 깊숙이 활용되고 있어서 청소 등 일을 거들기도 하고 환자를 돌보기도 하고 사람과 대화하여 정서적인 상대가 되고 있다.

로봇은 활용도가 매우 높아서 많은 종류가 있다. 로봇을 용도별로 분류하면 먼저 서비스용 로봇과 제조업용 로봇, 극한 작업 로봇, 기타 산업용 로봇이 있으며, 서비스용 로봇은 개인 서비스용 로봇과 공공 서비스용 로봇으로 나누어진다.

로봇은 이미 많은 인간의 일을 대체하고 있으며 앞으로 그 범위는 더욱 확대될 것이다. 이로 인한 일자리 감소가 심각한 문제로 대두되리라 예상되며, 반면에 로봇은 4차 산업혁명 과정에서 인간을 노동으로부터 해방하는 데 핵심적인 역할을 할 것이다. 노동에서의 해방과 더불어 일자리 감소 문제를 어떻게 해결하느냐에 대한 해답이 필요하겠지만, 이것은 4차 산업혁명 시대의 대세라 할 수 있다.

3) 빅데이터

빅데이터(big data)는 문자 그대로 '많은 양의 데이터'를 말한다. 현재의 디지털 사회에서는 과거의 아날로그 환경에서 생성되던 것과 비교할 수 없을 정도로 많은 자료가 생성된다. 예를 들면 관광객이 인터넷 쇼핑몰에서 구매한 상품의 종류와 금액, 관광객이 관심을 보인 상품의 종류, 쇼핑 시간 등이 기록된다. 인터넷 방문자가 구매하지 않아도 방문 기록 등 정보가 축적된다. 여행 도중에 관광객이 실제로 구매한 상품의 가격, 종류, 구매상점, 선물 등에 관한 자료가 엄청나게 생성되는데, 이러한 대량의 데이터를 총칭하여 빅데이터라고 한다. 흔히 이러한 자료는 그냥 지나칠 수 있지만, 그 안에 포함된 유용한 정보를 찾아낼 수 있다.

예를 들면 관광객의 쇼핑행위에 관한 빅데이터를 분석하면, 관광객들이 선호하는 상품의 종류, 가격, 디자인 등에 관한 정보를 찾아낼 수 있다. 대기업이나 중소기업들도 이러한 빅데이터에 접근하게 된다면 그것을 분석하여 사업 경영에 유용한 정보를 확보할 수 있을 것이다.

빅데이터는 양(volume), 속도(velocity), 다양성(variety), 기계학습(machine learning), 디지털 발자국(digital footprint) 등의 특징이 있다.

즉 자료의 양이 많다. 그리고 속도는 매우 짧은 시간에 또는 실시간으로 분석하고 활용할 수 있다. 또 빅데이터 자료는 다양하다. 여기에는 문자, 이미지, 소리, 동영상 등이 포함된다. 기계학습은 인공지능이 빅데이터에 나타난 패턴, 규칙성, 또는 특성 등을 찾아낸다. 마지막으로 디지털 자료는 스마트폰 채팅 등 디지털 교호작용의 결과, 추가적인 비용 없이 생성되는 부산물이다. 이와 같은 디지털 활동의 결과로 생성되는 자료를 디지털 발자국이라고 한다.

4) 사물 인터넷과 웨어러블 디바이스

사물(thing)과 사물(thing)을 연결하는 인터넷을 사물 인터넷(internet of thing, IoT)이라고 한다. 사물 인터넷(IoT)은 그 활용범위가 엄청나게 확대될 것으로 전망된다. 사물 인터넷을 선점하는 자가 인터넷을 통한 미래에 혁신의 아이콘이 될 것이다.

사물 인터넷은 웨어러블 장치, 스마트홈 관리, 가전제품과 자동차 관리, 개인의 건강관리(원격 의료 관리), 스마트 교통관리, 제조업과 서비스산업, 그리고 스마트 도시 건설에도 적용할 수 있다. 스마트 도시는 인터넷 접속이 언제 어디서나 가능하고 도시 내 모든 시설이 지능화된 다양한 유비쿼터스 서비스를 제공하는 도시의 개념을 나타내는 말이다. 관광산업에서는 '스마트 관광도시'라는 용어가 최근에 사용되고 있다.

스마트 도시에서 구현할 수 있는 서비스로는 교통서비스, 에너지 절약서비스, 관광서비스, 산업에서 활용되는 서비스, 건강관리, 기타 등이 있다. 사물 인터넷과 무선 근거리 통신기술을 이용하여 관광객이 방문지에 도착하면 스마트폰에서 해당 지역의 맛집, 호텔, 관광지 등 관광 정보를 제공하는 것에서부터, 중동 아랍에미리트의 두바이처럼 도시 전체를 하나로 연결하는 스마트 기반시설이 갖추어진 스마트관광도시를 구축하는데 사물 인터넷을 크게 활용할 수 있다.

다음으로, 웨어러블 디바이스는 사람이 몸에 직접 착용할 수 있도록 만들어 놓은 인터넷을 의미한다. 사물 인터넷 장치에 손목시계처럼 줄을 부착하면 손목에 착용 가능한 디바이스, 즉 웨어러블 디바이스가 되는 것이다. 건강관리 팔찌(health bracelet), 스마트워치, 구글 글라스, 스마트 워치 기반 간편 결제 시스템 등이 그 사례이다. 웨어러블 디바이스를 선점하기 위해서 기업들의 경쟁이 치열하다.

5) 무인 운송수단

인간이 자동차, 열차, 선박, 항공기 등을 활용한 운송에 직접 관여하지 않고도 안전하고 정확한 운송 행위가 가능하도록 하는 기술을 말한다. 무인 운송 기술이 발전할수록 과거 운송 업무에 투여되었던 시간을 절약할 수 있게 되고, 인간은 그사이에 다른 일을 할 수 있어서 생산성 향상이 가능하다.

자동차는 기술의 급격한 발전과 더불어 직접 운전자 시대에서, 지금까지 개발된 전자, 인공지능 기술 등이 결합하여 자율주행차로 발전하고 있다. 자율주행차(자율주행 자동차, autonomous driving car, self-driving car, driverless car, smart car)는 인간 운전자가 없이 운행되는 자동차를 말한다. 세계 각국에서는 현재 주로 운행하는 탄소연료 자동차가 공해를 일으키고 또한 탄소연료 매장량이 유한하다는 한계점을 극복하기 위해 석유 자동차를 대체할 방법으로 전기자동차와 수소자동차를 개발하였다. 아직 해결해야 할 문제가 많지만 앞으로 점차 대중화될 것이라 예상된다.

드론(drone)은 '(벌 등이) 왱왱거리는 소리' 또는 '낮게 웅웅거리는 소리'라는 영어 사전 의미에서 나왔는데, 지금은 무인 항공기(Unmanned Aerial Vehicle, UAV)를 의미하는 말로 많이 사용된다. 무인 항공기에는 사람이 타지 않고 비행체는 지상에서 원격으로 조종된다. 드론은 4차 산업혁명의 주도적 기술은 아니고 응용기술에 해당하지만, 그 활용범위가 넓어서 4차 산업혁명 과정에서 큰 역할을 할 것으로 보이며 관련 산업이 크게 발전하고 있다. 드론의 활용 분야는 군사적 목적 외에도 항공 촬영, 수송, 농업, 우주 항공, 해양, 환경 기상, 재난 안전, 교통 등 그 범위가 매우 넓다고 하겠다.

6) 3D 프린팅

3D 프린팅(3 dimensional printing, 3차원 인쇄)이란 컴퓨터의 3D 모델링 소프트웨어로 완성한 입체 모형을 여러 층으로 나누어 한 층씩 쌓아 올라가며 3차원의 모형을 완성하는 인쇄라는 뜻이다. 즉 x(가로)와 y(세로) 축에 추가해서 z(높이) 축에 따라 이동하며 인쇄하면 입체가 만들어진다는 개념을 이용한 것이다. 3D 프린팅은 과거의 생산방식보다 시간이 단축되고 비용도 절감되며 개인별 맞춤형 생산도 가능하다. 소위 개인 맞춤형 시대에 접어들면서 3D 인쇄기술을 이용해 자신이 원하는, 자신만의 제품을 만들 수 있게 되었다. 예를 들어 나만의 음식, 나만의 집, 나에게 맞는 인체조직 등이 그것이다. 3D 프린팅 기술은 이미 식료, 의료 등의 개인적 응용을 넘어서 기계 장치나 부품 등의 생산 분야까지 확대되는 추세에 있다.

7) 나노바이오기술

다음은 바이오기술에 나노를 접목한 나노바이오기술이다. 나노바이오기술은 생명체를 구성하는 바이오 물질을 나노미터 크기의 수준에서 조작 · 분석하고 이를 제어할 수 있는 과학과 기술을 지칭한다. 최근 바이오 의료기술이 크게 발전하였다. 바이오 의료기술에는 유전체를 연구하는 유전체학, 뇌와 의식의 여러 가지 측면을 이해하는 데 사용되는 모든 기술을 말하는 신경기술, 그리고 임플란트 치료와 같은 체내 삽입 기술 등이 있다. 특히 체내 삽입 기술은 치아 임플란트 이외에도 신장이식, 간이식, 화상 환자를 위한 피부 이식 등이 있으며 기타 인공 와우(달팽이관 임플란트), 피임용 이식, 인슐린 펌프 이식, 심장 세동 제거기 이식 등 생체 이식 기술 등이 실용화되고 있으며, 이러한 기술들은 한국 의료기술의 고도화로 인해 해외관광객 유치에도 활용될 수 있다.

8) 가상현실과 증강현실

가상현실(VR : virtual reality)이란 실제로는 현실이 아니고 가상이지만 현실처럼 느껴지는 것을 말한다. 흔히 영화에 나오는 장면들이 마치 현실에서 발생하는 것처럼 착각이 들기도 하는데, 전자 제품 판매장에 가보면 이렇게 가상현실을 체험하게 하는 매장들이 생겨서 그것들을 체험해 볼 수 있다.

가상현실은 '어떤 상황이나 환경을 컴퓨터를 통해 그것이 마치 실제처럼 느끼게 하는 인간과 컴퓨터 사이의 인터페이스'를 말한다. 요즘은 가상의 시각 체험에서부터 가상의 맛, 가상의 냄새, 가상의 소리, 가상의 촉각도 만들어 내기에 이르렀다. 2016년 7월에 포켓몬고(Pokemon Go) 게임[2)]이 세계의 주목을 받았다.

가상현실의 응용 분야는 매우 다양한데, 자동차 운전 교육, 항공기 조종사 훈련, 3차원 해부도 및 시뮬레이션, 모의 수술, 가상 내시경 등 교육적 목적에 사용되며, 스포츠 분야에서는 VR 패러글라이딩, 각종 VR 스포츠 체험 등이 있다.

한편, 증강현실(AR : augmented reality)은 눈에 보이는 것들이 가상의 이미지와 현실이 섞여 있는 것이라고 할 수 있다. 증강현실은 보통 스마트폰을 이용하는데, 체험자가 자유롭게 움직이면서 체험할 수 있다. 예를 들면 포켓몬고 게임에서 게임플레이어는 스마트폰에 나타난 영상(가상)뿐만 아니라 자신이 실제로 있는 현실도 보는 상황에서 게임을 하는 것이다.

---

2) 포켓몬고 게임은 2016년 7월 6일부터 미국, 오스트레일리아, 뉴질랜드, 독일, 영국 등에서 출시된 후 큰 돌풍을 일으켰다. 우리나라는 포켓몬고 출시 제외 지역으로 분류되었으나 강원도 속초, 울릉도 등 일부 지역에서 게임이 가능하다는 사실이 알려지면서 속초행 버스가 매진되는 등 엄청난 열풍이 일어났었다.

9) 공유 경제

공유 경제(sharing economy)란 소유하고 있는 제품을 여러 사람이 나누어 가며 소비하는 경제활동을 의미한다. 공유 경제라는 개념은 2008년 미국이 금융위기를 겪으면서 취업난, 가계 소득 감소 등이 심화하자 합리적인 소비로 위기를 극복하려는 방안으로 활성화되었다고 한다. 특히 이 개념은 인터넷과 SNS의 발달로 개인 대 개인의 접속과 거래가 쉬워지면서 실용화되게 되었다.

공유 경제를 이용한 비즈니스 모델로는 에어비앤비(AirBnB)와 우버(Uber)가 세계적으로 유명하다. 에어비앤비는 2007년 미국 샌프란시스코에서 호스트 2명이 게스트 3명을 받으면서 시작된 공유 숙소 서비스회사이다. 에어비앤비는 자신들이 숙박 시설을 소유하지 아니하고 여분의 숙박 공간을 가진 사람들이 대여 서비스에 참여하도록 하고 참여자에게는 소득을 보장하고 사용자에게는 저가의 숙박 서비스를 활용하게 하며 자신들(에어비앤비 본사)은 조직화와 연결 서비스에 대하여 소정의 수수료를 취하는 비즈니스 모형이다. 한국에는 2013년에 진출했고, 2021년 12월 현재 전 세계 220개가 넘는 국가와 도시에 400만 명이 넘는 호스트(집주인)를 보유하고 있다. 여행객들이 에어비앤비를 통해 공유 숙소를 이용한 횟수는 10억 회를 넘는다.

우버는 차를 가진 개인과 차가 필요한 이용자를 스마트폰 앱으로 연결해 비즈니스의 혁신을 불러일으켰다. 이제는 우버 모델이 모든 서비스로 확대되고 있다. 이것을 '경제의 우버화'라고까지 부르는데 이는 주문형(on-demand) 디지털 경제를 일컫는 말이다.

그림 14.1 에어비앤비

그림 14.2 우버

10) 가상 화폐와 블록체인

가상 화폐(virtual currency 또는 virtual money)는 가치를 디지털로 표시한 것으로 중앙은행이나 공공기관이 발행한 것은 아니지만 지급 수단으로 사용되며, 전자적으로 송금, 저장, 교환되는 것이라고 정의할 수 있다(유럽은행의 정의). 따라서 가상 화폐는 물리적 실체가 존재하지 않고 전자적으로 존재하는 화폐이므로, 종이와 금속을 이용해 가치를 표시하던 기존의 화폐에 익숙한 사람들은 이해하기 어려운 화폐라고 할 수 있다. 가상 화폐 혹은 사이버 화폐는 인터넷 사이트, 온라인 게임 등 가상 · 사이버 공간에서 통용되는 화폐이다. 서비스하는 회사별로 다르게 취급하기 때문에 현실의 상품권과 비슷한 개념이다.

그런데 공인 화폐가 성립되기 위한 가장 중요한 두 가지 기본요건은 국가의 공인과 위조방지라고 할 수 있다. 여기서 첫째, 국가 공인에 대해서 보면, 최근에 일본과 영국에서 디지털 화폐를 교환의 수단으로 인정하는 단계에 이르렀지만, 가상 화폐를 이용한 불법행위가 늘어나자 세계 각국 은행이 나서서 거래를 중단하고 일본과 영국을 비롯해 각 정부는 경고 메시지를 높이고 있기도 하다.

공인 화폐로 인정하는 둘째 조건으로 위변조 방지 문제가 있다. 그런데 이것은 블록체인(blockchain)이라는 개념을 통해서 극복되었다고 할 수 있다. 블록체인은 가상 화폐로 거래된 내용을 기록하는 장부이다. 일반적으로 통용되지는 않지만, 송금이 쉽고 저비용이라는 장점 때문에 가상 화폐가 사용되고 있다. 하지만 가상 화폐에 대한 투자는 이익도 있는 반면에 손실을 초래할 수 있다. 실제로 발행된 가상 화폐로는 비트코인(Bitcoin), 이더리움(Ethereum), 리플(Ripple), 라이트코인(Litecoin) 등 수백 가지나 된다.

제2절 디지털 전환과 디지털 관광객

1 디지털 전환

1) 디지털 전환의 개요

최근 기업들은 자사 제품에 사물 인터넷(IoT), 인공지능(AI), 빅데이터 등의 다양한 정보통신기술을 접목하여 기존 서비스를 혁신하고 경쟁력을 확보하기 위해 노력하고 있는데, 이러한 모든 행위를 통틀어 '디지털 전환'이라고 부른다. 디지털 전환(Digital Transformation, DT 또는 DX)은 기업이 새로운 비즈니스 모델과 제품, 서비스를 창출하기 위해 디지털 역량을 활용함으로써 시장환경의 변화에 적응하는 프로세스이다. 이는 기업이 디지털과 물리적인 요소들을 통합하여 비즈니스 모델을 변화시켜 산업에 새로운 방향을 정립하는 것이라고 말할 수 있다.

디지털 전환의 대표적인 사례는 GE(General Electric)와 아디다스이다. GE는 가상의 디지털 공장 안에 현실의 공장과 똑같은 '스마트 공장(Smart Factory)'[3]을 만들어서 공장의 효율성을 크게 높였고, 스마트 공장을 뛰어넘는 브릴리언트 공장(Brilliant Factory)을 표방하는 소프트웨어 플랫폼인 '프레딕스(Predix)'를 만들었다. 이는 디지털 기술의 활용을 기반으로 '디지털 트윈(Digital Twin)'[4] 개념을 적용하여 현실 속의 공장과 똑같은 디지털 공장을 만든 것이고, 프레딕스 플랫폼에서 미리 시뮬레이션하여 최적의 프로세스가 현실 공장에서 적용되도록 하고 있다.

4차 산업혁명의 대표적 사례로 꼽히는 '스피드팩토리(Speedfactory)'는 아디다스가 사람

---

3) 스마트 공장은 지능형 공장이라고도 하며, 설계, 개발, 제조, 유통, 물류 등 생산과정에 디지털 자동화 솔루션이 결합한 정보통신기술(ICT)을 적용해 실제와 똑같이 제품 설계 및 개발을 실험하여 최적화하고 돌발 사고를 최소화하는 등 생산성, 품질, 고객만족도를 높인다.

4) 디지털 트윈이란 현실 세계의 물체를 가상세계에 구현한 것(쌍둥이)을 말한다. 컴퓨터 프로그래밍 안에 현실 속 사물의 쌍둥이를 만들고, 현실에서 발생 가능한 상황을 시뮬레이션해 봄으로써 결과를 예측하는 기술이다. 실제 제품을 만들기 전 시뮬레이션을 통해 현실을 분석·예측해서 발생할 수 있는 문제점을 파악하는 데 사용된다. 이미 제조, 교통시설, 건설 및 토목업 등에서 활용되고 있다.

대신 로봇을 활용해 운동화를 생산하는 공장이다. 2015년 독일 바이에른의 안스바흐 지역에의 설립을 시작으로 2017년 하반기부터 제품 생산을 시작한 스마트 공장이다. 아디다스는 인공지능과 가상 물리 시스템(Cyber Physical System)을 활용해 연간 50만 켤레의 운동화를 단 10명의 직원으로 생산해냈다. 신발제조업은 대표적인 노동집약적 산업으로 중국이나 인도, 베트남과 같은 저임금 국가로 생산시설을 이전하였으나, 디지털 전환의 노력으로 생산기지를 다시 본국으로 불러들이는 것이 가능해졌다.[5)]

2) 디지털 전환의 원동력

디지털 전환이라는 새로운 패러다임을 가능하게 한 원동력 가운데 가장 대표적인 3가지를 보기로 한다.

첫째, 디지털 용량의 증가이다. 현재 우리 사회는 거의 모든 것이 디지털화되어 있다. 노트북이나 컴퓨터에 무엇인가 다운을 받으려면 용량 문제가 크게 걸림돌이 된다. 그런데 기술의 혁신적인 발전으로 반도체 메모리칩의 성능, 즉 메모리의 용량이나 CPU의 속도 등 기술이 한층 개발되었다. 디지털 저장 매체의 출현 및 저장 용량의 기하급수적인 증가로 디지털 전환이 더욱 쉬워지게 된 것이다.

둘째, 커뮤니케이션의 상호작용성이다. 상호작용성의 핵심은 소비자들이 커뮤니케이션 프로세스에 참여하는 것이다. TV 시청에는 채널변경이나 소리변경 등 제한적인 상호작용이 이루어지나, IPTV(Internet Protocol TV)의 경우, 주문형 비디오는 물론 정보검색이나 쇼핑, VoIP(Voice over Internet Protocol) 등 인터넷 서비스를 부가적으로 제공해 사용자와 쌍방향적 커뮤니케이션이 가능하다. 즉 소비자는 수신자 역할을 떠나 발신자 역할까지 할 수 있게 된다. 이렇듯 디지털 기술에 힘입은 상호작용성의 확장은 스마트폰이나 스마트TV와 같은 제품을 나오게 하였고 관광, 금융, 교육, 광고, 방송, 행정 등과 같은 부문에 널리 활용됨으로써 디지털 혁명을 가속하는 원동력으로 작용하였다.

---

5) 스마트팩토리는 본격적으로 소개된 지 몇 년 지나지 않았고, 아직 갈 길이 멀어 보인다. 독일과 미국의 스마트팩토리는 2021년 4월 생산을 중단하고, 스마트팩토리 기술을 아시아 공장 두 곳에 적용할 계획이라고 발표했다. 따라서 아디다스의 스피드팩토리의 실패는 그 와중에 이뤄진 '스마트팩토리의 실험' 가운데 하나라고 봐야 한다. 결국 스마트팩토리는 단순한 자동화가 아니며, 여러 분야의 복잡한 기술이 맞물려 돌아가는 보이지 않는 융합기술이다.

셋째, 디지털 컨버전스이다. 디지털 컨버전스(digital convergence)는 디지털 기술을 바탕으로 기기와 기기, 기기와 콘텐츠, 콘텐츠와 콘텐츠가 융합되어 새로운 형태의 산업과 가치를 창출하는 현상을 말한다. 즉 매체 간의 융합과 그에 따른 콘텐츠의 융합을 가져와, 매체 환경의 변화를 불러왔으며 TV, 라디오와 신문, 컴퓨터, 전화기 등이 통합된 기기들이 하드웨어의 융합을 실현해 사용자들은 이전에는 생각하지 못했던 새로운 가치를 경험하게 되었다. 최근에는 매체와 매체 간의 융합에서 한 걸음 더 나아가, 매체와 다양한 기기 간에 서비스 결합이 이루어지고 있다. 이렇듯 오늘날의 디지털 컨버전스 현상은 혁신적으로 그리고 매우 빠르게 전개되고 있다.

2 디지털 마케팅의 등장

1) 디지털 마케팅의 개요

디지털 마케팅이란 디지털 기술을 마케팅에 접목하여 고객과의 양방향 소통과 상호작용을 실현함으로써 고객과 지속적인 관계를 유지하고 발전시키는 새로운 형태의 마케팅이다. 또 고객과의 긴밀한 관계 구축 및 유지에 도움을 주는, 통합적이고, 목표에 표적화되며 측정이 쉬운 커뮤니케이션을 창출하기 위한 디지털 기술을 사용하는 기법이다.

현재의 소비자는 과거와 같은 수동적인 소비자가 아니라, 게시판에 글을 올리기도 하고 웹사이트를 만들기도 하고 가상 커뮤니티에 참여하기도 하고 UCC를 제작하기도 하며, 상품 정보와 메시지를 많은 사람에게 전달할 수 있다. 이처럼 선의의 고객이 될 수 있으나, 블랙 컨슈머가 되기도 하고 UCC나 SNS 또는 웹사이트에 부정적인 글을 올릴 수도 있다. 소비자들은 또한 영화나 소프트웨어를 쉽게 제작하기도 하며 실제 상품이나 서비스를 직접 만들게 되었다. 이제는 단순한 수동적 소비자가 아니고 능동적으로 많은 것을 스스로 하는 힘을 가진 소비자로 진화한 것이다.

2) 디지털 마케팅의 특징

우리가 익히 알고 있는 전통적 마케팅에서 소비자는 제품을 구매하는 위치에 있었다.

그러나 디지털 마케팅에서는 온라인 구전(eWOM : eWord- of-Mouth)을 통해 소비자를 판매원으로까지 활용할 수 있다. 인터넷 사용이 확대되기 이전에는 제품의 사용 후 느낌을 주변의 지인들에게 말하는 정도에 그쳤지만, 최근에는 제품이나 서비스를 구매한 후 사용한 경험을 다양한 소셜 네트워크를 통해 주변 사람들에게 전할 수 있다. 매체를 통해 광고를 듣는 것보다 자신들의 지인을 통해 듣는 상품평에 대한 신뢰가 더 높으므로 구매에 미치는 영향은 훨씬 크다. 그래서 소비자를 자사상품의 자발적 전파자로 만들기 위해서는 우선 개별 소비자를 만족시켜야 한다. 그리고 만족한 소비자들과 끊임없이 우호적인 관계를 맺어야 한다. 〈표 14.2〉는 전통적 마케팅과 디지털 마케팅의 차이를 나타낸다.

표 14.2 디지털 마케팅의 특징6)

	전통적 마케팅	디지털 마케팅
제품	소비자(consumer)	제작 참여 프로슈머(prosumer)
가격	이익 중심 가격 책정 (profit-focused pricing)	인지된 가격 중심의 창의적 가격 책정 (creating pricing based on perceived price)
유통	마케터 효율성 중심 (marketer-focused distribution)	소비자 편익 중심 (anytime & anyplace consumer-focused convenient buying channel)
프로모션	일방향성 (one-way promotion)	양방향 참여형, 애드슈머 (two-way interactive dialogue, adsumer)
포지셔닝	제품 중심 (product-focused positioning)	소비자 경험 중심 (consumer experience-focused positioning)
판매	소비자(consumer)	판매 참여 세일슈머 (salesumer through e-WoM)

③ 디지털 관광객

기술의 발달, 다양한 디지털 매체의 등장으로 관광소비자가 점차 디지털 관광객(Digital Traveller)으로 변화하고 있다. 관광지 정보를 얻는 데는 노트북이나 스마트폰 등을 이용해 유튜브, 인스타그램 등의 소셜미디어를 찾고, 호텔이나 식당, 관광지 등 현지

6) 조창환 · 이희준(2019), 디지털 마케팅4.0, 제2판, 청송미디어, p.65

정보는 트립어드바이저 같은 플랫폼에서 얻고, 체류할 숙박 장소는 에어비앤비나 호텔스닷컴 등 숙박OTA(Online Travel Agency)를 통해 해결한다. 디지털 관광객의 정보탐색에 정보통신기술(ICT)이 중요한 역할을 하고 있다. 항공, 차량 등 교통수단 검색과 예약도 ICT 활용이 필수적이다.

관광산업계는 데이터 활용보다 TV, 신문 등 매스 미디어 광고와 저가 경쟁에 대부분 집중해 왔는데, 개별 소비자 상황과 취향을 정확히 파악하려면 자체 데이터를 구축해야 한다. 디지털 경쟁 시대에는 기술을 잘 활용하는 기업이 마케팅 경쟁력을 갖는다. 그렇지 않으면 178년 역사를 지닌 영국 토마스쿡 여행사(2019)[7]가 문을 닫고, 36년이나 된 우리나라 항공 전문 여행사 탑항공(2018)이 파산한 것과 같은 결과를 초래할 것이다.

관광기업의 자체 데이터 구축은 필수적이지만, 그러나 관광객의 만족도와 같은 정성적 정보는 AI나 빅데이터로 정확히 파악할 수 없다. 데이터를 통해 관광객이 찾은 숙소, 식당, 체재시간 등은 알 수 있지만, 만족도는 알 수가 없다. 그러므로 정량적인 데이터뿐만 아니라 그 지역의 상세하고 정성적인 정보도 반드시 활용해야 할 것이다.

관광 데이터 활용 방안은 〈표 14.3〉과 같다.

표 14.3 관광 데이터 활용 방안[8]

구분	수집 데이터	활용 방안
통신	• 광역 · 기초 · 관심 지점 방문자 수 • 성별 · 나이별 방문자 수	• 도시별 방문객 점유율 분석 • 유사 · 인근 · 규모 지역별 방문자 수 비교 • 원거리 · 근거리 등 거리별 방문객 분포 분석
소비	• 성별 · 나이별 · 일자별 관광 소비액 • 광역별 관광 소비액	• 방문객의 소비 패턴, 소비 동향 파악 • 관광 소비 업종 구분 및 점유율 • 거주민과 방문객의 카드 소비액, 증감률 비교
내비게이션	• 광역 · 기초 · 관심 지점 방문자 수 • 성별 · 나이별 방문자 수	• 방문객 동선 파악 • 지역별 관광지 검색 순위 • 전년 대비 유형별 · 검색 건수별 증감률 비교

7) 토마스쿡 여행사는 2019년 9월 23일, 한화 약 2조 원에 달하는 막대한 부채를 견디지 못하고 파산했다. 온라인 호텔예약 사이트(예, 익스피디아)의 부상에도 그것을 따르지 않고 오프라인으로 예약받는 방식을 고수한 점, 배낭여행의 인기가 늘고 있으나 패키지여행 비즈니스에 집중한 점, 재무상태가 안 좋음에도 자체 항공사를 무리하게 운영한 점 등이 결국 파산의 지경까지 이르게 된 원인으로 분석되고 있다.

8) 한국경제신문 특별취재팀(2022), 한경무크 트래블 이노베이션, 한국경제신문, p.97

제3절 디지털 전환과 관광산업에의 적용

디지털 전환과 관광마케팅과의 연관에 대한 개념을 정리하고, 관광산업에의 적용 사례를 살펴보기로 한다.

1 소셜미디어 마케팅과 SNS 마케팅

1) 소셜미디어 마케팅의 이해

사람 간에 소통 매체로 출발한 SNS는 지금은 주요한 마케팅 수단이자 판매 채널이 되었다. 그래서 얼마 전까지만 해도 소셜미디어의 활용 여부는 기업의 선택사항에서 지금은 필수사항이 되었다. 소셜미디어란 사람들이 의견과 경험, 생각을 공유하기 위해 사용하는 온라인 플랫폼을 의미한다. 대표적인 소셜미디어에는 블로그, 네트워크(페이스북, 트위터, 인스타그램 등), 팟캐스트, 위키 등이 있다.

소셜미디어 마케팅(social media marketing, SNS 마케팅)은 소셜미디어 플랫폼과 웹사이트를 사용하여 제품이나 서비스를 제공하는 마케팅이다. 즉, 인스타그램, 유튜브, 페이스북, 틱톡 등 다른 사람들과 교류할 수 있는 앱 서비스, 일명 '소셜미디어'를 활용하는 마케팅기법을 말한다. 이는 때때로 소셜 마케팅이라 부르기도 한다.

소셜미디어 마케팅은 전통적인 마케팅과 대조되는 측면이 많다. 전통적인 마케팅에서는 기업이 중심이 되어 매체와 메시지를 통제했다. 대중매체 광고에 유명인이나 전문가가 광고모델로 나와 제품을 추천했다. 그러나 소셜미디어 시대에는 대중이 네트워크로 연결되면서 대중적 집단의 연결이 강해졌고, 소비자가 메시지를 생산하고 유통한다. 과거에는 기업에서 소비자로 수직적으로 정보가 흘러갔지만, 소셜미디어 시대의 메시지는 열린 구조 내에서 수평적으로 이동하기에 상호작용이 활발하다.

인터넷을 활용해 소규모 기업의 시장 진입이 쉬워졌고 마케팅 활동에서 물리적 제약도 제거되었다. 차량 중개 서비스인 우버나 숙박 공유 사이트인 에어비앤비와 같은 기업이 거대 택시회사나 대형 호텔을 상대로 시장에서 경쟁하는 시대가 열렸다.

2) SNS 마케팅의 이해

SNS 마케팅은 TV, 신문 등과 같은 전통적인 대중매체를 통해 광고나 홍보를 하던 기존의 마케팅과는 다르게, 사용자 간 관계를 형성할 수 있는 웹 기반의 플랫폼인 소셜네트워크 서비스를 활용하여 고객들과 소통하는 마케팅전략이다.[9] SNS(Social Network Service)라는 약어는 우리나라에서만 사용되고 해외에서는 사용되지 않는다. 이 단어 대신 앞에서 보았듯이 '소셜미디어'라는 단어를 사용한다.[10]

표 14.4 SNS의 종류[11]

구분	예
모바일 메신저	카카오톡, 라인, 텔레그램, 페이스북 메신저, 네이트온, 스카이프, 와츠앱, 디스코드
마이크로 블로그	페이스북, 트위터, 인스타그램, 링크트인, 카카오스토리, 싸이월드, 텀블러
블로그	네이버 블로그, 다음 블로그, 블로거, 티스토리, 이글루스
미디어 플랫폼	유튜브, 카카오TV, 아프리카TV, 네이버 V앱, 트위치

3) 소셜미디어 마케팅의 관광 사례

한국민속촌이 SNS 마케팅으로 성공하여, 젊고 핫한 이미지로 변신하였다. 과거 한국민속촌이라면 따분하고 재미없는 곳이란 인식이 지배적이었다. 실제로도 해외관광객과 학생 단체관람이 한국민속촌의 주된 고객층이었을 뿐 일반 대중의 관심에서는 멀어져 있었다. 관광형 테마파크의 홍수 속에서 고전을 면치 못하던 한국민속촌이 위기 타개책

9) 서구원(2015), 소셜미디어와 SNS 마케팅, 커뮤니케이션북스, p.7

10) 영미권 국가 사람들은 일상에서 SNS라는 말을 사용하지 않는다. 영미권 국가의 일상 생활권에서는 SNS가 아닌 Social Media(소셜미디어)라는 표현을 쓰며, 이들에게 'SNS'라고 언급하면 보통 문자 메시지의 뜻을 가진 SMS와 관련지어 생각한다. 이렇다 보니 SNS라고 하면 못 알아듣는 경우도 많다. 통상적으로 SNS(Social Networking Service)는 소셜미디어(Social Media)의 한 종류로 분류된다.

11) 박춘엽 · 박병연 · 오점술(2018), 4차 산업혁명의 핵심전략, 책연. p.17

으로 SNS를 활용한 마케팅이 주효했다.

한국민속촌의 변화가 가장 먼저 시작된 곳은 트위터였다. 처음 개설된 2012년까지지는 다른 기업의 계정처럼 한 방향의 단순한 홍보 기능만을 하고 있었다. 그러나 그 이후 우리가 익히 알고 있는 "-했사옵니다" 등의 사극 말투, "거지 꿀알바" 등과 같은 트렌디한 용어를 사용한 유머를 선보이고 사용자들의 멘션에 적극적으로 응답하면서 소비자들과 친밀한 관계를 만들어 가기 시작했다. '민속촌 소 이름짓기' 공모를 비롯해 이색적이고 재미있는 이벤트를 전개했는데, 이에 SNS 사용자들을 환호하며 기상천외한 아이디어를 보내왔다. 그 후 계속해서 SNS 채널을 통해 고객이 전하는 이야기에 귀 기울이고 그것을 오프라인에서 반영했다. 그 대표적인 예가 2014년에 진행된 '500 얼음땡' 놀이다.

전통적인 '술래잡기'를 재해석하여 "500명의 인원이 함께하는 얼음땡을 진행하면 어떨까?" 하는 트윗에, 500명의 일반 팔로워가 열광적으로 호응했고 구체적인 게임방식까지 제안하기도 하였다. 이틀에 진행된 이 이벤트는 10분 만에 모든 티켓이 매진되었고, 더불어 역발상 마케팅으로 '500 얼음땡 협찬 오디션'을 실시해 CJ E&M, 레드불 등 50여 개에 달하는 기업들의 협찬이 벌어지는 상황이 연출되기도 하였다.

이렇듯 혁신성, 개방성, 공유성이라는 SNS의 특성은 한국민속촌이 가진 다소 폐쇄적이고 고루한 이미지와 상충하며, 오히려 이용자들에게 흥미와 호기심을 일으키게 되었다. SNS를 활용해서 한국민속촌에 위기를 가져다준 고루한 이미지에서 벗어나 현대적 감각이 살아 있는 젊은 놀이터라는 새로운 이미지를 창출한 것이다.

한국민속촌에서 벌어지는 장면들은 고객들의 스마트폰 렌즈를 통해 여기저기로 퍼진다. 고객에 의해 업로드된 콘텐츠들은 기존방문객과 잠재적 고객에 의해 언급되고 공유되며 재생산된다. 관람객들이 온-오프라인을 연결하는 데 다리 역할을 하고 있는 것이다. 이렇듯 개별 고객의 경험이 다수에게 온라인을 통해 생생하게 전달되고, 사람들은 온라인에서 간접 체험한 즐거움을 기대하며, 그 테마파크나 장소를 방문하게 된다. 오프라인의 경험이 고객들의 손을 통해 온라인으로 생생하게 전달되고, 온라인의 경험들이 다시 오프라인에서 펼쳐지고 있다.

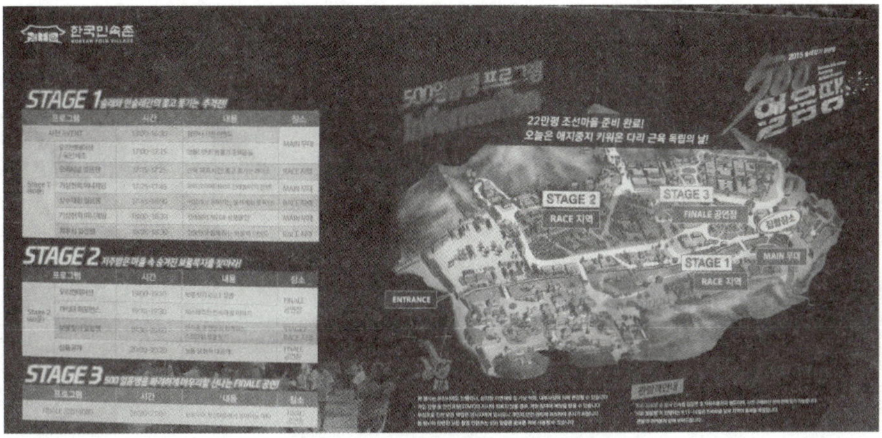

그림 14.3 한국민속촌 500 얼음땡

2016년 던킨도너츠(Dunkin' Donuts)는 새 모바일 주문 서비스 홍보를 위해 SNS를 활용했다. 던킨도너츠는 세계에서 가장 빨리 낙하비행을 하는 여성 엘렌 브레넌을 고용해 윙슈트(wingsuit)를 입고 2,400m 높이의 산 절벽에서 뛰어내려 비행하는 도중 공중에 매달린 던킨도너츠 팩을 잡도록 했다. 그만큼 빠른 온라인 주문을 강조한 것이다. 이 이벤트를 던킨도너츠는 TV 광고로 만들고 동시에 트위터를 통해 홍보하였다. 페이스북이나 던킨도너츠 웹사이트에서 관련 영상을 360도 VR 비디오로 시청할 수 있게 하였는데, 이것을 보고 이벤트에 사람들의 관심이 집중하였고 페이스북에서만도 700만 뷰 이상을 기록하였다.

그림 14.4 던킨도너츠 광고 윙슈트

2 언택트 마케팅

1) 언택트 마케팅의 개요

언택트 마케팅은 모바일 기술과 AR, VR 등 실감형 기술이 보편화 되면서 주로 무인 결제 시스템이나 모바일 무인 매장 시스템에서 활용된다. 언택트 마케팅은 고객과 마주하지 않고 서비스와 상품 등을 판매하는 비대면 마케팅 방식으로, 첨단기술을 활용해 판매직원이 소비자와 직접 대면하지 않고 상품이나 서비스를 제공하는 것이다.

접촉(contact)을 뜻하는 콘택트에 언(un)이 붙어 '접촉하지 않는다'는 의미로, 사람과의 접촉을 최소화하는 등 비대면 형태로 정보를 제공하는 마케팅을 말한다. 즉, 키오스크 · VR(가상현실) 쇼핑 · 챗봇 등 첨단기술을 활용해 판매직원은 소비자와 직접 대면하지 않고 상품이나 서비스를 제공한다.

하지만 기존에 사람이 하던 일을 기계가 대신하면서 향후 일자리 감소와 언택트 디바이드(untact divide) 문제가 일어날 우려가 제기되고 있다. 언택트 디바이드는 언택트 기술이 늘어나면서 이에 적응하지 못하는 사람들이 불편을 느끼는 현상으로, 특히 디지털 환경에서 익숙하지 않은 노년 계층에서 두드러질 것이다.

2) 언택트 마케팅의 관광 사례

언택트 마케팅은 코로나19 시대에 그 진가를 발휘하였다. 언택트가 필수적일 때 도입된 디지털 백신 여권, 정맥 인식 도입, 비대면 셀프체크인, 음성인식 및 화상 안내 서비스, 인공지능 기반 맞춤형 여행 일정 제공 서비스, 호텔 AI로봇 서비스뿐만 아니라 비대면 랜선여행 360도 VR, 아바타 여행, 토이스토리 랜선 여행, 파노라마 서울, 온라인 지역축제 등 그 도입 사례는 수없이 많다.

언택트 마케팅을 더욱 활성화한 것은 AI이다. AI는 코로나 팬데믹으로 그 수요와 이용이 더욱 다양해지고 있다. 식당이나 레스토랑의 경우 바텐더 로봇, 커피를 만드는 바리스타 로봇, 직원을 대신해 주문을 받고 음식을 나르는 서빙 로봇 등 역할과 기능도 다양하다. 대명리조트의 스마트체크인, 롯데호텔의 L7, 나인트리프리미어호텔명동Ⅱ 등

호텔숙박업계에서는 이미 무인 입실 시스템이 보편화 되었다. 이는 기업 측에 운영비 절감과 관리를 더욱 수월하게 만들었다. 또 패스트푸드 업계에서도 언택트 마케팅을 적극적으로 시행하고 있는데, 다수 매장에서는 키오스크(안내 단말기)를 통해 주문 및 결제를 처리하도록 하고 있다. 항공사도 마찬가지이다. 이러한 비대면 서비스 수요는 포스트 코로나 이후에도 더욱 발전하고 계속될 것이다. 무인 관리 자동화 기술은 유통을 비롯해 공항, 여행, 엔터테인먼트 산업으로 확대되어 사용될 전망이다.

언택트 마케팅은 고객의 수요를 읽고 맞춤형 서비스를 제공한다. 소비자가 어떤 제품을 주로 살펴보고 있는지, 어떤 제품을 구매하는지 등을 확인할 수 있다. 고객의 정보를 반영해 고객에게 필요한 상품을 추천하거나 안내하며 할인행사나 사은품 등 마케팅 정보를 제공할 수 있다. 프랜차이즈 커피브랜드 '달콤커피'는 로봇 바리스타 '비트'를 앞세워 언택트족을 공략한다. 로봇 바리스타를 통해 고객이 설정하는 대로 47가지 메뉴를 제공하고 5G와 AI 기술을 활용해 커피를 만드는 과정을 보는 재미를 준다.

그러나 언택트 마케팅이 성공하려면 기업은 눈앞의 인건비 절감만을 목적으로 하기보다 고객이 원하는 안락한 경험을 제공하는 것에 목적을 두어야 한다.

그림 14.5 달콤커피 바리스타 로봇

3 콘텐츠 마케팅

1) 콘텐츠 마케팅의 개요

디지털 환경에서 콘텐츠의 역할이 브랜드에 대한 소비자들의 관심과 참여, 더 나아가 충성도를 높이는 마케팅기법으로 콘텐츠 마케팅이 주목받게 되었다. 콘텐츠 마케팅은 분명하게 정의된 고객집단에 흥미롭고 적절하며 유용한 콘텐츠를 창조하고 관리하고 배포하는 마케팅전략을 말한다. 콘텐츠 마케팅은 소비자와의 관계 형성을 위해 브랜디드 콘텐츠를 활용하는 기법이다. 브랜디드 콘텐츠란 기업이 특정 브랜드를 핵심적 구성요소로 삼아 새롭게 제작한 콘텐츠이다. 구체적으로 영화, 게임, 비디오, 음악, 공연, 방송, 뉴미디어, 출판, 지식 정보, 캐릭터 등의 단독 혹은 조합된 내용물이라고 할 수 있다.

인터넷이 확대되고 기업들이 자사의 홈페이지나 블로그 혹은 소셜미디어와 같은 온드 미디어(Owned Media)를 확보하게 되면서 다양한 온라인 콘텐츠를 비교적 적은 비용으로, 지속해서 제작하고 배포할 수 있게 되었다.

마케터는 때때로 자사의 브랜드 자산이나 판매 실적에 직접 도움이 되지 않더라도 고객에게 가치가 있는 콘텐츠를 창조할 필요가 있다. 그래야만 고객과의 접촉을 이어갈 수 있다. 기업이 보유한 미디어 안에서 소비자들은 여러 가지 흥미로운 콘텐츠를 소비하고, 더 나아가 그 플랫폼을 즐기면서 자연스럽게 브랜드를 경험하게 된다. 그리고 이 과정에서 브랜드가 전하고자 하는 메시지를 꾸준히 받아들이게 된다는 것이다. 이것이 바로 콘텐츠 마케팅전략의 핵심이다.

2) 콘텐츠 마케팅의 관광 사례

콘텐츠 마케팅 사례를 살펴보자. 스타벅스(Starbucks)는 국내는 물론 전 세계 여러 나라에서 높은 브랜드 인지도를 갖고 있다. 따라서 스타벅스의 콘텐츠 마케팅은 스타벅스 브랜드의 인지도를 높이려는 목적보다는 기존고객과의 호의적인 관계를 유지하고 발전시키기 위해 활용되고 있다. 스타벅스 콘텐츠 마케팅은 '1912Pike.com[12)]'라는 별도의 도

12) '1912Pike.com'은 스타벅스의 1호점이 있는 미국 시애틀의 주소를 의미한다.

메인으로 블로그를 운영하고 있다. 스타벅스는 그 블로그를 통해 자사의 브랜드 스토리를 고객과 공유하고자 한다. 바로 고객들이 스타벅스 커피를 더욱 맛있게, 재미있게 마실 수 있도록 스타벅스의 스토리를 담아내고자 하였다. 스타벅스는 '1912Pike.com'을 통하여 마케팅 콘텐츠처럼 보이지 않는, 그러므로 소비자가 자발적으로 소비할 만한 매력적인 콘텐츠를 생산 · 유통하고 있다.

하나의 좋은 예는 온라인 여행사 힙뭉크(Hipmunk)이다. 힙뭉크는 고객이 실제 어떤 조사를 하지 않고서도 여행계획을 짤 수 있도록 인공지능에 기반을 둔 여행 지원 서비스를 제공한다. 고객이 여행계획을 논의하는 이메일을 복사하여 hello@hipmunk.com에 보내면 힙뭉크가 그 여행의 의도를 알아차리고 관련 제안이 담긴 답장을 보내준다. 또 고객이 힙뭉크에 자신의 구글 캘린더와 앞으로 여행할 장소를 보여주면 힙뭉크는 인근 추천 여행지를 담은 이메일을 보내준다. 힙뭉크는 어떻게 하면 사람들의 시간이 낭비되지 않을지를 고민한다. 힙뭉크에서는 여행 준비의 시작인 '합리적인 가격대의 항공편과 120만 개의 호텔, 그리고 에어비앤비 리스트까지 보유하고 있다. 그리고 여행지 '패키지 프로그램' 예약까지 한 번에 할 수 있다. 여행자의 일정에 맞는 시간대를 추천해 준다. 힙뭉크가 제동하는 적절한 콘텐츠는 고객의 수고를 덜어줌으로써 고객 경로 패턴에 이상적인 해결책을 제시하고 있다.

콘텐츠 마케팅의 호텔 앱 사례로는 호텔투나잇(Hoteltonight) 앱이 있다. 미국과 유럽 총 27개국, 400개 도시에서 호텔의 남은 빈방을 예약할 수 있는 앱이다. 할인가격 제공과 모바일 네 번 클릭으로 예약이 끝나는 간편성은 최고이다. 한편, 여행에 필요한 물건을 직접 설계해 주는 팩포인트 패킹 리스트 빌더(Packpoint Packing List Builder)가 있다. 이 앱은 성별, 나이, 여행 스타일에 따라 필요한 기본적인 물건을 정리한다. 여기에 사용자는 필요한 물건만 더하면 된다. 이렇게 만든 리스트를 함께 여행 가는 이와 이메일로 공유할 수 있다. 또 환전 시 은행 수수료를 줄여줘 여행 경비를 절약할 수 있는 마이뱅크(Mybank) 앱은 환전 시 은행별 · 지점별 수수료를 비교해 준다. 해외여행 내내 팁에 대한 공포증에 시달렸다면 팁퓰레이터(Tipulator)를 참고하면 된다. 이 앱은 나라를 선택한 후 내가 낸 금액, 인원 등을 선택하면 팁이 한 번에 계산되어 나온다. 해외에서 파티문화를 경험해 볼 수 있는 앱이 있다. Y플랜(YPlan)은 뉴욕, 샌프란시스코, 런던 등 대도시에서 벌어지는 특별한 이벤트를 소개한다. 여행지에 도착해 파티를 검색한 뒤 참여 버튼을 누르면 초대가 된다. 앱과 웹사이트 모두를 지원하고 있다.

전 세계 모든 도시의 지도를 제공하는 앱으로 씨티맵퍼(Citymapper)가 있다. 사용 방식은 평소 서울에서 쓰는 포털사이트 지도 앱과 같다. 출발지, 목적지를 지정하면 가장 빠르게 도달하는 방법을 소개한다. 이때 대중교통, 택시, 도보 중 선택할 수 있는데 소요시간과 요금도 함께 알려준다. 초행길에 완벽한 가이드가 되어줄 앱으로, 무료로 제공하고 있다. 그리고 플라바(Flava) 앱은 텍스트, 사진, 음성, 위치 정보 등 여행 후 남는 기록으로, 자신의 자취를 고스란히 남길 수 있는 스마트한 메모장이다.

국내외 많은 기업이 관광객의 욕구에 맞춰 맞춤형 앱을 개발하고 있고, 이러한 콘텐츠가 사람들의 여행을 더욱 편안하고 즐겁게 만들고 있다.

4 빅데이터 마케팅

1) 개요

빅데이터는 인공지능 발전을 뒷받침하는 4차 산업혁명의 기초자원에 해당한다. 빅데이터의 특징은 자료의 크기(volume), 처리 속도(velocity), 다양성(variety)이라는 3V로 압축된다. 즉 자료의 방대한 양, 정형화된 혹은 비정형화된 다양한 형태의 자료, 실시간적 처리 속도로 인해 기존의 데이터와는 양적, 질적으로 다르다는 점에서 빅데이터라는 이름이 붙게 되었다. 여기서 정형화된 데이터란 인구 통계, 구매 기록, 소비자 리뷰 점수, 신용카드 사용기록과 같이 수치화된 데이터를 말한다. 비정형화된 데이터는 손수 제작물(UCC : user created contents), SNS에 올라온 글이나 사진 등이다. 이러한 빅데이터의 특성으로 인해 데이터의 정확성과 예측력도 과거와 비교할 수 없을 정도로 매우 높아졌다.

2) 빅데이터 마케팅의 발전

빅데이터 마케팅은 빅데이터에 의존해 고객의 구매 정보를 분석, 구매할 가능성이 많은 고객을 바로 표적으로 하는 이른바 추천 마케팅이다. '마이크로 마케팅(Micro Marketing)'

이라고도 한다. 빅데이터 마케팅은 전형적인 표적마케팅이다. 빅데이터 마케팅의 선두주자는 미국 최대의 온라인 서점 아마존(amazon.com)이다. 단골의 취향을 파악해 책을 추천해 주는 동네 서점의 판매 방식을 온라인에서도 구현하겠다는 아이디어가 적용된 아마존은 가입자의 구매 이력 등을 분석해 앞으로 구매 가능성이 많은 제품을 추천하고 미리 쿠폰을 제공하는 식으로 전체 매출을 30%가량 끌어올렸다.

빅데이터 마케팅으로 빅브라더 사회가 도래했다는 비판도 있지만, 소비자는 자신만을 위한 마이크로 마케팅이란 혜택을 받을 수 있으므로 빅데이터 마케팅이 이득이라는 주장도 있다. 예컨대 네이버 뮤직 라디오의 음악 추천 시스템, 미처 생각하진 못했으나, 꼭 필요한 제품까지 추천해 주는 아마존의 서비스, 소비자가 좋아하는 브랜드의 쿠폰만 보내주는 백화점 서비스 등이 그런 경우라는 것이다. 여기에 스팸 광고에 대한 소비자들의 염증이 빅데이터 마케팅을 추동시키는 동력으로 작용하고 있다는 해석도 있다.

3) 빅데이터 마케팅 관광 사례

패스트푸드 체인점 타코벨(Taco Bell)은 신제품 출시 전에 소셜미디어를 통해 시장의 반응을 조사한다. 최초 사용자가 맛본 신제품의 기본적인 콘셉트가 매력적인가를 확인하고, 소셜미디어의 게시 글과 댓글을 분석해 제품에 대한 선호도와 대중적 평가가 어떤지를 살핀다. 과거에는 시장조사 및 최종 결정에 2달이 걸렸다면, 지금은 실시간 자료를 가지고 신속한 의사결정이 가능해졌다. 이러한 분석을 통해 신제품의 최종 매출이 얼마나 될지를 90% 이상 정확하게 예측할 수 있게 되었다.

서비스 로봇에 자체 개발한 AI 기술을 접목한 KT는 서울, 제주, 부산 등 전국 60여 개 호텔 1만여 객실에서 기가지니 AI 서비스를 제공하고 있다.

SK텔레콤은 통신데이터를 이용해 중앙정부 · 지방자치단체와 관광 빅데이터를 구축하고 있는데, AI와 머신러닝(기계학습) 분석기법을 기반으로 관광객을 38개 유형으로 분류해 기존 서비스를 개선하고 잠재고객을 찾아내 홍보 및 마케팅도 맞춤형으로 하고 있다. 인천광역시는 맞춤형 관광 추천에 필요한 방문객의 행동 예측을 위해 사용하는 데이터를 세분화하였다. 제주도는 관광객 데이터 분석을 한 달 이상 머무르는 장기관광객과 단기관광객으로 나누고, 그 두 가지 유형별로 관광행태를 분석해 각 관광객에 대한 맞춤형 관광 추천을 고도화하고 있다.

5 AR · VR 마케팅

1) AR · VR 마케팅의 개요

앞의 1절에서 보았듯이 증강현실(AR : Augmented Reality)과 가상현실(VR : Virtual Reality)은 쌍둥이 기술에 해당한다. 이러한 증강현실과 가상현실을 활용한 마케팅 기법을 AR · VR 마케팅이라고 한다.

증강현실은 현실 세계를 기반으로 하지만 가상의 정보기술을 더하여, 실생활과 밀접한 교통이나 광고에의 활용가치가 크다. 가상현실은 이용자가 위치한 현실 세계와 동떨어진 온전한 가상세계를 의미하며, 관광, 오락, 콘텐츠산업에서 많이 활용된다. 한편, 증강현실을 활용하면 위치 기반 광고나 특정 매장에서 AR 앱을 작동해 실사 영상 위에 다양한 프로모션을 할 수 있다. 그리고 가상현실 기술을 활용해서 게임, 360도 비디오 콘텐츠, 고소 공포 쇼, 절벽 스키 타기, 스포츠카 경주 등 짜릿한 체험도 손쉽게 즐길 수 있다.

2) AR · VR 관광마케팅 사례

VR로 체험하는 경험적 요소는 무형의 서비스상품을 판매하는 관광산업에서 그 활용성이 크다. VR 놀이공원, VR 여행, VR 체험장, VR 축제이벤트, VR 공연, VR 스포츠 등이 대표적이다.

AI는 마케팅에서 홍보, 상품, 최적의 가격 책정과 같은 업무에 도움을 주며 백오피스 분야에서도 의사결정의 중요한 도구로 이용되고 있다. 스타벅스는 고객의 로열티 카드와 앱 활용 데이터를 AI 알고리즘으로 분석해 메뉴를 추천하는 등 개인화 서비스를 제공하고 있다. 호텔과 항공사들은 객실료와 항공권 가격 결정에서 기존에 사용하던 일드 매니지먼트(yield management)를 넘어서, 고객데이터를 비롯해 날씨와 뉴스, 소셜미디어, 주식 등 AI가 수집하고 분석한 데이터를 반영하는 '초역동 가격결정(hyperdynamic pricing)'

시스템을 이용하고 있다. 버지니아주에 있는 힐튼호텔은 IBM과 컨시어지 휴머노이드 로봇 코니(Connie)를 개발해 호텔 현장에 투입했다. 대화가 직접 가능한 로봇 코니는 투숙객의 요구에 즉각 반응하며 각종 서비스를 안내하고 주변 관광지나 음식점 등 관광 정보를 제공하는 역할을 한다. 캘리포니아주 쿠퍼티노에 있는 알로프트 호텔(Aloft Hotel)에서는 집사 로봇 버틀러(Butler)가 투숙객이 원하는 비치품과 룸서비스 등을 맡고 있다. 싱가포르에 있는 스튜디오 M호텔(Studio M Hotel)에서는 로봇 요리사가 주문에 맞춰 오믈렛을 만들어 제공하기도 한다. 일본 사세보에 위치한 헨나호텔은 휴머노이드 로봇에 이어 벨로키랍토르 공룡 로봇이 프런트 데스크에 배치돼 객실 체크인 업무를 보며 고객을 직접 상대하고 있다. 서울 명동의 헨나호텔도 마찬가지로 무인 호텔로 운영되며 직원들은 문제가 있을 때 도움을 주는 해결사와 같은 역할을 하고 있다.

이렇듯 로봇이 인간처럼 구체적 지침에 따라 컴퓨터 작업을 수행하고 기업은 이를 통해 대량의 반복적인 업무과정을 자동화해서 오류도 최소화할 수 있고 고객에게 더 좋은 서비스를 제공할 수 있게 되었다.

국내 관광자원을 구경할 수 있게 디지털 기술로 재탄생하는 여행 앱이 있다. 서울에서 백두산까지 VR 자동차여행을 할 수 있는 '북한 VR 자동차여행' 체험존에서는 VR 차량을 탑승하고 서울 한남대교에서 출발해 판문점, 평양, 금강산(만물상), 백두산 천지 전망대까지 가보는 가상여행을 체험할 수 있다. AR 궁궐가이드 앱 '창덕 아리랑'은 SK텔레콤의 5G 모바일 엣지 컴퓨팅 기술과 구글코리아의 3차원(3D) AR 기술이 동원되었다. 또 서울시는 디지털 트윈, VR · AR 기술로 'VR 도보여행', '한양도성 타임머신' 서비스를 하고 있다. 경남 통영시는 전국 최초로 실감형 테마파크인 '통영 VR존(Zone)'을 개설하였고, 인천시는 360도 VR 촬영기법을 활용해, '인천의 여행은 연결'이라는 주제로 관광홍보 영상을 제작하였다. 이런 곳들은 방문하여 무료체험하거나 앱을 다운받아 가상여행을 즐길 수 있도록 하였다. 최근에 많은 지자체가 이러한 경쟁에 뛰어들어 관광객 유치에 노력하고 있다.

6 인공지능 마케팅

1) 인공지능(AI) 마케팅의 개요

인공지능은 4차 산업혁명을 대표하는 기술이다. 1997년 딥블루(Deep Blue) 컴퓨터가 체스 챔피언을 이긴 사건은 인공지능의 첫 번째 사례로 기록되었다. 인공지능 기술은 이제 사람의 개입이나 지시가 필요 없는 수준까지 이르렀다. 기계학습(machine learning)은 인간이 1차로 기본 정보를 분류해서 컴퓨터에 제공해야 했다. 이것을 '지도 학습'이라 부른다. 반면에 딥러닝(deep learning)은 기본 정보를 인간이 미리 구분하지 않고 그대로 제공해도 알고리즘을 이용해 스스로 학습하고 결과를 도출해 낸다. 이것을 '비지도 학습'이라고 부른다. 인간의 개입 없이 인공지능이 알아서 데이터를 분류해 결과까지 도출한다. 너무 많아서 인간이 손대지 못할 데이터라도 딥러닝은 모든 것을 해결한다.

인공지능의 비약적인 발전은 획기적인 변화를 이루고 있다. IBM에서 개발한 '왓슨(Watson)'은 병원의 환자 진단용이고, 법률 서비스에 인공지능을 접목한 리걸테크(Legal tech) 산업에도 확대되고 있다. 금융·보험업계의 콜센터 대신에 인공지능 상담사, 음반 제작, 인공지능 아나운서, 고객 응대용 챗봇, 보이스 쇼핑, 아마존의 예측 배송, 실시간 맞춤형 광고 제작 등 인공지능을 중심으로 한 마케팅 혁신이 이미 시작되었다.

인공지능은 사람의 결제 행동을 예측하여 물건을 배송하기도 하고 제품이나 기계에 문제가 생기기 전에 선행적으로 서비스를 제공할 수 있으며 개인의 취향에 맞는 제품이나 서비스를 추천할 수 있다. 전문가들은 인공지능의 도입으로 개인화 마케팅 시대가 본격화될 것으로 전망하고 있다.

2) 인공지능 마케팅의 관광 사례

최근 관광산업이나 주택에 인공지능이 작동한다. 특히 호텔·리조트업계가 AI 도입에 나선 이유는 코로나19로 생겨난 인력 공백을 메우고 장기적으로 인건비를 줄이는 효과를 기대했기 때문이다. 인공지능 스피커가 TV 프로그램이나 음악을 틀어주고 날씨를 확인해 주며 실내온도 조절 등 소소한 일상을 돕는 편리한 서비스를 제공하는 것을 넘어서, 로봇이 호텔운영의 중추적 역할을 담당하는 '보텔(BOTEL, 로봇+호텔)' 시대가 도래한 것이다. 우리나라의 경우 노보텔 앰배서더 서울 동대문 호텔이 2019년 최초로 AI 로봇을 투입했고, 부산 롯데호텔이 딜리버리 로봇 '엘봇(L-bot)' 등 서비스 로봇 5대를 도입했으며, 대구 메리어트호텔은 190개 객실에 음성인식 기반 AI 서비스를 도입했다. 호텔 인터불고 대구는 서빙 로봇 '서빙고(Servinggo)' 10대를 호텔 정문과 레스토랑에 배치했고, 곤지암리조트는 자율주행, 5G(5세대 이동통신), 원격제어 등의 기능을 탑재한 AI 로봇과 중앙관제 시스템을 연동한 AI 시설관리시스템을 도입했다. 인공지능 마케팅의 관광 사례는 계속 늘어날 것이다.

이미 앞의 언택트 마케팅, 콘텐츠 마케팅, 빅데이터 마케팅, AR · VR 마케팅 등에서 인공지능(AI)이 여러 차례 언급된 바 있으니 참조하면 될 것이다.

7 옴니채널 마케팅

1) 개요

온라인과 오프라인을 유기적으로 연결하여 통합 관리하는 마케팅 기법을 옴니채널 마케팅이라고 한다. 옴니채널(O2O) 마케팅은 온라인에서 시작해 오프라인에서 구매를 종결하든, 그 반대로 오프라인에서 시작해 온라인으로 구매를 종결하든, 순서를 구분하지 않고 온/오프를 병행하는 마케팅전략이다. 옴니채널 마케팅의 핵심은 소비자가 어떤 채널을 이용하던 구매 전, 구매 중, 구매 후 경험이 매끄럽게 이어져서 편리한 쇼핑이 되도록 하자는 데 있다.

옴니채널 마케팅의 유형으로는 '쇼루밍', '웹루밍(역쇼루밍)', '모루밍'이 거론된다. 쇼루밍은 온라인으로 구매하나, 그 과정에서 오프라인 매장을 쇼룸처럼 이용하는 것을 의미한다. 웹루밍은 쇼루밍의 반대 개념이다. 온라인으로 제품을 검색한 후 최종 구매는 오프라인 매장에서 하는 경우를 의미한다. 모루밍은 쇼루밍의 일종이다. 오프라인 매장에서 제품을 살펴보지만 실제로 구매는 모바일(스마트폰)로 하는 행동을 의미한다.

기업이 대부분 옴니채널 마케팅에 주력하는 이유는, 앞서 쇼루밍과 웹루밍, 모루밍

현상에서 보듯이 소비자의 구매 행동이 복잡해졌고 다양해져서 결국 온/오프 유통의 경계가 없어졌기 때문이다. 따라서 옴니채널 마케팅이 일반화된 셈이다.

2) 오프라인 기업의 옴니채널 마케팅

오프라인 기업이나 매장에서는 근거리 무선통신을 가능하게 하는 '비콘(beacon)' 기술로 웹루밍을 적극적으로 활용하고 있다. 월트 디즈니월드는 '마이매직플러스 앱'과 '매직밴드'라는 팔찌를 만들어 마케팅을 전개했다. 방문객이 팔찌를 착용하면 호텔 객실의 예약과 결제는 물론 호텔 방문 열쇠로 이용할 수 있다. 마이플러스 앱을 설치하면 식당이나 놀이기구를 예약할 수 있다. 매직 밴드를 스캐너에 대기만 하면 놀이기구에 탑승하게 된다. 고객들은 매우 편리하게 즐거운 경험을 하게 된다. 온라인과 오프라인의 활동을 하나로 통합함으로써 놀이공원의 대기시간이 크게 줄었고, 고객의 만족도도 크게 올라가게 되었다. 크리스마스 휴가 시즌에는 하루에 3천 명의 고객을 더 받을 수 있게 되어 매출 신장에 이바지하였다.

3) 온라인 기업의 옴니채널 마케팅

온라인 마케팅이 활성화되어도 전통적인 오프라인 마케팅을 완전히 대체하기는 어렵다. 인간의 선천적인 오감을 충족시키려면 오프라인 체험이 있어야 하기 때문이다. 중국 허마셴성에서는 최근 로봇레스토랑(ROBOT.HE)을 오픈했다. 처음에 마트에서 신선한 해산물을 골라 결제하고 조리방식을 택하면 해산물은 레일을 타고 마트 옆 레스토랑 주방으로 이동한다. 쇼핑을 마친 고객은 무인 안내기에서 자리를 배정받아 식당에 앉아서 기다린다. 테이블 위에 놓인 태블릿에서는 해산물 조리과정을 실시간으로 보여준다. 완성된 요리는 로봇에 실려 테이블로 옮겨진다. 이 모든 과정이 스마트폰에도 표시되고 앱으로 요리를 추가 주문할 수도 있다. 우리나라 회센터도 앞으로 이렇게 바뀌지 않을까?

8 메타버스와 가상여행

'메타버스(Metaverse)'는 가상 · 추상을 의미하는 메타(meta)와 현실 세계를 뜻하는 유니버스(universe)의 합성어다. 아바타를 활용해 사회 · 경제 · 문화 활동이 이뤄지는 3차원의 가상세계다. 현실과 같은 상호작용을 할 수 있다는 점이 특징이다. 가상과 현실이 상호작용하는 메타버스 세계에서 즐기는 가상여행이 고유한 여행의 한 장르로 자리를 잡아가고 있다. 가상여행이 새로운 경험의 제공이라는 여행의 본질적 가치와 맞아떨어지기 때문이다.

한국관광공사는 2020년 11월에 네이버제트가 운영하는 메타버스 플랫폼 제페토(ZEPETO)에 '한강공원'맵을 개설했다. 우리나라 최초의 메타버스 가상여행이다. 한강공원은 제페토 사용자 21,994명을 대상으로 한 설문 조사에서 가장 가고 싶은 한국 관광지 1위에 뽑혀 첫 가상 여행지가 되었다. 그 후 제페토에 개설된 '경주'맵은 가상여행의 뜨거운 바람을 실제 지역여행으로 이어가기 위한 시도였고, 전북 전주시, 충남 논산시, 경기도 시흥시 등 지자체들도 앞다퉈 메타버스 플랫폼에 지역 대표 관광지를 가상 여행지로 조성하기 시작하였다.

서울시는 2021년 5월 국내 최초로 메타버스 플랫폼 '제페토'에 스타트업 지원공간 '서울창업허브 월드'를 개관했다. 스타트업 64개와 창업지원시설을 한눈에 볼 수 있다. 메타버스 회의실도 시범 도입했다. 공무원들이 VR(가상현실)을 활용해 주택 · 도시계획이나 문화관광 정책을 논의할 수 있다. 서울시 대표 디자인 축제인 '서울디자인위크'도 메타버스 플랫폼 '게더타운(gather.town)'으로 무대를 옮겨 세미나를 연다. 서울시는 '서울비전 2030' 발표를 기점으로 메타버스에 힘을 싣고 있다.

부산시는 메타버스에서 코로나19 팬데믹으로 중단된 크루즈여행의 재개 준비에 들어갔는데, 메타버스 플랫폼 게더타운(gather.town)에서 '다이브 인투 크루즈월드 위드 부산(Dive into Cruise World with Busan)' 가상 이벤트를 열고 가상으로 구현한 크루즈 선박에서 선사 관계자가 안내하는 선내 투어를 진행했다.

코로나19 확산으로 취소된 지역축제도 메타버스 플랫폼에서 재개되고 있다. 경남 남해군은 제페토에 구현한 가상공간에서 '독일마을 맥주 축제'를 열었는데 사흘간 1만 명이 방문했고, 경북 영덕군이 로블록스에서 개최한 '영덕대게 O2O 축제'에는 1주일간 6만 4천 명이 방문했다. 결과물을 내지 못한 지방자치단체들도 가상여행 개발에 속도를 내고 있어서, 미래의 메타버스 플랫폼을 구축하려는 것은 시대의 흐름으로 볼 수 있다.

서울 어린이대공원은 전국 테마파크 중 가장 먼저 제페토에 '서울 어린이대공원 메타파크'맵을 개설했고, 잠실 롯데월드는 매직아일랜드를 모티브로 제페토에 맵을 열고 자이로드롭, 아트란티스 등 놀이기구(어트랙션)를 게임하듯 즐길 수 있게 했다. 이 가상 맵은 선보인 지 두 달 만에 370만 명이 이용하였다.

이렇듯 메타버스 가상여행으로 방한 외래객 관광시장의 미래 고객을 확보하는 효과를 기대할 수 있을 것이다. 메타버스는 기존 인터넷 비즈니스를 대체할 정도는 아니지만 가까운 미래에 새로운 비즈니스 환경을 제시하게 될 것이다.

제4절 관광기업의 뉴미디어 활용

1 인터넷을 통한 관광상품 판매 및 메시지 전달

기업은 자사의 웹사이트나 온라인 광고를 통해 관광상품을 판매하거나 마케팅할 수 있다. 특히 인터넷을 통한 판매 및 광고는 합리적인 비용으로 전통적인 매장 및 커뮤니케이션 채널을 보완하거나 대체할 수 있게 한다. 그러나 인터넷 광고는 다른 커뮤니케이션 전략과 함께 종합적으로 잘 설계된 커뮤니케이션 전략의 일부로 존재해야 한다.

1) 웹사이트

기업의 마케터들은 판매나 다양한 커뮤니케이션 업무를 수행하기 위해 인터넷을 활용한다. 예를 들어 소비자의 인식과 흥미 창출, 정보제공과 상담, 이메일과 채팅 공간을 통해 쌍방향 커뮤니케이션을 할 수 있도록 유도하거나, 제품 사용 유도, 주문 유도, 특정 광고나 판촉 캠페인의 효과 측정 등에 활용된다.

마케터는 웹사이트의 고착성(stickness)[13)]에 영향을 미치는 다운로드 속도와 같은 다른 요소들을 설명해야 한다. 고착성이 높은 사이트에는 콘텐츠의 높은 품질, 사용자의 편리성, 빠른 다운로드, 잦은 업데이트 등의 요소를 포함한다.

2) 온라인 광고

온라인 광고에는 배너광고와 검색엔진 광고의 두 가지 형태가 있다. 그리고 추가로 팝업광고가 있다. 관광기업의 광고주는 이러한 광고 안에 동영상 이미지를 탑재할 수 있고, 다른 영상과 연계할 수도 있다. 통합 커뮤니케이션 전략의 한 부분인 온라인 광고를 적절하게 이용하는 것은 관광기업의 성공에 도움을 줄 수 있다.

(1) 배너광고

베너광고는 타사의 인터넷 사이트에 광고비를 지급하고 게재되는 띠 모양의 광고이다. 배너광고는 주로 정보를 찾아주는 검색 서비스, 뉴스를 제공하는 매스미디어, 영화나 음악 등의 오락 정보를 제공하는 엔터테인먼트 사이트에 광고를 싣는다. 많은 기업이 야후, 네이버, 카카오, 기타 기업의 웹사이트와 같은 포털의 배너와 버튼 광고를 하기 위해 광고비를 낸다. 그 목적은 광고주의 자체 웹사이트에 접속하도록 하는 것이다.

(2) 검색엔진 광고

검색엔진은 방송 네트워크의 반대 형태이다. 광고주가 소비자에게 메시지를 전달하는 것 대신에, 검색엔진은 키워드 검색을 통해 고객들이 원하는 정보를 정확히 알려주는 것이다. 따라서 광고주들은 이러한 고객들에게 적절한 마케팅 커뮤니케이션을 할 수 있다. 세계적으로 성공적인 검색엔진 광고 사례는 Yahoo, AOL, MSN, Blink, Google 등에서 나타나고 있다.

(3) 팝업광고

팝업광고(pop-ups)는 막간광고(interstitial advertising)로 인터넷에서 정보를 요청하는 동

13) 방문자가 사이트에 머물고자 하는 시간과 미래에 재방문할 의도를 뜻함

안 틈새를 이용해 광고를 내보는 것이다. 사용자가 요청한 정보를 얻기 위해 대기할 때 가장 높은 관심을 가지고 화면을 주시하므로 그때 제시하는 광고는 그만큼 효과가 크다. 그러나 지나치게 자주 광고가 등장하면 오히려 소비자의 반감을 사게 되므로 주의해야 한다.

2 온라인 여행사와 전자상거래

다른 산업과 마찬가지로 관광산업에는 제품과 서비스를 유통하는 다양한 방법이 있다. 고객들은 두 가지 기본적인 관광판매자의 유형, 즉 공급자와 중개인 중에서 하나를 선택할 수 있다. 호텔이나 항공사는 자사 브랜드 웹사이트, 전통적인 여행사, 온라인 여행사, 예약센터, 호텔이나 항공사가 직접 운영하는 자사 유통경로들을 활용해 관광상품을 판매하고 있다.

여기서는 온라인 여행사와 전자상거래업자에 대해 보기로 한다.

1) 온라인 여행사

21세기 들어 관광산업의 유통은 인터넷 쪽으로 이동해 왔다. 초기에 트래블로시티, 익스피디아, 프라이스라인 등의 온라인중개상에 의해 시작되었는데 이들이 온라인 여행사이다. 초기에는 항공권 예약에서 숙박, 렌터카, 도착지 서비스로 점차 영역을 확대하였다. 최근에는 자신들이 만든 관광패키지나 타사에서 만든 관광패키지를 판매하고 소비자가 만든 패키지도 판매한다.

예를 들어 미국에 본사를 두고 있는 세계 최대 온라인 여행사 '익스피디아(Expida)'는 한국어 사이트(http://www.expedia.co.kr)를 개설함으로써 본격적으로 한국 시장에 진출하였고, 이를 시작으로 유사한 온라인 여행사들이 활동하고 있다. 이러한 온라인 여행사들은 전 세계 호텔과 협력해 수많은 여행상품을 판매하는 등 개별 여행 프로그램을 특화하기도 하고, 호텔, 항공, 유람선, 렌터카 등에서 다른 영역으로 확대해 나가고 있다.

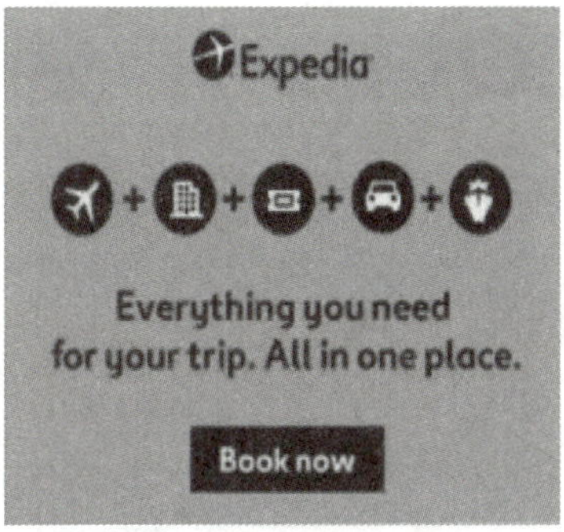

그림 14.6A 익스피디아 1

그림 14.6B 익스피디아 2

2) 전자상거래업자

사회적 미디어의 사용이 급증하면서 전자상거래가 일반화되고 있다. 전자상거래(EC : electronic commerce)라는 용어는 미국의 Lawrence Livermore National Laboratory에서 사용된 후 미국 연방정부가 도입하면서 확대되었다. 통일된 개념이 정립되어 있지는 않지만, 일반적으로 전자상거래는 기업, 정부 기관과 같은 독립된 조직과 조직 간 혹은 조직과 개인 간에 다양한 전자적 매체를 이용하여 상품이나 서비스를 교환하는 방식으로 정의할 수 있다.

1990년대 후반에 등장한 인터넷 쇼핑몰은 웹과 인터넷 등 정보통신기술의 발달로 인해 전자상거래의 핵심이 되었고 전 세계적으로 전자상거래의 대표적인 모델이 되었다. 수많은 사람이 인터넷 쇼핑몰을 방문하고 상품과 서비스를 구매하기 시작하면서 가파른 성장을 구가하기에 이르렀다. 국내에서 인터넷 쇼핑몰은 1996년 인터파크가 쇼핑몰을 오픈하면서부터 시작되었다. 전통적으로 오프라인 유통업체들이 온라인 쇼핑몰에 진출했으며, 백화점과 제휴해 온라인 쇼핑몰 서비스를 하고 있다. 또 전통적인 오프라인 할인점들도 온라인 쇼핑몰을 개설하고 있다. 특히 최근 오픈 마켓을 기반으로 급성장한 G마켓, 11번가, 옥션, 쿠팡 등에서도 호텔이나 여행상품 등을 판매하고 있다.

그림 14.7A 인터파크

그림 14.7B G마켓

그림 14.7C 11번가

그림 14.7D 쿠팡

3 뉴미디어와 커뮤니케이션 수단

급격한 기술적 진보는 표적시장 선정을 위한 중요한 기회를 제공하는 새롭고 흥미로운 커뮤니케이션 채널을 만든다. 뉴미디어와 마케팅 커뮤니케이션에는 팟캐스팅, 모바일 광고, Web 2.0과 Web 3.0, 유튜브, 소셜 네트워크와 커뮤니티 등이 있다.

1) 팟캐스팅

팟캐스팅(Podcasting)은 아이팟(iPod)과 브로드캐스팅(broadcasting)의 합성어로서, 배포자 - 구독자(또는 송신자 - 수신자) 모델을 활용해 인터넷으로 오디오나 비디오 프로그램을 분배하는 기술이다. 팟캐스팅은 새로운 방식으로 TV나 라디오 프로그램을 제공한다. 일단 누군가 청취나 시청을 하게 되면 새로운 정보를 자동으로 받게 된다.

팟캐스팅은 비디오 클립, 휴대전화 다운로드 방송 서비스, 블로그를 위한 오디오나 비디오 캐스트 등과 같은 다양성을 갖고 있어 매우 인기가 높다. 기업 마케팅 커뮤니케이션 프로그램으로써 팟캐스팅을 활용하는 것은 매우 가치가 높다. 어떤 고객이 특정 프로그램을 시청한다면 그 고객이 해당 주제에 흥미가 있다는 것을 의미하기 때문이다. 이를 활용하면 광고 메시지가 더욱 세분화되어 제공될 때, 기업은 지출액 대비 더욱 높은 성과를 거둘 수 있을 것이다.

2) 모바일 광고

모바일 광고는 휴대전화나 다른 모바일 무선 장치를 이용해 광고하는 형태이다. 모바일 광고는 SMS(short message service), MMS[14], 모바일 게임 광고, 비디오 혹은 음성메일을

---

14) MMS는 멀티미디어 메시징 서비스(Multimedia Messaging Service)를 말하는 것으로 정지영상을 비롯해 음악 및 음성 그리고 동영상 등 다양한 형식의 데이터를 상대편에게 보내는 동시에 검색할

녹음하기 전 음악의 형태로 제공된다. 모바일 광고와 전체적 포지셔닝 시스템의 사용을 통해 고객들은 쇼핑몰에 갈 수 있으며 쇼핑몰 내에서 특정 점포를 방문하면 할인, 쿠폰 등을 받을 수 있다는 광고를 접하기도 한다. 이것은 소비자들에게 어떤 편의를 제공하고 더 표적화된 광고를 제공할 수 있는 반면에, 사생활 침해의 소지가 될 수도 있다.

3) Web 2.0과 Web 3.0

Web 2.0은 사용자가 콘텐츠를 제작하는 기술이다. 이는 P2P[15] 커뮤니케이션의 힘을 사용한다. 위키피디아와 플리커, 유튜브, 트위터, 기타 소셜 네트워크 등 다양한 매체를 총칭하는 용어이다. 웹 2.0에서는 다수의 사용자에 의해 콘텐츠가 생성, 업데이트, 수정되며, 무료로 공유된다. 가장 중요한 것은 마케터가 이곳에서 공유되는 내용에 대해 통제할 수 없다는 것이다.

Web 3.0은 컴퓨터가 시맨틱웹 기술[16]을 이용하여 웹페이지에 담긴 내용을 이해하고 개인 맞춤형 정보를 제공할 수 있는 지능형 웹 기술을 말한다. 지능화, 개인화된 맞춤형 웹이다. 웹 3.0은 월드 와이드 웹(WWW)이 앞으로 어떻게 될 것인지를 서술할 때 주로 사용되는 용어이다. 최근의 웹 혁명을 서술하기 위해 쓰는 웹 2.0이라는 구문의 도입에 따라 수많은 기사와 기자, 그리고 산업을 이끄는 사람들이 웹 3.0이라는 용어를 사용하여 앞으로의 인터넷 혁명의 파동에 대한 가설을 세운다.

4) 유튜브

유튜브는 구글이 운영하는 동영상 공유 서비스로, 사용자가 동영상을 업로드하고 시청하며 공유할 수 있도록 한다. 당신(You)과 브라운관(Tube, 텔레비전)이라는 단어의 합성어이다.

2005년 2월 창립되어 2006년 10월 구글이 유튜브사를 인수하였으며, 이후 2007년부터

수 있는 메시징 시스템이다.

15) P2P(peer to peer, person-to-person)는 인터넷에서 개인과 개인이 직접 연결되어 파일을 공유하는 것이다.

16) 현재의 컴퓨터처럼 사람이 마우스나 키보드를 이용해 원하는 정보를 찾고아서 눈으로 보고 이해하는 웹이 아니라, 컴퓨터가 이해할 수 있는 웹을 말한다. 즉 사람이 읽고 해석하기에 편리하게 설계되어 있는 현재의 웹 대신에, 컴퓨터가 이해할 수 있는 형태의 새로운 언어로 표현해 기계들끼리 서로 의사소통을 할 수 있는 지능형 웹이다.

국가별 현지화 서비스를 시작하여 한국어 서비스도 2008년 1월 시작되었다. 여러 국가의 언어를 지원하는 다국어 서비스이며, 일부 서비스를 제외하고는 기본적으로 무료로 이용할 수 있다.

동영상이나 사용자에게 댓글을 달아 소통하기 때문에 소셜미디어 서비스의 일종으로도 분류된다. 유튜브에 업로드하는 사용자의 대부분은 개인이지만, 방송국이나 비디오 호스팅 서비스들도 유튜브와 제휴하여 동영상을 업로드하고 있다. 대부분의 동영상은 회원가입을 하지 않아도 볼 수 있지만, 동영상을 게시하기 위해서는 회원가입이 필요하다. 기업들은 유튜브의 장점에 주목하여 이를 마케팅 커뮤니케이션 수단으로 활용하고 있다.

YouTube

그림 14.8A 유튜브

twitter.com

그림 14.8B 트위터

5) 소셜 네트워크와 커뮤니티

소셜 네트워크는 인터넷 또는 인트라넷 등 전자 네트워크로 정보를 주고받는 미디어 서비스를 통칭하는 개념이다. 초기엔 지인들 간에 소식을 공유하는 블로그와 메신저에서 출발했지만, 위키, 스마트폰 마이크로 블로그, 협업 툴 등의 개념이 추가되고 있다. 페이스북, 인스타그램, 트위터, 링크드인과 같은 소셜 네트워크는 마케터들을 위한 학습과 커뮤니케이션 기회를 제공한다. 세컨드 라이프[17]에는 여러 커뮤니티에서 실제처럼 가상 광고기업과 가상 광고캠페인이 존재한다.

소셜 네트워크가 일반화되면서 기업에서는 커뮤니티 안에 가장 영향력 있는 사람을 찾기 위해 네트워크를 분석하고 있다. 그러나 어떤 커뮤니티에서는 그러한 기업의 마케터를 불청객이나 방해자로 규정하기도 한다. 따라서 기업 측에서 네트워크에 참여하기 위해서는 새로운 창의적 방법으로 접근해야 한다. 예를 들어 인기 있는 가상 선물을 제공해 구전을 만들어 내는 것 등이다.

17) 세컨드 라이프(www.secondlife.com)는 미국 샌프란시스코에 본사를 둔 벤처기업 린든 랩이 2003년 선보인 인터넷 기반의 가상현실 공간을 말한다. 자신의 아바타(인터넷에서 사용자의 역할을 대신하는 애니메이션 캐릭터)를 이용해 집을 사고 물건을 만들어 파는 등 경제활동을 한다. 사이버 활동으로 번 돈(린든 달러)을 실제 미국 달러화로 환전해 주기 때문에 현실과의 경계가 허물어지고 있다.

CHAPTER

15

관광기업의 윤리경영관리

15 관광기업의 윤리경영관리
Chapter

제1절 윤리경영의 중요성

① 기업윤리의 시대 도래

21세기에 들어 기업경영에서 윤리가 중요한 문제로 등장하고 있는 이유는 다음과 같다.

첫째, 향후 미래사회는 고도의 기술과 정보통신산업이 주도하는 정보화 사회, 지식기반사회로 나아갈 것으로 미래학자들은 예측한다. 여기서 고도의 기술(high technology)이 잘못 사용될 경우 인류에게 엄청난 재난을 가져올 것이므로 이 고도의 기술을 통제할 수단으로 기업윤리의 개념을 내세우고 있다. 또 새로운 세계질서 구축을 위해 세계적으로 적용될 보편타당한 개념으로 범세계 윤리에 대해 논의하고 있다.

둘째, 선진국들은 그들의 경쟁력은 기업윤리에서 나온다고 인식하고 있으며 기업윤리를 국가의 기반시설로 인식하고 있다. 예를 들어 경제선진국에서는 국제상거래 뇌물방지 협상을 마무리 짓고 윤리 인프라에 대해 논의하고 있다.

세계화 · 국제화의 진전과 함께 기업의 현지화가 확대되고 있는 가운데 WTO와 OECD

등이 새로운 국제적 장벽과 규범을 내놓고 있어 우리 기업들은 생존을 위한 산업구조 및 기업구조조정에 내몰리고 있다. 새로운 국제적 장벽과 규범은 이를테면 환경문제를 무역과 연계시키는 GR(Green Round), 노동문제와 무역을 연계시키는 BR(Blue Round), 기술문제와 무역을 연계시키는 TR(Technology Round), 경제문제의 공정경쟁과 무역을 연계시키는 CR(Competition Round), 기업윤리와 무역을 연계시키는 ER(Ethics Round) 등이 있다.[1) 이제 세계 경제 무대에서는 건전하고 공정한 경쟁 시장이 펼쳐지는 것이다.

셋째, 21세기 세계 흐름은 정부나 다국적기업보다는 점차 매머드급 자본을 소유한 기업파워, 그린피스를 중심으로 한 초국가적 시민파워, 세계적 미디어를 소유한 초정부파워, 세계적 문화레포츠를 구가하는 소비파워가 등장하여 세계를 주도할 것으로 예측된다. 이들 파워집단들(power groups)이 세계를 주도할 것이며, 특히 기술, 지식, 정보, 자본을 소유한 기업파워가 인류에게 상당한 영향을 끼칠 것이다. 이러한 시대에 미래기업은 국가, 인종, 문화 등의 다양성을 포함하고 인류에게 지도력을 발휘할 수 있어야 하며, 인류복지증진과 새로운 세계질서에 공헌할 수 있는 기업철학과 기업윤리를 필수적으로 정립해야 한다.

이렇듯 시대적으로 기업윤리가 필수적이며 이 시대를 윤리의 시대라고 보는 것이다. 세계 경제가 국제 교역 시장에서 '부패방지 라운드'를 활발하게 추진하는 상황에서 한국도 국가 구성조직이 조직윤리(organization ethics)와 실행시스템(compliance system)을 신속히 갖추어야 할 것이다.

2 윤리경영과 기업이익

1) 기업윤리와 사회이익

경영자들은 흔히 기업윤리에 관한 의사결정을 할 때 자기이익모델(self-interest model)을 이용한다. 자기이익모델이란 기업이 이기적인 활동이 가장 많은 사람에게 가장 큰 혜택을 주므로, 기업활동의 목표는 이익 극대화이고, 법규와 업계의 관행대로 행동하며,

1) 윤대혁(2005), 글로벌시대의 윤리경영, 무역경영사, pp.24-31.

능률적으로 해야 한다는 것이 기본개념이다.

그러나 현대사회에서 기업은 개인소유물이 아니고 사회적인 존재이므로 기업이 존속하고 성장하려면 사회이익모델(social-interest model)을 이용해야 한다. 즉 기업은 사회가 필요로 하는 서비스를 제공해야 하고, 그러기 위해 사회가 필요로 하는 가치를 창조하고 그것을 전달하는 것을 목표로 삼아야 하고, 그 대가로 수익을 획득하며, 사회와 오래도록 지속하는 관계를 유지해야 한다. 물론 기업은 경제적 조직이므로 적절하고 정당한 수익은 사회이익모델의 필수조건이다.

표 15.1 기업윤리의 자기이익모델과 사회이익모델

구분	자기이익모델	사회이익모델
목적	이익의 극대화	가치의 창조
시간 영역	단기적	장기적
행동준칙	법규와 업계의 관행대로	봉사에 대한 적절한 보수 기대
기본가정	기업의 자기이익 추구가 최대 다수에게 최대이익	사회가 필요로 하는 가치의 제공
수단	가급적 능률적 방법	지속되는 관계 유지

2) 기업윤리와 기업이익

일반적으로 조직의 윤리 수준과 장기적 이익은 직접적인 관계에 있다고 한다. 기업의 윤리 수준 향상은 그 기업의 장기적 이익에 공헌하는데, 이는 [그림 15.1]에 나타난 바와 같다.

기업이 윤리 수준을 높게 유지하면 기업 내부와 기업 외부의 두 방면에 영향을 미친다. 윤리 수준이 높은 회사의 이미지는 상표 이상으로 큰 재산적 가치를 가지며, 일반적으로 윤리 수준이 높은 기업의 주가는 일반 주가평균보다도 훨씬 빠르게 상승한다는 것이 일반적 견해이다. 그러나 윤리 수준을 지키지 못해 기업 이미지가 폭락해서 실패하는 기업은 많다.

오늘날 국제화 및 개방화 시대의 기업은 기업윤리 수준도 국제적으로 통용될 수 있다. 윤리 수준이 낮은 기업은 주가 상승이 어렵고 자금조달이 더 어렵다. 또 자금을 빌려도 높은 이자를 지급해야 하고 국제거래에서도 불이익을 당한다. 그 반대로 윤리 수준이 높은 기업은 그 자체로써 다른 기업과 차별화된다. 따라서 기업윤리 자체가 국제화·개방화 시대에 중요한 경쟁력이 되고 있다.

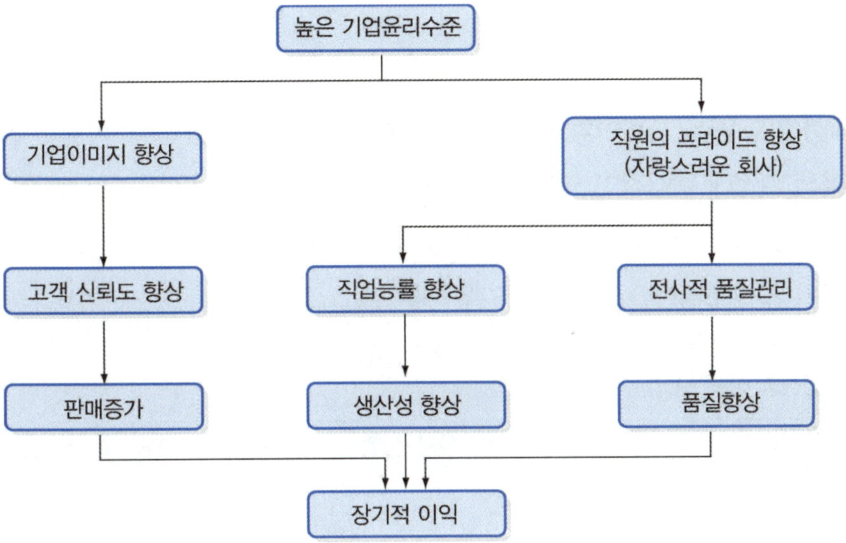

그림 15.1 기업윤리와 기업이익2)

③ 기업윤리의 성격

기업윤리는 나름대로 독특한 성격을 지니고 있는데, 요약하면 다음과 같다.

첫째, 가변성이다. 기업윤리는 시대와 상황에 따라 동태적으로 변화하며 그러한 변화는 사회가 기대하는 방향으로 점차 그 수준이 높아져 간다는 사실이다.

둘째, 기업윤리는 일반법규와 달리 강제적 구속력 내지는 집행력이 없다는 점이다.

셋째, 기업윤리는 그 자체의 암시적 혹은 묵시적 성격으로 인해 구체적인 기준이나 지침을 제공하지 못하는 한계성을 지니고 있다는 점이다.

기업의 윤리문제는 대부분 기업구성원(경영자, 직원)과 관련된 것이고, 그 나머지는 고객 및 사회공동체와 관계되는 것이다. 그리고 환경, 제품의 안정성, 직원의 건강, 기업기록의 안전보장, 주주의 이익, 작업장의 안전 등의 문제가 특히 중요한 윤리적 이유로 등장하고 있다. 특히 기업구성원의 이기심과 이윤확보를 위한 치열한 경쟁, 그리고 기업목표와 개인 가치관의 상충 및 전통적 문화나 가치관의 상이함이 주로 윤리상의 문제

2) Lee, C. Y., & H. Yoshihara(1997),"Business Ethnic of Korean and Japanese Managers", *Journal of Business Ethnics*, 16. Jan., p.15.

를 일으키는 원인으로 제기되고 있다. 기업경영에서 윤리문제의 성격을 요약한 것이 〈표 15.2〉이다.

이상에서 기업윤리, 사회이익, 기업이익 간에 관계를 살펴보았는데, 이제는 윤리가 기업경영 정책 결정에 핵심적인 역할을 해야 한다는 것을 알 수 있다. 여기서 '윤리경영'이란 "기업의 경영정책 결정에 윤리적 요소를 포함해서 기업의 지속 가능한 발전을 위한 경영방법"이라고 정의를 내릴 수가 있을 것이다.

표 15.2 기업경영 상의 윤리문제[3)]

발생 이유	윤리문제의 성격		지배적 사고 및 논리
기업구성원의 사리사욕	개인 이익과 타인이익의 문제	자기이익중심 (이기주의)	개인적 이익에의 집착
사회 전반의 치열한 경쟁	사회이익과 타사 이익의 문제	손익계산주의 (실리주의)	경쟁자 제압에의 집념
기업목표와 개인 가치관의 상충	경영자의 관심과 구성원의 가치관 문제	권위주의적 (전제주의)	명령과 복종의 논리
문화 및 가치관의 상이	기업이익과 다른 전통·가치관 문제	민족중심적 (민족주의)	옳고 그름에 대한 독단

4 기업윤리의 이해관계자

1) 이해관계자의 개념

기업은 그 목적을 달성하기 위하여 기업활동에 관련된 사람들을 기업의 이익을 얻기 위한 도구로 이용해서는 아니 되며 관련된 사람들을 만족시키는 것 그 자체가 기업활동의 목적이어야 한다. 만일 기업이 목적달성을 위해 사람을 이용한다면, 적어도 그 사람들이 기업의 의사결정에 영향을 미칠 의사표시를 하도록 허용해야 한다. 기업재산에 대한 소유권이 있다고 하더라도 그 권리가 다른 사람의 중요한 권리를 침해하면 재산권은

3) 윤대혁, 전게서, p.46.

절대적일 수가 없다.

여기서 관련된 사람들이란 이해관계자(stakeholders)를 가리키는데, 이해관계자란 "기업의 행동에 따라 이익을 보거나 손해를 보고 권리가 침해당하거나 손상당하는 개인이나 집단"을 말한다. 주주(stockholder)가 기업에 대해 특정 권리를 주장할 수 있듯이, 이해관계자도 그들대로의 권리를 주장할 수가 있다.

이해관계자가 얼마나 직접 관련되느냐에 따라 분류해 보면 제1차 이해관계자(기업주, 주주, 경영자, 직원), 제2차 이해관계자(고객, 협력업자, 경쟁자, 노동조합), 제3차 이해관계자(지역주민, 소비자단체, 정부, 여론)로 나눌 수 있다.

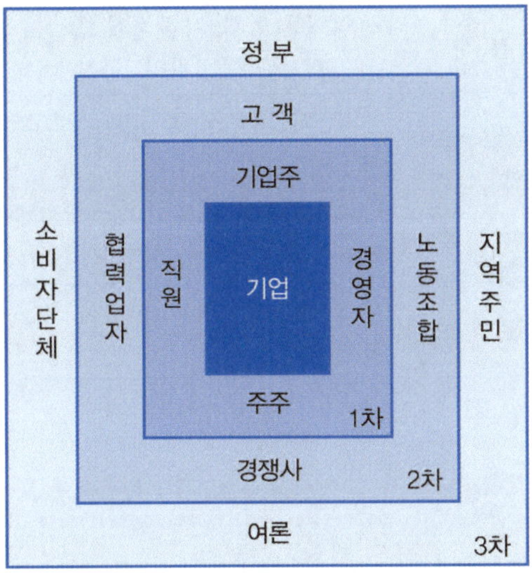

그림 15.2 기업과 이해관계자와의 관계

2) 이해관계자가 추구하는 가치이념과 문제

기업에 영향을 미치는 이해관계자는 다양한데 그들이 기업윤리에서 추구하는 가치이념과 문제는 각기 다르다. 이해관계자가 추구하는 가치이념을 중심으로 분류해 보면 〈표 15.3〉과 같이 추구하는 가치이념과 문제들이 다양함을 알 수가 있다.

표 15.3 이해관계자가 기업윤리에서 추구하는 가치이념과 문제들

이해관계자	추구하는 가치이념	기업윤리에서 추구하는 가치이념과 문제들
1. 경쟁자	공정한 경쟁	불공정 경쟁(카르텔, 담합), 거래처 제한, 거래처 차별, 덤핑, 지적재산 침해, 기업 비밀 침해, 뇌물 등
2. 고객	성실, 신의	유해상품, 결합상품, 허위·과대광고, 정보 은폐, 가짜상표, 허위·과대 효능·성분 표시 등
3. 투자자	공평, 형평	내부자거래, 인위적 시장조작, 시세조작, 이전거래, 분식결산, 기업지배행위 등
4. 직원	인간 존엄성	고용차별(국적, 인종, 성별, 장애인 등), 성차별, 프라이버시, 작업장의 안전, 단결권, 회사이익의 우선 등
5. 지역사회	기업 시민	산업재해(화재, 유해물질 침출), 산업공해(소음, 매연, 전파), 산업폐기물 불법처리, 공장 폐쇄 등
6. 정부	엄정한 책무	탈세, 뇌물, 부정 정치헌금, 보고의무 위반, 허위보고, 검사방해 등
7. 외국 정부, 기업	공정한 협조	탈세, 돈세탁, 뇌물, 덤핑, 정치개입, 문화파괴, 법규 악용(유해물 수출, 공해방지시설 미비) 등
8. 지구환경	공생관계 모색	환경오염, 자연파괴, 산업폐기물 수출입, 지구환경 관련 규정 위반 등

제2절 기업활동과 윤리경영

1 윤리적 마케팅관리

1) 마케팅 윤리의 중요성

마케팅 윤리(marketing ethics)란 기업이 환경변화에 능동적으로 적응하면서 최종소비자나 사용자의 욕구를 충족시킬 수 있는 제품이나 서비스를 가장 윤리적으로 제공하기

위해 상품, 가격, 유통경로, 광고 등의 경영활동을 효과적이고 윤리적으로 수행하려는 행동 또는 시스템을 의미한다. 마케팅 분야에서의 윤리적 문제는 소비자의 측면에서 볼 때 그 가시성이 매우 높으므로 소홀히 다루어서는 아니 된다.

마케팅 활동에 대한 윤리의식은 사회적 마케팅(social marketing) 개념과 함께 본격화되었다고 볼 수 있는데, 이 사회적 마케팅 개념은 기업의 사회적 책임(social responsibility)과 환경에 대한 책임(environmental responsibility)을 강조하는 개념으로, 기업이 사회적 책임을 다하는 일이 기업의 이미지를 높이고 궁극적으로 기업의 목적을 달성하는 데 도움이 된다는 생각에 기초한다.

2) 제품 · 서비스관리의 윤리

기업은 소비자에게 안전한 제품 · 서비스를 제공해야 한다. 그리고 제품 · 서비스 이용에 따른 모든 위험을 공시하여 소비자들이 구매하기 전에 그것을 알 수 있게 해야 하며, 제품 · 서비스의 원료, 성분, 내용 및 내용물 등이 명시되어 소비자들이 비교 판단할 수 있도록 협조해야 한다.

기업의 제품 · 서비스전략은 많은 윤리적 이슈를 내포하고 있다.

첫째, 제품안전의 문제이다. 예를 들면 장난감이나 테마파크, 항공기 등의 이용에서 제품 자체의 결함으로 안전사고가 발생하는 경우이다. 또 오토바이나 자동차의 경우 제품 자체가 위험하게 만들어진 경우이다. 건강에 좋다는 식품 때문에 발생하는 위험도 있다. 허위 · 과장이나 건강에 치명적인 유해만을 가하는 식품인 경우도 있다.

둘째, 제조물책임 문제이다. 제조물책임(product liability: PL)이란 제품의 결함 또는 부족한 안전성으로 인하여 사용자가 인적 · 물적 · 정신적 피해를 호소할 경우, 그 제품의 공급자가 배상해야 하는 제도를 말한다. 이러한 제조물책임 요건이 민법상 불법행위에 대한 책임 요건과 다른 점은 민법상의 불법행위에 대한 책임은 제조업자의 고의나 과실이 입증되어야 하고, 그것과 손해 발생 사이에 입증할 수 있는 인과관계가 존재해야 한다. 그러나 제조물책임의 경우에는 제조업자의 고의나 과실이 없어도 제조물 자체에 결함이 있고, 그 제조물의 결함과 손해 발생 사이에 인과관계가 있으면 책임을 져야 한다. 우리나라는 2002년 7월 1일에 제품결함으로 인한 소비자의 피해보상을 보장하는 「제조물책임법」이 시행되었다.

제조물책임 제도의 또 하나의 문제는 제품 회수제도(product recall)인데 이것은 애프터 서비스(after service)에서 제품을 교환해 주는 것과는 다르다. 〈표 15.4〉에서는 제조물책임 제도와 제품 회수제도의 차이점을 나타내고 있다. 법적으로 제품 회수제도는 제품에 하자가 있는 경우 이를 제조·판매한 사업자가 스스로 하자 있는 제품을 수거·교환·수리·보상해 주거나 혹은 정부에서 그것을 명령할 수가 있다. 또 애프터서비스는 사용자의 요구가 있는 경우에만 제품을 교환해 주는데, 제품 회수제도는 모든 사용자에게 제품을 수거·교환해 준다는 점에서 커다란 차이점이 있다.

표 15.4 제조물책임 제도와 제품 회수제도의 차이점4)

구분	제조물책임 제도	제품 회수제도
성격	민사적 책임	행정적 책임
기능	사후적 손해배상책임	사전적 제품 회수
근거 법률	제조물책임법	소비자기본법, 대기환경보전법 자동차관리법, 식품위생법
요건	1. 제조물의 결함이 있을 것 2. 손해가 발생했을 것 3. 결함과 손해의 인과 관계가 있을 것	제조물의 결함으로 손해가 발생하였거나 손해가 발생할 위험이 있을 것

셋째, 제품·서비스의 모조(모방) 문제이다.

제품 모조(product counterfeit)란 허가 없이 제품, 발명품 또는 상표나 서비스를 모방하거나, 제품의 원산지를 허위로 표시하거나 혹은 상표등록권을 침해하는 행위를 말한다. 제품 모조(위조) 행위에는 다른 회사의 제품 자체를 복사 또는 모방하거나, 아직 상품화되지 않은 다른 회사의 발명품을 복사 또는 모방하거나, 이미 시장에 나와 있는 다른 회사의 발명품을 복사 또는 모방하거나, 제품의 원산지를 허위로 표시하거나, 남의 상표를 도용하는 행위는 모두 포함되며, 이런 행위는 비윤리적 행위인 동시에 불법적이기도 하다.

4) 윤대혁(2005). 전게서, p.336.

넷째, 제품관리의 문제이다.

다음과 같은 제품들은 법적으로 규제는 하지 않으나, 윤리적으로는 문제가 되고 있다. 〈표 15.5〉에서 보는 바와 같이 사회적으로 가장 논란의 대상이 되는 제품은 술과 담배이다. 그리고 아무리 유용한 제품이라도 지구환경을 오염시키는 제품은 윤리적으로 문제가 된다. 교육적으로 문제가 있고 사회적 가치관을 위배하는 폭력장난감이나 음란 비디오, 무기 등과 같은 제품은 사회적 물의를 일으킨다. 그런데 어떤 것이 사회적 혐오제품이냐 하는 것은 견해가 다를 수가 있다.

표 15.5 윤리적 논란이 제기되고 있는 제품들[5)]

윤리적 논란의 문제	윤리적 논란의 대상이 되는 제품
1. 사회적으로 해로운 제품	담배, 술, 무기 등
2. 공해를 유발하는 제품	• 에어로솔, 스프레이(오존층 파괴), 소독약 • 과잉포장, 포장재(미분해 제품) • 화약제품, 세재 등 • 의료폐기물(병원) • 폭력장난감 • 음란 비디오
3. 혐오제품	• 음란만화 • 무기 모조품 • 음란광고

3) 유통관리의 윤리

(1) 공정거래제도

상품유통과정에서 공정한 경쟁체제를 유지하고 이에 위반하는 불공정행위를 제재하기 위한 공정거래제도는 「독점규제 및 공정거래에 관한 법률」을 모법(母法)으로 한 3개의 파생법(하도급 관련, 약관규제 관련, 표시 광고 관련)을 기본으로 하는 준법프로그램이다.

'공정거래법'에서 금지하는 주요한 불공정거래행위를 위반하였을 때는 그 정도에 따라서 경고, 시정 권고, 시정명령, 과징금 부과, 고발, 과태료 부과 등의 조치가 취해진다.

5) 윤대혁(2005). 전게서, p.338.

이러한 위반행위를 미리 예방하기 위해 기업 차원에서 '공정거래 자율준수 프로그램'을 수립해서 운영하는 것이 필요하다. 이 프로그램은 기업 스스로가 공정경쟁을 지키는 기업문화를 조성하여 대외신용도를 높이고 위법행위의 결과로 생기는 막대한 손해도 미리 예방할 수 있다.

(2) 생산자의 유통경로 관리의 윤리

자유시장 경제체제에서는 유통경로 상의 힘의 역학관계에서 윤리문제가 나타난다. 유통과정에서 주도적인 지배역할을 하는 기관을 경로 주장(channel captain)이라고 하는데 이것은 상품에 따라서 다르다. 우리나라에서는 공산품의 경우에는 제조업자가, 의류품의 경우에는 백화점이나 할인점 등 대규모 소매업자가, 농산물의 경우에는 중간상인이 '경로 주장'의 역할을 하고 있다. 관광산업에서는 어떠한가? 소재공급업자(principal)인가 유통업(소매여행사)인가 도매여행업자(패키지상품생산자)인가?

유통과정에서 발생하는 윤리문제는 일반적으로 경로 주장이 유통경로의 지배력을 남용하는 데서 나타난다. 이를테면 제조업자가 우월적 지위를 남용해 유통경로를 지배하는 행위는 비윤리적이다. 이러한 힘을 이용해 대리점의 담보물제공과 대금 지급에 관한 관행이 불공정하게 이뤄진다면 경쟁을 제한하는 행위가 된다.

(3) 도매의 윤리

최근 유통 측면에서 도매상이 쇠퇴해가고 있어 도매의 윤리는 크게 문제가 되지 않고 있다. 공산품의 경우에는 생산자의 직매점과 대리점이 전체 유통물량의 약 85%를 차지하고 있고 독립도매상은 불과 15% 정도이다. 그러나 관광산업에는 도매상(wholesaler)이 패키지상품을 만들어 소매대리점에 판매하는데, 동시에 한편으로는 자사의 직영소매점을 이용해 패키지상품을 판매하면서 가격이나 혜택에서 자사 직영소매점에 유리하도록 불공정한 거래를 할 위험성이 있다.

한편, 최근 각종 체인점, 편의점, 프랜차이즈 제도의 발달에 따라 체인 본부(또는 편의점 본부)와 가맹소매점과의 관계에서 윤리적 문제가 발생한다. 이때 체인 본부는 경로 주장이므로 자신의 힘을 이용해 생산자의 경우와 같이 윤리적 문제를 일으킬 수 있다.

체인 본부나 편의점 본부는 가맹점의 개점 시 입지선정, 점포개장, 경영지도, 상품선정 등에 협조를 해주고, 반면에 가맹점 구매상품의 선정과 수량 결정, 공급가격의 결정, 대금 지급방법 등에 일방적인 영향을 준다. 이 중에서 문제가 되는 것은 가맹점에 공급할 상품의 선정, 공급가격의 결정 및 공급자의 결정권을 체인 본부가 가지고 있다는 점이다. 이러한 역학관계에서 다양한 비윤리적 문제가 발생할 수 있다.

(4) 소매의 윤리

소매점의 규모가 증가함에 따라 유통에서 차지하는 영향력이 증대해서 대규모 소매점(백화점, 대형마트, 할인점 등)이 경로 주장이 되는 경우도 많아졌고 이제는 판매가격마저도 소매점이 결정하기에 이르렀다. 특히 의류나 중소기업 제품의 경우에는 더욱 그런 경향이 많은데, 관광산업에도 호텔예약이나 여행 예약 회사들이 온/오프라인에서 난립하면서 그런 경향이 있을 수 있다.

최근 성행하는 가격파괴는 소매점들이 판매가격을 결정하고 이 낮은 가격을 생산자에게 강요함으로써 상품 · 서비스의 가격결정권이 소매업자에게로 이동하고 있다. 이런 상황 속에서 대규모 소매업자, 예약사이트 회사에 의한 비윤리적 행위가 나타날 수 있다. 첫째로, 상품을 선정하고 구매하기 위해 납품업자와 구매계약을 하는데 비윤리적 일이 생긴다. 예를 들면 직원들이 납품업자로부터 금전적 혜택을 받는다거나, 대금 지급조건을 일방적으로 소매업자에게 유리하게 할 수도 있고, 팔고 남은 상품의 반품조건을 소매상에 유리하게 납품업자에게 강요할 수도 있다. 둘째, 소매점의 세일 가격 광고도 자주 윤리적 문제를 일으킨다. 세일 가격 할인율의 기준이 불분명하며, 고의로 높은 할인율을 주장하기도 하며, 최근 판매한 가격 또는 변동된 최저가격보다, 실제로는 소비자 권장가격을 기준으로 할인율을 표시하거나, 고의로 높게 판매한 가격을 기준으로 할인율을 표시하기도 한다.[6)]

(5) 구매관리의 윤리

서비스업, 제조업, 비영리기관(병원 등)은 공급업자를 통해 필요한 비품(부품)이나 제품을 공급받는데 이때 그 접촉부서가 구매부서다. 이러한 구매관리에서 비윤리적 행위가 발생할 수 있다.

6) 윤대혁, 전게서, p.346; 이종영(2007). 기업윤리 - 윤리경영의 이론과 실제, 삼영사, p.386f.

첫째는 구매부 직원이 자기 개인의 이익을 조직의 이익보다 더 중시할 때 각종 비리가 생긴다. 둘째는 구매회사가 우위적인 입장을 이용해 공급회사에 부당한 압력을 가하는 경우이다. 이러한 구매자와 공급자 간의 윤리적 문제를 방지하기 위해서는 기업의 방침이 정해져야 하고, 윤리적 가치를 강조하고, 구매행위 표준을 채택해 시행하여야 한다.

4) 광고 · 촉진관리의 윤리

광고 · 촉진의 윤리문제가 복잡한 것은 다음과 같이 네 가지 다른 부문이 있기 때문이다. 첫째로, 광고 그 자체인데, 광고를 통해 기업이나 조직이 커뮤니케이션하려는 메시지와 그 메시지를 전하는 방법이 문제가 된다. 상품이나 서비스를 알리거나 소비자를 설득하는 과정에서 매우 공격적으로 될 수 있고 과장도 생길 수가 있다. 광고의 사회적 영향력이 커짐에 따라 그에 대한 비판의 소리도 높아지고 또 이것을 옹호하는 견해가 나타나기도 한다.

둘째로, 광고주의 문제인데, 기업의 마케팅팀장, 영업이사 등이 광고비 지출을 승인하고 광고의 목적을 정하는 과정에서 문제가 생긴다. 일반 성인들은 대체로 광고를 보고 합리적으로 판단할 능력이 있다고 보지만, 어린이, 노년층, 시장을 잘 모르는 사람들을 목표로 하는 광고는 그 윤리성이 문제가 되고 있다.

셋째로, 광고대행사는 광고주의 희망에 따라서 광고주의 마음에 드는 광고를 기획해야 하는데 이 과정에서 윤리적 문제가 생긴다. 광고대행사는 광고주를 위해 광고를 기획하고 제작하여 매체에 실어서 시청자에게 전달되도록 하는 기관이므로 광고의 윤리문제가 나오면 광고대행사가 가장 먼저 논란이 된다.

넷째로, 광고매체는 아무 광고라도 다 전달해 줄 것인지 또는 윤리적으로 문제가 되는 광고는 거절해야 할 것인지도 문제가 된다. 이렇게 광고에는 여러 관계자가 관련되어 있으므로 문제가 더욱 복잡해진다.

5) 가격관리의 윤리

가격은 윤리적 평가가 가장 어려운 문제이다. 그 이유는 가격 결정에는 일정한 교과서적인 원칙이 없고 경영자가 그때의 상황에 따라서 결정하는 것이 대부분이기 때문이다. 그러나 기업의 가격정책은 다른 마케팅믹스에 비해 가장 강한 법적 규제를 받고 있다. 기본적으로 기업 간 공정한 경쟁을 저해하는 가격전략은 법적으로나 윤리적으로 허용될 수 없다.

경쟁업체와 수평적 가격담합(horizontal price fixing)을 한다든지, 생산업자(제조업자)가 중간상(도매나 소매)과 수직적 가격담합(vertical price fixing)을 하는 경우이다. 또 경쟁업체를 시장에서 몰아내기 위해 가격을 내리는 약탈적 가격전략(predatory pricing)을 사용하는 것도 문제가 된다.

광고와 마찬가지로 소비자를 기만하는 가격 전술은 비윤리적이다. 어떤 제품이나 서비스이든 설치, 배달 등을 포함한 전체 가격을 공시해야 함은 물론이다. 특별한 원가 차이도 없이 동일제품을 소비자들에게 다른 가격으로 판매하는 행위나, 고객을 저가로 유인한 뒤 고가품을 구매하게 하는 행위 역시 윤리기준을 위배한다.

6) 판매원 · 영업사원 · 접객종사원의 윤리

판매원 · 영업사원 · 접객종사원은 최종소비자와 접촉(encounter)하기 때문에 윤리문제는 더욱 중요하다. 예컨대 10월 31일에, 오늘이 세일 하는 마지막 날입니까? 라고 묻는 소비자에게 10일 후에 더 큰 세일이 시작된다고 말해야 하는지? 디럭스 룸과 가격 차이가 얼마 나지 않은데도 스탠더드 룸이 많이 남아 있어서, 그 가격 차이를 말하지 않고 스탠더드 룸을 팔아야 할지? 이 경우 직원의 행동과 소비자의 눈에 비친 직원의 이미지는 바로 회사의 이미지와 직결된다. 그들은 현장에 있는 그 회사의 대표가 되는 것이다.

그러면 판매에서 윤리적으로 문제가 발생하기 쉬운 것은 어떤 부분일까?

첫째는 공금의 사적 이용이다. 판매원(특히 영업사원, 영업소 직원)은 회사를 떠나서 고객을 찾아다니면서 비용을 많이 쓰게 되는데 이 중에 판매를 위해 쓴 '공적 비용'과, 판매와는 관계없이 개인적으로 쓴 '사적 비용'의 구별이 잘 안 되는 경우가 많다. 회사의 휴대전화를 이용해 친구나 가정에 장시간 통화하기도 하고, 회사 자동차를 이용해 가족 나들이를 하기도 한다.

둘째는 고객 관계에서 더 심각한 윤리적 문제가 발생할 수 있다. ① 판매할당량을 달성하기 위해 거래처에 재고량이 현재 있는 것밖에 없으니 사두라고 권유하는 경우, ② 필요 이상의 기능을 가진 상품이나 고가품을 권유하는 경우, ③ 납품기일을 지키지 못할 줄 알면서도 납품 약속하는 경우, ④ 제품 · 서비스의 기능만 과장해 말하고 결점을 숨기는 경우, ⑤ 거래처 회사구매 관계자에게 뇌물을 주는 경우 등이다.

셋째, 간접적으로 경쟁사와 윤리문제가 발생할 수 있다. ① 경쟁사의 상품과 직접비교는 피하고 객관적, 과학적 자료 등을 제시하여 비교해야 한다. ② 경쟁사 제품에 고의로 흠을 내놓고서는 그 제품을 나쁘게 말하거나 인식시키는 것은 비윤리적이다. ③ 비윤리적인 방법으로 경쟁사의 제품 · 서비스에 관한 정보를 획득하는 경우이다. 벤치마킹이라도 정보 수집에 비윤리적 방법은 피해야 한다.

2 윤리적 인적자원관리

1) 인적관리 윤리의 중요성

최근 기업을 비롯한 조직경영에서는 지식사회로의 변화와 유연성이 높은 신축적 조직으로의 변화, 개인 근로자의 태도 변화 등과 같은 새로운 기업환경이 조성됨에 따라 인적자원관리의 새로운 패러다임이 요구되고 있다.

산업혁명 이후 대량생산시대에서 우주 시대로, 인터넷을 통한 정보화시대로 발전하였다. 오늘날에는 과거의 지식과 현대의 지식을 결합해 새로운 지식으로 변화시킬 수 있는 사람이 절실히 요구된다. 탈 자본주의사회에서는 지식이 생산수단이 되고 이윤 창출의 원동력이 되며 사회발전의 중심축이 되고 있다. 특히 반도체, 인공위성, 컴퓨터, 인터넷 그리고 각종 서비스업 등의 출현은 바로 지식사회로의 변화와 지식근로자의 필요성을 말해준다. 지식사회의 도래와 함께 지식근로자의 출현은 기업경영의 프로세스 자체를 새로 생각하게 만들고 있으며, 새로운 인적자원관리의 필요성이 한층 요구된다.

인사관리의 환경도 급격히 변화하고 있다. 국민소득의 증가로 사람들의 직업관이 변화하고 교육수준의 고학력화, 사회 위계질서의 변화(팀제, 네트워크 방식 등), 인화적 인사관리의 한계(개인주의, 자기실현 등), 연공서열제의 변화(능력주의, 연봉제 등), 여성 취업의 증대, 기업활동의 국제화(세계에 통용되는 보편적 윤리), 직원 역할의 변화(계약 사원화, 부하에서 이해관계자로) 등은 기존의 인사관리 체제로부터 탈피하여 더 높은 윤리의식 수준과 단계를 한층 요구하기에 이르렀고 새로운 윤리적 인사관리 정책 수립이 더욱 중요하게 되었다.

2) 직원의 권리

윤리적 인사관리의 측면에서 보면 회사와 직원의 관계는 평등한 사회계약이라고 보고, 직원의 당연한 권리를 이해하고 인정하며 한 걸음 더 나아가 직원의 권리를 찾아서 보호해주는 새로운 개념이 필요하다.

일반적으로 직원은 여러 권리를 가지고 있는데, ① 일할 권리, ② 정당한 보상을 받을 권리, ③ 사생활을 보호받을 권리, ④ 안전한 작업장을 요구할 권리, ⑤ 근로 생활의 질 향상에 대한 권리, ⑥ 외부활동을 자유롭게 할 수 있는 권리, ⑦ 단체행동을 할 수 있는 권리 등이 있다.[7)]

기업윤리의 영역에는 [그림 15.3]에서 보는 바와 같이 도덕적 권리와 법적 권리가 포함된다. 법적 권리는 개인의 투표권과 같이 법률의 공식성을 전제로 하고, 도덕적 권리는 진실을 알고 거짓말로부터 보호받는 권리 등 법적인 규정을 요구하지 않는 사회규범이나 사회윤리 관점에서의 권리들이다. 기업구성원들은 기업체의 업무를 수행하는 과정에서 법률상의 권리를 보장받는 것은 물론 나아가서는 도덕적 권리도 보장받을 것을 기대하고 있고, 따라서 바로 이 도덕적 권리에서 윤리적 문제가 많이 대두된다.

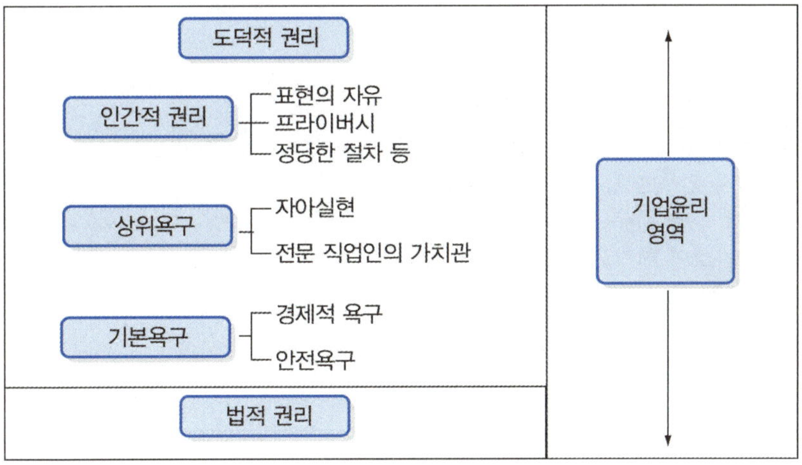

그림 15.3 구성원의 권리와 기업윤리[8)]

7) 이종영, 전게서, pp.323-330; 윤대혁, 전게서, pp.294-301.

8) 박헌준 편저(2002), 한국의 기업윤리－이론과 현실, 박영사, p.263.

3) 직원의 의무

기업구성원들은 고용 당시부터 기업체와의 관계에서 상호 간에 이해된 업무와 역할을 다할 책임과 의무가 있고, 또 그 이외에도 사회가 기업체의 정당성을 인정하는 상황에서 기업의 정당한 목적을 달성하는데 그 과정에서 일할 책임과 의무가 있다.

직원의 의무는 직원 복무규정이나 윤리강령 또는 직원 행동지침에 명확하게 명시하여 직원들 각자가 그 내용을 숙지하고 스스로 지킬 수 있도록 하여야 한다.

직원의 의무로는 크게 ① 상사의 명령에 복종할 의무, ② 회사에 충성해야 할 의무, ③ 회사의 영업비밀을 보호할 의무, ④ 회사의 이익을 해치지 않을 의무, ⑤ 직장을 떠나는 경우의 예의 등이다.

표 15.6 직원이 준수해야 하는 영업비밀

1. 특별히 보완조치 하고 있는 정보
2. 상당한 비용과 시간과 노력을 투입하여 개발한 정보
3. 자사의 경쟁적 지위에 영향을 미칠 수 있는 정보

표 15.7 한국기업에서 바라는 이직 예의

1. 적어도 1개월 전에 사직할 뜻을 회사에 알려라.
2. 진행 중인 일은 끝마치고 정확히 인계하라.
3. 전(前) 회사의 업무 기밀은 이직 후에도 지켜라.
4. 상사, 동료들과의 갈등 관계는 풀고, 이직 후에도 관계를 유지하라.
5. 마지막 날까지 업무에 충실하라.
6. 휴가 등 자기 몫을 너무 철저히 챙기는 것을 삼가라.
7. 직접 경쟁회사로의 전직은 피하라.
8. 이직 후에도 전 회사를 험담하지 마라.

4) 내부자신고(공익신고제)

내부자신고(whistle blowing)[9] 또는 공익신고제란 조직 활동이 비윤리적이거나 사회적

9) whistle blowing은 축구경기 도중에 반칙하면 호각(whistle)을 불어서(blow) 위반 사실을 공개한다는 의미에서 유래한 단어이다. 내부자고발이라는 부정적인 의미를 퇴색시키기 위해 최근에는 공익신고제라는 용어를 사용하고 있다.

으로 유해하다고 판단될 때, 조직 내의 직원이 직속 상사를 뛰어넘어 윗사람에게 그 내용을 보고하든지(내부고발), 또는 대외적으로 매스컴이나 정부의 관련 기관에 그 정보를 알리는 행위(외부고발) 또는 대리신고를 가리킨다.

내부자신고(공익신고제)는 윤리적인가 비윤리적인가, 조직에 반역행위인가 충성행위인가, 고발할 윤리적 의무가 없는가?, 어떤 경우에 공익신고를 해야 하고 어떤 경우에는 해서는 안 되는가 등에 관한 논의가 많다.

3 윤리적 운영관리

1) 윤리적 운영관리의 의의

관광기업은 주로 서비스상품을 동시에 생산하고 판매한다. 서비스 거래에는 주로 전달(delivery)이 이루어지며 생산과 동시에 소비된다는 서비스상품의 특성에 따라 운영 측면이 매우 중요하다. 그러나 서비스의 운영관리에 대한 이론적 바탕이 확고하게 확립되어 있지는 않다. 본서에서는 생산관리의 윤리를 참고로 하고, 거기에 서비스운영 측면에서 윤리적 운영관리를 논해 보기로 한다.

우선 생산관리란 고객이 요구하는 질 좋은 제품과 서비스를 필요할 때 필요한 양을 적절한 가격으로 생산 · 공급하는 목표를 달성하기 위해 생산시스템을 설계하고 이를 관리하는 것이다. 운영관리는 이러한 생산 · 공급을 위해 서비스제공 프로세스를 원활히 운영하는 것이다. 조금 더 엄밀히 말하면 제조업의 생산관리에서 서비스 측면이 강조되면서 생산 · 운영관리라 부르는 편이 더 나을 것이다. 이에 관한 내용은 제7장 관광운영관리를 참고하면 이해가 빠를 것이다.

생산 · 운영관리의 윤리문제는 주로 다음 분야에서 나타난다.[10)]

첫째, 경영자 또는 관리자(매니저)의 생산 운영 활동 관련 의사결정에서 윤리문제가 발생하는데, 기술개발, 부품조달, 생산 운영 활동, 근로자 관리, 작업장 관리, 지역사회의 보호 등에서 대두된다.

10) 윤대혁, 전게서, 12장, 이종영, 전게서, 10장 참조.

둘째, 근로자의 생산 운영 활동과 관련된 윤리문제이다. 전문적 직업인으로서의 장인 정신, 작업의 생산성 향상, 생산품의 품질관리 등에서 윤리문제가 발생한다.

셋째로, 생산물(제조물) 및 제공물의 결함에 관한 윤리문제이다. 생산물이 결함 없이 설계 · 제조 · 제공되어야 하고, 불량품이나 잘못 제공된 서비스상품은 신속히 회수(recall) · 회복(recovery)되어야 하며, 그 결함이나 실패에 대해서는 적절한 책임을 지고, 그러한 결함이나 실패가 생기지 않도록 관리하는 문제가 생긴다.

넷째로, 자재나 부품 또는 원자재를 공급하는 협력사(또는 소재공급업자)와의 정보 공유, 원활한 공급체계, 공생을 위한 협력체계 등에서 윤리문제가 생길 수 있다.

2) 경영자와 근로자의 운영윤리

(1) 경영자의 운영윤리

경영자의 윤리적 운영관리에는 기술개발, 자재부품, 근로 생활의 질 향상, 지역사회 등 윤리적 문제를 인식해야 한다.

첫째, 생산 운영 활동의 시작은 새로운 기술개발이므로 이 과정에서 여러 가지 윤리적 문제가 생긴다. 기업에서 기술을 습득하는 방법은 도용, 모방, 개량, 라이선싱, 창조 등 5가지 방법이 있는데, 이 중에서 도용과 모방이 윤리적 문제를 일으킨다. 특히 서비스업에서는 다른 기업의 기술이나 노하우를 과도히 모방하여 윤리적으로 자주 문제가 되고 심하게 모방하면 범죄행위로까지 규정된다. 산업스파이를 시켜 비밀을 알아내어 모방한다든지, 신상품 개발에 종사했던 중심인물을 스카우트 하는 경우가 있다. 그러나 이런 행위는 윤리 차원을 넘어서 범죄행위에 속한다.

둘째, 상품생산에 이용하는 자재와 부품, 원재료 등에 윤리적 문제가 있는 경우가 많다. 원가절감을 위해 질이 떨어지나 법적으로 문제가 없는 자재 또는 부품을 쓰고, 그렇다는 사실을 광고 또는 제품에 표시하는 경우에는 윤리적인 문제가 되지 않는다. 그러나 값싼 자재나 부품이 이용되었다는 것을 소비자에게 알리지 않으면 이것은 문제가 된다. 식품첨가제의 경우, 국내에서는 불법인데 개도국에서는 아직 그런 규정이 없는 나라에 수출하는 것도 윤리적으로는 옳지 못하다. 따라서 소비자가 알아야 할 정보는 소비자가 묻지 않더라도 공개하여야 한다. 한편, 법에서 인정되지 않은 원자재를 사용하는 경우에는 윤리문제의 범위를 벗어나서 범죄행위가 된다.

셋째, 근로 생활의 질(Quality of Working Life: QWL)은 근로자의 근로환경과 근로조건을 인간다운 수준에서 유지하는 것을 말하는데, 경영자가 이것을 실행하지 못하면 비윤리적 행위가 된다.

넷째, 기업은 그 지역사회에서 노동력을 받고 지역사회의 물과 환경을 이용하며 지역사회의 환경에 영향을 끼친다. 그러므로 기업은 지역사회의 일원이고 따라서 그에 따른 의무가 있다. 생산 측면에서 지역사회와 관련해 두 가지의 윤리적 문제가 생길 수 있다. 그 하나는 공장(사업장) 위치이고 또 다른 하나는 환경보호 문제이다. 특히 후자는 공장 폐수, 매연, 산업 쓰레기, 대형트럭의 통행량 증가 등 지역주민에게는 사활의 문제이다. 기업 측은 환경이 생산원가에 영향을 미치기 때문에 경영자가 환경에 관해 결정할 때에는 윤리적 문제에 자주 직면하게 된다.

(2) 근로자의 운영윤리

전술한 윤리적 인적자원관리에서 직원의 권리, 직원의 의무를 참고로 하고 여기서는 근로자의 운영윤리를 설명하고자 한다.

근로자는 기업의 가장 소중한 요소이고 가장 소중한 자산이다. 경영자가 아무리 윤리적인 경영을 하려고 해도 근로자들의 윤리 수준이 높지 않으면 효과가 나지 않는다. 근로자의 활동 중에 특히 품질관리, 생산성, 전문인 정신, 대면 관계 등에 문제가 발생할 수 있으며, 기업은 근로자의 윤리 수준 향상을 위해 노력해야 한다.

3) 협력회사와의 관계

관광기업은 생산업체나 농수산업체에서 다양한 품목을 구매하고 또한 외부 용역(아웃소싱)을 활용해 원가절감, 서비스개발 및 재고관리 개선에 노력하고 있다. 관광기업에서 최종서비스의 품질은 이들 구매품목 및 아웃소싱 기업이 제공하는 서비스의 품질에 의해 크게 영향을 받는다. 구매 및 서비스 관련 협력부문은 경비, 청소, 운송 및 배달, 차량, 인력, 건물보수, 보급수송 등이 1차 대상이지만, 금융, 보험, 법률, 설계(건물, 상품, 서비스 프로세스), 광고뿐만 아니라, 교육·훈련, 정보시스템 개발, 자재, 비품이나 소모품, 중간 투입서비스 등 최근 외부용역 범위 및 대상도 확대되고 있다. 그러므로 운영관리에서 협력회사(줄여서 협력사)와의 관계는 대단히 중요하며 협력사와의 윤리적 문제가 중시된다.

첫째, 윤리적인 측면에서 가장 중요한 것이 생산 측면의 관계인데 협력사와의 관계는 품질, 원가, 납품 및 납기, 관리 등 QCDM(Quality, Cost, Delivery, Management)이 그 핵심이다.

둘째, 제품 및 서비스개발인데, 협력사에서 제공하는 기술이나 노하우는 제품의 경쟁력 확보에 중요한 역할을 한다. 그러한 해당 부품이나 원자재, 노하우를 제공하는 협력사의 협력이 절대적으로 필요하다. 생산공정이나 서비스상품 개발과정에는 자칫하면 다른 기업의 기술도용, 노하우 도용 또는 모방문제가 발생할 수 있고, 이런 문제는 결국 해당 관광기업의 책임으로 돌아간다.

셋째, 정보 공유인데, 기업과 협력사 간에는 상품의 생산과정(QCDM)에 관한 정보를 공유할 수 있어야 한다. 그래서 본사의 상품개발실도 협력업체가 이용하고 상품개발과정에 상호 협력할 수 있는 분위기가 되어 있어야 한다.

넷째, 신뢰 관계인데, QCDM에서 해당 기업과 협력사 간에 신뢰 관계가 형성되어야 한다. 이러한 신뢰 관계 수립을 위해서는 윤리적 협력관계가 관건이 된다. 기업들 대다수가 협력사 사원의 호칭 문제를 개정하여 서로 존중하는 분위기를 만들고 있다.

4 윤리적 환경관리

1) 친환경경영의 환경변화

(1) 인간의 삶의 질과 생활환경

환경문제는 대기오염, 수질오염, 토양오염, 해양오염, 방사능오염, 소음, 진동, 악취 등이 인간의 삶과 생태계에 피해를 주는 문제들로서 양적이나 질적으로 그 어떤 문제와도 차원이 다르다. 오늘날 경제활동의 궁극적인 목표가 풍요로운 물질생활과 인간의 삶의 질 향상에 있다고 본다면, 환경오염이나 파괴 현상은 이러한 차원을 넘어 심각한 생존의 문제로 등장하고 있다. 그런데 국민의 물질적 생활 수준이 계속 향상되고 있는 상황에서 심각한 환경오염의 문제를 해결하지 않고서는 생활환경이 개선되지 않아 우리의 삶의 질은 도저히 향상되기 어렵다.

(2) 국제적 환경 변화

우루과이 라운드 협상의 하나로 120개국이 참가한 '환경과 무역에 관한 다자간 협상'(소위 그린라운드에 의해 세계무역기구: WTO)에 무역환경위원회가 가동되어 그린라운드가 효력을 발휘하고 있다. 그밖에 온실가스규제에 관한 국제적 협약 등이 크게 문제가 되고 있다.

또한 EU(유럽연맹) 가입 27개국 전역에 걸쳐 2006년 7월부터 '전기 전자 제품 환경 유해물질 사용제한 지침'이 시행되었다. 그 밖에 여러 국제적 규제들은 수출은 물론이고 서비스업까지 우리나라 산업 전반에 걸쳐 적지 않은 영향을 미치고 있다.

(3) 국내의 경영환경 변화

친환경경영을 위한 국제적 경영환경의 변화와 함께 국내의 환경경영 여건이 크게 변하고 있다. 최근 환경보호 관련 시민운동이 더욱 활발해지면서 각종 환경 관련 시민단체들은 기업의 환경오염을 감시하고 이를 고발하고 환경오염을 방지하도록 압력을 가하고 있다. 이러한 시민단체의 활동은 기업의 이미지와 매출에 직접 영향을 미치기 때문에 기업은 현 사회의 가치 수준에 맞도록 친환경경영을 강화해야 한다. 그와 더불어 친환경경영을 위한 정부의 각종 법규, 지침, 방침이 점차 강화되고 있는 것도 간과할 수 없다.

2) 기업 차원의 친환경경영

인간이 삶과 생태계에 피해를 주는 문제, 국제적 환경변화, 국내 경영환경의 변화 등으로 인해 정부의 환경 관련 규제, 지도 및 장려제도는 기업 차원의 환경대책에 대한 대응방안을 고려하게 하였다. 기업 차원의 환경대책에는 ① 환경사고를 예방하고 환경개선 활동을 전개해 환경문제가 오히려 기업의 자산이 되도록 평상시 환경관리 활동을 전개하는 것과, ② 환경사고가 발생했을 때 이 위기에 대처하는 위기관리에 관한 대응

등이 있다.

기업 차원에서 환경관리체제를 수립하는 기본목표는 적극적으로 환경친화적 경영체제를 확립하는 데 있다. 즉 적극적으로 사업 활동의 전 과정에 걸친 환경 영향을 평가하고, 구체적인 환경목표를 설정하여 끊임없이 환경개선을 도모하는 경영방식을 말한다. 이러한 일련의 노력을 통해 기업은 환경친화적이 되고 이 내용이 소비자에게 전달되면 환경보호 노력 그 자체는 기업의 커다란 자산이 되면서 다른 기업에 대해 경쟁적 우위를 차지할 수 있다.

기업의 친환경경영은 예를 들면 제품별 유해물질 미포함 선언, 환경 유해물질이 없는 녹색구매제도 도입, 녹색경영전략 실시(경영의 녹색화, 제품의 녹색화, 공정의 녹색화, 사업장의 녹색화, 지역사회의 녹색화 등) 등에서부터 기업의 환경성 평가나 환경감사, 국제적 환경관리 인증 및 확인제도 활용 등 적극적이고 공신력 있는 환경경영전략을 도입하는 것이다.

3) 국제적 환경문제

인류가 생존하고 있는 지구는 그 구성하고 있는 물리적 · 생물적 · 화학적 요소들의 상호관계가 매우 복잡하므로 온갖 산업들이 환경에 주는 충격을 명확하게 이해하는 것은 결코 쉬운 일이 아니다. 그러나 오늘날 기업경영자들이 매우 중시해야 할 환경요인들로는 대체로 지구온난화(global warming), 오존층파괴(ozone layer depletion), 비산림화(deforestation), 산성비(acid rain), 엘니뇨(la Niña)와 라니냐(el Niño)현상 등으로 지적할 수 있다.

4) 환경친화적 경영마인드

오늘날 기업은 자연환경에 대한 사회적 요구에 부응하기 위해 적절한 행동을 취하지 않을 수 없는 상황에 직면해 있고, 이를 적극적으로 경영전략에 반영하는 기업들은 더욱 성장하는데 커다란 동력을 얻을 수 있을 것이다. 자연환경과 관련해 요구되는 주요한 경영마인드는 대략 세 가지 사항으로 집약할 수 있다.

첫째, 손익분석에 대한 새로운 사고방식이 필요하다. 생산 및 투자에 대한 이익과 비용은 실제 계산이 가능할까? 한라산 정상에 케이블카를 설치하는 것이 이익일까 손해가 될까? 우리는 관광상품의 개발과 관광자원의 보존 사이에 간단하게 환경비용을 확정할 수 없다. 실제로 환경을 고려했을 때와 그렇지 않았을 때를 장기적인 안목에서 바라보아야 할 것이다.

둘째, 계속기업으로서의 개발마인드가 필요하다. 오래된 숲이나 열대우림을 파괴하면서 이루어내는 경제성장은 스스로 파멸할 수밖에 없다. 관광객을 위한 올레길을 만드는데 얼마나 환경적인 파괴나 복구 시기를 고려하였는가? 그것으로 인한 이익(편익)과 비용은 계산이 쉬운가?

기업이 갖는 영속기업 또는 계속기업(going concern)으로서의 개발마인드는 환경이 장기적으로 유지되거나 스스로 재생될 수 있도록 하게 하는 조직 행동에 초점을 맞추어야 한다. 우리 현세대는 미래 세대가 지구오염에 따른 재앙을 극복할 수 있을 것이라는 미래의 낙관론과 타협해서는 안 된다.

제3절 다국적기업과 기업윤리

① 다국적기업과 기업윤리

1) 다국적기업의 윤리의 필요성[11)]

다국적기업(Multinational Corporations: MNC)은 본국이 아닌 외국에 생산, 마케팅 또는 서비스시설을 가지고 있거나 그러한 활동을 통제하고 있는 기업을 말한다. 다국적기업의 특징은 경영전략을 전개하는데 ① 나라의 구별 없이 경제적으로 가장 유리한 곳에서 원자재를 조달하여, ② 가장 유리한 곳에서 생산하고, ③ 가장 유리한 시장에서 판매함으로써 이익을 취하도록 계획되어 있다. 따라서 다국적기업은 원칙적으로 국적이 없고, 각국 사람들이 주주이며, 오로지 경제적 목적에 의해 움직이고 본국의 지원을 받으나,

11) 박헌준, 전게서, pp.667-679; 이종영, 전게서, pp.606-667.

네덜란드의 필립스, 스위스의 네슬레처럼 원래 그 회사가 창설된 본국은 별로 관계가 없는 사례도 있다. 즉 '출생지는 있어도 본적지는 없다'고 일컬어지기도 한다.

다국적기업은 이윤추구가 기본적 목적이지만 다국적기업이 진출하는 현지국에 많은 경제적 이점을 가져다준다. ① 자본을 제공하고, ② 기술을 전수하고, ③ 낙후된 특정 산업을 발전시키고, ④ 국내에 신제품 및 새로운 서비스를 도입하여 경쟁을 조장하고, ⑤ 현지국의 해외부채를 감소시키고, ⑥ 현지국의 경제발전에 도움을 준다.

그러나 나라와 사회에 따라 법규와 사회관습이 다르고 기업경영에 관계되는 활동방식도 다를 수가 있다. 따라서 다국적기업의 본사 소재국(HQ: headquarter)의 기업윤리와 현지국의 윤리관이 다를 경우 마찰이 생기고 각종 문제가 발생하는데 이에 대한 대처가 점차 큰 문제로 대두되고 있다. 또 각국 경영자의 윤리 수준이 다를 수 있는데 이들에게 공통으로 적용될 수 있는 가치판단 기준도 문제가 된다. 〈표 15.8〉에서 보는 바와 같이, 일반적으로 다국적기업은 행동기준 7원칙에 따라 행동하는 것이 바람직하다.

표 15.8 다국적기업의 행동기준 7원칙

항목	다국적기업의 행동기준 7원칙
1	고의로 현지국에 손해를 입혀서는 안 된다.
2	현지국에 손해보다는 혜택을 많이 주어야 한다.
3	기업활동을 통해 현지국의 발전에 이바지해야 한다.
4	현지국 직원의 인권을 존중해야 한다.
5	윤리적 표준에 위배되지 않는 한 현지 문화를 존중해야 한다.
6	정당한 세금을 납부해야 한다.
7	현지의 법질서 유지를 위해 현지국 지방정부와 협력해야 한다.

2) 다국적기업과 현지국의 윤리적 판단기준

다국적기업은 여러 나라에 걸쳐 활동하기 때문에 기업경영에서 윤리문제의 형태를 정리할 필요가 있다. 여기서는 최저기준인 법규와 윤리 판단의 기준이 되는 사회적 관행으로 나누어 생각해 볼 수 있다.

첫째, 본국에서 금지된 제품이 현지에서는 아직 그런 법규가 없어 불법이 아닌 경우이다. 이를테면 본국에서 금지된 식품 첨가제가 현지국에서는 아직 금지품목에 포함되지 않을 경우, 어느 쪽을 따라야 하는가에 대한 문제가 나온다. 뇌물이나 금지약물, 성인용 비디오나 성인용 잡지가 풍습이 다른 현지국에서 금지나 허용되는 경우도 있다.

둘째, 사회적 가치관이나 윤리적 규범에 속하는 사회적 관행이다. 이 도덕적 규범은 각 사회에 따라 다른데, 한 사회에서 정당하게 인정되는 관행이 다른 나라에서는 인정받지 못하는 경우가 있다. 본국에서는 방문 시 선물을 가져가면 뇌물로 오해받는데, 현지국에서는 방문자의 예의로 당연시하고 그런 예물이 없으면 무례로 취급될 수도 있다.

반면에 그 반대 경우도 있다. 미국에서는 자유계약 취업의 원칙에 따라 아무리 가까운 사이라도 간단히 해고해도 사회적으로 아무런 문제가 없는데, 동양권에서는 친척이나 친구도 돌보아 주지 않는 비정한 사람이라고 비난받고 불신을 당할 수도 있다.

이러한 경우에 '다국적기업은 어떻게 행동해야 좋은가'라는 문제가 발생한다.

② 다국적기업의 윤리적 문제

다국적기업의 기업경영 활동에서 본국의 법규나 관행이 현지국의 법규나 관행과 다를 경우에는 윤리적 문제가 생길 수 있다. 특히 다국적기업에서 자주 당면하는 경영윤리 문제로는 부패, 탈세, 불건전 상품의 판매, 불건전한 노무관리, 환경공해, 불공정거래의 강요 등이 자주 발생한다.

1) 부패

다국적기업의 윤리문제 가운데 가장 많이 논의되는 것이 부패, 즉 뇌물문제이다. 나라에 따라서 뇌물에 대한 개념이 다르므로 자주 문제가 발생한다.

극히 적은 명목의 선물(현금 아닌 것)을 사회적 관행으로 인정하는 나라도 있고 그렇지 않은 나라도 있다. 다국적기업은 회사의 방침에 따라서 "현지국의 사회적 예의에 어긋나지 않은 정도의 인사 표시"는 인정하는 기업도 있다.

뇌물은 비교적 큰 금액이나 혜택을 비교적 고위 공직자에게 제공하는 행위인데, 그 목적은 원칙적으로 될 수 없는 일을 되게 하든지, 다르게 행동하려는 것에 영향을 미쳐서 뇌물제공자에게 유리한 결정을 하도록 하기 위한 것이다. 흔히 액수가 큰 뇌물은 정치적 권력에 영향을 미치기 위해 쓰이기도 한다.

2) 탈세

다국적기업은 장부상 이익을 축소하거나 세금을 포탈하기 위해 현지국과 본국의 법규 차이를 이용하는 '이전거래'의 수법을 이용하는 경우가 많다. 즉 세율이 높은 A국에 있는 현지 회사에서 세율이 낮은 B국의 현지 회사에 제품을 싸게 판매하여 A국 회사의 이익은 줄이고 B국 회사에 이익을 주는 방법이 이전거래이다. 이는 개발도상국에 진출해 있는 선진국의 다국적기업들이 자주 이용하는 수법이다. 탈세는 대체로 현지국의 감독체계가 미흡하고, 다국적기업의 경제적 영향력 때문에 현지국 정부가 강력히 규제하지 못하거나, 현지국 관리들과 결탁하는 경우에 자주 발생한다.

3) 불건전 상품의 판매

본국에서는 법적 · 윤리적으로 문제가 되는 상품을 그러한 제한이 약한 외국에 판매하는 경우이다. 가장 많이 이용되는 상품은 담배, 약품 및 식품이다.

4) 불건전한 노무관리

노무관리의 문제는 크게 4가지로 집약할 수 있다. 첫째, 실업자가 많은 개도국에서 활동하는 다국적기업이 우월적 입장을 이용해 노동집약적 산업에 종사하는 현지국 근로자에게 부당한 근로조건을 강요 또는 묵인하는 경우이다.

둘째로, 본국과 현지국의 사회적 관행의 차이로 문제를 일으키는 경우가 있다. 한번 고용되면 특별한 잘못이 없는 한 직장이 보장되고 가족적인 분위기를 존중하는 게 일반적 사회통념인 나라에, 철저한 개인주의적 · 경쟁적 · 기계적 노무관리방식을 채용하는 것이 이런 경우에 속한다.

셋째로, 성적 차별이 관행으로 인정되고 있는 나라의 다국적기업이 성적 평등 개념이 강한 현지국 직원의 개념을 인정하지 않아서 문제가 되는 경우도 자주 발생한다.

넷째로, 노무자의 과잉 노동, 저임금 및 미성년자 노동은 더 어려운 문제이다. 선진국의 다국적기업이 생산과정을 후진국에 이전하는 주요한 이유는 저임금을 이용한 원가절감이 일반적이다. 다국적기업은 하청업체와 생산, 공급계약만 맺고, 하청업체의 노무관리 문제에는 관여하지 않으며, 하청업체가 현지 노무관리의 관행에 따라 저임금, 초과시간 노동 및 아동노동을 시킨다. 간혹 체인 호텔의 경영관리계약에 따라 노무관리에 간섭하기도 한다. 이 경우 다국적기업은 현지국의 관행을 그대로 인정할 것인지 또는 본국 수준으로 노무관리를 개선할 것인지의 문제에 직면하게 된다.

5) 환경공해

환경에 관한 전반적 내용은 2절 4. 윤리적 환경관리에서 이미 언급하였다. 관점을 달리해서 보면 다국적기업은 본국에서는 금지되거나 사회적으로 피하고 있는 공해산업을, 그런 규제가 없는 개도국에 수출하거나 산업 자체를 이전하여 윤리적 문제를 일으키는 경우가 자주 있다. 이를테면 공장 폐유를 개도국에 수출하거나, 공장의 연기, 폐수, 산업폐기물 등 공해유발공장을 개도국에 이전하는 경우이다. 다국적기업은 본국에는 제품·서비스 개발, 설계, 디자인 개발, 시제품 시험생산, 기술관리, 상표관리, 지적소유권 관리, 마케팅 관리, 재무관리에 중점을 두고 공해산업을 개도국에 이전시키는 경향이 있다.

6) 불공정거래의 강요

다국적기업은 우월적 지위를 이용해 개도국의 관련 회사에 거래상 어려운 조건을 강요하기도 한다. 다국적기업이 유리한 위치에 있을 때 이런 일이 자주 생긴다. 경영전략으로 인정될 수 있는 범위 내에서 흥정에서 유리한 입지를 차지하기 위해 이러한 방법을 이용하지만, 어느 정도를 넘으면 비윤리적인 행위가 되어 오히려 기업의 명성에 금이 가게 되기도 한다.

3 다국적기업의 윤리관리

1) 다국적기업 차원의 윤리관리[12)]

첫째, 다국적기업 활동의 윤리관리를 위해서는 공통으로 적용될 수 있는 기준을 제공해야 한다. 공통적 윤리강령을 개발하려면 기업이 지향하고 또 고객에게 알리고자 하는 핵심적 가치관 또는 핵심적 기업이념을 확고히 해야 한다. 이것은 기업의 기본적 철학이나 경영이념을 나타내는 것으로 인종과 나라에 따라서 달라질 수 없는 것이라야 한다. 이 핵심적 가치가 정해지면 각국의 실정에 맞도록 행동준칙을 정해야 하는데 이를 위해서 '하위가치관' 또는 실전지침을 정해야 한다. 이는 가령 방문할 때 조그만 선물이 예의이며 맨손으로 가는 것이 실례로 인정되는 사회에서는 그대로 따르는 것이 좋다.

둘째로, 정해진 윤리강령 또는 직원의 행동강령은 준수되어야 한다. 윤리강령을 성실하게 실천하기 위한 제반 조치가 뒤따라야 한다.

셋째로, 이해관계자 분석인데, 이것은 윤리문제에 관련된 기업활동의 의사결정을 내릴 때 기업주나 직원뿐만 아니고 그 결정이 영향을 미칠 모든 이해관계자의 이익을 아울러 고려하고 그중에서 가장 중요한 이해관계자의 이익을 생각하는 분석방식이다.

넷째로, 기업의 경영전략 그 자체에 윤리가 도입되어야 한다. 그러기 위해서는 문제가 되고 있거나 문제가 될 사항을 파악해야 하고, 기업이 세계 시장에 알리고 싶은 '윤리 프로필'을 정해야 한다. 예를 들어 "우리 기업은 사회적 안정을 가장 중시합니다." 또는 "환경오염을 줄이는 노력을 가장 중시합니다" 등이다. 그리고 이 윤리적 프로필을 기업전략에 반영시켜야 한다. 또 이런 윤리적 프로필을 현지국의 이해관계자에게 알리고 또 이러한 윤리 프로필이 구체적으로 나타나도록 해야 한다.

마지막으로 현지국의 정부규제나 간섭으로 인해 윤리적 규범을 약속대로 이행하기 불가능한 경우는, 다국적기업으로서 다른 나라의 관련 회사의 공통적 이미지를 보호하기 위해서, 필요하다면 해당국에서 철수까지도 고려할 수 있어야 한다. 이런 이유로 IBM과 코카콜라는 인도에서 철수한 적이 있다.

12) 윤대혁, 전게서, pp.464-466, 이종영, 전게서 pp.627-630 참조.

2) 다국적기업의 윤리실천 방안

기업의 윤리 수준 향상은 기업의 장기적 발전에 도움이 되고, 국제사회에서 신뢰성을 높이고 국제경쟁력을 향상할 수 있지만, 이것을 실천하는 데는 몇 가지의 기본조건이 있다.

첫째, 기업윤리의 효과는 장기간에 걸쳐 서서히 나타나기 때문에 장기적 이익을 위해서 어떤 경우에는 단기적 이익이 희생될 수 있다. 그것을 위해서는 기업윤리를 자산으로 인식하고 윤리 수준 향상을 통해 기업 이미지가 향상된다는 확신과 더불어 지역사회와 동반 성장하는 선한 기업(good company)을 지향하고, 경영성과와 영업 성과에서 얼마나 벌었나(이익의 양)보다는 어떻게 벌었나(이익의 질)를 중시해야 한다.

둘째로, 기업의 윤리강령과 직원의 행동기준을 무국적화 할 필요가 있는데, 이는 국내용과 국제용(현지용)을 다르게 작성해서는 안 되며, 전 세계 어느 국가에서도 공평하게 적용하도록 하여야 한다.

셋째로, 직원과 관리자들이 비윤리적 행동을 하였을 경우, 비록 회사를 위한 행위일지라도 그 책임은 개인이 져야 한다는 것을 명백히 밝혀둘 필요가 있고 또한 그대로 실천해야 한다.

넷째는, 내부자고발의 의무화이다. 내부자고발은 한국의 기업풍토 속에서 매우 실천하기 어려운 일이다. 현재까지 대부분 조직은 내부자고발을 고자질로 생각하고 내부고발자를 따가운 시선으로 바라보는 경향이 있다. 그러나 최근 우리나라 조직에도 합리적 사고방식이 확산하면서 내부자고발 의무에 관한 생각에 변화가 나타나고 있으며, 이것은 기업윤리 수준의 향상에 긍정적인 신호로 받아들여지고 있다.

참고문헌

김대호(2016), 4차 산업혁명, 커뮤니케이션북스.
김석훈 · 김수균 · 홍민(2010), 효과적인 인사관리를 위한 e-HRM 경영정보시스템 구축 연구, 한국정보통신학회논문지, 14(2), 409-414.
김성국 · 김문주 · 서여주(2003), e-HR(전자인적자원관리)의 성공요인에 관한 연구, 경영논집(이화여대), 21(2), 21-34.
김성택(2012), CSR 5.0 - 기업의 사회적 책임과 역할, 도서출판 청람.
김성혁(2016), 관광산업의 이해, 백산출판사.
김성혁 · 황수영(2022), 호텔마케팅론, 백산출판사.
김성혁 · 오재경(2016), 최신 관광사업개론(개정판), 백산출판사.
김성혁 · 권상미(2010), 서비스품질의 연구동향: 1989-2008, 관광연구 25(1). 205-223
김수욱 · 김승철 · 김희탁 · 성백서 편역(2004), 서비스 운영관리(Successful Operation Management), 한경사: 서울.
김태웅(2010), 서비스 운영관리, 신영사: 서울.
김형준(2011), 전략경영론, 형설출판사: 서울.
박성환(2007), 역량중심 인적자원관리, 한올출판사: 서울.
박춘엽 · 박병연 · 오점술(2018), 4차 산업혁명의 핵심전략, 책연.
서구원(2015), 소셜미디어와 SNS 마케팅, 커뮤니케이션북스.
서비스경영연구회 편역(2004), 서비스경영(Service Management), 한경사: 서울.
신유근(2012), 제3판 경영학원론 - 시스템적 접근-, 다산출판사: 서울.
신현우(2007), 서비스중심 운영관리론. 도서출판 대명: 대구.
안영도(2012), 전략적 사회책임 경영 - 기업의 사회적 책임과 전략적 선택, 필맥.
어윤대 · 방호열(2000), 전략경영, 학현사.
원석희(2010), 서비스 운영관리 (개정2판). 형설출판사: 서울.
육윤복(2004), 현대사회와 경영학, 경영과 회계: 서울.
윤대혁(2005), 글로벌시대의 윤리경영, 무역경영사.
이관춘(2009), 기업의 위기극복을 위한 윤리경영 전략, 학지사.
이문규 · 안광호(2011), 서비스마케팅 & 매니지먼트, 집현재: 서울
이종영(2007), 기업윤리 - 윤리경영의 이론과 실제, 삼영사.

장세진(2006), 글로벌 경쟁시대의 경영전략 4판, 박영사.

조진호(2015), 관광법규론, 현학사: 서울.

조창환 · 이희준(2019), 디지털 마케팅4.0, 제2판, 청송미디어.

한국경제신문 특별취재팀(2022), 한경무크 트래블 이노베이션, 한국경제신문.

황수영 · 김성혁(2022), 최신 관광마케팅론, 백산출판사.

Barney, J. B.(2000) *Gain and Sustaining Competitive Advantage*, Pearson Education. 권구혁 · 신진교 역, 전략경영과 경쟁우위. 시그마프레스.

Goetsch, D. L. & S. B. Davis(2006), *Quality Management*, 5ed, Pearson Hall. 김종걸 · 이낙영 · 권영일 편역 (2006), 품질경영, 사이텍미디어

Hill, L. A.(2008), Where will we find tomorrow's leader? *Harvard Business Review*, (January) pp.123-129.

Moutinho, L.(2000), *Strategic Management in Tourism*, CABI Publishing.

Mondy, R. W. & R. M. Noe(2005), *Human Resource Management*, 9th edition. Pearson Prentice Hall.

Olson, M. D., E, Tse, & J. W. West(1998). *Strategic Management in the Hospitality Industry*. John Wiley & Son, Inc. 김경환 역(1999), 호텔 · 레스토랑산업의 경영전략, 백산출판사: 서울

Schonberger, R.(2001), *Operations Management : Meeting Customer Demands*, McGraw Hill.

Weaver, D. & L. Weaver(2010), *Tourism Management*, 4 ed. Wieley

Wirtz, J., P. Chew, & C. Lovelock(2013), *Essential of Services Marketing*, 2nd ed. 김재욱 · 김종근 · 김준환 · 이서구 · 이성근 · 이종호 · 최지호 · 한계숙 역(2014), 서비스 마케팅, 시그마 프레스.

저자 약력

김성혁

〈경력〉

- 일본 경응의숙(게이오) 상학 박사
- 한국관광학회 부회장 및 편집위원장 역임
- 대한관광학회, 한국컨벤션학회 부회장 역임
- 관광통역안내사 자격시험위원
- 호텔관리사 자격시험위원
- 문화체육관광부 관광자문위원
- 한국관광공사, 서울시 관광자문위원 등
- 세종대학교 호텔관광경영학과 명예교수

〈저서〉

- 최신관광마케팅론, 백산출판사, 2022
- 최신관광경영론(2판), 백산출판사, 2017
- 호텔마케팅론, 백산출판사, 2017
- 호텔관광경영론, 백산출판사, 2016
- MICE산업론(개정판), 백산출판사, 2015
- 관광산업의 이해, 백산출판사, 2014
- 관광서비스(개정5판), 백산출판사, 2013
- 최신관광사업개론(3판), 백산출판사, 2013
- 외식마케팅(2판), 백산출판사, 2013
- 개정판 관광학원론, 형설출판사, 2009
  기타 저서 및 논문 다수

황수영

〈경력〉

- 세종대학교 호텔관광경영학 박사
- 호주 Griffith University, International Tourism and Hospitality Mgt 석사
- 현, 안양대학교 관광경영학과 교수

〈저서 및 논문〉

- 최신관광마케팅론. 백산출판사, 2022
- 호텔마케팅, 백산출판사, 2017
- 외식마케팅론, 백산출판사, 2015
- 델파이기법을 이용한 관광산업의 eCRM활동 척도개발, 2009
- Effects of Online Purchase e-CRM activities and e-Customer Satisfaction on e-Loyalty during COVID-19: The Mediating Effects of e-Customer satisfaction, 2022 외 다수

관광경영관리론

2023년 2월 5일 초판 1쇄 인쇄
2023년 2월 10일 초판 1쇄 발행

지은이 김성혁 · 황수영
펴낸이 진욱상
펴낸곳 (주)백산출판사
교 정 박시내
본문디자인 오행복
표지디자인 오정은

등 록 2017년 5월 29일 제406-2017-000058호
주 소 경기도 파주시 회동길 370(백산빌딩 3층)
전 화 02-914-1621(代)
팩 스 031-955-9911
이메일 edit@ibaeksan.kr
홈페이지 www.ibaeksan.kr

ISBN 979-11-6567-608-7 93320
값 28,000원